기록관리의 세계

이론에서 실천까지

기록관리의 세계

이론에서 실천까지

한국기록관리학회 엮음

Archives and Records Management
Theories and Practices

한울
아카데미

차례

2부 기록관리 프로세스

3부 디지털 환경에서의 기록관리

서문

그때 그 기록이 없었다면? 이 질문에 우리는 많은 답을 할 수 있다. 진실을 알 수 없었을 것이다. 재산권을 보호받지 못했을 것이다. 피해를 구제받지 못했을 것이다. 아무도 그들을 기억하지 못했을 것이다. 역사를 쓰지 못했을 것이다. … 우리는 이 밖에 수많은 상황에서 기록이 수행하는 역할을 말할 수 있다. 현대 민주주의 사회에서 기록의 중요성은 더욱 높아지고 있다. 정부나 공공기관, 그리고 기업은 설명책임(accountability)과 투명성을 유지해야 하며, 이를 위한 핵심 메커니즘이 기록관리이기 때문이다.

활동이나 행위의 증거로 믿을 수 있게 기록을 관리하려는 노력은 이미 고대 로마시대부터 시작되었고 동서양의 역사 속에서 다양한 방법과 원리가 고안되어 축적되어왔다. 그럼에도 불구하고 기록관리는 역사학을 지원하는 분야에 머물러 있었으나 20세기 들어 독립적인 학문으로 인정받고 국제적, 국가적 차원의 기록전문직 단체들이 활동하기 시작했다. 한국에서 기록관리는 1999년 「공공기록물법」 제정 이후 제도적, 학술적으로 자리를 잡기 시작했다. 학회들이 창설되고 여러 대학원에 학위 과정이 설치되었다. 전문직들의 단체인 한국기록전문가협회가 결성되었으며, 현재 법적으로 기록물관리 전문요원의 자격을 갖춘 사람들은 3천 명이 넘는다. 그 과정에서 많은 학술 논문과 정책 보고서들이 발간되었으나 기록관리를 공부하는 데 필요한 단행본은 부족한 상황이다.

이 책은 기록관리의 세계에 입문하려는 예비 전문가, 혹은 기록관리에 관심이 있는 관련 분야 전문가를 위해 개론서로 기획되었다. 한국기록관리학회는 2008년 기록관리를 체계적으로 공부하는 데 필요한 개론서로『기록관리론: 증거와 기억의 과학』을 발간한 바 있다. 그 이후 개정판을 두 차례 냈고, 2018년에는 내용을 전면 개정하여『기록관리의 이론과 실제』를 발행한 바 있다. 이번에 펴내는『기록관리의 세계: 이론에서 실천까지』는 한국기록관리학회의 이러한 개론서 전통을 계승하며, 다만 환경 및 기록관리의 변화를 고려하여 체제와 내용을 새롭게 구성했다.

새롭게 선보이는 이 책의 특징은 다음과 같다. 첫째, 민간영역의 기록관리를 별도의 장으로 추가하여 공공기록관리 중심으로 편성되었던 기존 개론서들을 보강하고, 현대 기록관리의 특징인 다양성을 반영하고자 했다. 둘째, '용어해설'을 책 말미에 별도로 편성했다. 기록관리의 용어 전체를 포괄하지는 않았으나 이 책을 읽을 때 도움이 될 만한 기본적인 주제어, 인물명, 기관명에 대해 간략하게 설명했다. 셋째, 각 장 마지막에 '다시 생각해보기' 항목을 마련하여 성찰적이고 실천적인 질문을 제기했다. 이는 한국기록관리학회 개론서의 특징을 이어받은 것이다. 이 책이 다루는 기록관리의 주제들은 모두 현실 정책 및 실무와 긴밀히 연결되며, 독자들이 이러한 연결점들을 읽어내기를 바라는 취지가 담겨 있다.

기록관리가 왜 중요하며 어떻게 사회제도로 형성되었는가?

총 3부 11장으로 구성된 이 책을 장별로 소개하겠다. **1부 기록관리의 의미와 제도**에서는 기록관리의 본질, 그리고 역사와 사회 안에서 기록관리가 제도와 문화로 전개되어온 양상을 다루었다. **1장 기록과 기록관리**에서는 기록의 본질과 특성, 그리고 기록관리의 사회적 의미에 초점을 맞추었다. 기록이 왜 개인이나 조직 차원뿐 아니라 사회제도를 기반으로 관리되어야 하는지를 설명하고 있다. 아울러 지난 150여 년간 기록관리를 위한 방법론이 어떻게 변화해왔는지를 개괄하고, 기록관리의 중심 주체로서 기록전문직의 가치와 제도도 간략하게 서술했다.

2장 기록관리제도의 역사에서는 서구와 한국을 중심으로 기록관리가 어떻게 제도화되고 나라별로 어떤 특성을 갖는지 다루었다. 저자는 "비교사적 고찰을 통해 우리의 현재 기록관리 현황을 좀 더 객관적·종합적으로 진단하고 미래를 준비할 수 있는 토대"를 마련한다는 집필 취지를 밝히고 있다. 먼저 근대 이후에 초점을 맞추어 서구 기록관리의 발전 과정을 살펴보고, 영국, 미국, 호주, 캐나다, 독일의 기록관리제도가 각각 어떤 특징을 갖는지 설명했다. 한국의 경우, 삼국시대부터 현대에 이르기까지 기록관리제도가 어떻게 변천했는지를 고찰했으며 특히 현대에 비중을 두고 서술했다.

3장 민간기록의 이해에서는 민간영역에서 생산·관리되는 기록의 의미와 범주, 민간기록관리의 특징을 다루고 있다. 저자는 현대 기록관리에서 다원화된 관점과 방법론이 중요하다는 점을 강조하며, 현대 기록관리 방법론이나 제도가 공공기록 중심으로 발달하면서 공공기록의 결락을 메우는 차원에서만 민간기록을 다루어온 현실을 비판한다. 이 장에서는 민간기록을 개인, 시민공동체, 시민단체, 기업과 같이 기록의 생산·관리 주체별로 범주화하거나 사회적 사건, 일상, 예술 등과 같이 기록화 영역별로 범주화하여 각각의 특징과 사례를 설명하고 있다. 한편 민간의 기록관리 방식을 수집형과 참여형으로 나누어 사례와 함께 소개하고 있다.

전문적 기록관리를 위해 어떤 원칙과 절차가 필요한가?

　기록관리의 핵심 프로세스를 다룬 2부는 5개 장으로 편성했다. **4장 기록의 평가선별**에서는 영구적으로 보존할 기록을 선별하기 위해 서구의 기록관리계가 제시한 학술적, 정책적 대안들을 소개하고 있다. 저자는 20세기 이후 평가선별의 역사를 세계대전 등으로 급증한 "방대한 분량의 기록 중에서 극히 일부만을 엄선하기 위해 고군분투한 기록전문직 실천의 역사"라고 표현했다. 한편 평가선별은 "누구의 기억을 남겨야 하는가?" 혹은 "승리한 자의 기록만 남겨지지는 않는가?"와 같이 정치적이고 논쟁적인 질문에 답변해야 한다. 따라서 평가선별의 기준과 절차가 분명하지 않으면 공정성을 인정받지 못한다. 이 장에서는 20세기 이후 전개된 기록 평가선별의 역사를 등장 배경과 핵심 이론을 중심으로 설명하고, 영미권과 한국 평가선별제도의 특징적 측면들을 소개하고 있다.

　5장 기록의 분류와 기술에서는 기록을 찾고 그 의미를 이해할 수 있도록 조직하는 방법과 원리를 다룬다. 조직되지 않은 기록은 활동의 증거가 될 수 없다. 기록의 생산 맥락을 알 수 없을 뿐만 아니라 위변조 여부를 확인하기도 어렵기 때문이다. 이 외에도 기록 조직화의 결과물이 기록의 평가선별, 접근통제, 처분 등의 업무를 지원한다는 점에서 기록 조직의 중요성은 각별하다. 이 장에서는 기록 조직을 정리, 분류, 기술, 메타데이터로 구분한 후 기본 개념, 관련 원칙과 변천 과정, 주요 표준들을 상세히 설명했다. 아울러 디지털 환경에서 기록 조직이 어떻게 변화하고 있는지 국제표준 동향을 통해 보여주고 있으며, 한국 공공기록 조직화 현황과 사례도 함께 소개했다.

　6장 기록의 보존에서는 다양한 아날로그 기록을 보존하는 방법과 원칙을 다루고 있다. 기록을 제대로 보존하지 못해 멸실되거나 훼손된다면 여타 기록관리가 다 헛수고가 될 것이다. 따라서 기록관리자들은 기록보존에 대한 전문지식과 기본적인 실무능력을 갖추어야 한다. 저자는 기록의 본질적 소임이 기억의 유한성과 불완전성을 극복하는 것이며, 시대를 넘어 기록이 살아남을 수 있도록 보존기록관리자가 책임을 다할 것을 강조한다. 이 장에서는 기록보존의 개념과 방법을 상세히 소개하고 있는데, 예방적이고 사전적인 보존 전략은 물론 사후적인 보존 조치, 기록매체별 취급법과 열화 및 훼손 원인별 대비법을 제시하고, 재난대비 방법 및 계획도 다루고 있다.

기록의 가치는 기록을 활용함으로써 실현된다. **7장 기록정보서비스**에서는 다양한 목적을 가진 이용자들이 기록을 활용하도록 지원하고 촉진하는 서비스를 다루었다. 기록정보서비스의 개념과 절차를 시작으로 서비스의 유형, 이용자 유형별 정보 요구와 서비스 전략, 서비스 평가, 정책과 윤리 등을 포괄적으로 설명했다. 한편 디지털 환경에서 기록정보서비스가 어떻게 변화하고 있는지 동향과 전망을 기술하고 이러한 변화를 주도하는 데 필요한 과제도 제안하고 있다.

시민들이 공공기관이 보유한 기록을 이용하려면 정보공개제도를 통해야 한다. **8장 알권리와 정보공개**의 저자는 "기록이 없으면 시민의 알권리도 없고, 정보공개를 통해 시민의 알권리를 실현하는 일은 기록전문직의 당면과제"임을 강조한다. 이 장에서는 알권리의 개념을 권리의 성격과 대상 정보를 중심으로 설명하고, 서구에서 정보공개제도가 어떻게 형성·변화해 왔는지를 추적하는 한편 비교적 일찍 정보공개법령을 제정한 한국에서 법을 이행하고 제도를 개선하는 데 시민단체의 정보공개운동이 어떻게 기여했는지도 밝히고 있다. 특히 「정보공개법」의 비공개 규정이 추상적이고 구체적이지 않아 공공기관이 자의적으로 비공개 판단을 하는 근거가 된다는 점에서 비공개 대상 세부기준 수립을 의무화하는 정책을 중요하게 다루고 있다.

디지털 환경에서 기록관리는 어떻게 변화하고 있는가?

우리의 일상과 업무 환경을 지배하는 기록은 대부분 디지털이다. **9장 전자기록관리**에서는 디지털 형태의 기록을 어떻게 관리해야 하는지 그 도전적 과제를 다룬다. 활동의 증거로서 기록을 관리하기 위해 정립된 전통적인 원칙과 품질 기준은 전자기록관리에서도 여전히 유용하다. 그러나 원칙과 기준을 적용하는 방법은 달라져야 한다. 이 장에서는 먼저 전자기록의 개념과 구성요소, 품질요건을 정리하고, 국제표준(ISO 15489-1)에 제시된 기록관리 과정을 전자기록의 측면에서 설명했다. 한편 블록체인, 클라우드, 인지기술 등 날로 새로워지는 정보기술이 기록의 생산·관리에 미증유의 도전을 안겨주는 상황에 대처하는 기록관리계의 과제를 제안하고 있다.

조직에서 시스템 없이 기록을 관리하기란 거의 불가능하다. 기록전문가가 시스템을 직접 개발하지는 않지만 시스템 도입과 운영, 시스템을 통한 기록관리를 위해 기록시스템에 대한 지식은 필수적이다. **10장 전자기록시스템**에서는 기록전문가가 알아야 할 기록시스템 관련 기본지식과 동향을 다루었다. 먼저 기록시스템 구축 과정에서 기록전문가의 역할을 제시하고, 기록시스템 관련 국제표준을 포괄적으로 소개했다. 이어서 한국 공공부문의 기록시스템 관계 유형을 설명하고 기록생산시스템과 기록관리시스템으로 나누어 시스템의 특징, 기능요건, 사례를 다루었다. 마지막으로 기록시스템 발전을 위해 필요한 과제로 클라우드 환경에서의 기록관리, 블록체인 등 새로운 기술의 적용, 시스템 개발 방식의 혁신에 필요한 기술과 방법론의 도입을 제안하고 있다.

마지막 장인 **11장 디지털 보존 정책**은 9장과 10장에서 충분히 다루지 못한 디지털 기록의 장기보존으로 편성했다. 디지털 보존을 위해서는 5장에서 다룬 아날로그 기록의 보존과는 완전히 다른 접근이 필요하다. 이 장에서는 먼저 디지털 보존의 개념과 보존 전략, 관련 표준을 설명했다. 이어서 유럽 4개국(네덜란드, 덴마크, 스위스, 영국)과 미국, 캐나다, 호주, 뉴질랜드 8개국 국가기록관리관이 수립한 디지털 보존 정책을 비교 분석했다. 보존 대상 디지털 기록의 범위, 채택하고 있는 국제표준, 디지털 객체를 보호하기 위한 개입(생산기관과의 협력), 사용하는 보존 전략이 분석 대상이며 이를 통해 디지털 보존 정책의 전반적인 동향과 시사점을 확인할 수 있다.

이 책이 나오기까지 많은 분들이 앞뒤에서 힘을 보탰다. 먼저 전체 원고를 취합하여 직접 검토하고, 출판 작업이 원활히 진행되도록 독려해준 한국기록관리학회의 정경희 회장께 감사드린다. 아울러 이 책은 2008년 국내 최초로 발간된 본격적인 입문서 『기록관리론』에 빚을 지고 있다. 그 책 덕분에 개론서의 공동집필 전통이 만들어졌다. 당시 열악한 환경에서 기획, 편집, 교정, 디자인에 이르기까지 다방면에서 애써주신 서혜란, 서은경 교수님, 그리고 집필자들의 공을 잊을 수 없다. 책이 반듯하게 나올 수 있도록 도와주신 한울엠플러스(주)와 배소영 팀장에게도 고마움을 표한다. 무엇보다 교육과 연구에 바쁜 중에 지난 1년간 열과 성을 다해 집필하고, 수시로 이루어지는 편집 논의에 참여하신 저자들께 깊은 감사를 드린다.

한 권의 책으로 이론, 정책, 실무가 얽힌 기록관리의 전체상을 파악하기는 어려울 것이다. 다만 한 사회의 책임성과 투명성, 역사와 기억의 보존, 다양한 집단의 정체성이라는 가치를 실현하는 데 기록이 얼마나 중요한지, 기록관리 영역에서는 이를 위해 어떤 지식을 구축해왔는지 소개하는 목소리가 들리기를 바란다.

2024년 2월

책임편집자 설문원

1부 기록관리의 의미와 제도

기록과 기록관리

현대 사회에서 기록과 기록관리는 어떤 의미를 갖는가?

설문원

    동굴 암벽화에서 이메일과 트위터에 이르기까지 사람들은 시공간을 넘어 자신의 기억과 생각을 다른 사람들에게 전달하는 방법을 찾아왔다. 현대 사회에서 기록은 도처에 존재하며, 기록과 기록관리의 사회적 중요성은 높아지고 있다. 이 장에서는 기록과 기록관리의 의미를 사회적 관점에서 정리하고자 했다. 먼저 활동의 증거로서 기록의 핵심 개념을 정리하고, 기록의 중요성을 증거, 기억, 정보의 측면에서 살펴보았다. 이어서 기록이 믿을 만한 증거나 정보, 기억매체가 되는 데 필요한 조건, 그리고 기록이 갖추어야 할 구성요소를 기록의 특성으로 묶어 설명했다. 기록관리 부문에서는 사회제도로서 기록관리, 기록관리 이론과 방법론, 기록전문직을 중심으로 다루었다. 기록연속체 모형 등을 중심으로 기록관리의 사회적 의미를 개념적으로 살펴보았고, 이론 영역에서는 테리 쿡(Terry Cook)이 제시한 4개 패러다임에 따라 기록관리 방법론 및 이론의 흐름을 개괄했다. 마지막으로 기록전문직의 현황과 이들이 지향하는 핵심가치와 윤리를 살펴보았다.

1. 기록의 개념

1) 활동의 증거

기록은 어떤 정보나 이미지, 소리 등이 매체에 고정된 것을 의미한다. 이렇게 보면 책이나 잡지, 그림이나 음악도 모두 기록이다. 그러나 현대 기록관리에서 기록은 '활동의 증거'라는 관점을 견지한다. 「공공기록물관리에 관한 법률」(이하 「공공기록물법」)에서는 기록물을 공공기관이 업무와 관련하여 생산·접수한 모든 형태의 기록정보자료와 행정박물로 규정하고 있다. 이러한 정의의 핵심은 업무나 활동과의 관련성이다. 문서, 도서, 대장, 카드, 도면, 시청각물, 전자문서, 이메일, 데이터세트, 웹사이트 등 형식과 매체는 다양해도 개인이나 조직의 활동 과정에서 만들어졌다면 모두 기록이다. 기록은 행위나 활동의 흔적이며 이를 통해 행위나 활동을 재현할 수 있다고 본다. 이런 점에서 기록을 "활동의 지속적 재현물"이라 정의하기도 한다(Yeo, 2007). 특정 시점을 기준으로 내용이 고정된 후 지속적으로 어떤 활동을 표현한다는 의미이다.

기록이 활동의 증거가 될 수 있는 이유 중 하나는 기록생산의 무의지성이다. 책은 어떤 생각이나 의미를 다수의 대중에게 전달하기 위한 의도적인 노력의 산물이다. 주제를 잡고 기획에 따라 집필을 하며 궁극적으로 독자에게 배포하거나 판매하기 위해 제작된다. 반면 기록은 대중에게 널리 알리거나 유통시키기 위한 목적으로 만들어지지 않으며 다른 목적을 가진 행위나 활동의 부산물로 만들어지는 경우가 많다. 예를 들어 어떤 조치나 의사결정의 승인, 계약의 체결, 토지소유권의 획득과 같은 활동을 하는 과정에서 기록이 만들어지는데, 이러한 기록을 통해 누가 언제, 어떤 조치를 승인했으며 승인받은 조치의 내용은 무엇인지, 계약의 내용과 시점, 계약 당사자는 누구였는지, 토지소유권자 및 권리 이전 일자 등을 확정할 수 있다. 예술가는 작품 구상을 위하여 다양한 메모와 스케치를 하고 외부 자료를 스크랩할 수 있다. 작품이라는 최종 산출물을 만드는 과정에서 생산되는 이러한 부산물은 그 예술가의 작품과 예술정신을 이해하는 데 도움이 되기 때문에 예술 아카이브의 중요한 수집 대상이 된다.

역사가 마크 블로흐(Marc Bloch)는 역사의 증거를 두 가지로 구분했다. 첫째, 의지적 증거는 어떤 사건이나 사물이 시간이 흐르면서 잊히지 않도록 작성된 기록을 말하며, 역사서가 대표적 사례이다. 둘째, 무의지적 증거는 작성자의 의지와 무관하게 과거의 사실을 증명하는 것들을 말하며, 행정기록이 대표적 사례이다. 블로흐는 무의지적 증거로서 기록이 "다른 것에 비해 오류가 적거나 거짓이 덜한 문서라는 것이 아니고" 그 내용이 사실과 다를 수도 있지만 여기에는 적어도 후세를 속이기 위한 특별한 속셈이 있지는 않다고 보았다(Bloch, 1993: 71; 박평종, 2006, 135~136, 162 재인용).

보존기록을 "특정한 연구 목적과 무관하게 어떤 종류의 사건을 기록한" 자료의 집합체로 정의한 사회학자 하워드 베커는 생산자가 연구자의 의도나 용도를 모르는 채로 자료를 생산하기 때문에 오히려 자료의 조작 가능성이 낮은, 사건의 '목격자'가 된다고 보았다(베커, 2020: 325~327). 항해일지와 같이 일상적인 업무와 관련하여 규칙적으로 작성되는 기록은 작성자의 주관성이 개입되거나 의도적인 왜곡이 일어날 가능성이 낮기 때문에 법정에서 증거능력이 인정되는 경우가 많다. 그러나 기록이 어떤 활동의 증거로서 믿을 만한지는 생산의 무의지성에만 의존하지는 않으며 다양한 방법을 통해 기록의 신빙성을 판단한다.

2) 기록, 보존기록, 매뉴스크립트

영어권에서 기록을 표현하는 용어는 records, archives, manuscripts 등으로 다양하며 기록(records), 보존기록(archives), 매뉴스크립트(manuscripts)와 같이 번역하거나 음차하여 사용한다. '기록' 이외에 다른 적합한 단어가 없기 때문에 한정어를 붙이거나 음차하는 방식을 채택한 것이다.

개인이나 조직이 업무나 활동 과정에서 '기록'을 만들어 활용하다가 상당 부분 폐기하지만 이 중 '영구적 보존가치가 있다고 평가된 기록'은 영구보존이 가능한 시설이나 기관에서 관리된다. 즉 '기록'은 기록 전체를 의미하며 '보존기록'은 이 중에서 영구적 보존가치가 있는 기록을 의미한다. 한편 archives는 보존기록을 수집, 관리, 서비스하는 기관이나 시설을 뜻하기도 하는데, 이러한 기관을 보존기록관이라 부른다. 「공공기록물법」에서는 영구기록물관리기관이라는 명칭을 사용한다.

또한 기록은 생산 목적을 기준으로 얼마나 활용성이 있는지에 따라 현용(active), 준현용(semi-active), 비현용(inactive) 기록으로 나뉜다. 이는 기록생애주기의 각 단계에 조응하며, 단계별로 서로 다른 기준과 방법을 적용하여 관리한다. 현용기록은 주로 해당 업무부서의 업무시스템에서 업무 담당자가 관리하고, 준현용기록은 조직 전체의 기록관리시스템에서 기록관리자(records manager)가 관리하며, 비현용 단계에서 기록은 폐기되거나 보존기록관으로 이관되어 보존기록관리자(archivist)가 관리한다. 기록관리자와 보존기록관리자는 모두 훈련받은 기록전문직이다. 한편 records는 현용기록(준현용기록 포함)을 뜻하기도 하는데, 가령 records management는 보존기록관리(archival management)에 대비되는 현용기록관리를 의미한다.

보존가치가 있는 기록은 다시 보존기록과 매뉴스크립트로 나눌 수 있다. 사전에서 매뉴스크립트는 손으로 쓴 필사본이나 출판되지 않은 원고를 의미하지만, 기록관리에서는 일정한 출처로부터 체계적으로 이관되는 보존기록과 구분하기 위한 개념으로 사용된다. 매뉴스크립트는 수집자가 정한 어떤 주제나 목적에 따라 다양한 출처로부터 수집한 기록물 집합체이다. 보존기록이 업무의 진행에 따라 자연스럽게 형성된 집합체라면 매뉴스크립트(매뉴스크립트 컬렉션)는 인위적 집합체(artificial collection)이며, 입수나 관리 방법, 기록관리 원칙을 적용하는 방식에도 차이가 있다. 이러한 기록을 관리하는 전문가를 매뉴스크립트 큐레이터(manuscript curator)라고 구분하여 부르기도 한다.

2. 기록의 중요성

그렇다면 기록은 왜 중요한가? 국제기록관리협의회(ICA: International Council on Archives)가 개발하고 유네스코(UNESCO: United Nations Educational, Scientific and Cultural Organisation)가 승인한 세계기록선언(Universal Declaration on Archives)에서는 기록을 "의사결정, 행위, 기억을 담고 있으며, 세대로 전승되는, 고유하고 대체 불가능한 유산"으로 규정하면서 기록의 역할을 밝히고 있다(ICA, 2011). 세계기록선언의 내용을 토대로 기록의 중요성을 정리하면 다음과 같다.

첫째, 기록은 조직 활동의 투명성과 책임성을 뒷받침하는 권위 있는 정보원이다. 이는 기록을 활동의 증거로 활용할 수 있을 때 생기는 가치이다. 둘째, 기록은 개인과 집단의 기억을 보존함으로써 인류의 지식을 풍요롭게 하고 사회 발전에 기여한다. 더 나아가 개인과 집단의 기억은 개인이나 조직의 역사가 되고 이들의 정체성에 영향을 미친다. 셋째, 기록에는 모든 영역의 인간 활동에 대한 정보와 지식이 담겨 있다. 조직의 업무 경험과 관련된 정보와 지식은 다른 어떤 것으로도 대체할 수 없는 조직의 자산이 되며, 더 나아가 사회적 지식자산이 된다. 기록의 중요성을 증거, 정보, 기억의 측면으로 구분하여 좀 더 살펴보겠다.

1) 증거

어떤 사안이나 사건의 진상을 규명하는 데, 그리고 개인이나 조직의 권익으로 보호하는 데 기록은 중요하다. 목격자 증언이나 물리적 흔적뿐 아니라 기록은 사건의 원인과 책임을 밝히는 중요한 증거가 될 수 있다. 기록이 증거로 활용되는 국면은 매우 다양하다.

첫째, 기록은 정부나 기업과 같은 조직의 업무에 대한 증거를 제공하며, 이는 시민을 포함한 이해관계자의 알권리를 충족시킨다. 특히 공공기록물은 행정의 증거를 제공함으로써 공공기관의 투명하고 책임 있는 행정 구현에 핵심적인 역할을 한다. 이러한 내용은 「공공기록물법」의 목적(제1조)에도 반영되어 있다.[1] 공공기관이 업무 과정에서 생산·접수한 기록을 통해 국민은 행정 과정에서 누가 어떤 결정을 했으며 예산은 어떻게 집행되었는지를 알 수 있다. 행정의 투명성과 책임성은 기록을 철저히 생산하고 관리하여 공개할 때 비로소 구현될 수 있다. 기업이나 단체의 경우도

---

[1] 「공공기록물법」 1조(목적)에서는 "공공기관의 투명하고 책임 있는 행정 구현과 공공기록물의 안전한 보존 및 효율적 활용을 위하여 공공기록물관리에 필요한 사항을 정함을 목적으로 한다"고 명시하고 있다.

표 1-1 **국가기록원 기록의 주요 이용목적**

구분	제공 기록	주요 이용목적
재산 관계	토지/임야조사부, 지적/임야원도, 분배농지부, 분배농지상환대장, 토지대장 등 지적 관련 기록	• 소송(토지소유권 등 재산권 입증)
행형 관계	수용자신분장, 판결문, 형사사건부 등	• 유공자 심사(독립운동, 참전 등 공적의 확인) • 범죄전력 확인(국제결혼, 이민, 취업 등)
신분 관계	일제강점기 강제동원연행자명부, 인사기록, 주민등록관계, 학적부 등	• 보상청구(피해사실의 확인) • 신원 및 신분 확인(국제결혼, 이민, 취업 등)
기타	위의 구분에 해당하지 않는 기록	• 연구, 교육, 언론, 사업적 활용 • 공공기관의 업무

자료: 설문원(2022: 13) 재정리.

마찬가지다. 기업이나 단체의 기록은 경영이나 운영의 책임성은 물론 투명성을 높임으로써 이해관계자의 권리를 보호한다. 또한 기업이 특허 소송이나 고객과의 분쟁에 휘말릴 때 기록은 기업의 권리를 보호하는 데 매우 중요하다.

둘째, 보존기록을 '권리 보호를 위한 무기고'라고 부르기도 하는데, 기록의 증거가치는 조직이나 개인의 권리 보호에 중요한 역할을 한다. 이러한 역할은 국가기록원의 기록 이용현황에서도 드러난다. 국가기록원에서 주로 청구되는 기록의 유형과 이용목적은 표 1-1과 같다. 많은 이용자들이 국가기록원에 토지·임야의 소유자를 확인할 수 있는 지적(地籍)기록물을 청구한다. 지적기록물은 토지소유권을 다투는 소송에서 소유관계를 입증하는 데 활용되며 국가기록원에서 열람 빈도가 가장 높다. 수용자신분장, 판결문, 형사사건부 등 이른바 행형(行刑)기록물은 과거 사건의 증거가 된다. 여러 과거사위원회는 국가폭력에 의한 희생 사건의 진상 규명을 위해, 국가보훈처는 국가유공자 확인을 위해 행형기록을 찾아 활용한다. 국가

유공자가 되려면 그 공을 입증할 수 있는 증거가 필요하다. 독립운동, 참전의 공적을 확인하는 데 국가기록원 소장 행형기록물이 증거로 활용된다. 조부가 독립운동을 한 사실을 입증하기 위하여 일제강점기의 재판기록, 교도소 수감기록을 신청하고, 이러한 기록을 근거로 관련 기관에 유공자 등록 신청을 하게 된다.

강제동원연행자명부, 과거사정리위원회의 조사기록은 피해를 입증하고 보상을 받는 데 활용되고, 학적부, 인사카드는 개인의 전력이나 신분, 신원 확인에 이용된다. 또한 판결문은 취업, 외국 이민, 국제결혼, 국립묘지 안치, 총선 및 지방선거 후보 등록 시 전과를 확인할 수 있는 증거로 요청되기도 한다(설문원, 2022). 기록은 이렇게 재산권이나 신분, 권익과 같은 권리뿐 아니라 인권보호를 위해서도 중요하다. 과거 권위주의 정권이나 공권력이 남긴 인권침해 증거의 기록을 통해 과거사의 진실을 확인하고 피해자들은 배상과 보상을 요청할 수 있다.

기록소장기관이 공공기관인 경우 국민은 「정보공개법」에 따라 이러한 기록을 청구할 수 있다. 그러나 민간영역에서는 증거의 편재(偏在) 현상을 제어할 방법이 별로 없다. 예를 들어 기업이나 병원 측에 비해 고객이나 환자는 자신의 권리 주장을 위한 증거를 얻기 어려운데, 이러한 점을 고려하여 미국에서는 증거개시제도(discovery)를 운영하고 있다. 증거개시제도는 정식 재판이 진행되기 전에 소송 당사자가 해당 사건과 관련한 정보를 서로의 요청에 따라 공개하는 제도로 미국 연방법원이 제정한 민사소송규칙에 규정되어 있다(설문원·이해인, 2016).

셋째, 기록은 국가의 이익을 도모하고, 더 나아가 국가정체성의 토대가 된다. 1998년 체결된 한일어업협정이 결과적으로 한국 어민에게 손해를 끼쳤고 정부의 대책이 미흡했다는 비판이 잇따랐는데 한국 정부의 불철저한 기록이 원인 중 하나로 제기된 바 있다.[2] 또한 "기록이 없으면 역사도 없다(No archives, no history)"는 말은 역사와 국가정체성과 관련된 기록의 역할을 잘 말해준다. 가령 미국의 건국 철학이 담겨 있는 독립선언문, 헌법, 권리장전과 같은 문서들은 미국의 정체성을 보여주는 중요한 문서로 평가받고 있다. 영국 국가기록원(TNA: The National Archives) 소장물 중 가장 오래된 기록인 둠즈데이북은 11세기 정복왕 윌리엄 1세가 정복지의 통치와 조세 징수를 목적으로 만든 일종의 토지 조사서로 이 기록은 노르만 귀족의 재산권을 강화하고 국왕 윌리엄의 지속적 통치에 결정적 역할을 했다.

2) 기억

기록은 인간 기억의 확장이다. 문자 발명은 인간이 기억을 본격적으로 외재화(外在化)하는 계기가 되었다. 어떤 사건을 기억하는 이들에게 그 사건에 대한 기록은 기억을 강화하거나 이에 대항하는 역할을 한다. 후대 사람들에게 기록은 기억을 대체하는 역할을 한다. 이렇게 기록은 기억의 시공간적인 한계를 넘어 기억의 공유를 가능케 한다. 그래서 기록을 기억매체라고 부른다. 인간이 융성한 문화를 이룰 수 있었던 이유는 기억매체를 만들어 전승할 수 있었기 때문이다.

한편 보존기록은 집단기억(collective memory)에 영향을 미친다. 기억은 개인의 뇌 속에서 일어나지만, 어떤 집단이 특정 사건이나 사물에 대하여

---

2 "이번 협상이 매우 불만스럽게 된 것은 우리가 기록싸움에서 패배한 것이다. … 일본이 방대한 자료를 꼼꼼히 준비한 데 비해 우리는 어설픈 자료로 주장만 앞세웠다"(동아일보, 1999.3.18).

공통으로 기억한다면 이를 집단기억이라고 한다. 개인의 기억 과정이 사회적 관계에서 영향을 받는다는 점에 주목한 개념이다. 역사적 사건에 대한 집단기억은 역사서, 박물관, 기념행사, 언론매체, 문학·예술 작품, 교과서 등을 통해 형성된다(박찬승 엮음, 2017). 과거 사건을 직접 경험하지 않은 사람들도 책이나 영화, 기사를 보면서 실제 자신이 겪은 것처럼 기억하게 된다. 기록도 이러한 '기억 텍스트'의 일종이며, 보존기록관에 어떤 기록이 남겨져 있는지는 집단기억에 영향을 미친다.

남아프리카공화국에서 만델라 대통령 취임 후에 과거 청산을 위해 설치했던 기구인 '남아프리카 진실과 화해 위원회'가 주력한 것은 기록의 생산과 수집이었다. 정권 이양 직전에 공공기록이 대대적으로 파기되어 아파르트헤이트(백인 우위의 인종차별정책)에 의한 억압 행위를 조사하기 어려웠기 때문이다. 대규모의 구술사 수집, 증언, 대중과의 대화는 '새로운 기억'의 구축 과정이었다. 이렇게 생산·수집된 기록은 인종차별과 같은 과거의 불의를 폭로하는 증거로도 활용되었지만 '치유와 기억' 작업에도 활용되었다. 기록 활동을 통해 아카이브를 구축하고 이를 통해 과거에 대한 공유된 기억을 만들어가고자 한 것이다(Josias, 2011; Jacobsen, Punzalan and Hedstrom 2013).

한국의 대표적인 인권 아카이브인 5·18민주화운동기록관도 집단기억의 관점에서 볼 수 있다. 1980년 광주민주항쟁 이후의 유족, 구속자, 부상자 등 피해자와 가족이 30년 넘게 전개한 것은 일종의 기억투쟁이었으며, 국가권력으로부터 폭도가 아니라 "민주주의를 염원했던 자신들의 정체성을 인정받기 위한" 노력이었다(이정연, 2015: 130~131). 이는 감시를 피해 수집한 자료와 증언 채록, 각종 출판물로 나타난다. 이러한 기록들은 2011년 유네스코 기록유산으로 등재되었으며, 공공기록관 설립을 통해 이른

바 '광주사태'가 민주화를 위한 항쟁이었다는 공식기억의 지위를 갖게 되었다. 더 나아가 이러한 기록과 기록관은 동시대를 넘어 집단기억의 전승을 가능하게 해준다(설문원, 2021: 205).

개인이 자신을 어떻게 기억하는지가 정체성에 영향을 미치는 것처럼 집단기억은 공동체의 정체성에 영향을 미친다. 일기나 수첩에 남긴 기록을 통해 내가 무슨 일을 했는지 지난 세월에 어떤 생각을 많이 했고 어떻게 살았는지 알 수 있고, 이러한 기록은 나의 내적 정체성, 즉 '내가 생각하는 나'에 영향을 미친다. 마찬가지로 보존기록은 집단기억을 강화하거나 변화시킬 수 있다. 마을 아카이브나 이민자 아카이브와 같은 공동체 아카이브는 구성원들의 소속감을 높이고 기록 활동에 스스로 참여함으로써 공동체의 결속도 강화된다. 이러한 아카이브에서는 기억의 결과로 남겨진 기록뿐 아니라 기억 과정을 중시한다. 구성원들은 공동체기록을 보며 자신의 기억을 확인하고 동일시하는 가운데 공동체 정체성이 고양되고, 아카이브 구축에 함께 참여함으로써 공동체의 기억 형성에 기여하며 '기억의 공동체'가 강화된다.

그러나 집단기억 형성을 위한 의도적 개입에는 위험이 수반된다. 국가는 집단을 응집시키기 위하여 사회적 기억을 왜곡할 수 있고, 이렇게 형성된 집단기억에는 국가폭력이 삭제되어 실존하는 피해집단의 기억을 억압할 수도 있다. 기록물관리기관은 선별과 평가를 통해 남겨질 기억을 결정하는 '권력'을 행사한다. 캐나다의 기록학자 테리 쿡(Terry Cook)은 아키비스트가 수행하는 보존기록의 생성과 기억 형성 과정이 일종의 '기억의 정치'라는 점을 스스로 인식해야 한다고 경고했다(Cook, 1997: 46). 따라서 윤리적 지향이 없는 집단기억의 형성은 사회적 해악이 될 수 있다. 기록물관리기관은 남겨진 기록의 불균형을 고려하여 다양성, 형평성이 관철되도록 노력해야 한다. '아카이브의 침묵(archival silence)'은 그 사회의 구성원들이 마땅히 보존되어 있을 거라고 기대하는 기록을 기록물관리기관에서 찾을 수 없는 현상에 대한 은유적 표현이다(Carter, 2006). 침묵은 역사적 망각으로 귀결된다. 보존기록을 집단기억과 연결시킴으로써 기록물관리기관과 기록전문직의 윤리는 더욱 중요해졌다.

3) 정보

기록은 어떤 활동에 대한 증거이기도 하지만 유용한 정보자원이다. 어떤 업무에 대한 기록이 모이면 그 업무를 수행하는 데 참고가 되는 지식자원이 될 수 있다. 조직에서 기록을 만들 때부터 "훗날 정보나 지식으로 활용되도록 하겠다"는 의도가 있는 경우는 드물다. 국가기록원은 일제강점기에 작성된 많은 건축도면을 소장하고 있다. 이 도면들은 당시 건물을 시공하는 데 필요하기 때문에 만들어졌을 것이다. 그리고 건물을 관리하거나 유지보수하는 데도 활용되었을 것이다. 훗날 건축사 연구자나 영화제작자의 필요를 염두에 두고 만들어진 것은 아닐 것이다. 하지만 1930년대의 경성 종로를 배경으로 영화를 만들려는 제작자는 이러한 도면이나 사진을 이용하여 당시의 거리 풍경을 재현하고, 지금은 사라진 종로의 유명 백화점을 세트장에 유사하게 세울 수도 있다. 또한 이런 도면들은 한국 근대 건축사 연구에 활용될 수도 있을 것이다.

영국 TNA에서는 인구총조사가 시작된 1841년부터 1921년까지 조사를 위하여 수집한 기록을 서비스하고 있다. 이 기록은 개인정보 보호를 위하여 100년간 비공개로 유지되다가 조사 후 100년이 지나면 대중에게 공개된다. 통계 작성을 위하여 인명이 포함된 가구별 조사기록이 작성되는데,

인구총조사 통계에서는 알 수 없는 개인별·가구별 상세한 정보가 포함되어 있어 사회사나 인류학 연구자나 언론인, 전기 작가에게 유용한 정보를 제공한다. 이렇게 기록에 담긴 정보는 기록생산자의 의도와 관계없이 다양한 분야에서 다양한 방식으로 활용된다. 특히 '탈진실 사회'에서 믿을 만한 정보자원의 중요성이 높아지고 있으며 활동의 증거로 잘 관리된 기록의 가치를 더욱 알릴 필요가 있다.

3. 기록의 특성

1) 믿을 수 있는 기록의 특성

기록이 어떤 활동이나 사건, 의사결정의 증거가 되려면 그 기록을 믿을 수 있어야 한다. 가짜이거나 위조된 경우, 혹은 진짜라도 그 내용에 거짓이 섞여 있다면 믿을 수 있는 기록이 아니다. 믿을 만한 기록의 특징을 지칭하는 최상위의 개념은 신빙성(trustworthiness)이다. 신빙성은 보통 진본성과 신뢰성을 아우르는 경우가 많지만 활동의 증거로서 믿을 만한 특성을 모두 포함하기도 한다.

로마 시대에서 중세까지 아카이브에서는 법적 문서의 보호를 중시했고, 가짜와 진짜를 구분하는 것이 가장 중요했다. 영토권, 관할권, 재산권을 입증하는 개별 문서를 대상으로 진위를 파악하고자 했으며, 17세기에는 문서의 신빙성을 판단하기 위한 방법론으로 고문서학(Diplomatics)이 출현했다. 고문서학에서는 문서의 진본성 판단을 위한 기준을 제시함으로써 사료 비판 방법론을 확립했다는 평가를 받았다(MacNeil, 2000: 21).

그러다가 18세기 이후 19세기에 걸친 영미 증거법의 발전 과정에서 신빙성을 두 가지 측면으로 구분하게 되었다. 로마법전 이후 오랫동안 유럽에서는 법적 증거를 판단할 때 기록이 진짜라면, 즉 진본이라면 그 내용도 사실이라고 믿었다. 진본성과 내용의 진실성을 구분하지 않은 것이다. 그러나 기록의 진본성과 내용의 진실성은 서로 다른 측면이며 서로 다른 방법으로 평가되어야 한다고 인식하기 시작했다. 신빙성의 개념에 처음에는 가짜가 아닌 진짜를 의미하는 진본성만 포함되었으나 점점 기록 내용의 진실성까지 포함되었다. 역사학자들은 외적 비판을 통해 사료의 진본성을, 내적 비판을 통해 사료 내용의 진실성을 평가하고자 했다. 이러한 흐름이 기록관리에도 반영되었으며, 전자기록 환경의 영향을 받아 기록의 신빙성 판단은 더 정교해졌다.

기록관리 국제표준인 ISO 15489-1:2016에서는 '공신력 있는 기록의 특성'을 진본성(authenticity), 신뢰성(reliability), 무결성(integrity), 이용가능성(usability)으로 제시했다. 진본성의 요건은 세 가지로 요약되는데, ① 기록이 표방하는바 그대로의 기록이어야 하고, ② 그것을 생산했거나 보낸 것으로 되어 있는 바로 그 행위자가 생산했거나 보냈으며, ③ 기록에 명시된 시점에 생산되었거나 보내졌다는 것을 입증할 수 있어야 한다(ISO 15489-1:2016, 5.2.2.1). ①과 관련하여 예를 들면, 어떤 문서가 1961년 8월 14일에 태어난 오바마 대통령 출생증명서를 표방하는 경우, 그 출생증명서가 가짜가 아니고 진짜라는 것이 입증되어야 한다. ②와 ③은 ①을 확인하는 가장 중요한 기준으로 그 기록이 진짜인지를 판단하는 구체적인 잣대이다. 출생증명서 발급기관, 발급일자가 문서에 적혀 있는 바와 다르지 않음을 입증할 수 있어야 진본 혹은 진본 사본이 될 수 있다. 진본인증을 위한 방법 중 하나는 서명이며, 서명을 통해 생산자는 물론 생산자와 기록의 관계를 확인할 수 있다. 전자서명을 통해서는 생산자의 신원뿐 아니라 그 문서와의 관계를 확인할 수 있다.

신뢰성은 기록의 내용과 관련된 특성이다. ISO 15489-1에서는 기록을 산출한 활동을 재현할 수 있는 능력을 신뢰성으로 보았다. 신뢰성을 갖추려면 ① 사실에 대한 직접적인 지식을 가진 개인이 생산하거나 혹은 ② 업무처리를 위해 일상적으로 활용하는 시스템을 통해 생산되고, ③ 관련된 사건이 일어난 시점이나 혹은 바로 직후에 생산되어야(ISO 15489-1:2016, 5.2.2) 한다. 이러한 요건을 갖추어야 활동을 재현할 확률이 높아진다고 보았다. 기록이 활동을 얼마나 잘 재현할 수 있는지를 기록이 만들어진 상황을 통해 추론할 수 있다는 것이다. 회의록의 예를 들면, 회의 직후가 아니라 한두 달 지나서 작성되었다면 회의 내용을 제대로 재현할 가능성은 낮아질 것이다. 회의 관련 업무를 아는 사람이 작성해야 내용을 정확하게 기록할 수 있을 것이며, 일상적으로 사용하는 시스템에서 작성되어야 회의록의 구성요소가 일관성 있게 기재될 가능성이 높을 것이다. 그렇지만 이러한 신뢰성이 곧 내용의 진실성을 의미하지는 않는다. 내용의 진실성 여부는 기록관리 영역에서 판별하기 어렵다. 이는 해당 분야 전문가나 훗날 역사가가 판단해야 할 것이다.[3] 한편 진실이 아닌 내용이 담긴 기록이 또 다른 행위를 증거한다는 점에서 가치를 가질 수 있고, 위조문서라도 그 문서가 그 사회나 조직에 어떤 영향을 미쳤다면 보존가치를 가질 수도 있다.[4]

---

[3] InterPARES(International Research on Permanent Authentic Records in Electronic Systems) 프로젝트에서는 신뢰성이 내용의 정확성(accuracy)을 보장하지는 않기 때문에 정확성을 신뢰성과 분리했다. 정확성은 기록 내용의 진실성과 관련이 있으므로 오로지 내용 분석(content analysis)을 통해서만 확인할 수 있다(InterPARES Trust, 2018).

무결성은 기록이 생산 혹은 획득된 이후 이용되는 현재까지 기록의 원래 내용과 구조, 맥락이 모두 변경되지 않았다는 특성이다. 다만 허가받은 사람이 허가받은 조건에서 기록을 변경했다면 무결성이 훼손되었다고 보지 않는다. 가령 변화된 업무 환경과의 연결을 위하여 기록을 재분류하거나 복원이나 보존을 위하여 형태나 형식을 변경할 수 있는데, 그 내력이 남겨져 있다면 여전히 무결한 기록으로 간주할 수 있다. 다른 정보 개체와 비교할 때 기록이 가진 중요한 특징은 기록의 내용이 고정화된 형식(fixed form)으로 존재한다는 것이다(KS X ISO 16175-3, 4). 업무시스템의 기록관리 지침 및 기능요건에 관한 국제표준인 ISO 16175-3에 따르면, 고정성은 기록의 본질적 속성이다. 무결성은 이러한 고정성을 의미하며, 기록의 내용, 구조, 생산 및 이용 맥락은 물론 각 요소 간의 연결이 고정적으로 유지되어 있음을 의미한다.

이용가능성은 기록의 위치를 찾고 검색할 수 있으며, 찾아낸 기록을 볼 수 있고 이해할 수 있는 특성을 의미한다. 아날로그 기록의 이용가능성은 기록의 위치뿐 아니라 생산 맥락, 주제 등을 확인할 수 있는 검색도구의 마련, 그리고 적절한 서가관리를 통해 확보할 수 있다. 그러나 디지털 기록의 경우 기록의 내용과 구조의 변화 없이 기록을 볼 수 있는 소프트웨어와 하드웨어가 필요하고, 장기접근성(long-term accessibility)을 보장할 수 있어야 한다. 바로 지금의 기술 환경에서 기록을 열어볼 수 없다면, 기록

---

4 15세기에 가짜 문서라는 것이 밝혀진 '콘스탄티누스 기진장((Donation of Constantine)' 은 8세기 이후 15세기에 이르기까지 세속에 대한 교황 우위의 당위성을 지지하는 데 활용되었고 따라서 이 위조문서가 증거하는 역사적 실재가 존재한다는 점에서 증거가치를 갖는다(설문원, 2021: 173). 즉 신뢰성과 진본성이 기록의 보존 여부를 판가름하는 절대적인 기준은 아니라는 것이다.

이 없는 것이나 마찬가지이기 때문이다.

2) 기록의 구성요소

기록의 가장 중요한 특징은 기록이 내용(content), 구조(structure), 맥락(context)으로 구성된다는 점이다. 도서관에서는 책의 내용에 초점을 맞추며, 내용을 중심으로 분류·목록을 하고 서비스한다. 그런데 기록의 경우에 내용, 구조, 맥락이 연계되어 있지 않다면 완전한 기록으로 보지 않는다. 내용, 구조, 맥락 중 한 가지라도 결락되어 있다면 행위나 활동의 증거가 되기 어렵기 때문이다.

내용은 기록에 담긴 정보를 의미한다. 구조는 내용이 표현되는 형식이나 매체를 의미한다. 기록의 서식, 매체, 재질, 기록 내 요소들의 관계, 기록물 집합체 내의 기록 간 관계 등이 구조에 해당한다. 맥락은 애초에 기록을 생산하고 이용했던 환경을 의미한다. 누가 왜, 어떤 활동과 관련하여 그 기록을 만들었는지가 대표적인 맥락정보라고 할 수 있다.

결재문서의 예를 들면, 문서에 적힌 정보는 내용에 해당한다. 그 내용이 표현되는 문서의 양식, 서체, 형식(format), 서명의 형식, 첨부문서와 본문의 관계, 더 나아가 기록물철(문서파일)에 묶인 문서와 문서와의 관계 등은 구조에 해당한다. 문서 생산자는 누구인지 이 결재문서가 어떤 업무와 관련하여 생산되었는지 등은 맥락에 해당한다. 종이 기록의 경우 내용과 구조가 결합되어 있지만 디지털 기록은 내용과 구조가 분리될 수 있기 때문에 내용과 구조에 대한 정보가 연계될 수 있도록 별도의 노력을 기울여야 한다. 맥락은 결재와 같은 기록생산 과정에서, 그리고 그러한 과정이 담긴 기록 내부에서 발견할 수 있지만 외부에 존재하는 경우도 많다. 생산자에 대한 정보, 업무, 관련 법규 등에 대한 정보를 확보하여 기록 개체와 연결시켜야 한다.

내용, 구조, 맥락이라는 구성요소가 완전하게 연결되어 있어야 기록의 신빙성이 보장되며, 각 요소를 연결하려면 메타데이터와 분류가 필요하다. 기록의 내용, 구조, 맥락에 대한 메타데이터를 기술한 후 기록 개체와 연계하고, 업무분류체계에 따라 기록을 분류함으로써 맥락과 연계된다.

기록을 여러 가지 구성요소의 집합체로 보는 관점은 17세기 유럽에 등장한 고문서학에서도 발견할 수 있다. 고문서학에서는 문서가 내적·외적 요소를 포함하는 하나의 체계로 구성된다고 보았고, 이러한 요소에는 문서 생산의 원인인 행위, 그 행위에 관여한 사람, 행위가 이루어지는 절차, 그리고 모든 요소를 묶어주는 문서 형식이 포함된다. 고문서학은 문서의 진본성 판단을 위한 방법론을 확립했다는 평가를 받았으며, 20세기 전자기록의 진본성 연구에도 영향을 끼쳤다. 진본 전자기록의 장기보존을 위한 InterPARES 프로젝트에서는 구성요소들이 쉽게 분리될 수 있는 전자기록의 특성에 주목하여 고문서학에서의 접근법을 응용했다(Duranti, 1998).

4. 기록관리의 의미와 방법론

1) 사회제도로서 기록관리

많은 기록이 조직에서 생산되며 이러한 기록이 체계적 기록관리의 주요 대상이 된다. 그러나 조직에서 생산되었어도 기록은 생산된 조직을 넘어 시기와 공간에 국한되지 않는 사회적·역사적 가치를 갖게 된다. 따라

그림 1-1 **기록 활용과 효용의 확장**

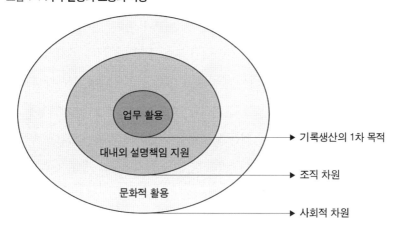

자료: Shepherd and Yeo(2003: xii) 재구성.

서 민주주의 국가에서는 기록관리를 제도화하여 공공기록뿐 아니라 민간 기록을 포괄하는 관리 정책과 제도를 운영한다.

기록은 애초에 만들어진 목적으로 활용되지만, 기록이 잘 관리되면 생산 목적을 넘어 그 효용이 확장된다. 기록의 활용과 효용이 확장되는 과정은 그림 1-1과 같이 개념화할 수 있다. 조직에서는 업무상 목적으로 기록을 만들고 관리하며, 업무 효율을 높이고 업무의 일관성과 연속성을 유지할 수 있도록 활용된다.

이러한 기록은 업무 활용뿐 아니라 조직 내 구성원이나 외부 이해관계자들에게 설명책임(accountability)을 다하도록 지원한다. 설명책임은 원래 재정분야에서 사용된 개념으로 공적 자금의 적절한 회계 관리와 합법적 지출을 설명할 수 있어야 한다는 것이다.[5] 업무 과정에서 생산한 기록은

---

5   행정학에서 설명책임은 "사회 전반에서 혹은 특정 조직 내에서 이루어진 자신의 행위를

공적 자금이 불법성 없이 관리·지출되고 기관 운영이 합법적으로 이루어졌음을 사후적으로 설명하는 데 중요한 도구가 된다. 참여민주주의에서 설명책임은 공공행정의 업무 전반에서 무엇이 설명되어야 하며, 왜 그러한 설명이 요구되는지에 대한 합의를 토대로 구현되어야 하는 개념으로 확장되었다. 「공공기록물법」도 이러한 설명책임의 개념에 입각하여 "공공기관은 효율적이고 책임 있는 업무수행을 위하여 업무의 입안단계부터 종결단계까지 업무수행의 모든 과정 및 결과를 기록물로 생산·관리" 하라고 규정하고 있다(「공공기록물법」 제16조). 기업도 내부 구성원뿐 아니라 감사기관, 주주 등 다수의 이해관계자들에게 설명책임을 다해야 하며, 적절한 기록의 생산과 공개 없이는 책임을 이행할 수 없다.

기록이 보존기록관으로 이관되거나 대외적으로 개방이 되면 문화적 활용이 가능하다. 문화적 활용은 기록을 생산한 조직의 차원을 넘어 학술, 교육, 산업, 문화 등 사회의 다양한 영역에 활용되는 것을 의미한다. 세계기록선언에서도 "기록에 대한 열린 접근은 인간 사회의 지식을 풍요롭게 하고, 민주주의를 촉진하며, 시민권을 보호하고, 삶의 질을 높인다"고 밝히고 있다. 이렇게 기록의 효용이 사회적으로 확산될 수 있게 국가 차원의 법률과 정책을 수립·집행하도록 촉구한다.

기록을 관리할 1차적 책임은 기록을 생산한 개인이나 조직에 있다. 그러나 기록은 기록을 생산한 개인이나 조직을 넘어 사회 전반, 더 나아가 미래에까지 영향을 미칠 수 있는 대체 불가의 기억자산이자 역사자원이다. 따라서 기록을 관리하고 활용하며 보존하는 것은 그 사회와 국가의

법률상 혹은 조직상의 상부기관에 설명할 수 있는 정도"를 의미한다(Shafritz, Russell and Borick, 2013: 188).

그림 1-2 **기록연속체 모형**

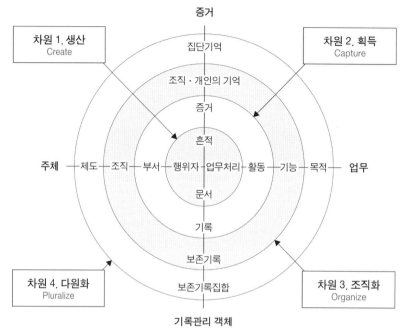

자료: Upward(1996: 278).

책무라고 볼 수 있다.

　기록연속체 모형(Records Continuum Model)을 통해서도 시간과 공간의 복합적 맥락과 연계된 기록관리의 의미를 확인할 수 있다. 프랭크 업워드 (Frank Upward), 수 매케미시(Sue McKemmish) 등 호주 모나시 대학교 연구 팀이 발표한 기록연속체 모형은 생애주기 모형에 대한 대안으로 제시되 었고, 현용·준현용·비현용의 단계마다 구분되는 관리를 넘어 탈보관적 체제를 지향한다.

　기록연속체 모형에서는 업무처리의 흔적으로 만들어진 문서가 더 큰 활동과 기능별로 모이면서 조직의 증거가 되고, 더 나아가 집단기억을 형성하며, 보존기록관에서의 기록관리가 제도화되면서 기록의 가치가 다원화되는 것을 보여준다. 이 모형은 4개 축과 4개 차원이 결합되어 있다.

기록관리 객체(축)에서는 문서가 현용기록, 보존기록, 보존기록집합체로 확장되고, 증거(축)에서는 흔적에서 증거, 조직·개인의 기억, 집단기억으로 연결된다. 업무(축)에서는 업무처리가 활동, 기능, 목적으로 넓어지며, 주체(축)는 개인 행위자, 부서, 조직, 제도로 이어진다. 각 축이 이렇게 확장되기 위해서는 생산, 획득, 조직, 다원화라는 기록관리 프로세스를 거쳐야 한다(McKemmish, Upward and Reed, 2010). 특히 다원화 차원을 보면 기록이 생산 목적을 넘어 다양한 사회적·역사적 의미를 갖게 되고, 기록이 조직을 넘어 사회적 자산이 된다는 것을 보여준다.

기록연속체 모형이 처음 발표되었을 때 증거 중심의 모형이고 증거축에서 기억축이 분리되어야 한다는 논란이 있었고(Piggott, 2020), 실무에 어떻게 적용될지 대한 설명력이 약하다는 비판도 있었다(Van Bussel, 2017). 그럼에도 불구하고 현용기록과 보존기록의 분절적 관리를 지양하고 기록이 실재하는 모든 시공간에 걸친 통합적 관리 프레임워크를 제시했다는 데 의미가 있으며, 특히 디지털 환경에 적합한 모형이라고 볼 수 있다(서혜란, 2018).

기록이 생산 목적을 넘어서는 사회적·역사적 가치를 갖기 때문에 기록관리에서도 조직 차원과 사회적 차원의 책임을 모두 고려해야 한다. 세계기록선언에서는 행정, 문화, 지식 활동에 대한 진본 증거로서 기록이 어떤 문화유산이나 정보자료로 대체할 수 없는 고유성을 가지고 있다고 강조하며, 다음과 같은 임무를 위해 정부기관 및 사회의 각 집단이 협력해야 한다고 명시했다.

첫째, 국가 차원의 기록관리 정책을 수립하고 법률을 제정하며 이를 집행해야 한다. 둘째, 민간기관과 공공기관 등 업무 과정에서 기록을 생산하고 이용하는 모든 조직은 보존기록관리의 가치를 확인하고 이를 충분히 수행해야 한다. 셋째, 훈련받은 전문가 고용 등 기록관리에 필요한 충분한 자원을 할당한다. 넷째, 진본성, 신뢰성, 무결성, 이용가능성을 보장하는 방식으로 기록을 관리·보존한다. 다섯째, 관련 법률과 개인(생산자, 소유자, 이용자)의 권리를 존중하되 모든 사람이 기록에 접근할 수 있도록 한다. 여섯째, 책임 있는 시민의식을 높이는 데 기록을 사용한다.

2) 기록관리 방법론의 변화와 성과

유럽과 북미에서 전개된 기록관리 방법론은 크게 네 가지 흐름으로 구분할 수 있다. 테리 쿡은 이를 기록관리 패러다임이라고 불렀는데, 패러다임별 주요 이론적·방법론적 성과는 다음과 같다(Cook, 2013).

(1) 사법적 유산의 보존

1850년대에서 1930년대까지는 물려받은 사법적 유산의 보존을 기록관리의 핵심 역할로 보았다. 프랑스 혁명 이후 국가기록물관리기관이 설립되고 왕실이나 귀족, 종교 지도자의 전유물이었던 기록을 시민들이 열람할 수 있게 되었다. 기록물관리기관에서는 기록관리를 위하여 도서관과는 다른 방법을 모색했고 유럽의 기록관리계에서 적용되던 실무 방법들이 이른바 '네덜란드 매뉴얼(Dutch Manual)'로 집대성되었다(Muller, Feith and Fruin, 1898). 이 매뉴얼을 통해 퐁 존중(respect des fonds), 출처(provenance), 원질서(original order)의 원칙이 기록관리의 핵심 원칙으로 정립되고 세계 각국으로 전파되었다. 이 원칙들은 보존기록 조직의 원칙으로 여

전히 유효하지만 환경 변화에 맞추어 새롭게 해석하여 적용하려는 시도
는 지속되고 있다(설문원, 2017).

이 원칙들은 기록을 생산하게 만든 활동과 기능의 증거를 보호하기 위하여 고안된 것이다. 이 시기를 대표하는 학자는 영국 공공기록보존소(PRO: Public Records Office)의 아키비스트 힐러리 젠킨슨(Hilary Jenkinson)이다. 젠킨슨은 보존기록의 본질적 특성을 보호하고, 이를 통해 증거를 수호하는 것이 아키비스트의 사명이라고 보았다. 기록이 기원한 맥락을 설명할 수 있는 정리(arrangement)와 기술(description)이 당시 아키비스트들의 주요 과제였다.

증거라는 관점에서 기록이 여타 정보자원과 다르게 관리되어야 하는 근거를 제시하고, 기록의 본질과 특성을 정립함으로써 기록관리 및 기록학의 독자적 발전의 토대를 마련한 것이 이 시기의 주요 성과이다.

(2) 활용가치 중심의 보존기록 평가

1930~1970년대는 세계대전, 대공황, 국가 주도의 사회 프로그램 증가로 국가기록이 폭증했고 기존의 방법론으로 기록을 관리할 수 없는 상황이 되었다. 이 시기 미국과 유럽의 아키비스트들은 물려받은 사법적 유산의 보존을 넘어 보존할 기록을 적극적으로 선별하라는 요구를 받았다. 대표적인 학자는 미국 국가기록물관리기관의 아키비스트 테오도르 쉘렌버그(Theodore R. Schellenberg)였다.

쉘렌버그는 기록관리 방법론에서 크게 두 가지 공적을 남겼다. 첫째, 기록의 생애주기 개념이다. 이 개념에서는 기록과 보존기록을 구분했다. 「네덜란드 매뉴얼」이나 젠킨슨의 시각에서는 모든 기록이 'archives'였다. 그러나 쉘렌버그는 '유기적 종합체'인 'records'에서 극히 일부만 선별한

것을 'archives'라고 칭했다. 'archives'를 선별할 책임은 아키비스트에게
있다. 'records'와 'archives'의 구분은 기록관리 사상에 큰 변화를 가져왔
고 각국의 기록관리 체제에 영향을 미쳤다. 전자기록관리가 도래하면서
각 단계별 경계가 모호해졌지만 아직도 많은 나라에서 생애주기 단계에
입각한 기록관리 체제를 유지하고 있다.

둘째, 기록의 가치를 생애주기로 분류하고, 이러한 가치에 따라 기록을
평가(appraisal)·선별(selection)하는 방안을 제시했다. 기록물관리기관으로
이관되는 보존기록은 더 이상 '자연적으로 남겨진 것'이 아니라 아키비스
트의 결정을 통해 고심하여 만들어진 것이었다. 보존기록 선별 기준인 2
차적 가치는 사료(史料)로서 활용가치에 초점을 맞추었고, 아키비스트는
'역사가이자 아키비스트' 혹은 '역사가의 조력자'라는 정체성을 특징으로
했다. 이 시기의 주요 성과는 생애주기에 따른 기록의 평가·선별 방법론
을 체계화하고 보존기록 형성자로서 아키비스트의 적극적 역할론을 제시
했다는 점이다.

(3) 사회적 정체성을 반영하는 기록관리

1970년대 중반 이후 보존기록이 사회의 반영물이고 보존기록을 통해
당대 사회의 정체성을 확인할 수 있다는 개념이 도입되었다. 보존기록을
보는 관점이 전환된 것이다. 역사 연구의 동향이나 사료로서의 유용성을
기준으로 하는 대신 당대 사회의 대표적인 이미지를 담을 수 있도록 보존
기록을 구성해야 한다는 주장들이 개진되었다.

이 시기에 이루어진 대표적인 기록학의 성과를 정리하면 다음과 같다.
첫째, 기록에 대한 조사를 토대로 이루어지는 미시적 평가에서 벗어나 기
록생산의 사회적 맥락에 대한 평가를 토대로 이루어지는 거시적 평가 방

법론이 등장했다. 대표적으로 독일의 기록학자 한스 봄스(Hans Booms)의 '기록화계획(documentation plan)'을 들 수 있다. 캐나다에서는 국가기록 평가·선별을 위하여 정부기능 분석을 기초로 하는 '거시적 평가 방법론'을 도입했다. 최근에는 한국을 포함한 여러 나라에서 기능 기반의 기록평가 제도를 운영하고 있다.[6]

둘째, 당대 사회상을 기록으로 남기려면 국가기관과 같은 공공영역뿐 아니라 민간영역, 특히 사회 비주류 집단, 주변부 계층에 관한 기록의 수집이 필요하다는 공감대가 마련되었고, 이러한 배경에서 헬렌 새뮤얼스(Helen Samuels)와 리처드 콕스(Richard Cox) 등이 '기록화전략(documentation strategy)'을 주창했다. 1980년대 중반에 제안된 이 전략은 20세기 말까지도 실행의 어려움 때문에 성공 사례를 찾기 힘들었지만, 디지털 기술 도입과 함께 재조명을 받으며 많은 모범 사례가 만들어지고 있다. 한편 캐나다의 '토탈 아카이브(Total Archives)'는 기록화전략이 국가 차원의 평가·선별 정책에 적용된 사례이다. 캐나다 국가기록관리기관이 1980년 수립한 이 정책은 정치적·사회적 기록화를 위하여 다양한 매체의 공공기록과 민간기록을 포괄했다.

셋째, 기록의 사회적 역할에 대한 연구가 활성화되었다. 설명책임과 투명성 보장을 위한 운동, 정보자유법 제정 등을 배경으로 기록관리가 민주주의, 정의, 인권을 높이는 데 어떤 역할을 할 수 있는지 모색했다. 남아프리카공화국이나 남미 여러 국가에서 인종차별이나 국가폭력 등 과거의 불의를 폭로하는 데 기록을 활용했고, 치유와 기억 작업을 위한 기록의 생

---

6 그런데 기능평가나 거시평가를 표방한다 해도 구체적인 방법론은 나라마다 매우 다른데, 기록평가가 특히 행정 및 기록관리 문화의 영향을 많이 받기 때문일 것이다.

산을 중시하게 되었다. 호주에서는 하이너 사건(Heiner affair)[7] 이후 불의를 은폐하기 위한 기록의 폐기를 규탄하고 이러한 사태를 방지할 기록관리 체제에 대한 논의가 이어졌다. 이는 호주에서 세계 최초의 기록관리 국가표준인 AS 4390이 만들어지는 계기가 되었다. 기록학은 전통적으로 보존기록관리에 초점을 맞추었으나, 현용기록 단계에서부터 관리가 이루어져야 한다는 각성의 결과이다.

이 시기에 아키비스트는 사회의 다중 정체성을 아카이브 기억으로 남겨야 하는 중재자(societal mediator)였으나 빠르게 변화하는 사회조직과 디지털 미디어의 복잡성에 대응하여 증거를 보호하는 활동가로서의 역할을 강조하는 주장도 많은 지지를 받았다. 이런 주장과 관련하여 InterPARES 프로젝트에 주목할 필요가 있다. 디지털 환경에서 생산된 진본 기록의 영구보존을 위한 이론과 방법론을 개발하기 위하여 캐나다 브리티시컬럼비아 대학교의 루치아나 듀란티(Luciana Duranti) 교수가 이 다국적 프로젝트의 책임을 맡았다. 1999년에 1단계가 시작되어 2019년 4단계 사업이 끝날 때까지 20년간 진행되었으며, 디지털 기록의 진본성, 평가, 보존에 관한 많은 이론적·방법론적 성과를 얻었다. 또한 이 프로젝트는 기본적으로 법적 증거능력의 보존을 강조하는데, 방법론은 사뭇 다르지만 기록에 대한 관점은 젠킨슨을 계승한다고 볼 수 있다.

이 밖에 이 시기에 기록관리계가 이룬 큰 성과는 국제표준 ISO 15489-1의 제정이다. 호주 AS 4390의 내용을 대부분 수용하여 2000년 제정되었

---

7   하이너 사건은 1990년 호주 퀸즐랜드 정부가 아동학대 조사를 중단시키고 관련된 문서들을 파기하도록 한 사건을 말한다. 교정 공무원들이 원주민 재소자들에게 저지른 범죄와 권력 남용에 대하여 치안판사 노엘 하이너가 작성한 문서들이었는데, 정부 고위층의 명령에 따라 퀸즈랜드 주립기록관장이 파기했다.

고, 2006년에는 ISO 15489-1의 이행을 지원하기 위하여 기록관리 메타데이터 표준 ISO 23081-1이 제정되었다. 전문적 기록관리의 영역이 보존기록관리에서 현용기록관리까지 확장된 것이다.

(4) 공동체의 협력적 아카이빙

네 번째 기록관리 흐름의 키워드는 공동체로서 2010년 이후 국내외 학계나 현장에서 가시화되고 있다. 디지털 기술을 활용하여 누구나 기록을 생산하고 아카이브를 만들 수 있는 환경을 반영한 흐름이다. 기존의 방법론과 특히 달라진 점은 아키비스트의 역할이다. 많은 사람들이 이미 신념, 장소, 종교, 활동 등 다양한 목적의 아카이브를 만들고 있는데, 기록 생산과 관리의 주체는 개인 혹은 그가 속한 공동체이다. 이때 아키비스트는 "제도의 벽 뒤에서 활약하는 엘리트 전문가"가 아니라 공동체 안에서 활동하는 멘토이자 활동가이다. 이들은 보존기록관에서 기록 '산출물(product)'을 수집하도록 지원하는 것이 아니라 참여 '프로세스(process)'로서 아카이빙을 촉진하는 역할을 해야 한다. 가르치는 대신 '들어야' 하고 공동체가 기록을 생산하고 기억을 만드는 스토리텔링, 관계를 기록하는 방법 등을 배워야 한다. 이는 아키비스트가 축적해온 전문성을 포기하는 것이 아니며, 협력적 실천을 통해 결과적으로는 전문직 정체성을 강화할 수 있다(Cook, 2013).

전통적인 주류 보존기록관들은 사회적 기록화 측면에서 볼 때 극히 일부의 기억과 증거만을 보유하고 있다. 도시나 마을공동체, 다양한 가상공동체와 협력함으로써 보존기록관은 과거에 비해 개인과 사회 경험에 관한 풍부한 기록화를 성취할 수 있다. 그러나 이러한 기록을 사회적 자원으로 포용하기 위해서는 기록관리에 대한 기존의 접근법을 바꾸어야 한다. 조직의 증거로서 기록의 품질요건을 그대로 적용하거나 보존기록관이 공동체의 기록을 물리적으로 수집하는 방식을 강요해서도 안 된다. 공동체가 자신들의 기록을 스스로 보호하고, 기록전문직과 협력하여 자신들의 유산과 정체성에 대한 자부심을 가지고 관리하는 것이 바람직하다. 공동체기록은 단순히 보존기록자원이 아니라 공동체 정체성의 일부이다. 따라서 공동체의 자율성을 보호해야 하고, 공동체의 감성적·종교적·상징적·문화적 가치를 인정하면서 기록관리를 지원해야 한다(Cook, 2013).

공동체 패러다임은 다양한 실천과 도전을 거치며 아직 만들어지는 과정에 있다. 기록의 평가, 조직, 서비스, 보존에도 기존과는 다른 기준과 방법이 필요한데 아직 방법론적으로 확실한 성과는 없으며 이에 대한 연구가 국내외에서 활발하게 이루어지고 있다.

지난 150여 년간 기록관리의 흐름을 살펴보면 기록을 보는 관점과 방법론이 달라졌다. 한편으로는 기록의 새로운 가치와 사회적 편익을 발견하는 과정이었다고 볼 수 있다. 처음에는 법적 증거라는 가치를 위하여 기록을 관리했지만 사회에서 갖는 다양한 가치를 실현하기 위하여 기록관리의 영역이 확장되었다. 따라서 새롭게 인식된 기록의 가치를 중심으로 방법론과 이론이 축적되어온 양상을 확인할 수 있다.

5. 기록전문직

1) 기록전문직 현황

기록관리는 훈련받은 전문직이 수행해야 한다. 세계기록선언은 물론

ISO 15489-1과 같은 국제표준에서도 이 점을 강조하고 있다. 한국에서는 1999년 당시「공공기관의 기록물관리에 관한 법률」제정 이후 기록관리가 전문직의 업무라고 인식하게 되었다. 이 법률에 따라 '기록물관리 전문요원'이 법제화되고 대학원 수준의 양성 과정이 만들어졌다. 이 법에서는 모든 공공기관이 1명 이상의 '기록물관리 전문요원'을 배치하도록 의무하며 그 자격을 규정하고 있다. 2005년에는 '연구직 및 지도직공무원의 임용 등에 관한 규정'이, 2007년에는 '지방연구직 및 지도직공무원의 임용 등에 관한 규정'이 개정되어 연구직의 학예직군에 기록연구직렬, 기록관리직류가 신설되었고, 이에 근거해서 (지방)기록연구사와 (지방)기록연구관의 직급명을 가진 전문인력이 선발되어 공공기관에 배치되기 시작했다(서혜란, 2018). 현재 중앙행정기관, 지방자치단체, 공사나 공단과 같은 공공기관, 대학에는 거의 기록물관리 전문요원이 배치되어 있다.

한국 기록전문직제도의 특징은 다음과 같다. 첫째, 기록관리자와 보존기록관리자가 구분되지 않으며 전문가 양성 교육, 전문직 자격제도, 전문직 단체도 따로 운영되지 않는다. '기록물관리 전문요원'의 자격을 가진 사람이 어떤 기록물관리기관에서 일하느냐에 따라 기록관리자가 될 수도 있고 보존기록관리자가 될 수도 있다. 서구에서는 양자를 다른 직종으로 보고 전문직 단체도 각기 독립적으로 운영되며, 자격제도가 분리 운영되는 경우도 있다. 이는 나라마다 다른 전문직 형성 과정과 문화를 반영하는 것이며, 각기 장단점이 있다. 그러나 기록과 보존기록에 대한 통합적 관리가 유용한 디지털 환경에서는 한국의 방식이 더 적절할 수 있다(이소연, 2011; 서혜란, 2018).

둘째, 어떤 전문직이 법적 지위를 확보하려면 그 업무의 전문성과 공익성을 사회적으로 인정받는 기간을 거쳐야 하는데, 한국에서는 이러한 인정을 받기 전에 먼저 법적 지위부터 확보했다는 특징을 갖는다(서혜란, 2018). 기록전문직은 물론 기록관리 자체에 대한 이해도가 낮은 상태에서 법령에 따라 '기록물관리 전문요원'이 행정기관에 배치되면서 많은 어려움을 겪었고, 대부분 '1인 기록관' 체제라는 조건이 어려움을 가중시키고 있다. 그러나 기록관리 현장에서의 경험이 축적되면서 전문성도 함께 강화될 것으로 기대되며, 전문성 강화를 위해 제도 개선, 교육 프로그램 내실화, 연구의 활성화가 뒷받침되어야 할 것이다.

한편 기록을 관리하는 업무에는 기록관리자나 보존기록관리자 외에도 다양한 전문직과의 협력이 필요하다. 디지털 기록 환경에서의 기록 관리와 보존을 위해 IT나 시스템 전문가와, 기록의 물리적 보존과 복원을 위하여 복원 전문가(conservator)와 협력할 필요가 있다. 실제 국가기록원에는 기록연구직뿐 아니라 학예연구직, 사서직, 공업연구직, 전산직, 보건연구직 등 다양한 전문직이 함께 일하고 있다. 기록전문직이 기록관리에 필요한 다양한 지식과 기술을 가진 다른 전문직과 협력하려면 소통이 중요한데, 각 전문직이 사용하는 언어와 해당 분야에 대한 기초 이론과 최근 동향에 대한 지식을 갖추고 있어야 할 것이다.

2) 기록전문직의 핵심가치와 윤리

전문직은 고도의 전문적 교육을 통하여 자격을 획득함으로써 특정 영역에서 지식이나 기술을 독점적으로 사용할 수 있는, 자율성이 극대화된 직업이다. 어떤 직업이 전문직으로 인정받으려면 신뢰, 자율성, 공익성의 요건을 충족해야 한다(Mooradian, 2018: 44~47). 즉 먼저 그 직업 집단이 전문적 지식에 능통하고 이러한 지식을 실무에 적용할 수 있는 역량을 갖추고 있다고 사람들이 신뢰해야 한다. 자율성은 고객이 전문가의 판단을 신뢰하기 때문에 주어지는 것이다. 자율성에는 책임이 따르기 때문에 자율성을 부여받은 전문직 집단은 스스로 개발한 윤리 기준에 따라 내부 구성원들을 규제해야 한다. 신뢰와 자율에 기반하여 전문직은 독점적 지위를 부여받는다.

무엇보다도 전문직은 사회로부터 위탁받은 사명을 가지고 있다. 전문직은 단순히 피고용인을 넘어 사회적 책임을 가진다. 따라서 전문직 업무의 윤리적 반경은 개인이나 자신이 속한 조직의 차원을 넘어선다. 전문직 활동은 개별 고객들에 대한 책임, 회사와 집단을 위한 책임을 넘어 공익, 때로는 미래의 기대까지 고려해야 한다(Mooradian, 2018: 47~48).

그렇다면 기록전문직에 부여된 사회적 사명, 이들이 추구해야 하는 핵심가치는 무엇일가? 노먼 무라디안(Norman A. Mooradian)은 기록관리자의 핵심가치를 설명책임으로 규정했다. 이들은 조직 활동의 기록을 수집·보존하여 장기적으로 조직의 투명성과 책임성을 갖추도록 함으로써 사회 발전에 기여한다. 보존기록관리자의 핵심가치는 역사와 기억의 보존이다. 영구적 가치가 있는 기록을 선별하여 보존하고, 다양성과 포용성에 입각하여 사회적 기억을 남길 수 있도록 함으로써 이러한 가치를 구현한다. 기록전문직이 지향하는 이러한 가치는 개인이나 조직의 이익을 넘어서는 공익적 가치를 갖는다(Mooradian, 2018).

핵심가치를 구현하기 위하여 기록전문직 단체들은 윤리강령을 제정하고 이를 전문직 내부의 규율로 운영하고 있다. ICA는 1996년 윤리강령(ICA Code of Ethics)을 선포했고(ICA, 1996), 각국의 기록전문직 단체들도 별도의 윤리강령을 제정하여 운영하고 있으며, 특히 미국아키비스트협회(SAA: Society of American Archivists)는 윤리강령과 별도로 핵심가치를 제정하여 윤리적 실천의 방향성을 제시하고 있다. SAA의 핵심가치에는 설명책임, 다양성, 역사와 기억, 사회적 책임, 전문가주의(professionalism)와 같은 본원적 가치와 선별, 보존, 책임 있는 관리, 접근과 이용, 서비스, 기록관리의 가치 옹호(advocacy)와 같은 도구적 가치가 포함되어 있다(Society of American Archivists, 2020).

한국에서는 2009년 '제1회 전국기록인대회'에서 기록전문직이 가져야 할 태도와 신념을 담은 '기록인 선언'을 발표했고(한국기록관리학회·한국기록학회, 2009: iii~iv). 2014년에는 한국기록전문가협회가 '한국기록전문가윤리강령'을 채택하여 선포한 바 있으나 전문직 내에서 널리 공유되고 있지는 않다. 윤리강령을 통해 기록전문직 구성원이 지향해야 하는 가치와 윤리적 실천 방향을 제시하고, 대외적으로 기록전문직의 윤리와 소명의식을 알림으로써 전문직에 대한 사회적 신뢰를 쌓아나갈 수 있다.

다시 생각해보기

1. 공공기관이 설명책임을 다하기 위하여 생산해야 할 기록은 무엇인지 생각해봅시다.
2. 부실한 기록관리가 가져올 수 있는 폐해를 개인, 조직, 사회적 차원에서 생각해봅시다.
3. 믿을 만한 증거로서 기록이 갖추어야 할 네 가지 속성과 그 의미를 생각해봅시다.
4. 기록전문직 윤리강령을 통해 기록관리의 사회적 역할과 가치를 생각해봅시다.

기록관리제도의 역사

기록관리제도는 국가별로 어떤 특성을 갖는가?

최재희

이 장은 세 부분으로 구성된다. 먼저 서구를 중심으로 근대 이후 현재까지 기록관리제도의 전반적인 역사적 흐름과 관점의 변화를 개관했다. 자료의 한계로 인해 다른 지역의 기록관리 체계는 포함하지 못했다. 다음으로 주요 국가의 기록관리 체계와 제도의 특징을 소개했다. 국가의 선정에서 위와 같은 역사적 맥락과의 연결 여부와 현재 한국 기록관리의 현황과 전망에 참고할 수 있는 특성을 고려했다. 사회주의 국가의 기록관리 체계와 프로세스에 대해 별도의 더 많은 연구가 필요하다고 생각한 중국과 참고할 만한 별도의 특성이 없다고 판단한 일본의 기록관리제도는 포함하지 않았다. 마지막으로 삼국 시대부터 현대에 이르기까지 한국 기록관리제도의 변천과 그 의미를 고찰했으며 현대에 더 큰 비중을 두었다. 이 장의 목적은 이러한 비교사적 고찰을 통해 우리의 현재 기록관리 현황을 좀 더 객관적·종합적으로 진단하고 미래를 준비할 수 있는 토대를 제공하는 데 있다.

1. 기록관리의 역사와 흐름

1) 근대 이전의 역사

문자가 없었던 선사 시대에 인류는 동굴 벽화나 암각화 등의 형태로 감정과 느낌, 활동을 기록했다. 문자가 발명되면서 구술로 전승되던 신화나 전설이 문자로 표현되었다. 농경 사회에서는 이전까지 경험에 의존하던 것을 대신해 천체의 운행을 관찰하고 기록한 역법을 만들어 춘하추동을 구별하여 농업에 적용하게 되었다. 상업이 활발한 지역에서는 거래 물품의 목록과 수량, 액수 등을 기록으로 꼼꼼히 정리하여 계속 활용해야 했을 것이다.

국가가 형성되면서 신분에 따른 권리와 의무, 세금과 부역 및 군역에 관한 기록이 생산될 수밖에 없었다. 구성원 사이에 발생하는 다양한 일탈을 판단하고 이해 갈등을 조정하는 기준을 일관성 있게 유지하기 위해서도 기록이 필요했다. 현존하는 가장 오래된 법전으로 알려져 있는 우르남무 법전이나 함무라비 법전 등 메소포타미아 지역의 여러 고대 법전은 공통적으로 위와 같은 내용을 담고 있다.

지중해 지역에서는 법전이나 행정기록을 넘어 기록의 대상이 확대되었다. 시민공동체적 성격이 강했던 고대 그리스의 폴리스에는 시민권을 가진 성인 남자 전원이 참석해 발언할 수 있는 민회가 존재했다. 폴리스 간 민회의 권한에 차이가 있었지만 외교, 전쟁, 식량 공급 등 중요한 정책이 민회에서 토의되고 결정되었다. 민주정의 전성기 동안 아테네의 민회는 매년 집정관과 장군을 선출했으며 시민 법정에서는 다수결로 판결이 이루어졌다. 이 과정에서 제출된 자료와 결정 그리고 판결은 기록으로 남겨져 보관되고 활용되었을 것으로 추정된다. 기원전 4세기 중엽 아테네의 메트론(Metroon)은 기록보존소의 기능을 수행했다.

지중해 세계를 통일한 로마는 제국으로 팽창하면서 고위 정무관의 업무 기록과 신관의 기록, 원로원 결의와 의사록 그리고 국유지나 국고에 보관된 귀금속의 명세와 국고의 출납과 같은 회계 기록이 증가했다. 그 자연스러운 귀결로 기원전 79년에 국립문서고(tabularium)를 신축했다(김경현, 2015: 149~150).

당시 기록의 관리 실태는 체계적이지 못했던 것으로 짐작되지만, 이와 별개로 금석문을 통한 문서 공시는 주목할 필요가 있다. 로마의 주요 공공장소에는 지상에서 잘 보이고 잘 읽을 수 있는 평지에 각종 공문서를 새긴 청동·석재·백색 서판이 즐비하게 늘어서 있었다. 공문서는 외국과의 조약문, 신관 관할의 각종 고시, 민회의 입법과 원로원의 결의 등이었다. 제한적이나마 금석문을 통한 기록의 개방성과 접근성이 관례였던 것이다.

로마 제정의 전반기 동안 중앙과 속주 사이의 문서 수발신이 활발했다. 총독 또는 지역 엘리트가 제출한 민원 서류와 이에 대한 황제의 답신이나 발급 문서는 각급 아카이브에 보관되었으며 일부는 금석문에 새겨져 공시되었다. 늦어도 2세기 중엽부터 속주는 아카이브와 관리 조직을 갖추었으며 누구든 총독의 승인을 얻고 수수료를 내면 기록을 이용할 수 있었다. 17개 속주에서 아카이브의 존재가 확인된다. 일부 대도시에는 주요 신전의 경내에 중앙문서고(Katalogeion)가 설치되었다. 산하 행정단위별로 공문서관리소(bibliotheke demosion logon)가 있었고 촌락마다 기록원(grapheion)이 배치되어 있었다. 속주 엘리트의 선의와 협력이 제국 유지에 필수요건인 상황에서 이러한 문서의 환류는 제국 통합과 유지의 토대이기도 했다(김경현, 2015: 165).

일찍부터 국가를 형성한 고대 중국도 유사했을 것으로 보인다. 특히 춘추전국 시대에 법가 사상이 등장했고 법은 부국강병을 위한 주요한 수단이었다. 기원전 359년 진나라에서 상앙은 변법을 주도해 통일의 토대를 구축했는데 여기에는 형법, 가족법, 토지법 등 사회 전반의 모든 사항이 세밀하게 규정되었다. 기원전 207년 진나라의 수도인 함양을 점령한 후 유방의 참모 소하(蕭何)는 각국의 호적 대장이 기록된 도적문서(圖籍文書)와 율령도서, 지적도를 입수했다. 항우와의 결전에서 유방이 승리할 수 있었던 요인 중 하나가 이들 문서를 바탕으로 한 지속적인 후방 보급과 지원 능력이었다. 소하가 도적문서를 입수한 장소는 승상부와 어사부의 기록 보관소였다.

서양에서는 로마의 몰락과 게르만의 민족이동 이후 고대 문명이 파괴되었고 불안정한 시대 상황 속에 중세 봉건사회가 전개되었다. 13세기와 14세기 이후 세속 귀족과 시민이 새로운 교양계층으로 등장하며 문서 작성의 임무를 담당했지만 중세 라틴어 사료는 전적으로 성직자나 수도원의 수도사들에 의해 작성되었다고 해도 과언은 아닐 것이다(차용구, 1998: 125).

지역에 따라 차이는 있지만, 서양 중세의 지배층을 이룬 주군과 가신의 관계는 일방적인 종속관계가 아니라 분권적 계약을 바탕으로 형성되었다. 따라서 이들은 자신의 특권과 의무, 재산에 대한 각종 증거 문서를 작성하고 받았으며, 이에 따라 그들의 법적 권리를 수호하고 각종 권리의무 관계를 명확히 하려는 목적에서 문서보존 기구를 운영했다(김유경, 1997: 108).

서양 중세에서 국가 차원의 기록관리 체계는 붕괴했지만 지역단위에서는 문서보존의 흔적을 찾을 수 있다. 교회 아카이브는 8세기에 시작되었다. 독일 지역의 경우 11세기에는 제국 도시 아카이브가 등장했고 영방국가들의 아카이브 출현은 대략 13세기로 소급된다고 추정한다. 1586년

바이에른의 빌헬름 5세가 공포한 아카이브령에는 아카이브의 기능과 활동에 관한 규정이 있으며, 1640년 선제후 막시밀리안 1세의 아카이브령은 왕실의 법적 권리 및 상속권에 대한 감정서 등을 보존하는 내치 관련 아카이브와 외교문서, 조약문서, 국경관계 문서 등을 보존하는 대외관계 아카이브를 구분하기도 했다(김현진, 2006: 338~340).

2) 19세기의 발전

일반적으로 근대 기록관리의 시작은 프랑스 대혁명의 영향에서 비롯되었다고 본다. 이를 상징적으로 보여주는 것이 혁명 당시 발표되었던 1789년 8월 26일의 인간과 시민의 권리 선언이다. 전체 17개 조항으로 구성된 인권 선언에서 제14조는 '모든 시민은 직접 혹은 대표자를 통해 조세의 필요성을 결정하고, 그것을 자유로이 승인하고, 그것의 용도를 확인하고, 조세 부과율과 조세의 산출 방식과 징수 방법과 징수 기간을 결정할 권리'를 보장했다. 그리고 제15조는 '사회는 모든 공무원에게 그 행정에 관한 보고를 요구하는 권리'를 인간의 기본 권리 중 하나로 천명했다.

이는 모든 시민이 직접 또는 대표를 통해 공공 재정과 행정에 관한 감독권을 가진다는 의미였다. 이러한 권리의 이행을 위해 관련 법률이 만들어지고 아카이브가 설립되는 등 본격적으로 공공영역의 기록관리가 시작되었다. 아카이브는 행정 효율의 일환으로 중앙집중적 구조를 가진 체계가 갖추어졌으며 나폴레옹 시대를 거치면서 유럽으로 확산되었다.

프랑스 대혁명과 더불어 역사 연구의 경향성도 변화되었다. 혁명 이전의 계몽주의 역사관은 세계 시민주의를 토대로 보편적 세계사를 추구하면서 역사에서 교훈을 찾고 인과관계를 규명하고자 했다. 이는 이성을 바탕으로 진보를 위한 도구로서 역사의 실용성을 강조하는 역사관이었다.

그러나 혁명 이후 특히 나폴레옹 전쟁으로 프랑스의 지배를 경험했던 유럽 각국에서는 국가나 민족의 과거를 재발견하고 새롭게 인식하겠다는 열의가 분출되었다. 국가는 모든 구성원들을 내면적으로 연결시키면서 그 자체의 존재 목적을 가진 하나의 역사적 개체로 인식되었다. 독일처럼 통일국가를 형성하지 못했던 지역에서는 민족성과 민족정신에 대한 강조가 두드러졌다. 이에 영향을 받아 낭만주의 역사관으로 칭할 수 있는 이 시기 동안 유럽 각국에 국가사나 민족사 연구의 흐름이 강해졌다.

이 같은 흐름은 국가나 민족의 역사에 대한 포괄적인 사료 발굴과 수집, 편찬으로 이어졌다. 1819년 설립된 독일의 '독일사 고문헌 연구회'나 1821년 프랑스의 '문서편찬회'는 대표적인 단체였다. 이들은 사료 수집과 편찬 및 그 연구를 위한 전문가 양성 기관의 역할도 담당했다.

사료 발굴 및 수집과 더불어 사료 비판 방법론도 발전했다. 사료의 진위, 그 편찬 연대와 배경에 대한 파악이 중요해짐은 물론 사료 작성자의 성향과 견해를 파악하는 내면적 비판은 역사 연구의 1차적이고 가장 중요한 기초 방법이 되었다(이상신, 1984: 503~506). 이러한 역사주의 방법론 역시 기록관리의 중요성 및 기록관리 제도와 체계 구축의 필요성에 대한 인식을 강화하는 데 일조했다.

이에 따라 중세와 다른 국가적 차원의 기록 보존과 관리 체계의 필요성이 대두되었다. 프랑스를 필두로 1802년 네덜란드, 1838년 영국, 1866년 스페인에 중앙정부의 아카이브가 설립되었다. 공공기관에서 생산되고 관리되던 현행 기록이 아니라 국가의 주요 과거사건과 변화를 증명하는 사료로서의 기록이 이들의 주요 관리대상이 되었다. 현용기록과 보존기록은 자연스럽게 분리되어갔다.

아카이브의 등장과 더불어 기록관리 전문가를 양성하는 기관들도 생겨났다. 1811년 나폴리에 설립된 기록학교(Scuola del Archivio)와 1821년 뮌헨에 설립된 기록교육원(Archivalische Unterrichtsinstitut) 그리고 1821년 파리의 국립고문서학교(Ecole des Chartes)가 대표적이다. 특히 프랑스에서는 1850년부터 국립고문서학교의 졸업자만 공공 아카이브에 취업할 수 있었다. 기록관리 전문가들이 많아지면서 1891년 네덜란드에서 세계 최초의 아키비스트협회(Dutch Association of Archivists)가 결성되었다.

기록관리를 위한 원칙과 방법론도 다양하게 모색되었다. 전문가들 사이에 아카이브로 이관된 기록의 정리와 분류에 대한 이론적 논의가 활발히 진행되었다. 처음에는 주제 기반 분류가 이루어졌으나 점차 출처와 생산기관을 존중하는 정리 방식이 확대되었다. 출처의 원칙은 1841년 나탈리스 드 웨일리(Natalis de Wailly)에 의해 공식 정의되었으며 원질서 존중의 원칙은 1880년대 프로이센에서 체계화되었다. 1898년에는 당시까지 알려진 기록관리 원칙을 종합하고 정리한 매뉴얼이 출간되었다. 네덜란드의 사무엘 뮬러(Samuel Muller)와 요한 페이트(Johan Feith), 로버트 프루인(Robert Fruin)의 『아카이브 정리와 기술 매뉴얼(Manual for the Arrangement and Description of Archives)』이 그것이다. 이것은 네덜란드 국가 아카이브와 내무부가 협력하여 1890년대 동안 네덜란드 아키비스트협회 내의 토론을 거쳐 합의된 기록관리 100대 원칙을 담고 있다(Cook, 1997: 20~21).

3) 20세기 이후의 변화

20세기 역사는 두 차례의 세계대전과 대표되는 이념 대립을 기반으로 한 냉전이 가장 큰 영향을 미쳤다. 20세기의 전쟁은 총력전, 장기전, 소모전을 특징으로 한다. 따라서 수많은 국민이 전쟁에 동원되어 희생되거나 식량과 군수물자 공급에 동원되었다. 주기적으로 발생한 공황을 계기로 경제는 물론 사회 각 영역에 공공행정의 직접적인 개입이 확대되었다. 이는 공공기록의 양이 유례를 찾아볼 수 없을 정도로 폭발적으로 급증했음을 의미했다.

각국은 감당할 수 없을 정도로 증가한 공공기록을 어떻게 관리하고 처분할 것인가라는 어려움에 직면했다. 실무적인 관리방법론에서 도덕과 철학을 부여함으로써 기록관리 역사에서 기념비적인 업적으로 평가받는 힐러리 젠킨슨(Hilary Jenkinson)의 『보존기록관리 매뉴얼(A Manual of Archive Administration』(1922)도 1차 세계대전 이후 급증한 공공기록에 대한 고민에서 출발한 것이었다. 테오도르 쉘렌버그(Theodore R. Schellenberg)로 대표되는 미국 아키비스트의 혁명적 평가 방법 역시 같은 배경에서 등장했다. 같은 고민에 직면했던 호주는 미국의 새로운 방법을 도입하기 위해 많은 노력을 기울였다. 영국에서도 2차 세계대전 이후 공공기록의 문제점을 해결하기 위하여 의회위원회가 조직되었다. 그리그위원회(Grigg Committee)로 알려진 이 위원회의 제안을 법제화한 1958년 공공기록물법(Public Records Act)은 미국의 가치평가론을 토대로 공공기록관리의 틀을 재조직했다. 이제 엄청난 양의 생산기록을 어떻게 관리하고 처분하면서 이 중에서 보존기록을 어떻게 효율적으로 선별할 것인지의 문제로 기록관리의 중심이 옮겨졌다.

1960년대와 1970년대에 이르러 새로운 사회 변화가 진행되었다. 냉전 체제가 약화되고 민주주의가 사회 전반으로 확산되면서 신좌파(new left) 운동과 동구의 민주화 운동, 흑인 민권운동, 반전·반핵 운동과 더불어 동성애와 낙태에 대한 옹호 등 기존 지배질서에 균열이 일어나기 시작했다.

정치경제사, 외교사 중심에서 노동사, 여성사, 일상사, 민중사, 사회문화사 등으로 역사 연구의 다변화가 진행되었다.

이러한 사회적 변화에 따라 기록관리의 관점도 변화하기 시작했다. 1970년 미국아키비스트협회(SAA: Society of American Archivists) 연례총회에 참석한 미국의 민중사가 하워드 진(Howard Zinn)이 기조 연설에서 부유하고 힘 있는 권력자에게 편중되어 있는 아카이브의 현실을 비판하면서 보통 사람들의 삶과 바람, 필요에 대한 기록의 중요성을 강조했다. 같은 시기에 독일아키비스트협회 내에서도 보존기록이 보통 사람들을 포함한 사회 전체를 반영해야 한다는 주장이 제기되었다.

기록은 국가뿐만 아니라 개인과 단체, 공동체의 정체성과 자아 확인, 그리고 소속감을 위한 매개로 의미가 확대되었다. 공공기록의 영역을 뛰어넘어 개인과 단체, 공동체기록 등 민간기록의 가치를 발견하고 그 중요성에 대한 인식이 확산되었다. 기업과 지역공동체, 이민자 등은 물론 사소한 일상의 기록에 이르기까지 민간기록을 수집, 보존하는 민간 아카이브 운동이 활발히 진행되었으며 현재까지 이어지고 있다.

전자기록 시대의 도래 또한 언급하지 않을 수 없다. 기존의 아날로그 기록과는 질적·양적으로 다른 전자기록이 생산기록의 절대다수를 차지하게 되었다. 새로운 유형과 매체의 디지털 기록이 계속 등장하고 있으며 이러한 추세는 앞으로도 이어질 것이다. 이에 따라 기록관리의 전 영역에서 근본적인 변화를 경험하고 있다. IT 전문가들과의 협력을 넘어 이들의 적극적 참여와 주도가 현대 기록관리에 필수요건이 되었다. 전자기록관리에 대한 대응은 기록전문가들에게 새로운 도전이자 기회가 될 것이다.

현대 세계의 기록관리를 규정하는 또 다른 조건으로 정보사회로의 이행을 들 수 있다. 오늘날 정보는 산업사회의 석탄과 철 이상의 위상을 갖는다. 정보사회에서 핵심은 신뢰할 수 있는 정보를 생산하고 관리해 사회에 유용한 정보를 창출하는 것이다. 기록관리를 통해 진본성과 무결성 등을 담보함으로써 사실과 증거를 내포하는 것으로 여겨지는, 그리고 국민의 세금으로 만들어진 공공영역의 정보가 주목받는 이유이기도 하다. 2003년 유럽공동체는 지침(Directive 2003/98/EC on the re-use of the public sector information)을 통해 공공정보의 중요성을 강조하고 민간영역에서 공공정보를 활용할 수 있도록 2005년까지 각국의 법령을 정비할 것을 요구한 바 있다. 기록의 관리와 보존 그리고 정보공개를 넘어 정보자원화와 공유에 기여하라는 요구가 커지고 있다.

2. 주요 국가별 기록관리제도

1) 영국

영국의 현대 공공기록물관리는 1838년 공공기록물법의 제정과 함께 시작되었다. 이 법을 근거로 같은 해인 1838년에 영국의 국가 아카이브인 공공기록보존소(PRO: Public Records Office)가 설립되었다.

PRO의 설립 이전인 18세기 말경 영국 중앙정부의 공공기록은 런던 탑과 웨스트민스터 사원을 포함해 60여 개의 건물에 분산 보존되고 있었다. 공공기록의 관리 실태를 파악하기 위해 1800년에 설립된 의회위원회에 따르면, 상당수 건물의 문서보존 창고가 습기가 너무 많아 보존시설로 부적합하다는 판정을 받았다. 위원회는 전국 규모의 중앙보존시설을 설립하여 이곳에서 일괄적으로 모든 공공기록을 보존할 것과 이를 관리하는 유급 관리의 임명, 그리고 기록물 이용을 돕기 위한 다양한 검색도구의 발간 등 개선안을 담은 보고서를 의회에 제출했다(Levine, 1986: 20). 다른 의회위원회의 1836년 보고서 또한 공공기록이 다른 장소에 광범위하게 흩어져 보존되고 있다는 것이 현 기록관리 체계의 가장 우선적이고 명확한 결함이라 지적했다(Shepherd, 2009: 22). 이러한 지적과 더불어 자유주의적 행정개혁의 일환으로 1838년의 공공기록물법이 제정되고 PRO가 설립되었다.

PRO 이전의 대표적인 기록보존소로는 1509년에 헨리8세가 설립한 국가문서국(State Paper Office)이 있다. 이곳은 왕실이 관리하던 공식 법령이나 외교문서, 국왕의 서신 등을 관리했으며 1577년에 정식 국가기관으로 위상이 변경되었다. 국가문서국은 이후 PRO로 통합되어 소장기록도 PRO의 관리 대상이 되었다. 1852년 이후에는 PRO가 모든 공공기록과 관련된 업무를 총괄하게 되었다(Michael, 2013: 181).

영국 기록관리의 역사에서 중요한 위상을 차지하는 것이 그리그위원회의 권고에 따라 개정된 1958년의 공공기록물법이다. 이 법의 주요 내용은 다음과 같다. 먼저 현용기록의 가치 판단과 PRO로 이관될 영구기록의 선별 권한을 해당 기관에 부여한다. 그리고 기록물 선별과 기록생산 시점부터 기관 소장기록의 전반적인 관리 책임을 맡는 기관기록 담당관(Departmental Records Officer)의 임명이다. 이 법은 현재까지 영국 기록관리 체계의 골간을 이루고 있다. 그러나 전자기록 시대의 도래와 더불어 최근 영국은 영구기록 이관 시기를 단축하고 거시평가 체계를 적극적으로 도입하는 등 새로운 기록관리 체계를 구축하고 있다.

PRO는 역사자료위원회(HMC: Historical Manuscripts Commission)와의 통합을 계기로 2003년에 영국 국가기록원(TNA: The National Archives)으로 기

관 명칭을 변경했다. 1869년에 설립된 HMC는 역사 연구에 필요한 주요 사료를 조사하고 위치와 내용정보를 등록해 출간하는 역할을 맡고 있었다. 즉 PRO가 공공기록을 총괄하고 HMC는 공공영역 이외의 역사기록을 담당하는 구조였다. HMC와 통합으로 TNA는 영국 내 공공과 민간의 역사기록을 총괄 관리하는 기관이 되었다.

2006년에는 신생조직 공공정보국(Office of Public Sector Information) 및 관보국(Her Majesty's Stationery Office)이 TNA에 편입되었다. 이를 통해 TNA는 공공정보의 공개와 활용을 촉진하고 공공기록과 역사기록의 연계를 통한 활용성 확대를 관장하는 기관으로 위상이 제고되었다.

1913년에 설립된 베드퍼드셔 기록사무소(Bedfordshire Record Office)를 필두로 1960년대 말까지 전국적으로 지방 아카이브의 설립이 완결되었다. 지방정부의 기록물관리는 1958년 공공기록물법의 적용을 받지 않는다. 대신 1962년의 지방정부법을 통해 지방 아카이브가 해당 지역의 민간기록물을 수집할 수 있는 근거를 만들었고 1972년부터 지방행정기관에서 생산된 기록물과 개인기록물을 수집 보존할 수 있게 되었다.

영국 기록관리 체계의 특징 중 하나는 보존기록의 보존 분담이다. 영구보존으로 선별된 기록물 가운데 약 75%가 TNA로 이관되어 보존되지만 나머지 기록은 다른 보존시설에서 별도로 보존 관리된다. 이들 보존시설은 크게 전문보존시설(Specialist facilities)과 지정보존소(Places of deposit)로 구분된다.

아날로그 필름과 비디오를 소장한 영국필름연구소(British Film Institute)와 같이 보존과 관리, 또는 활용을 위해 특별 시설이 요구되는 기록물을 보존하는 곳이 전문보존시설로 선정된다. 전문보존시설에 보존되는 기록물은 원칙적으로 TNA 소유이고 해당 시설로 기록물을 대여한 것으로 간주된다.

지정보존소는 다음과 같은 세 가지 유형으로 구분된다. 먼저 법원 기록, 의료서비스 관련 기록, 교정 기록, 지역위원회의 기록 등 순수하게 특정 지방과 관련된 기록을 보존하는 장소로 해당 지방 아카이브가 지정된다. 특별지방행정기관의 지방 기록을 해당 지방 아카이브가 관리, 서비스하는 방식이다. 둘째, 이용의 편의성이나 주제 연관성을 토대로 특정 기록의 보존 장소로 전문 기관이 지정된다. 다수의 전쟁 관련 기록은 제국전쟁박물관(Imperial War Museum)에 보존된다. 셋째, 소장기관에서 내부적으로 기록을 빈번하게 활용해야 하는 경우나 기록의 관리나 해석에 전문기술이나 지식, 시설이 요구될 경우 해당 기관을 지정보존소로 지정한다. 영국지질연구소(British Geological Survey)나 영국박물관(British Museum)이 이 범주에 해당한다. 지정보존소는 보존과 관리에 대한 엄격한 평가를 거쳐 지정되며 주기적인 추가 점검을 통해 지정이 갱신된다(최재희, 2016: 34~35).

영국 공공기록물의 분담 보존과 관련하여 또 하나 특기할 만한 것은 영구보존으로 선별되지 않은 기록 중 일부를 관련 전문기관이나 민간에 제공한다는 점이다. 제공된 기록은 공공기록물의 지위를 상실하며 제공받은 기관의 자산이 된다. 해당 기관은 기록 전부나 일부를 폐기하거나 다른 기관으로 기록을 처분할 수도 있다.

영국의 이러한 보존기록 분담 체계는 제한된 자원 아래 경제성과 효율성을 극대화하는 전략에서 출발했다. 이와 더불어 지방 아카이브와 민간기록관리의 활성화를 직간접적으로 지원하고 아카이브 전체의 위상을 강화하여 아카이브 문화 중흥을 선도한다는 측면도 있다.

2) 미국

미국의 현대 기록관리는 1934년 국가기록원(NA: National Archives)의 설립과 함께 체계를 갖추어갔다. NA 설립 이전에 공공기록의 보존 상태는 매우 열악했던 것으로 알려져 있다. 특히 1877년 내무부 화재 등 1833~1915년에 연방기관에 254회 화재가 발생하여 상당수 기록이 소실되었다. 1921년에도 상무부 건물의 화재로 1890년 센서스 기록과 연방기관의 일부 기록이 사라졌다.

일반 시민이 기록에 거의 관심이 없었던 당시 상황에서 NA의 설립은 미국 역사학계의 공헌이 절대적이었으며 그 중심에 1884년 결성된 미국 역사협회(American Historical Association)가 있었다. 1895년에 미국 역사협회는 미국 역사와 관련된 원자료 보존을 촉진하기 위하여 역사자료위원회(Historical Manuscript Commission)를 설립하고 기록의 훼손을 막고자 방화시설을 갖춘 건물의 신축을 요구했으나 성과를 얻지 못했다. 신축 건물 대신 1903년에 의회는 연방기관이 현재 업무에 사용되지 않은 모든 도서, 지도, 다른 자료를 의회도서관(Library of Congress)으로 이관하는 법률을 통과시켰다. 이에 따라 의회도서관은 대륙회의 회의록을 포함해 일부 중요한 연방기록을 소장하게 되었다. 그러나 이러한 조치는 도서관과 아카이브의 기능이 상이하다는 인식이 확산되는 계기가 되었다. 방화 건물의 신축을 넘어 국가 차원의 아카이브를 설립해야 한다는 주장이 새롭게 제기되었다(McCoy, 1985: 5).

미국 역사협회는 1908년 국가아카이브위원회(Committee on the National Archives)를 조직했고 1910년에는 정부의 기록을 집중적으로 적절하게 관리, 보존할 국가 아카이브의 설립을 요구하는 청원서를 의회에 제출했다.

청원서는 정부의 오래된 가치 있는 기록들이 잘못 관리되며 훼손될 위험에 처해 있고, 이는 기록이 복잡하고 안전하지 않은 장소들에 분산 보관되어 있기 때문이라고 지적했다. 그리고 다른 국가처럼 정부기록을 체계적이고 질서 있게 보존하고 행정가와 역사가에게 보고인 이 기록을 편리하게 이용할 수 있도록 적절한 건물의 건립을 해결책으로 제시했다. 국가 아카이브의 설립은 미국의 위대함과 미국 역사의 중요성과도 직결되어 있다는 감성적인 설득이 덧붙여졌다(McCoy, 1985: 7~9).

대통령 등 행정부를 대상으로 한 설득과 의회에서의 로비, 그리고 애국단체와 신문, 잡지 등의 투고를 통한 노력이 병행되었다. 이러한 노력은 마침내 결실을 얻어 1930년 국가 아카이브를 위한 부지가 선정되었고 1934년 NA가 설립되었다. 물론 끊임없이 급증하는 기록의 양과 각지에 산재한 기록의 훼손 위험성에 직면하여 정부의 효율성을 제고해야 하는 현실적인 필요성도 NA 설립의 직접적인 배경이었다. NA는 이듬해부터 연방기록의 상태를 조사하고 보존기록을 이관받기 시작했다.

미국 역사에서 NA의 설립은 대공황과 시기가 겹친다. 당시 뉴딜정책의 일환으로 젊은 역사학자와 학생들이 전국에 산재한 주요 역사기록의 범위와 보존 상태, 소장 위치를 조사하는 사업(Historical Records Survey of the Works Progress Administration)이 진행되었다. 이 사업은 많은 역사학도들이 아카이브에 관심을 가지게 되는 계기였다. NA 설립 이후 많은 젊은 역사학자와 대학원생들이 NA의 아키비스트로 변신했다. 쉘렌버그도 그들 중 한 명이었다.

NA는 1949년에 NARS(National Archives and Records Service)로 명칭이 변경되었으며 1985년에 NARA(National Archives and Records Administration)라는 이름의 독립행정기구가 되었다. 기관 명칭에서 알 수 있듯이 미국은

보존기록과 현용기록의 구분을 명확히 하고 있다. 보존기록의 선별 책무는 전적으로 아키비스트의 몫이었다.

NARA의 조직 체계에서 보이는 특징 중 하나는 전국역사기록출간위원회(NHPRC: National Historical Publications and Records Commission)의 존재이다. NHPRC는 기금을 조성해 국가의 역사를 보여주는 주요 기록의 출간을 촉진한다. NARA의 정식 조직체계 내에 편재하고 있는 NHPRC는 미국 기록관리에 미친 역사학계의 영향을 잘 보여주는 또 다른 사례이다.

NARA는 본부의 보존공간 문제를 해결하고 광대한 영토에 산재한 연방기록을 효율적으로 관리 활용하기 위해 1950년대부터 전국에 걸쳐 일종의 중간보존시설인 연방기록센터(Federal Records Centers)를 설립 운영하고 있다. 연방기록센터가 소장한 기록은 대부분 한시기록으로 분류되지만 일부 영구보존기록도 포함된다. 현재 미국 전역에 18개 연방기록센터가 운영되고 있다. 지속적인 공간 문제에 대응하고 이용 편의를 제고하기 위해 1960년대 후반부터 연방기록센터 산하에 지역보존소(regional archives)가 설립되기 시작했다. 본부 차원의 공간 문제를 해결하기 위하여 1994년 메릴랜드에 NARA II가 설립되었다.

주정부의 기록관리의 중심에는 주 아카이브(State Archives)가 있다. 현재 50개 주 전체에 주 아카이브가 설치 운영되고 있다. NARA의 지휘나 감독 없이 자율성을 가진 주 아카이브들은 주의 특성에 따라 소속과 역할이 다양하다. 일반적으로 해당 지방자치단체로부터 일정 기간이 경과한 기록을 주 기록센터(state records center)에 보관한 후 주 아카이브로 이관해 보존기록을 선별하는 체계를 가진다.

미국 기록관리 체계의 두드러진 점은 대통령기록관의 존재이다. 최초의 미국 대통령기록관은 NA의 설립 당시 대통령이던 프랭클린 루스벨트에 의해 건립되었다. 그는 자신의 개인기록은 물론 뉴딜과 2차 세계대전 관련 기록이 활용되기를 희망했고 이를 위한 방안으로 1939년부터 민간 자금에 의한 대통령기록관 건립을 추진했다. 1941년에 루스벨트 대통령 기록관이 설립된 이후 전임자였던 후버 대통령기록관을 포함해 루스벨트 의 뒤를 이은 모든 퇴임 대통령의 기록관이 설립되었다. 현재 15개의 대 통령기록관이 설립 운영되고 있다.

1955년에 제정된 대통령기록관법(Presidential Library Act)은 대통령기록 관의 기록물 대상 범위를 설정하고 사적 건립과 공적 관리라는 전통을 명 문화했다. 1971년에 건립된 L. B. 존슨 대통령기록관은 대학 내에 위치한 최초의 대통령기록관이 되었다. 워터게이트 사건을 계기로 1974년 의회 는 리처드 닉슨 대통령에게만 적용되는 특별법(Presidential Recordings and Materials Preservation Act)을 통해 당시까지 개인 소유로 취급되던 백악관 특별 파일과 녹음 테이프를 NARS가 입수하여 관리할 수 있도록 했다. 이 후 1978년의 대통령기록법(Presidential Records Act)을 통해 대통령기록은 연방정부의 소유임이 천명되었다.

미국 대통령기록관의 영어 명칭은 'Presidential Library'이다. 선별과 보 존, 활용이라는 아카이브의 전통적 기능과 별개로 대통령기록관의 주요 기능이 재임 당시 정책의 홍보와 연구에 있음을 보여준다. 기록관리 업무 는 NARA에서 파견된 직원에 의해 진행된다. 그러나 다수의 대통령기록 관은 'Presidential Library and Museum'이라는 명칭을 사용하고 있다. Library와 달리 Museum은 해당 대통령의 치적을 홍보하고 칭송하는 기 념관의 성격을 가진다. 재단에 소속된 민간인이 Museum 업무를 담당한 다. 기록관과 기념관 성격이 공존하는 개별 대통령기록관을 운영하는 미 국의 대통령기록관리 체계는 흥미로운 연구 대상이다.

3) 호주

호주에서 연방 차원의 기록관리는 공공기록의 양이 급증한 2차 세계대전과 더불어 시작되었다. 1942년부터 호주전쟁기념관(Australian War Memorial)은 전쟁 관련 기록을 관장했고 국가도서관이 나머지 연방기록을 담당하는 구조였다. 국가도서관은 호주가 독립한 1901년에 의회도서관 성격의 연방의회도서관(Commonwealth Parliament Library)이라는 이름으로 설립되었으며 1960년에 국가도서관으로 명칭이 바뀌었다. 정부 차원에서 기록관리를 감독했던 기구는 1945년에 만들어진 전쟁기록위원회(War Archives Committee)였다.

1944년에 호주전쟁기념관과 국가도서관 내에 기록관리 담당자(Archives Officer)가 임명되었고 1949년에는 기록과(Archives Division)가 신설되었다. 1952년 이후 호주전쟁기념관이 기록 관련 업무를 중단하면서 기록과는 정부기록의 관리를 책임지는 유일한 부서가 되었다.

1950년대부터 기록관리 업무를 국가도서관에서 분리해야 한다는 여론이 만들어지기 시작했다. 여기에 큰 역할을 한 사람이 1954년 6개월 동안 호주를 방문했던 셸렌버그였다. 그는 많은 정치인과 관료를 접촉하면서 도서관과 아카이브의 분리 필요성을 설득했다. 마침내 1961년 기록과는 수상실 소속으로 분리되었고 연방기록국(Commonwealth Archives Office)이라는 이름으로 확대 개편되었다. 1974년에 연방기록국은 호주기록원(Australian Archives)으로 명칭이 변경되었다. 1983년 기록물법(Archives Act)이 제정되면서 연방기록 보호와 호주기록원의 기능과 역할에 대해 법적 권한이 부여되었다. 무엇보다 호주기록원은 지속적인 가치를 가진 보존기록을 선별하는 권한은 물론 한시기록의 처분을 승인하는 권한을 부여받

았다. 1998년 호주 기록원은 호주 국가기록원(NAA: National Archives of Aus-
tralia)으로 이름이 바뀌어 오늘에 이르고 있다.

호주는 광활한 영토에 비해 상대적으로 인구가 적은 국가이다. 기록생
산량이 폭증하여 기록관리의 필요성이 커졌을 때부터 아카이브의 관심은
역사적 가치를 가진 보존기록의 선별을 넘어 현용기록의 관리에 있었다.
이러한 배경에서 호주 아카이브가 초기부터 전자기록관리에 적극적이고
선도적으로 참여하게 된 상황을 이해할 수 있다. NAA를 포함해 각 주에
설립된 주 아카이브들은 기술 발전과 급변하는 디지털 환경에서 생산기
관의 전자기록을 통제하지 못하면 보존기록도 온전히 아카이브로 이관될
수 없고 제대로 보존, 이용할 수 없다는 데 공감하고 있었다.

대표적인 성과로서 기록관리시스템의 설계와 실행을 위한 구체적인 지
침인 「DIRKS 매뉴얼(Designing and Implementing Recordkeeping Systems)」
이 있다. 「DIRKS 매뉴얼」은 1996년 호주 뉴사우스웨일스주의 보존기록
담당부서가 진행한 전자기록관리 프로젝트를 통해 개발되었고 NAA와 협
력하여 호주 국가표준 AS 4390으로 채택되었다. 이는 보존기록의 관리가
아니라 전자기록의 생산과 유지에 집중한 표준이었다. 국제적인 합의를
거쳐 AS 4390은 기록관리의 기본 원칙을 제시한 국제표준 ISO 15489가
되었다.

호주는 'e-permanence'라는 구호하에 지난 30여 년간 수많은 전자기록
관련 표준과 방법론을 개발, 개선해왔다. NAA 홈페이지에는 정부기관을
위한 2천 페이지 이상의 지침, 표준, 훈련 자료들이 게시되어 있다. 2015
년 NAA는 디지털 시대에 조응하도록 정부기관의 정보관리 실무를 현대
화하고 일상적인 디지털 업무를 지원하는 전략인 'Digital Continuity 2020'
프로그램을 발표했다.

4) 캐나다

캐나다 기록관리의 뚜렷한 특징은 공식 행정기록을 관리할 뿐만 아니라 매체나 유형에 관계없이 자신들의 역사와 관련된 민간기록도 수집하는 오래된 전통을 가지고 있다는 점이다. 전통적으로 캐나다는 문화자원을 보존하는 일이 정부의 주요한 책무라는 인식을 가졌다. 이러한 인식은 캐나다 국민의 다수를 구성하는 영국계와 프랑스계 출신의 이질성, 19세기 이래 이민의 물결로 인한 인종적 다양성, 그리고 강성해지는 미국의 영향으로 인한 국가 존립의 위협을 타개하기 위한 시도로 파악할 수 있다. 즉 캐나다는 문화적 동질성을 통해 국가와 공동체의 정체성을 형성하고자 했다.

캐나다 아카이브는 기록관리라는 고유의 역할과 더불어 공동체와 밀접하게 상호 조응하는 적극적인 문화기관의 역할을 수행한다. 캐나다 아카이브가 이러한 특성을 가지게 된 과정은 캐나다 국가 아카이브의 발전 과정에서도 찾을 수 있다. 캐나다 역사와 관련된 자료를 발굴해 출간하고 연구하는 것을 목적으로 1824년 결성된 퀘벡역사문학협회(Literary and Historical Society of Quebec)는 캐나다 역사의 대중화를 통해 조국에 대한 존중과 국민적 자부심을 고양하고자 했다. 이것이 캐나다 아카이브계의 정신적 기반이 되었다고 한다(Wilson, 1982: 17~18).

캐나다의 국가 아카이브는 1872년 서로 다른 역할을 가진 두 기관이 설립되면서 시작되었다. 농업부 산하에 설치된 기록과(Archives Division)는 역사 자료의 문화적 가치를 강조하면서 캐나다 역사와 관련된 기록을 수집하고 편찬하는 역할을 수행했다. 반면 국무부 산하에 조직된 기록계(Records Branch)는 정부의 행정기관 관리에 중점을 두고 있었다. 1912년

법령에 의해 두 부서가 통합해 독립기구로서 캐나다 공공기록원(Public Archives of Canada)이 출범했다. 형식상 통합이었지만 실제로는 기록과가 기록계를 흡수하는 방식이었다. 따라서 통합 이후에도 아카이브의 문화적 역할은 여전히 캐나다 공공기록원의 핵심 기능으로 남았다. 1987년 법에 의해 캐나다 공공기록원의 이러한 역할과 책무는 재확인되었으며 캐나다 국가기록원(National Archives of Canada)으로 명칭이 변경되었다.

1970년대에 널리 알려진 '토탈 아카이브(Total Archives)'는 지배 엘리트나 공공부문의 공식 행정기록뿐만 아니라 개인파일, 건축도면, 지도, 예술작품, 다른 매체기록 등을 포함한 개인 자료와 단체 기록을 수집해 모든 영역의 공동체기록을 포괄하고, 이를 통해 역사 발전의 모든 영역을 기록화하려는 전략으로 정의할 수 있다. 캐나다에서 토탈 아카이브라는 전략이 등장한 것은 이러한 캐나다 아카이브의 오랜 전통에서 그 뿌리를 찾을 수 있다.

2002년부터 캐나다 국가기록원과 캐나다 국가도서관(National Library of Canada)의 통합 작업이 추진되었다. 캐나다 국가도서관은 캐나다 도서관협회(Canadian Library Association)의 주도로 1953년에 설립 운영되고 있었다. 2004년에 캐나다 도서기록법(Library and Archives of Canada Act)이 통과되면서 캐나다 도서기록원(LAC: Library and Archives Canada)이 출범했다.

이 법은 캐나다와 관련된 모든 유형의 간행물과 기록을 의미하는 기록유산(documentary heritage)이라는 용어를 새로운 법적 개념으로 도입했다. 기록유산을 수집해 보존하고 이를 캐나다 국민에게 널리 알려 활용하게 하는 것이 통합의 첫 번째 목적이었다(Directions for Library and Archives Canada, 2004). 기록유산을 통한 새로운 유형의 지식기관을 지향하는 캐나다 도서기록원의 등장은 캐나다 아카이브의 전통과 특성을 상징적으로 대변한다.

5) 독일

독일은 다른 유럽 국가들에 비해 통일국가 형성이 늦었으며 국가 아카이브의 설립도 비교적 늦은 시기에 이루어졌다. 그렇지만 중세 이래 다양한 문서보존소가 전역에 산재해 있었고 19세기에는 역사주의의 영향으로 전문직으로서 아키비스트도 형성되어 있었다. 1810년의 조례에 따라 프로이센 내무부, 재무부, 성직업무부에서 각각 다루어왔던 기록관리 업무가 비밀국가기록원(Geheimes Staats-und Kabinettsarchiv)으로 통합되기도 했다(한해정, 2012: 216). 통일독일 최초의 국가 아카이브는 1차 세계대전이 종식된 직후인 1919년 포츠담에 설립되었다. 아카이브에는 프로이센이 통일의 주도권을 잡았던 1867년 이후의 기록이 큰 비중을 차지했으나 2차 세계대전 동안 상당수 기록이 소실되었다.

2차 세계대전 이후 독일은 소련과 연합군 점령 지역으로 분할되었으며 서독과 동독이라는 2개 국가가 등장했다. 국가 아카이브도 둘로 나누어졌다. 1946년 소련 치하의 동독 포츠담에 독일중앙기록원(Deutsche Zentralarchiv)이 설립되었고 이 기관은 1973년에 중앙국가기록원(Zentrale Staatsarchiv)으로 명칭이 바뀌었다. 서독에서는 1952년 코블렌츠에 연방기록원(Bundesarchiv, German Federal Archives)이 설립되었다. 1950년대 중반 이후 연합국과 소련은 전쟁 동안 노획했던 기록을 각 아카이브에 반환했다.

서독과 동독의 두 아카이브는 1960대와 1970년대 동안 서로의 역할과 정체성, 특히 보존기록의 선별 기준을 둘러싼 이론적 논쟁을 경험했다. 프로이센을 중심으로 독일은 전통적으로 기록의 폐기보다 보존을 우선시했다. 기록의 보존과 폐기, 즉 선별 평가를 결정하는 것은 이견 없이 아키비스트의 책무이자 권한으로 인정받고 있었다. 기록을 폐기하려는 행정기관은 아카이브에 통지하는 것이 의무화되었으며 아키비스트의 동의 없는 폐기는 절대 불가능하다는 데 사회적인 동의가 있었다(Kolsrud, 1992: 30).

따라서 동독과 서독 아키비스트 사이에 전개되었던 논쟁의 핵심은 기록물 평가의 주체가 아니라 기준이었다. 아키비스트의 무능력이 아니라 계급 착취라는 자본주의 사회의 객관적 실체 때문에 기록의 가치에 대한 진정한 해결은 근본적으로 불가능하다는 것이 동독 측의 주장이었다. 이들에 따르면 사회주의는 명확하고 '과학적'인 기록평가 기준을 가지고 있었다. 즉 노동자 계급에 부여된 역사적 임무의 이행에 미친 영향, 그리고 행정기구의 위상과 기능에 따라 기록의 가치가 결정된다는 것이다.

이에 대해 서독 아카이브 진영은 개인과 사회의 자유로운 의지와 다원성을 강조하면서 절대적 사회결정론을 배격했지만 기록의 가치와 사회 사이의 상호의존성은 일부 타당하다고 인정했다(Booms, 1987: 79~81). 이것은 서독 아카이브 내의 국가 중심적이고 기관 간 위계를 중시하던 권위주의 문화를 극복하는 방안이기도 했다. 이는 국가가 아니라 더 광범위한 사회를 반영하는 방향으로 기록관리의 담론이 바뀌었다는 의미이며 한스봄스(Hans Booms) 등 사회 분석을 기반으로 한 사회적 평가 이론이 등장한 배경이다.

독일의 기록관리에서 특기할 만한 또 다른 사안은 1990년 독일 통일과 함께 등장했다. 여러 어려움이 있었지만 동독의 아카이브는 순차적으로 연방기록원에 흡수되었고 대부분의 기록은 관련 아카이브로 이관되었다. 그러나 그 과정에서 예상하지 못했던 법적 문제가 제기되었다. 1988년의 기록물법에 따라 연방기록원의 권한은 공공기관과 헌법기구의 기록을 관장하는 것이었다. 동독의 정당과 대중조직은 동독 정부와 밀접한 연관이 있었지만 법적으로 공공기관은 아니었다. 하지만 이들의 기록이 없으면 동독 역사를 온전히 재구성할 수 없었다. 결국 문제가 되었던 기록을 연방기록원이 관리할 수 있도록 허용하는 개정 법률이 1992년에 통과되었다. 분단이 지속되고 있는 한국의 현실에서 독일 사례에 대한 더 많은 관심과 연구가 필요하다.

3. 한국 기록관리제도의 역사

1) 삼국시대

고구려는 국초부터 문자를 사용했다고 알려져 있고, 373년의 율령 반포나 414년 건립된 광개토왕릉비를 통해서도 이른 시기부터 문자가 사용되었음을 확인할 수 있다. 백제 또한 근초고왕 시기(46~375년)에 이르러 국가적인 서기(書記)의 제도가 어느 정도 갖추어졌던 것으로 보인다. 신라도 6세기 초 비문을 검토해볼 때 고구려가 변용시킨 한자 문화를 기층으로 문자 기술을 구사했을 것으로 추정된다(이경섭, 2013: 45).

『삼국사기』에 따르면 삼국 모두 자국의 역사를 담은 역사서를 갖고 있었다. 고구려는 영양왕 11년인 600년에 이문진(李文眞)이 기존 역사책인 『유기(留記)』100권을 줄여『신집(新集)』5권을 만들었다. 백제는 근초고왕 때인 4세기 중엽에 박사 고흥(高興)이『서기(書記)』를 저술했다. 신라는 이사부(異斯夫)의 건의로 진흥왕이 545년에 거칠부에게 명하여『국사(國史)』를 편찬했다. 『일본서기』에는 백제와 관련된 역사서인『백제기(百濟記)』,

『백제신찬(百濟新撰)』, 『백제본기(百濟本紀)』가 언급된다. 아쉽게도 이들 역사서는 현존하지 않으며 역사서 서술과 관련된 기록의 존재 역시 파악할 수 없다.

역사서를 대신해 광개토왕릉비나 집안고구려비, 무령왕릉 매지권, 칠지도, 단양신라적성비, 진흥왕순수비 등 금석문이 사료 역할을 했다. 최근에는 삼국시대 목간이 다수 발굴되고 있다. 지금까지 700여 점 이상의 목간이 발굴되었으며 6세기부터 8세기의 목간이 중심을 이룬다. 현재 발굴되는 고대 목간의 대부분은 행정문서나 장부 제작에 기초가 되었던 다양한 기록들이다. 따라서 이 목간들의 묵서는 그동안 한국 고대사 연구의 불모지였던 문서행정이나 고대 율령을 이해할 수 있는 일급 자료로 주목할 필요가 있다(윤선태, 2007: 305).

2) 고려시대

후삼국시대의 혼란을 극복한 고려는 중앙정부와 지방행정기관 사이의 명령 전달과 보고 체계를 정비할 필요가 있었고 최소한 성종 6년(987년경)에 중앙과 지방의 공문서 서식과 격식에 관한 규정이 제정된 것으로 보인다. 이 규정은 예종과 고종 대를 거쳐 계속 정비되었고 그 과정에서 공첩상통식(公牒相通式)도 제정되어 일정한 시기 동안 사용되었다. 중앙과 지방에는 공문서를 작성하고 관리하는 업무를 담당했던 관리가 있었다(강은경, 2004: 3~6). 가각고는 공문서를 관리하고 보존한 중앙보존시설로 충렬왕 6년(1280년) 이전부터 존재한 것으로 추정된다(남권희, 1986: 131).

10세기 말엽 광종 때 궁궐 안에 모든 사료를 보관하는 사관(史館)을 설치했고 이후 춘추관으로 명칭이 바뀌어 시정(時政)의 기록을 관장한 관서가 되었다. 예문관은 임금의 말이나 명령을 신하가 대신 작성하는 제찬과 외교문서 등을 작성하는 사명에 관한 일을 관장했다. 춘추관과 예문관은 여러 차례 이름이 바뀌면서 예문춘추관으로 통합과 분리를 반복했다.

고려는 국초부터 역사를 기록하는 관리가 있어 사서 편찬의 실무를 관장했다고 하며 태조부터 실록이 제작되었다고 알려지지만 현종 2년(1011년) 거란의 침입으로 모두 소실되었다. 그래서 현종 4년(1013년)에 편찬을 시작해 이후 20여 년이 지난 덕종 3년(1034년)에 『칠대실록(七代實錄)』 총 36권이 완성되었다. 태조 왕건부터 공양왕까지 474년 동안의 역사적 사실을 기술한 『고려실록』은 임진왜란 당시 춘추관의 화재로 소실되어 현재는 전해지지 않는다. 『고려실록』은 조선시대 초기 고려시대 역사를 편찬한 『고려국사』와 『고려사』의 기초자료 역할을 했다.

고려시대에는 실록과 더불어 이전 왕조의 역사서도 출현했다. 김부식에 의해 인종 23년(1145년)에 완성된 『삼국사기』가 그것이다. 묘청의 난으로 고려 귀족사회가 크게 동요하던 시기에 『삼국사기』가 편찬되었다는 점이 인상적이다. 오랜 세월에 걸쳐 구전으로 전승되어온 고조선 이래의 역사와 설화, 향가가 고려시대에 와서 문자로 정착되었으며, 이를 바탕으로 『삼국유사』가 만들어졌다. 『삼국사기』와 『삼국유사』는 고려시대의 수준 높은 기록문화를 보여주는 사례일 것이다.

3) 조선시대

조선 초기의 공문서 규식(規式)은 국가의 예법을 규정한 명나라의 『홍무예제(洪武禮制)』를 기본으로 삼았다. 『홍무예제』에 포함된 관청 사이의 관계를 기준으로 공문서를 분류하고 주고받는 행이체식(行移體式)을 수용한 것이다. 왕에게 올리는 공문서는 계달(啓達), 상위 관부에 올리는 공문서는 상달(上達), 하위 관부에 내리는 공문서는 하달(下達), 동급 관부에서 왕래하는 공문서는 평달(平達)로 분류할 수 있다(박준호, 2003: 148).

이후 성종 때 완성된 『경국대전(經國大典)』은 공문서 관리에 관한 사항을 명문화하여 공문서의 효력을 법적으로 보장하고 문서행정이 전국적으로 통일되도록 했다. 『경국대전』의 용문자식(用文字式)에 따르면 2품 이상의 아문은 왕에게 직계(直啓)할 수 있으며, 상급 아문이 하급 아문에 문서를 보낼 때나 동급 아문 사이에 문서를 주고받을 때는 관(關)을 사용하고, 하급 아문에서 상급 아문에 보고할 때는 첩정(牒呈)을 사용했다. 관청의 모든 문서는 훗날 사실에 근거하여 자세히 따지고 검토할 수 있도록 입증하고 증명할 수 있는 문서를 보존하도록 했다. 『경국대전』은 다소 복잡했던 『홍무예제』의 공문서 체제를 보완하고 복잡한 문서행정을 단순화하여 효율성을 높이기 위한 제도개혁의 결과로 판단할 수 있다(박준호, 2006: 120). 『경국대전』 체제의 공문서 규식은 갑오경장 이전까지 조선의 공문서 체계를 규정했다.

조선시대 기록 생산과 보존의 큰 틀은 등록(謄錄)을 통해 이루어졌다. 등록은 수많은 양의 문서 가운데 보존할 가치가 있는 일부를 주기적으로 선별하여 이를 별도의 기록으로 편찬하는 일종의 기록관리 행위인 동시에 보존용 기록 자체를 말한다. 등록은 형식과 구성에 따라 크게 다섯 가지로 구분할 수 있다. 각 관청에서 매일 작성하는 업무일지 형식의 기록, 임금의 명령 또는 전례 등을 정리하여 법전에 준하는 위상을 부여한 기록, 핵심 내용 등을 요약하거나 단자(單子) 등의 형식으로 베껴 적은 대장형 기록, 업무 기능이나 주제별로 수발신된 공문서와 관련 기타 문서를 편철한 기록, 그리고 특정 업무 및 사안을 보고하거나 업무에 참고하기 위하여 작성한 자료집 유형 기록이 그것이다(이형중, 2018: 219).

『승정원일기』는 업무일지 형식의 대표적인 기록이다. 승정원은 조선시대 왕명의 출납을 담당했던 기관으로 『승정원일기』의 편찬은 적어도 세종대부터 시작되었던 것으로 보인다. 실록의 열람이 극히 제한되었기 때문에 왕명과 관련된 기록을 풍부하게 보존한 『승정원일기』는 사초에 버금가는 당대 기록으로 지위를 인정받았고 국가 경영이나 정책에 참고할 주요 자료로 활용되었다. 자료집 유형으로 등록된 기록 중 가장 널리 알려진 것은 『의궤』이다. 『의궤』는 왕실이나 국가에 중요한 행사가 있을 경우 그 절차와 예산, 인력 등을 상세히 기재한 책자로 국가 행사에 대한 일종의 자료집이자 동시에 관련 행사 및 의례에 관한 최종 보고서이다.

조선의 가장 대표적인 당대사이자 국사인 『실록』의 편찬 역시 크게 보면 등록 체계를 따른 것이다. 이처럼 조선의 전반적인 공문서 관리는 등록을 중심으로 이루어졌으며 특히 조선 후기에 들어와 중앙과 지방의 관아는 등록을 편찬하는 방식을 통해 기록을 보존하는 일이 보편화되었다.

왕실의 기록인 『의궤』와 『실록』을 보존하는 사고(史庫)는 조선의 대표적인 기록보존소였다. 건국 초기부터 공문서를 해당 기관에서 보존하는 것이 원칙이었으므로 각 관청마다 문서고 및 기타 보관장소를 갖추었다. 중앙정부 차원에서는 세조 14년(1468년)에 폐지된 가각고와 외교문서를 보존한 승문원, 인쇄한 책을 보존한 융문루(隆文樓)와 융무루(隆武樓), 의정부·춘추관·육조 및 각사(各司)의 문서고에 이르기까지 조선의 기록보존 공간은 다양한 크기와 형태로서 존재했다(남권희, 1986: 129~130).

조선의 기록관리는 갑오개혁 이후 크게 변한다. 일본의 관제와 통행규칙을 참조해 「각부각아문통행규칙(各府各衙門通行規則)」과 「각부처무규정통칙(各部處務規程通則)」을 제정해 공문서의 생산과 유통, 보존 관련 규정을 만들었고, 각 아문마다 기록국을 신설하거나 총무국에서 기록을 담당하게 했다. 행정기구에서 국과(局課)를 최소단위로 하여 공문서를 편철했으며 국과를 단위로 한 조직별·기능별 분류체계가 마련되었을 것으로 보인다. 공문서의 연호 표기를 중국 연호에서 조선의 개국 연호로, 그리고 공문서에 사용하는 문자를 순한문과 이두문에서 국문이나 국한문 혼용으로 바꾸었다. 특히 등록 체계에 따른 전통적인 사본 보존이 아니라 공문서 원본을 보존 관리하도록 했다(이영학, 2009: 155~156). 대한제국은 갑오개혁의 기록관리제도를 계승했고 정부기구 내에 담당부서를 설치해 기록관리를 독립적으로 수행하도록 했다(박성준, 2008: 319~320).

4) 일제강점기

조선총독부는 1910년 10월 「조선총독부문서취급세칙」을 공포하여 공문서의 기본 양식과 문서취급 방법을 간단히 규정했고 1911년 7월 「조선총독부처무규정」으로 이를 보완해 문서의 생산, 유통, 등록, 보존을 규정했다. 이어 1912년 3월에 「조선총독부공문서규정」을 통해 공문서의 종류와 형식을 마련하는 등 공문서 제도를 갖추었다. 이들 규정은 조선총독부 본부에만 적용되는 것으로 소속기관이나 지방행정기관에는 본부의 규정을 참조한 개별 공문서 규정이 있었다. 기록관리의 핵심 영역이라 할 수 있는 분류, 평가, 이관, 목록기술, 폐기도 해당 기관이 독자적으로 수행했고 영구기록도 자체적으로 보존 관리하는 구조였다(이승일, 2004: 4~5).

모든 문서행정의 기본단위는 과였다. 결재된 기안문서와 이를 정서한 유통문서를 분리했으며 시행이 완결된 문서는 해당 과에서 일정한 형식과 방법으로 가분류해 보관하다 문서과로 인계했다. 문서과는 과를 단위로 하여 업무별, 보존종별로 문서를 구분해 책자 형태로 제작 보존했다. 폐기대상 문서는 회계과로 넘겨 폐기 처분했다(이승일, 2004: 37).

총독부 본부는 국-과-업무-편철명 그리고 지방에서는 과 혹은 계-업무-편철명과 보존 기한을 각각 연동시켜 분류했고 완결된 공문서의 편철 정리 및 서고 보존 시에는 기관별-연도별-보존 기한별로 이루어지는 체계였다(이경용, 2004: 270~271). 본부는 처음에 갑종, 을종, 병종, 정종, 무종으로 공문서의 보존 기한을 구분하다 1922년에 4단계 구분 방식인 갑종(영구), 을종(10년), 병종(5년), 정종으로 바꾸었다. 지방은 2단계에서 4단계 등 다양한 보존연한 방식이 사용되었다(이경용, 2004: 255).

일제강점기의 기록관리는 일제의 식민통치를 효율적으로 뒷받침하기 위한 행정가치 중심의 문서 유통 및 보존관리에 초점이 맞추어져 있었다. 생산한 공문서는 대거 비밀기록 혹은 대외비로 책정되어 조선인이나 조선인 관료들의 접근을 제한했다(이영학, 2012: 239). 일제는 패망과 동시에 일제의 한국침략 과정이 수록된 문서와 조선사편수회가 편찬용으로 가지고 있던 주한일본공사관 기록을 인화한 사진첩 400여 권을 소각했다(박종연, 2021: 33).

5) 대한민국 정부 수립 후

정부 수립 후 1949년에 「정부처무규정」을 만들고 1950년에 「공문서규정」을 제정하여 공문서의 서식, 작성 방법, 유통 및 보존에 관한 사항을 규정했으나, 이는 조선총독부가 사용했던 「조선총독부처무규정」과 큰 차이가 없었다. 대한민국 정부의 탄생에도 불구하고 기록관리제도는 조선총독부의 그것을 그대로 원용하는 수준에 머물러 있었다(이영학, 2012: 237).

한국전쟁 직후인 1953년부터 육군은 미국 육군의 「육군공문서규정」을 참고하여 미국의 주제별 분류 및 십진분류 원칙을 도입하는 독자적인 공문서 규정을 마련했다. 군사 쿠데타 이후 행정 체계를 전면 재편하기 위하여 1961년 6월에 설치된 행정관리연구위원회는 문서 제도의 통일성과 서식 간소화를 통한 공문서 표준화 방안을 제시했다. 이를 바탕으로 「정부공문서규정」(1961), 「양식제정절차규정」(1962), 「정부공문서분류표」(1963), 「공문서보관·보존규정」(1963), 「공문서보존기간종별책정기준에관한건」(1964) 등이 제정 시행되었다(이영학, 2012: 240). 특히 공문서 분류표는 각 행정기관의 문서를 십진분류 원칙에 따라 기능별로 분류하고 개별 기능을 부호화하여 모든 행정기관에 통일적으로 사용할 수 있도록 하는 데 중점을 두었다. 이는 문서 분류의 통일성과 보관 및 보존 체계를 현대화하여 문서 처리 능률을 제고하기 위해서였다(이상훈, 2009: 225~227). 이처럼 기록관리의 핵심 영역인 생산, 분류, 평가, 이관, 보존 체계가 국가적 차원에서 표준화될 수 있었으며, 이후 약 40년 동안 정부의 기록물관리 방식을 규정하는 틀이 되었다.

그러나 1960년대 초반에 구축된 국가기록관리 체계는 여러 가지 한계를 갖고 있었다. 생산 단계의 기록을 효과적으로 제어하지 못했고 문서의 분류나 보존 기한은 완결 시점부터 적용되었기 때문에 이를 일정한 기준에 의해 제어하기란 실제 불가능했다. 1962년부터 영구보존문서 및 주요 기록의 마이크로필름 촬영이 시작되어 행정부 차원의 보존문서 관리를 시작했지만 비현용 단계의 기록을 체계적으로 관리하기 위한 인프라 마련으로까지는 확대되지 못했다. 이로 인해 방대한 양의 문서가 각 행정부서에 그대로 방치되거나 임의로 관리되는 결과를 낳았다. 이는 당시의 기록관리 체계가 여전히 행정 차원의 사무관리라는 인식의 틀에서 벗어나지 못했다는 데 원인이 있다(이상훈, 2009: 175).

정부는 1962년과 1968년 그리고 1975년 세 차례에 걸쳐 대대적인 보존문서 정리 계획을 수립했다. 이는 각 행정기관에 누적된 잡다한 보존문서를 정리하고 그 보존 방법과 관리를 표준화하여 보존문서의 활용성을 높이고자 했던 시도였다. 대대적인 문서 전수조사와 영구보존문서의 목록 작성 작업이 진행되었고 보존기한 10년 문서와 영구보존문서는 중앙문서 창고에 이관하여 보존하려 했으나 시설이 마련되지 않아 기관에서 보존하도록 했다. 결과적으로 보존문서 정리 계획은 의도대로 이루어지지 못했고 문서 정리작업과 폐기문서의 처리로 마무리되었다.

1969년 8월에는 최초의 문서보존 주관기관으로 총무처 산하에 정부기록보존소가 설치되었다. 정부기록보존소는 영구보존이 필요한 문서, 인쇄물, 서적, 지적도, 계획서, 도안, 사진, 마이크로필름, 영상 필름, 녹음기록 등 주요한 기록물을 집중적으로 수집 관리 및 보존하는 기관이었다. 설립 이후부터 1974년까지 행정업무와 기록 수집 및 목록 작성, 보존 및 마이크로필름 촬영을 담당하는 업무의 틀은 유지되었다. 정부는 1975년에 정부 중요문서와 문헌, 기록을 집중 관리하기 위하여 부산에 보존시설을 확보하고, 서울은 마이크로필름 촬영과 열람, 전시를 담당하고 촬영된 마이크로필름은 부산으로 옮겨 보존한다는 영구보존문서 분산보존(소산) 계획을 수립했다(이경용, 2003: 16). 이에 따라 1977년부터 1984년까지 충무방제사업의 하나로 정부기록보존소 부산지소가 설립되었다. 1998년 대전청사의 건립과 함께 정부기록보존소는 서울본소, 서울사무소 체계를 갖추었다.

보존문서 정리 계획과 정부기록보존소의 설립, 소산 계획과 충무제방 사업은 정부 수립 이후 50여 년간 정부의 기록관리에 대한 인식과 한계를 잘 보여준다. 생산 단계부터 기록을 통제하기란 불가능했으며 생산 이후에도 관리 절차가 부실해 기록 유출과 무단 폐기를 제어할 수 없었고 누적된 기록의 양에 대한 부담으로 일부 기록을 보존하는 데 급급했다. 기록의 활용 서비스에 대한 개념도 미미했다. 그나마 이상의 조치들도 행정부 차원에서 이루어진 것으로 입법부나 사법부 같은 국가 차원의 기록관리는 외면되었다.

한국 기록관리의 역사에 큰 획을 그은 사건은 1999년 「공공기관의 기록물관리에 관한 법률」(이하 「공공기관기록관리법」)의 제정이었다. 법률 제정과 관련된 논의와 실무를 주도한 곳은 정부기록보존소였다. 1997년 정부기록보존소는 법률 제정 준비팀을 만들어 행정쇄신위원회에 법률 제정을 건의했다. 1998년 1월 법률이 골격을 갖추었고 2월 제15대 김대중 대통령직인수위원회는 이를 새 정부 100대 정책과제의 세부과제로 선정했고 학계의 의견 수렴을 거쳐 5월에 국가기록보존법제정안이 마련되었다. 그리고 1999년 1월 29일 마침내 「공공기관기록관리법」이 공포되었고 2000년 1월 시행되었다(곽건홍, 2003: 38~39).

한국 현대사의 왜곡된 기록문화를 반성하는 데서 출발한 「공공기관기록관리법」은 비체계적으로 전개된 과거의 국가기록 관리 방식을 부정했다. 기록의 등록과 생산을 의무화했으며 기록의 폐기, 멸실, 유출, 은닉에 대해 엄격한 벌칙 조항을 포함해 기록을 남기려는 강력한 의지를 표방했다. 공문서 분류번호 및 보존기간표를 대체한 기록물분류기준표 제도는 기록이 생산되는 전 과정을 통제해 자의적인 폐기 없이 생산 단계부터 중요 기록을 체계적으로 관리할 수 있도록 한 적극적인 조치였다. 행정부뿐만 아니라 국회와 법원, 지방기록물관리기관, 대통령기록관을 설치할 수 있도록 하여 국가 차원의 기록관리가 이루어질 수 있는 기반을 마련했다.

1992년부터 정부기록보존소에 역사학과 보존과학을 중심으로 일부 전문가가 배치되었지만 그 수는 제한적이었다. 따라서 전문적 기록관리를 위하여 중앙과 지방의 각급 공공기관에 기록관리 전문가를 배치하도록 규정한 것도 「공공기관기록관리법」의 중요한 성과였다. 1999년부터 기록관리 전문가를 양성하기 위한 대학원 단위의 교육과정이 운영되기 시작했고 전국으로 빠르게 확산되었다. 이와 더불어 2000년에는 한국기록관리학회와 한국기록학회가 차례로 설립되었다.

이러한 성과에도 불구하고 「공공기관기록관리법」에는 일정한 한계가 있었다. 정부기록보존소의 위상을 높이거나 독립성을 담보하는 구조적 문제를 해결하지 못했고 지방기록물관리기관과 대통령기록관의 설립은 임의조항이었기 때문에 선언적 의미에 그쳤다. 기록물관리 전문요원의 배치는 유예되었다. 무엇보다 특수와 예외를 인정한 것이 큰 문제였다. 헌법기관이나 군기관, 국가정보원을 특수기록관리기관으로 인정해야 했고 예외적으로 일부 기관은 기관 자체적으로 기록물을 관리, 보존할 수 있도록 허용했다. 검찰, 경찰, 군인, 군무원의 경우 기록물관리 전문요원의 자격을 별도로 부여한 것도 특수한 기관은 특수한 관리 방식을 따른다는 논리와 같은 연장선에 있었다(곽건홍, 2003: 42~44).

「공공기관기록관리법」의 제정 이후에도 국가기록관리의 질적 변화를 위해서는 지속적인 개혁이 필요했다. 그런 의미에서 2003년 설립된 정부혁신지방분권위원회의 7개 분야 전문위원회의 하나로 기록관리전문위원회가 포함된 것은 큰 의의가 있다. 2005년 기록관리전문위원회는 공공업무 수행의 철저한 기록화, 기록관리 프로세스와 시스템 재정비, 정보공개 확대, 글로벌 기준에 부합하는 국가표준, 법·제도 정비 등 국가기록관리 혁신 10개 어젠다를 담은 로드맵을 수립했다. 2004년 정부기록보존소에서 명칭이 바뀐 국가기록원이 혁신 로드맵 이행을 담당했으며 기록관리 전문위원회는 이행 상황을 점검하고 평가하는 민관 협력의 구조로 혁신이 진행되었다. 2005년부터 각급 기관에 기록물관리 전문요원이 배치되기 시작한 것과 2006년 전부개정되어 2007년 시행된 「공공기록물관리에 관한 법률」(이하 공공기록물법)은 이러한 혁신의 산물이었다. 「공공기록물법」은 이후 여러 번 개정되었지만 현재 한국 국가기록관리 체계의 기본 틀을 이루고 있다.

「공공기록물법」에 따라 기록물관리기관의 명칭과 기능이 재정립되었으며 이전에 임의조항이었던 대통령기록관과 광역시도 지방기록물관리기관의 설립이 의무화되었다. 2007년 「대통령기록물관리에 관한 법률」이 제정되었고 같은 해 대통령기록관이 설립되었다. 2018년에 경상남도기록원 그리고 2019년에 서울기록원이 설립되었으며 2022년에는 기초자치단체 최초로 청주기록원이 개관했다.

당시 다양한 전자적 형태의 기록이 생산되고 있었고 이를 전자적으로 관리하기 위한 시스템이 구축, 운영 중이었지만 기록의 전자적 생산과 관리를 위한 원칙이 없었고 전자기록의 이관, 보존, 활용에 필요한 표준 및 체계가 미흡했다. 기록의 전자적 생산, 관리 및 비전자기록의 전자적 관리 원칙을 명시하고 국제표준에 부합하는 전자기록관리 체계를 구축해 운영하도록 의무화한 것도 「공공기록물법」의 주요 내용이었다.

국가 차원의 기록관리를 넘어 민간 차원의 기록관리 운동도 활발해지고 있다. 민간영역의 자율성과 창의성을 유지하면서 서로의 경험과 전망을 공유하는, 그리고 민간영역과 공공영역이 협력하고 경쟁하는 기록관리 생태계의 확장이 있을 것으로 전망된다.

한국은 기록관리 영역에서 국제 차원의 역할도 점차 확대하고 있다.

1979년에 정부기록보존소가 국제기록관리협의회(ICA: International Council on Archives)에 가입한 이래 다수의 단체와 개인이 ICA 활동에 참여하고 있다. 2010년 ICA 집행이사회가 한국에서 열렸고 2016년에 ICA 총회가 서울에서 개최되었다. ICA의 설립일인 6월 9일은 '기록의 날'이란 이름의 법정 기념일이 되었다. 한국은 ICA의 13개 지역지부 중 하나인 동아시아 기록관리협의회(EASTICA: East Asian Regional Branch of the ICA)의 설립과 운영을 주도하는 국가 중 하나이다. 2005년 국가기록원에 표준 담당업무가 처음 만들어졌고 국제표준화기구(ISO: International Organization for Standardization)에서 그 비중을 확대하고 있다.

2023년 18건의 한국 기록이 유네스코(UNESCO: United Nations Educational, Scientific and Cultural Organisation) 세계기록유산(Memory of the World)에 지정되었다. 세계기록유산의 안전한 보존과 접근을 증진하기 위해 설립된 기록유산 분야 최초의 유네스코 산하 국제기구인 국제기록유산센터는 2020년 청주시에 설립되었다. 청주시는 2004년부터 세계기록문화유산 보호에 공헌한 이들에게 유네스코가 수여하는 직지상의 제정을 주도했다.

정부 수립 후 70여 년 동안 한국의 기록관리에는 많은 굴곡과 좌절이 있었고 여전히 개혁과 변화가 필요하다. 그동안 일부 전문가 집단의 선도적 역할과 법제화의 강제적 수단을 통해 압축적으로 기록관리의 발전이 이루어진 측면도 있으며 이에 따라 기형적인 불균등성이 드러나기도 했다(김익한, 2007: 74). 그렇지만 지난 20여 년간 기록전문가의 양적 축적과 더불어 인식과 경험의 지평 확대를 경험하고 있다. 새로운 환경에 따른 새로운 전망과 방법론을 모색하는 질적 변화가 기대된다.

1. 역사의 변화와 기록관리의 연관성, 즉 역사적 사건이 기록관리에 미친 영향이 무엇인지 생각해봅시다.

2. 영국, 미국, 캐나다, 호주, 독일의 기록관리 체계와 제도에서 보이는 특성을 비교하고 그 특성의 배경에 어떤 요인이 있는지 생각해봅시다.

3. 조선총독부의 기록관리제도가 한국의 현재 기록관리 체계와 제도에 미치고 있는 영향이나 잔재가 어떤 것이 있는지 생각해봅시다.

4. 서구 여러 나라와 비교해 한국 기록관리제도의 현황을 진단해보고 앞으로의 방향을 전망해봅시다.

민간기록의 이해

민간영역의 기록과 기록관리의 특징은 무엇인가?

윤은하

    민간기록이란 '중앙정부, 지자체 및 정부산하기관 등의 공공영역 이외에 속하는 기관 및 개인이 생산하거나 소장하고 있는 기록물'로 정의된다. 공적 영역 이외에서 생산되는 모든 기록물이 민간기록의 범주에 속하며, 개인, 단체를 비롯해 지역 마을이나 공동체, 시민단체, 문화기관 등이 생산하거나 소장한 기록들이 그 예시이다. 민간기록은 시민의 일상과 문화, 사회적 가치와 제도, 구조와 맥락을 드러낸다는 점에서 그 자체로 존재가치를 가진다. 우리는 그동안 기록관리의 목적이 공적 업무의 효율성과 민주적 절차의 투명성을 보장하는 것으로 생각해왔지만, 민간기록의 가치와 목적은 사회적 표상으로서 기록이 가지는 의미를 발굴하고 보존하는 데 있다. 이 장에서는 이러한 민간기록을 관리하는 데 다원화된 관점과 방법론의 모색이 필요하다는 점을 강조 인정하며 민간기록을 구분하고 각각 개별적 범주의 특징을 살펴보았다. 그리고 이를 기반으로 현재 존재하는 민간기록관리 체계를 수집형과 참여형으로 나누고 민간기록관리 체계에 대해 전반적으로 설명했다.

1. 민간기록의 개념

1) 민간기록의 정의

우리가 흔히 말하고 떠올리는 기록은 공공기록보다 민간기록에 더 가깝다. 일상이 담긴 일기와 서신, 사진과 음성파일, 신문의 스크랩, 복권·채권, 유물, 상·훈장류, 지도, 화폐, 입장권, 탑승권, 의류와 물품, 도서, 도록, 족보, 앨범과 엽서, 재판 판결문, 영수증, 계약서, 금전 출납부와 가계부, CD/DVD, LP, 비디오, 필름, 포스터와 카세트테이프에 이르기까지 일상의 경험과 기억을 담고 있는 모든 것이 민간기록관리의 대상이 될 수 있다. 아카이브에서 그 가치를 인정받기까지 오랜 시간이 걸렸지만, 그동안 인류가 민간기록을 수집, 관리해오지 않은 것은 아니다. 오래전부터 우리는 역사단체나 기관, 대학, 도서관 등 다양한 문화기관이 중심이 되어 민간영역의 기록물을 수집하고 관리해왔다.

민간기록이란 '중앙정부, 지자체 및 정부산하기관 등의 공공영역 이외에 속하는 기관이나 개인이 생산하거나 소장하고 있는 기록물'로 정의된다(김지현, 2014). 공적 영역 이외에서 생산되는 모든 기록물은 민간기록의 범주에 들어갈 수 있으며, 여기에는 개인, 단체, 지역, 마을이나 공동체, 시민단체, 문화기관 등 사회를 구성하고 있는 다양한 주체들이 생산하거나 소장한 기록들이 포함된다. 법적 의미에서 민간기록이란 '개인 또는 단체가 생산·취득한 기록정보자료'(국가기록원 훈령, 2021)로 규정되어 있는데, 이는 사실상 「공공기록물관리법」의 대상이 되는 기록물 이외의 모든 기록물이 잠정적으로 민간기록물이 됨을 의미한다. 이 때문에 기록생태계 전체를 두고 보았을 때 민간기록은 공공기록보다 훨씬 더 광범위하고 다양하다.

또한 공적 영역에서 생산되었으나 민간에서 소장 관리된다면, 그것이 공공기록의 형태를 하고 있더라도 민간기록의 범주에 포함된다. 이러한 관점에서 볼 때 민간기록은 그 출처나 유형, 관리 이력에서 공공기록보다 훨씬 더 광범위하다.

따라서 기록생산자가 개인인지 단체인지, 혹은 기록을 수집·보관한 주체가 누구인지, 그리고 어느 지역에서 생산된 기록인지, 어느 시대에 생산된 기록인지에 구애받지 않는다. 오히려 민간기록의 가치를 결정하는 것은 우리 시대의 사회적 가치와 문화를 표방할 수 있는 사회적 기억의 증거로서 역할을 하는지 여부이다. 예를 들어 캐나다는 아카이브의 대상이 되는 기록을 '모든 원천으로부터, 모든 사람에 대한, 모든 기록'으로 규정하며(이경래, 2013) 캐나다의 정치적·사회적·역사적 모든 경험과 연관되어 있다면 그 어떤 기록물이라도 수집할 가치가 있다고 밝히고 있다.

민간기록이 이러한 광범위한 대상을 포함하는 이유는 이제껏 주류 아카이브에서 관심을 가져온 공공기록이 담아내지 못한 여러 종류의 사회집단, 특히 소외되고 역사적으로 배제되었던 대중에 대한 기록화 작업을 포함하기 때문이다. 정부의 공공기록에 담겨 있지 않은 사회적 가치들은 오히려 이러한 사회 소수자나 공동체, 일반 대중의 일상과 문화에서 더 잘 드러난다. 따라서 민간기록이 더 많은 사회적 가치를 포함하기 위해서는 그 원칙과 특징에서 더 다양하고 포괄적인 기록물이 수집되도록 그 개념을 확장할 필요가 있다. 다음 절에서는 구체적으로 현재 논의되고 있는 이러한 민간기록의 범주와 유형을 살펴보고 각각의 특징에 대해 논하기로 한다.

2. 민간기록의 범주

1) 개인기록

개인기록은 개인이 삶을 살아가면서 생산한 기록물로 개인의 경험과 생각들이 반영되어 있다. 개인기록의 범주는 '마을이나 공동체에서 개인의 삶을 영위한 다양한 흔적을 보여주는 기록'으로 정의될 수 있는데(손동유, 2019), 이러한 개인의 삶의 흔적에는 '일과 경제생활, 여가생활, 문화생활, 친교 등을 담은 기록, 고등학생의 과외 활동, 놀이문화, 동아리 활동 등을 포함한 기록, 청년 및 청소년, 노동청년들의 사회문화 활동 전반과 관련된 기록, 예술 분야의 전업 작가들이 마을공동체를 대상으로 한 작품 활동과 관련된 기록, 노년층의 인생 기록, 또는 기억과 경험을 담은 기록, 이 밖에 가족단위와 같은 지역의 일상과 관련한 모든 기록(손동유, 2019)'이 있다. 이렇게 볼 때, 개인기록이란 개인 일상과 활동의 증거가 되는 모든 형식의 기록들로 정의할 수 있다.

대표적인 개인기록은 개인의 일상을 담은 일기이다. 일기는 글쓰기 방식에 구애받지 않고 자기 서사적으로 삶의 단면을 그대로 드러냄으로써 일종의 회고록과 같은 역할을 하는데, 사회사적 관심이 포함되어 있다면 단순히 개인적 의미 이상의 가치를 가질 수 있다. 개인의 일기나 편지 속 사소한 에피소드는 특정 계층의 일상과 당대의 시대적 상황을 재현한다는 점에서 연구자들에게 중요한 가치를 지닌다.

2) 시민공동체기록

공동체기록이란 조직 및 단체, 그리고 공동체에서 자신들의 경험을 남기고자 생산한 기록을 말한다. 공동체란 특정한 관심사나 목표를 지향하는 단체나 집단, 혹은 물리적인 지역을 공유하며 상호 작용하는 사람들을 지칭한다. 그리고 이들이 생산하고 보관하고 있는 기록이 공동체기록이다. 공동체는 상당히 다양하고 광범위한데 작게는 개인이 속한 친족부터 마을의 지역 공동체를 포함하며 넓게는 국가 역시 하나의 공동체가 될 수 있다. 공통된 취미에 기반한 동아리 모임, 사회적 모임, 종교, 직업, 정치, 스포츠와 전문지식 공동체까지 형태와 규모에서 다양하다.

종종 공동체를 유지하고 구성하는 데는 공동체의 구성 목적과 사명을 달성하는 것 이외에도 공동체 구성원 간의 공통된 경험에 기반을 둔 정체성을 공유하는 것이 중요하다. 공동체기록은 공동체 구성원의 이러한 정서적 유대감을 강화하고 정체성을 형성하는 데 중요한 역할을 한다. 예를 들어 각 지자체의 마을 기록, 퀴어락, 성평등 아카이브 등 성적 차별에 맞서기 위한 공동체기록, 노동조합의 기록, 다양한 소외 집단이나 소수자 기록들은 정서적 공감대와 구성원 간의 유대감을 증진시키는 역할을 한다. 이러한 기록은 공동체가 자신의 경험과 역사를 증명할 수 있는 기록을 스스로 보존함으로써 대항 기억을 형성하고 우리 사회에 다양한 가치를 추구할 수 있도록 한다. 때문에 이들 기록은 그 사회의 주류 집단의 기억과 역사에서 무시하거나 외면해온 사회적 소수자들의 경험을 증거하고 남기는 데 유용하다.

한국 사회는 서구 사회와 비교하면 성이나 인종에 기반한 공동체보다 지역의 물리적 공간을 중심으로 한 마을공동체를 발전시켜왔다. 지역에 기반한 공동체가 등장하고 마을공동체 아카이브 활동이 활성화되었는데, 구체적으로 서울의 은평 마을 아카이브, 성미산 마을 아카이브, 증평군의 증평기록관, 부산 영도문화원의 영도 도시 아카이브가 있다.

3) 시민단체기록

1990년대부터 시민단체(NGO: Non-Governmental Organization)는 한국 사회의 거의 모든 부분으로 확장되었다. 경실련의 활동을 필두로 환경보호, 여성 권리의 신장, 사회복지 증진, 교통문제 해결, 바른 언론을 위한 시민 감시, 소비자 보호, 공정한 선거 지킴이, 외국인 노동자 보호를 지향하는 이익단체들이 광범위하게 조직되었다. 특히 2000년대에 들어서며 시민사회에는 시민 생활과 복지서비스 개선을 목적으로 하는 시민단체들이 급속히 성장했는데, 2021년 행정안전부 통계에 따르면, 국내에 총 15,428개의 비영리 민간단체가 존재하는 것으로 보고되고 있다. 그리고 이러한 단체들은 교육, 국방, 보훈, 경제, 문화, 종교, 예술, 역사, 외교, 통일 등 전 분야에 걸쳐 있다.

이러한 시민단체들은 스스로의 시민 활동을 증거하기 위해 그리고 활동의 투명성과 효율성을 높이기 위해 기록을 수집, 관리, 보존한다. 아름다운재단, 인권재단사람, 재단법인 숲과나눔, 다음세대재단, 서울시NPO지원센터 같은 시민단체들은 기록보존의 필요성과 중요성에 대해 인식하고 기록관리와 아카이브 구축을 실천하고 있다(이훈창, 2021).

시민기록에는 시민단체의 주된 과업과 정책에 관련된 정책파일, 조직의 운영과 관련된 행정파일, 조직 구성원과 회원 관리를 위한 일반정보파일, 홍보파일, 참고용으로 이루어진 주제파일, 인사 관련 기록, 소식지, 포스터와 홈페이지 관련 기록물, 각종 행사 보고서와 제안서, 예산과 기획서가 있다. 시민기록의 생산과 관리는 시민활동 방식의 변화와 밀접한 관련이 있다. 시민 활동에서 SNS와 모바일 메시지가 주된 의사소통 방편이 되고 다양한 채널에서 기록생산이 동시다발적으로 이루짐에 따라 과거 단일한 창구에서 기록을 통제했던 방식에서 벗어나 유동적이고 탈중앙집권화된 방식의 기록관리 체계를 구축해야 할 필요성이 점점 커지고 있다. 1990년대 수기와 컴퓨터로 기록을 생산하여 인쇄하고 보급하던 방식은 모바일 환경에서 이루어지는 시민활동 환경에 적합하지 않다고 여겨졌고 이러한 의사소통의 변화는 시민단체기록의 생산, 보급, 활용 방식에 급격한 변화를 가져오고 있다(이훈창, 2021).

4) 사회적 사건기록

한국 사회가 겪었던 사회적이고 정치적인 사건들에 대한 기록 역시 중요한 민간기록의 범주 중 하나이다. 사건기록은 국내 노근리 사건, 제주 4·3항쟁, 밀양 송전탑 갈등, 세월호 참사, 용산 참사에 이르기까지 사회가 겪은 다양한 사건들로부터 생산된 기록을 의미한다. 사건기록을 수집, 관리하는 기관을 사건 아카이브로 부를 수 있는데, 사건 아카이브는 '사건 관계자 및 관찰자가 사건의 시간과 공간 안에서 활동한 결과로 생성된 사건기록물 및 이를 수집·관리·활용하는 기관'으로 정의된다(임지훈 외, 2019).

사건기록은 특정한 사건에 대한 사회적 기억을 담고 있는 공식 혹은 비공식 기록들, 민간영역에서 시민들이 생산하거나 소장하고 있는 기록들로 이루어져 있다. 특히 사회적 재난이라고 부를 수 있는 사건기록들은 피해자와 가해자라는 직접적인 이해관계자와 정부가 생산한 기록뿐 아니라 시민단체, 언론과 미디어에서 생산한 기록이 있으며, 특히 사건을 추모하는 추모기록은 사건과 직접적 관계가 없는 일반 시민들이 생산한 기록을 포함한다.

이는 사건기록의 경우에 사건의 해석과 추이가 정치적으로 미묘하고 복잡할수록 다양한 이해관계자의 입장이 기록에 포함되어 있다는 점을 고려하는 것이 중요하기 때문이다. 즉 대다수의 국가기관 혹은 정부 아카이브에서 보관하고 있는 기록물은 정부의 공식 입장을 대변하는 공공기록이기 때문에 정치적 사건이 가지는 다양한 주체들의 경험과 관점을 반영하기 힘들다. 특히 국가폭력 희생자의 경험은 쉽게 잊혀지거나 무시되는 경향이 있으며 때로는 왜곡되어 진실과 거리가 먼 사실이 사회적 기억으로 남겨지는 경우가 많다. 예를 들어 노근리 사건기록의 경우, 미국의 전쟁기록이 공식적으로 생산되고 보존되었지만, 미군의 기록은 노근리 사건을 미군의 한국전 임무 중 일부로 묘사했을 뿐, 양민 학살로 기록하지 않는다. 때문에 사회적 사건의 의미와 중요성을 재해석하고 이를 증명할 수 있는 민간 아카이브나 자료관을 별도로 구축하는 사례가 늘고 있다.

이러한 사건이 가지는 복합성과 다양한 해석으로 인해 정부의 공공기록 이외에 민간에서 일반 시민들이 가지고 있는 사건의 증거로서 기록은 더 중요한 의미를 지닌다. 이러한 기록들은 의도적으로 생산되었을 수도 있고 혹은 의도하지 않는 과정에서 사건을 증거하는 기록으로 생산되었을 수도 있다. 정치적 사건에 대한 사회적 해석은 사회 구성원들에 의해, 혹은 특정한 정치세력에 의해 부풀려지기도 하고 축소되기도 하고 왜곡되기도 한다. 시기별로 다른 해석이 공존하며 새로운 이야기들이 추가되기도 하고 기존의 이야기들이 축소되기도 한다. 이러한 사회적 해석의 변화는 수집되는 사건기록의 유형과 범주, 그리고 수량에도 많은 영향을 미친다.

예를 들어 노근리평화재단에서 운영하는 노근리사건자료관은 노근리 유족들이 미군을 상대로 공식적인 법적 소송을 제기하면서 언론기사 및 소송기록, 손해배상 청구서, 진정서, 한미 양국의 정당 대표에게 보내는 서신, 미국 아카이브 문서, 전쟁 보고서 등 공식 기록들을 소장하고 있다. 노근리 사건 이후 지속해서 이 사건에 대한 의미가 평화의 상징이자 후대 를 위한 역사적 교훈으로 여겨지면서, 현재 노근리 사건기록은 학술·문 화·예술 기념행사와 출판물, 도서와 홍보 팸플릿, 노근리평화재단 운영 기록 등이 주류를 차지하고 있다(윤은하, 2016). 이렇듯 민간의 사건기록은 우리 사회의 사회적 사건에 대한 일반 시민의 인식과 해석을 증거하고 다 양한 목소리와 경험을 기록화하는 데 중요한 역할을 한다.

5) 일상기록

사회적 사건기록이 우리 사회의 특수한 사건과 그 안에서 벌어진 일들 에 대한 기록이라면 일상기록은 이와는 반대로 매일 반복되는 평범한 일 상이 담긴 기록을 의미한다. 국내 기록학계에서 일상에 대한 관심은 역사 학에서 미시사와 일상사 그리고 기록관리에서 민간기록관리에 대한 관심 이 고조되면서 자연스럽게 시작되었다. 일상 아카이브의 관점에서 일상 이라는 개념은 지루하고 반복적인 것이 아니라 유동적이며 역동적인 세 계를 의미한다. 즉 일상은 사람들의 사회적 삶의 현실이며 사회집단별로 유지하고 있는 특수한 문화적 생활 방식을 보여주는 단면이라고 할 수 있 다. 따라서 누군가의 일상에 관심을 가진다는 것은 그 당시의 사회적 구 조와 체계가 어떻게 사람들의 삶에 내재되어 있는지, 일상적으로 일어나는 일들을 사람들은 어떻게 인식하고 경험하는지를 살펴보는 것으로 이해될 수 있다. 때문에 노동자의 삶을 이해하려면 '공장에서, 노동자 사이에서, 협동조합에서, 소모임에서, 학교에서, 선술집에서 그리고 거리에서 실제로 일어난 일이 무엇인지'에 관심을 가지고 일상에서 일어나는 다양한 노동자 계급의 행동 양식을 기록화해야 한다. 이러한 관점에서 곽건홍(2011)은 일상 아카이브는 "보통 사람들의 일상을 미세한 영역으로 범주화하며, 개인(집단)의 행위와 경험을 사회적 맥락에서 해석하고, 아래로부터의 역사를 재구성하기 위하여 개인(집단)의 일상적 삶을 기록화하는 것은 물론 인문적 관점에서 기록을 수집·평가·선별하여 보존하는 조직 또는 이를 위한 시설·장소"라고 언급했다.

다시 말해, 일상기록은 호기심을 자극하기 위해 과거 사람들의 낯선 생활을 보여주는 기록에 초점이 있는 것이 아니다. 일상기록은 그 시대를 살아내던 인간의 목소리를 되찾을 뿐 아니라 우리가 그동안 단순하고 일면적인 대중의 과거로 인식했던 것이 모순적·양면적·복합적·중층적인 삶의 모습을 가지고 있다는 점을 부각시킬 수 있다.

이러한 일상기록은 시간이나 장소, 사회적 계층과 출신에 구애받지 않는다는 특징이 있다. 일상은 밤이든 낮이든, 주류 혹은 비주류의 일상이든, 또한 개인이든 공동체이든 무관하게 모두 기록의 대상이 될 수 있다. 노동자, 농민, 여성, 아동 등 사회적으로 소외되었던 사람들의 일상도 아카이빙의 대상이 될 수 있으며 반대로 최종 결정을 내리는 정책결정 집단의 일상 역시 그 대상이 될 수 있다. 때문에 일상기록관리는 성미산 마을 아카이브, 강릉단오제 기록화처럼 마을공동체 아카이빙, 로컬리티 관련 기록화, 다양한 시민단체기록화 등 다양한 주제와 연관될 수 있다(명지대학교 인간과기록연구단, 2006).

6) 예술기록

예술기록이란 "예술의 창작에서 감상에 이르기까지 예술활동 과정에서 생산·축적된 기록 전체"로 정의될 수 있다(설문원, 2011). 예술기록관리는 예술기록이 그 자료 자체로 향후 새로운 예술을 창작하기 위한 재료가 됨으로써 예술 활동가에게는 예술과 관련된 실질적인 현장의 정보를 제공한다. 뿐만 아니라 예술기록은 문화예술 분야의 진흥을 위한 국가지식자원의 관리 관점에서도 중요한 자료이다. 시공을 초월하여 그 존재가치를 인정받는 문화예술 분야의 특수성으로 말미암아 당대의 문화유산을 보존하며 후대에 전승하는 일은 국가적 정체성을 형성하고 문화예술 분야의 발전을 도모할 수 있다. 이러한 특성으로 인해 예술기록은 민간영역에서 생산되는 다른 기록물처럼 법적 증거로서 기능한다기보다는 테오도르 쉘렌버그(Theodore R. Schellenberg)가 언급한 기록의 2차적 가치가 중시된다.

예술기록은 창작자가 생산해낸 기록물과 창작물의 관리, 전시, 출판의 활동을 통해 관리자가 생산한 기록으로 나눌 수 있다. 창작자가 생산한 기록물은 예술작품의 창작 과정 중에 생산되는 기록물로 소설, 연극 대본, 악보가 있으며 창작자 개인의 기록물일 수도 있고 혹은 여러 명의 창작자가 있는 예술단체의 기록물일 수도 있다. 특히 음악과 무용, 연극 같은 공연예술의 경우에는 연주자가 직접 창작한 기록물과 공연 과정을 기록한 기록물이 포함된다. 미술관이나 공연 극장에서 예술작품을 전시하고 수집하고 관리하는 과정에서 생산되는 운영기록들도 있는데, 이러한 기록물은 예술품의 사진 이미지, 사운드 녹음, 녹화와 스케치 같은 다양한 형태의 2차적 기록물이 될 수 있다(설문원, 2011).

예술기록은 분야별로 차이가 나는데, 예를 들어 음악, 연극, 무용 등 공연예술의 경우 예술활동 자체가 갖는 휘발성 때문에 공연 실황을 녹음한 자료가 주류를 이룬다. 공연예술기록의 경우에는 실제 공연 현장을 충실히 포착하기 위한 사진과 영상의 제작, 글쓰기 기록이 있고, 나아가 최근에는 미디어의 발달로 좀 더 현장감을 보존할 수 있는 기록화의 다양한 방식과 해석들이 시도되고 있다(이호신, 2018). 또한 미술과 같은 시각예술은 예술가 개인기록이 차지하는 비중이 높은데, 작가가 직접 생산한 스케치나 회화가 포함된다.

이러한 예술자료의 수집, 보존, 관리, 활용 확대를 위한 예술기록관리 체계 수립이 요구된다. 예술자료는 미래 예술 창작을 위한 자원인 동시에 예술 정책을 효율적으로 집행하기 위한 기초 정보로서 중요하며 국가자원의 관리 차원에서 예술자료에 접근할 필요성이 점차 커지고 있다. 이러한 관점에서 국립현대미술관과 국립극장 공연예술 아카이브, 백남준아트센터는 예술기록관리와 예술 아카이브의 좋은 예이다.

7) 기업기록

기업기록은 경영의 성과물이며 조직의 업무 프로세스 전체가 녹아들어 있는 주요 정보자원으로 이해할 수 있다. 오랜 기간 기록학계의 관심은 공공기관에 맞추어져 있었고 기업기록의 중요성과 가치에는 크게 관심을 가지지 않았다. 기업기록은 행정적 절차의 투명성이 가지는 가치뿐 아니라 행정 자산적 측면에서 경제적 부가가치를 생산해낼 수 있는 업무 활동의 도구이기도 하다. 그럼에도 민간영역의 기록관리에 비해 아직 상대적으로 관심이 적은데 기업이 기업기록관리의 필요성에 대해 적극적이지 않기 때문이다. 이는 기록관리의 유용성과 경제성에 대한 인식보다 업무의 증거가 되는 기록을 남기고 보존하는 것이 향후 있을지 모르는 정치적 환경 변화에서 기업에 불리하게 작용할 수 있다는 우려에 기인한다고 할 수 있다(김성우, 2020).

이러한 맥락에서 기업기록관리는 상대적으로 법적 송사에 휘말릴 수 있는 우려가 적은 비현용기록물관리에 초점을 맞추고 있다. 즉 기업사를 알 수 있는 역사관이나 사료관 같은 기록에 관심이 있다. 그러나 기업에는 공공기관과 마찬가지로 업무를 효과적으로 수행하는 데 필요한 정보 자원을 제공하고 재판에 대응할 수 있는 유용한 증빙자료를 제공하기 위해 기록관리가 반드시 필요하다. 특히 글로벌 경제 환경에서 기업들은 국제 소송에 적절히 대비해야 할 필요성이 커지고 있는데(설문원 외, 2016), 미국의 전자증거개시(e-Discovery) 제도나 사베인스-옥슬리법(Sarbanes-Oxley Act)에 따라 요구되는 기록을 관리하지 못하면 국제법 소송에서 패소하거나 큰 손해를 볼 수 있기 때문이다.

기업기록에는 표준지식, 업무지식 및 경험사례가 있는데, 크게는 기획·관리·행정 기록, 프로젝트 수행 기록, 기술 및 연구 개발 관련 기록, 영업·마케팅·판매 기록이 포함된다. 구체적으로 기획·관리·행정 기록에 속하는 사규, 행정업무 절차, 시행세칙, 계약 행정문서, 구매과 행정문서, 개선 제안자료와 프로젝트 수행 기록에 속하는 업무 절차서, 품질 절차서, 기술 표준, 설계와 기술 보고서, 타당성 보고서, 진도 보고서가 있다. 또한 경험 사례 정보와 전문가 지식에 관련된 기록도 기업기록 중 하나인데 기술개발 연구서에는 특허자료와 연구개발 보고서, 학술 및 연구 보고서, 기술개발 보고서가 포함된다. 그리고 영업 및 마케팅 기록으로는 계약서와 영업 보고서, 판매실적과 분석 보고서, 제안서, 업체 평가서가 있다(이해영, 2020).

3. 민간기록의 관리

공공기록물의 생산과 관리가 「공공기록물관리법」에 의해 그 절차와 방법론이 명확히 규명되어 있는 데 비해, 민간기록은 기록의 생산, 관리와 보존, 그리고 관리 주체에 이르기까지 그 절차와 방법이 매우 다양하다. 때문에 공공기록관리처럼 기록관리 전체 과정을 지배하는 절대적인 원칙이나 제도가 있다고 보기는 어렵다. 국내뿐 아니라 해외에서도 민간기록의 관리와 보존 체계는 다양하며 대개 각 지역의 문화적·제도적 관습에 따라 상이한 관리 체계로 발전해왔다.

민간기록관리 체계를 구분하자면 크게 수집형과 참여형으로 나눌 수 있다. 수집형은 일반적으로 기록관과 아카이브, 도서관, 박물관처럼 중요한 기록물을 선별, 소장하는 형태에 기반한 유형으로 기록관리 영역에서는 매뉴스크립트 아카이브가 이에 해당한다. 이에 반해 참여형은 기록생산자와 기록공동체가 자신의 기록을 스스로 관리하고 보존, 활용하는 아카이브 유형을 가리키는데, 시민공동체가 설립하고 운영하는 시민공동체 아카이브가 여기에 속한다.

1) 수집형 아카이브

민간기록의 수집과 관리는 일관된 관리기관이 있다기보다 역사연구기관, 시민기록관, 영구기록물관리기관, 개인 문학관, 지자체, 도서관과 박물관 같은 다양한 문화기관들이 수집과 아카이빙에 관여한다. 수집형 관리 체계의 경우 대개는 '기억기관(memory institutions)'이라고 부르는 도서관, 박물관, 기록관, 아카이브 같은 공적 기관에서 민간기록을 수집하여 관리한다. 그러나 각각의 기관은 그 목적과 운영 방식에 따라 기록을 이해하고 관리하는 데 상이한 체계를 가지고 있다.

예를 들어 국가기록원이나 기록관, 지방기록물관리기관 같은 전문 아카이브에서 민간기록물을 수집·관리하는 경우에 기록물은 기록관리 원칙에 따라 기록이 가진 증거적 가치와 정보적 가치를 고려하며 관리된다. 기록관리의 기본 원칙인 출처주의와 퐁 존중의 원칙(respect des fonds), 계층적 관리와 집합적 기술 방식을 따르며 기록물관리 전문요원이나 아키비스트가 기록의 수집부터 서비스까지 담당한다. 종종 다양한 도큐멘테이션(기록화) 과정을 통해 특정 지역과 주제에 관한 기록물을 광범위하게 수집하는 작업을 수행하며 특정 주제나 인물에 대한 기록물을 집중적으로 수집, 관리, 서비스하는 특징을 가지고 있다.

이와 달리 기록관을 제외한 도서관과 박물관 같은 수집기관에서 민간기록을 관리하는 경우에 기록물은 각각 도서와 유물 관리 방식으로 관리되는 경향이 있다. 예를 들어 도서관에서 민간기록물을 수집, 관리하는 경우에 민간기록물은 도서의 수집, 보존과 함께 관련 자료로서 간주된다. 이에 기록물은 기록의 증거적 가치보다 정보적 가치에 집중하게 되는데 대개는 관련 도서 및 출판물의 관리 방식과 유사하게 관리된다. 즉 도서와 같이 십진분류체계를 적용하거나 기록의 집합적 관리 체계를 구축하기보다는 기록물의 개별 건에 집중하여 수집, 보존되는 특징이 있다(김지아, 2022).

미국의 경우, 도서관의 스페셜 컬렉션이 이에 해당한다. 스페셜 컬렉션 수집 대상이 되는 기록물은 특별한 작가나 인물이 남긴 희귀하고 독특한 기록물들로서 물리적 형태나 내용에서 특별한 가치를 지녔다고 판단되는 기록물이며, 종종 고가의 금전적인 비용을 지불하고 구입한 기록물들도 포함된다. 그리고 대개는 자료를 담당하는 사서가 기록물을 도서와 마찬가지로 기록물 건별로 도서관리시스템에서 관리한다.

또한 박물관에서 민간기록물을 수집, 관리하는 경우에 기록은 유물관리시스템 안에서 관리된다. 이에 따라 개별 유물의 물리적 특성과 가치를 기술하는 방식으로 기록물의 기술이 이루어지거나 시대나 주제, 작가 혹은 재료에 따른 분류체계를 따른다. 박물관에서 기록물은 사서나 아키비스트보다는 박물관 큐레이터가 담당하는 경우가 많다.

개별적 수집형 기관이 기록을 수집하는 목적과 이용 방식 역시 상이하다. 박물관이나 도서관은 연구자의 연구 목적을 위해 역사적·학술적 가치가 있는 자료들에 관심을 가지는 반면, 기록관은 기록물이 사회적 표상으로 그 시대의 시민사회적 가치와 삶을 얼마나 잘 드러내는지에 관심을 가진다. 때문에 기록물 서비스 역시, 연구자보다는 공동체나 지역 시민을 대상으로 하는 경우가 많다. 따라서 종종 박물관에서 연구적 가치가 없다고 간주되는 시민의 소소한 일상기록물이 기록관에서 중요한 소장물이 되기도 한다.

2) 참여형 아카이브

앞서 설명한 수집형 아카이브는 주로 기획수집이나 상시수집을 통해 기록물을 수집한다. 기록관에서 주로 사용하는 도큐멘테이션 전략은 특정 주제나 지역의 경험과 역사를 알 수 있는 유용한 방안으로 인정받고 널리 알려져 있다. 그럼에도 기록관리 영역에서 이러한 기록물을 수집하는 것은 민간의 기록물과 기록생산자를 대상화 혹은 타자화한다는 지적을 받아왔다. 전문지식을 가진 아키비스트의 참여와 주류 수집기관의 지원이 중요하지만, 이들 전문가가 공동체기록을 수집하고 모으는 것은 '공동체에 관한 아카이브'일 뿐 '공동체의 아카이브'로 보기 어렵다는 것이다(설문원, 2022 재인용). 이러한 지적에 대한 대안으로 등장한 아카이브가 참여형 아카이브라고 할 수 있다.

앞서 언급한 수집형 아카이브에서 수집하는 기록들은 주류 수집기관의 관점과 필요에 의해 수집되었기 때문에 기록을 생산해낸 주체의 풍부하고 진정한 목소리와 가치를 그대로 반영할 수 없다. 도큐멘테이션 전략이 민간기록의 가치에 대한 관심을 환기시켰다는 점에서는 그 중요성을 인정할 수 있으나 기록생산자의 의도와 가치를 왜곡할 위험성도 가지고 있다. 즉 기록 주체가 스스로 자신의 기록을 수집, 관리하지 않음에 따라 공공기관이 특정 주제와 사건을 기록화하는 과정에서 발생할 수 있는 자의성과 주관성의 문제가 대두되었다. 이 결과 기록생산자 스스로가 자신들의 기록을 수집, 관리, 보존하는 참여형 아카이브인 공동체 아카이브 모델이 등장했다. 공동체 기반 참여형 아카이브라고도 부르는 이 유형은 사회의 다양한 공동체들이 스스로 생산한 기록을 스스로 관리하도록 하는 것을 목적으로 한다.

참여형 아카이브는 개별 공동체가 가진 고유한 역사와 경험, 문화와 사고방식이 담긴 기록물을 전문 수집형 아카이브에 보관하지 않고 공동체가 소유, 운영하는 아카이브에 스스로 보관한다는 원칙이 있다. 따라서 수집형 아카이브와 달리 참여형 아카이브는 이용자와 공동체 구성원의 참여를 통해 만들어진다는 점이 강조된다.[1] 즉 외부의 주류 수집기관이나

---

1   설문원(2022)은 수집기관들의 참여와 협력을 통해 구축되는 디지털 아카이브나 이용자와 공동체 구성원의 참여를 통해 만들어지는 아카이브 모두를 참여형 아카이브로 규정한다.

전문 아키비스트의 지식과 시각으로 기록물을 수집, 관리하기보다 기록을 생산해낸 단체나 공동체가 아카이빙 과정에 적극적으로 참여하는 형태라고 볼 수 있다. 때문에 참여형 아카이브에서는 기록을 생산해낸 공동체 내부 구성원들의 관점과 의견이 아카이브 구축과 운영 과정에서 결정적인 요인이 된다. 이러한 참여형 아카이브의 구체적인 예는, 국외에서는 미국의 흑인문화 아카이브(BCA: Black Cultural Archives)나 일본계 미국인 역사연구센터 아카이브(JARC: Japanese American Research Center)이다. 젠더, 노동, 인종, 민족, 여성 등 다양한 공동체가 스스로 구축한 아카이브가 참여형 아카이브를 주로 설립하는데, 국내에서는 지역을 기반으로 한 성미산 마을 아카이브가 그 예시이다.

참여형 아카이브로서 공동체 아카이브는 공동체 구성원과 기록생산자가 스스로 자신의 기록을 관리, 보존, 서비스하는 일련의 아카이빙 절차뿐 아니라 기록화 과정에서도 주체적인 역할을 해야 한다는 것이 원칙이다. 이와 같은 주도적 참여를 통해 공동체는 스스로의 기록에 대한 권리를 인식하고 이를 공동체의 영속성과 친밀감, 그리고 정체성을 위해 활용한다. 특히 공동체 아카이브에서는 공동체의 역사와 경험 중 어떤 내러티브를 중요하게 볼 것인지도 공동체가 결정한다. 이는 공동체가 공동체기록과 역사에 관한 주체적 권한을 온전히 누릴 뿐만 아니라 기록의 생산과 수집, 관리, 보존, 활용의 전체 과정에서 스스로의 기억을 만들고 재생산할 기회를 온전히 가지도록 하기 위함이다.

4. 요약 및 전망

국내에서도 민간기록의 중요성과 가치에 대한 인식이 점차 확산되고 있다. 공공기록과는 다른 전통에서 발전되어 왔지만 기록관리에서 여전히 중요한 부분을 차지하고 있고, 향후 그 영역이 더욱 확장될 것으로 보인다. 이 장에서 민간기록을 개인과 공동체기록, 시민단체기록, 사건기록과 일상기록, 문화예술기록과 기업기록으로 구분했지만 향후 얼마든지 새로운 영역에서 생산되는 민간기록들이 등장할 수 있을 것이다. 이와 더불어 민간기록의 관리 체계에 대해서도 더 많은 연구와 고민이 필요한데, 개별 민간기록관리에 적합한 원칙과 이론, 선별과 조직, 보존과 서비스에 이르기까지 다원화된 관리 방식에 대한 개발과 논의가 앞으로 이루어져야 할 것이다.

다시 생각해보기

1. 민간기록관리가 공공기록관리와 다른 점이 무엇인지 생각해봅시다.
2. 수집형 민간기록관리와 참여형 민간기록관리의 장점과 단점에 대해 생각해봅시다.
3. 공적 영역에서 민간기록관리를 시도할 때 유의해야 할 점은 무엇인지 생각해봅시다.
4. 박물관, 도서관 같은 기억기관과 아카이브가 다른 점은 무엇이며 기록수집기관으로 어떤 상호협력 관계를 유지해야 할지 생각해봅시다.

2부 기록관리 프로세스

기록의 평가선별

영구 보존할 기록을 어떻게 선별할 것인가?

이승억

보존기록 평가선별(archival appraisal)[1]은 기록관리 이론
과 실무의 핵심 분야이다. 평가선별은 첫째, 영구적으로 보
존할 가치가 있는 기록은 어떤 것인지, 둘째, 실제 활용을
고려할 때 어떤 기록을 언제까지 보유해야 하는지, 셋째,
어떤 기록이 가진 실물적 또는 금전적인 가치는 어느 정도
인지 등을 결정하기 위한 작업이다(Pearce-Moses, 2005).
평가선별의 기준은 기록에 담긴 가치이지만 때로는 보존
공간이나 비용을 고려해야 하며, 결정 요인은 매우 복합적
이다. 20세기 들어 기록 평가선별은 정부가 해결할 당면 과
제가 되었고 사회적 제도로 정립되었다. 이러한 제도화에
기여한 것이 쉘렌버그의 평가이론이다. 이후 사회적 갈등
이 고조되던 20세기 후반에는 기록 평가선별의 공정성이
중요한 이슈로 등장했고, 전자기록의 확산은 평가선별의
이론과 실무에 큰 변화를 일으키고 있다. 이 장에서는 보존
기록 평가선별의 역사적 배경, 주요 이론과 사례들을 살펴
보고자 한다.

1. 왜 기록을 평가선별하는가: 지속적 기억과 공적 신뢰

보존기록 평가선별은 기록학의 중요 영역이자 기록전문직의 핵심 직무이다. 캐나다의 저명한 기록학자이자 보존기록관리자인 테리 쿡(Terry Cook)은 이에 관해 다음과 같이 언급했다.

보존기록관리자들이 기록유산을 선별하는 것은 미래 세대가 현재와 과거에 대해 무엇을 알게 할지를 결정하는 것이다. (중략) 이러한 임무의 중요성을 생각하면서 보존기록관리자는 정치적으로 또 철학적으로 고도의 민감한 상태를 유지해야 한다(Cook, 2006).

앞서 말은 보존기록을 남기는 일이 중요하고도 민감한 사회적 책무임을 일깨워준다. 보존기록관리자들은 지난 백여 년간 이를 수행하기 위한 지식과 실무를 진전시켜왔다. 기록학에서 기록을 뜻하는 용어는 보존기록(archives)과 기록(records)으로 구별된다. archives의 어원에는 통치, 권위, 권력이 있고, 이로부터 '가치 있는 기록'이라는 뜻이 생겼다. 처음에는 가치 있는 기록을 보관하는 곳이라는 말이었는데, 여기에 가치 있는 기록 자체라는 의미가 더해졌다. 또한 record에는 '가슴으로 전한다'라는 의미가 있다(O'Toole, 1990/2002). 여기에서 믿을 수 있는 증거라는 뜻이 나왔다.

인간은 문자를 사용한 이래 기록을 만들어 소통해왔다. 기록은 소통수

---

1   '평가선별'은 일정한 가치에 상응하는 기록을 확인·확보하는 것이다. '평가'의 핵심이 가치 척도라면 '선별'의 중점은 실제 기록에서 가치를 확인하는 방법이나 기법이다. 평가와 선별은 서로 구별되면서도 유기적으로 결합되어 있는 기록관리 행위이다. 이런 점에서 여기서는 '평가선별'이라는 말을 사용했다.

단으로서 다음과 같은 이점이 있었다. 우선 기록이 있으면 생물학적 기억에 의존할 필요가 없고, 기록된 기억을 공유함으로써 서로 믿을 수 있는 관계가 만들어질 수 있었다. 이를 다른 말로 지속적 기억(perpetual memory)과 공적 신뢰(public faith)라고 표현할 수도 있다(Duranti, 1994). 기록을 통한 지속적 기억은 개인은 물론 사회에도 적용될 수 있다. 사회적 기억은 개인이 사회 구성원과 함께 경험한 집단적 기억을 말한다. 보존기록관은 흔히 기억기관(Memorial Institution)이라 부른다. 사회적 집단기억은 보존기록관의 사회적 기능과 밀접한 관계가 있다. 한편으로 공정하게 생산되어 유지된 기록은 신뢰관계를 맺는 데 필수적인 수단이다. 출생, 경력, 재산 소유에 관해 믿을 수 있는 기록이 사회관계에서 갖는 의미는 특히 중요하다. 공적 신뢰는 안정적이고 지속적인 사회적 관계에서 기록이 갖는 의미를 내포한다. 사회 구성원의 권리의식이 높아지면서 기록을 통한 공적 신뢰는 하나의 사회제도로 발전했다. 따라서 보존기록관은 공적 신뢰에 부합하는 방식으로 기록을 평가선별하여 보존할 필요가 있다.

2. 보존기록 평가선별의 등장

18세기 말부터 19세기 초에 걸쳐 구미에서는 기록학이나 기록관리에 영향을 미친 대사건이 일어났다. 먼저 1789년 프랑스 대혁명을 들 수 있다. 프랑스 대혁명은 봉건 세력의 특권이 철폐되고 시민의 보편적 권리가 천명된 세계사적 사건이었다. 그런데 혁명 직후의 중요 조치 중 하나가 기록과 관련된 것이었다. 혁명 기구인 국민의회(National Assembly)가 공포한 법령 기록을 보관하고 전시하는 기관을 설치하는 일이 그것이었다. 이

기관은 1790년 역사상 최초의 국가보존기록관인 국가기록보관소(Archives Nnationales)가 되었다. 주목할 점은 기존 봉건시대 기록에 대한 혁명 주체들의 생각이었다. 혁명 세력의 급진 분파는 구체제(ancien régime) 기록을 전면 파기하자고 주장했다. 반면 구체제 기록을 하나의 공공 재산으로 간주한 분파도 있었다. 급진 분파의 이러한 시각은 구체제의 기록이 봉건관계를 제도적으로 청산하기 위한 것이면서 한편으로는 구체제를 학술적으로 연구하기 위해 필요한 기록이라고 생각했음을 의미했다. 이러한 의견에 따라 1794년 구체제 기록의 평가선별을 위한 기구가 설치되었고 다음과 같은 선별 기준이 만들어졌다. 첫째, 혁명으로 몰수된 재산의 권리를 입증하는 서류, 둘째, 역사·과학·예술에 관한 고문서와 기념물, 셋째, 봉건적 특권의 권리 증서, 넷째, 이용가치가 없어 폐기되어도 무방한 기록이다. 프랑스 대혁명을 통해 과거의 중요 기록을 선별 보관하는 것은 국가의 책임이며, 국가가 소장한 보존기록의 대중 접근을 장려해야 한다는 사고가 생겨났다(Schellenberg, 1956/2002).

한편 미국은 1776년 영국과의 독립혁명 전쟁에서 승리함으로써 식민지에서 벗어났다. 미국 독립혁명은 투철한 권리의식에서 비롯되었다. 예를 들어 독립선언에는 북아메리카 식민지 주민들의 권리 기록에 근거하지 않은 영국의 세금 부과는 부당하다는 주장이 담겨 있었다. 미국에서는 독립혁명을 통해 공공기록(public archives)관리와 역사기록(historical manuscripts)관리라는 두 가지 전통이 본격화되었다. 공공기록관리 전통이 생겨난 때는 식민지 초기인 17세기이다. 초기 북아메리카 식민지 정착민들은 출생, 혼인, 사망의 생애기록이나 재산 소유권 기록의 관리를 공동체가 책임져야 할 일이라고 생각했다. 따라서 이러한 기록을 보관하는 장소는 공동체의 시설이어야 하고 그 관리도 공동체가 맡아야 한다고 보았다. 독립

그림 4-1 "끊임없는 감시가 자유의 대가이다"라는 문구가 새겨진 석상

이후 이는 공공의 보존기록관 설치로 이어졌다. 수도 워싱턴 DC의 연방 의회와 대통령이 있는 백악관 중간에는 1934년에 건립된 국가기록관리청 (NARA: National Archives and Records Administration)이 자리 잡고 있는데 이 건물 입구에 놓인 석상에는 "끊임없는 감시가 자유의 대가이다(Eternal vigilance is the price of liberty)"라는 문구가 새겨져 있다(그림 4-1 참조). 여기 에는 공공기록관리는 정부를 감시하기 위해서이며 기록을 통한 감시 메 커니즘을 만드는 일 역시 정부의 책임이라고 여기는 미국인들의 생각이 담겨 있다. 역사기록관리 전통은 역사협회(Historical Society)라고 부르는 보존기록관(사료 수집이 임무이다)의 설립으로 정착되었다. 독립혁명 세대 가 1791년 매사추세츠 역사협회(Massachusetts Historical Society)[2]를 설립한 이래 역사기록관리 전통에 뿌리를 둔 보존기록관은 현재도 미국 전역에

수천 개가 있다(O'Tool, 1990/2002).

영국에서 국가가 설립한 공공기록보존소(PRO: Public Records Office)는 1838년에 등장했다. 미국이나 프랑스 같은 혁명적 사건은 일어나지 않았지만 국가의 보존기록관 설립이 시민의 권리와 무관하지 않다는 점은 같았다. 영국에는 13세기 이래 국민 기본권이나 특권이 기재된 고문서들이 보존되어 있었다. 이 중세 기록들에는 상당한 분량의 부속 서류들이 포함되어 있었는데 이 기록을 보려는 시민들은 많았지만 관리 상태가 매우 좋지 않았다. 결국 19세기 초 문제가 심각해져 런던 내 50여 개가 넘는 장소에 분산되어 있던 기록들의 상태를 조사했고, 그 결과 1836년 "부패 직전의 상태"라고 표현한 심각한 보고서가 제출되었다. 이에 따라 영국 의회는 1836년 공공기록물법(Public Records Act)을 제정했고 정부는 PRO를 설치했던 것이다.

18세기 말부터 19세기까지 유럽에서 보존기록은 정치적·사회적으로, 또 정부의 행정적 측면에서 민감한 문제였다. 보존기록에 대한 열람 수요가 증가하면서 공적(公的)이며 집중적인 관리의 필요성이 대두되었다. 그런 점에서 이 시기 공공보존시설의 등장은 중요한 진전이었다. 중앙집중 시설에서 보존기록을 관리하기 위해서는 기록의 감축이 불가피했다. 그러나 무분별한 감축이라는 비판을 피할 수 있는 평가선별 기준과 관련해서는 별다른 성과가 없었다.

---

2   https://www.masshist.org/

3. 20세기 이후 보존기록 평가선별론의 흐름

20세기 초 공공기록은 전례 없이 늘어났다. 대량생산 이면에는 시민 행정 확대, 대규모 전쟁에 따른 정부조직 증가, 그리고 인쇄와 복사 같은 기록생산 기술의 발전이 있었다. 영국도 전쟁 중 정부조직이 우후죽순처럼 생겨나 곳곳에 기록 더미가 쌓여 있었다. 보존기록 평가선별론의 선각자들은 이 무렵 정부기관에서 일했던 고문서학이나 역사학에 조예가 깊은 학자 관료들이었다. 이들의 지적(知的) 산물은 이 막대한 분량의 기록의 본질은 무엇이며 또 이것들을 어떻게 합리적으로 줄여야 할지에 대한 학문적이고 실무적인 고민의 결과였다.

1) 젠킨슨의 기록속성론 : 온전한 퍼즐 그림

힐러리 젠킨슨(Hilary Jenkinson)은 20세기 기록학을 정립하는 데 크게 기여한 인물이다. 그는 1882년에 영국에서 태어났고 케임브리지 대학교에서 고전학을 전공했다. 1906년 PRO에 들어가 48년간 재직했으며 1947년부터 7년 동안 사실상 기관의 장이라 할 수 있는 부관장(Deputy Keeper)을 역임했다. 1차 세계대전 중에는 전쟁국(War Office)에서 근무했으며 전쟁 중 이탈리아에서 고문서 보호 업무에 관여했고, 전후에는 국제기록관리협의회(ICA: International Council on Archives)를 설립하는 데 주도적 역할을 했다. PRO에서 그가 처음 맡은 일은 영국 법원과 재무부의 고문서를 분류하거나 분석하는 것이었다. 그는 이때의 경험을 논문으로 발표했고, 대학에서 고서체학(paleography)이나 고문서학(diplomatics)을 강의했다. 그리고 1922년에는 가장 중요한 기록학 저작의 하나로 평가되는 『보존기록관리 매뉴얼(Manual of Archive Administration)』을 발표했다.

젠킨슨 이론의 특징은 다음과 같다.

첫째, 보존기록속성론이다. 그는 보존기록 고유의 특성은 그것이 만들어질 때 형성된다고 보았다. 그가 활동한 20세기 초는 중앙집중식 보존기록관이라는 근대적 산물과 이전 체제가 공존했다. 이전 체제란 등록소(registry)로 대표되는데 정부기관별로 스스로 선별 기록을 관리하는 것이 특징이었다. 그는 가급적 선별을 자제해야 하지만, 만약 해야 한다면 생산자에게 맡겨야 한다고 보았다. 생산기관이 자신이 만든 기록을 관리하는 체제는 생산자의 의도를 중시하는 젠킨슨의 생각과 가까웠다(Craig, 2004).

둘째, 기록의 생산 형식과 유래를 중시하는 고문서학적 요소를 발견할 수 있다. 다만 고문서학이 통상 역사학의 보조 학문으로 받아들여진 반면, 젠킨슨은 기록을 역사 연구를 위한 자료로 보는 데 반대했다. 역사 연구로 매겨진 중요도에 따라 기록을 선별하면 역사가의 주관성이 개입될 가능성이 높고, 이는 기록이 만들어진 고유 맥락을 손상시킨다고 보았다. 반면 생산자가 남겨놓은 기록은 고유 맥락이 유지된 것이었다. 그의 이론은 보존기록 특유의 속성과 생산의 맥락을 추구했다는 점에서 기록에 관한 학문의 독자성을 지향했다고 해석할 수 있다. 20세기 초에 등장한 기록전문직의 정체성과 자의식은 이에 기초해 성립한 것이었다.

물론 모든 것을 생산기관에 맡기는 것은 20세기 초의 영국 현실에 맞지 않았던 것도 사실이었다. 두 차례의 세계대전을 거치면서 영국 정부는 무질서해 보이는 막대한 양의 기록을 만들어냈다. 정부 입장에서는 사후 감축이 불가피했다. 2차 세계대전 후 영국 정부는 그리그위원회(Grigg Committee)[3]라는 조사기구가 제출한 보고서에 근거해 평가선별 체계를 개편했다. 일명 '그리그 체계(Grigg system)'라고도 부르는 이 체계는 생산 5년 후 업무 활용도 평가, 25년 후 장기보존 여부 평가의 2단계 체계로 요약할 수 있다. 그리그위원회의 보고서는 기록 평가선별의 주체는 생산자이며 보존기록관리자가 이를 지원한다고 했는데, 이는 생산자가 기록을 선별해야 한다고 주장한 젠킨슨의 영향이라고 할 수 있었다. '그리그 체계'는 PRO가 각 기관에 평가선별을 위임한 제도라고 할 수 있었지만, PRO의 적극적인 정책 운영에 따라 보존기록관리자의 역할이 단순한 '조력자'나 '지킴이(keeper)' 이상이 될 가능성도 있었다.

그러면 젠킨슨의 보존기록속성론에 대해서 구체적으로 알아보자. 그는 보존기록의 본질적 속성으로 불편부당성(impartiality), 진본성(authenticity), 자연성(naturalness), 상호연관성(interrelationship) 네 가지를 제시했다 (Jenkinson, 1922/2003; Duranti, 1994).

불편부당성은 생산자의 의도가 가감 없이 담겼을 때 나타나는 속성이다. 젠킨슨은 생산자 이외의 제3자가 개입하는 것을 편견으로 간주했다. 그런데 생산자의 의도 그대로가 기록되는 것과 진실이 기록되는 것은 그 의미가 다르다. 젠킨슨의 불편부당성은 전자를 중시했다. 그렇지만 기록에는 진실이 수록되어야 하고, 나아가 기록생산자가 기록을 조작할 가능성을 완전히 배제할 수 없다고 생각하는 사람이라면, 젠킨슨의 생산자 불편부당성을 받아들이기는 쉽지 않았을 것이다(Boles and Greene, 1996). 진본성은 공적인 관리하에서 생산된 정보로만 구성되며 그 후에도 허가되지 않은 변경이 없는 상태를 의미한다. 또한 기록 내용의 진위보다는 생산·유지 과정의 온전함이라는 환경적 요인을 중시했다. 진본성은 뒤에 전

---

3 위원장인 그리그(James Grigg)의 이름을 따온 것인데 본래 명칭은 왕립정부기록위원회 (Royal Committee on Departmantal Records)이다.

자기록관리의 가장 핵심적인 품질요건으로 부각되었다. 자연성은 모인 상태 그대로 재배치 없이 기록이 남아 있을 때 적용한다. 상호연관성도 이와 같은 맥락인데, 보존기록 간에 성립된 원래의 연관성을 단절하여 재편성해서는 안 된다는 것이다.

젠킨슨의 보존기록속성론의 핵심은 보존기록에 생산자의 의도와 생산과정이 그대로 유지되어야 한다는 것이다. 그런데 이러한 방식이 보존기록의 후대에 있을 연구에 활용될 것을 고려하지 않았다고 단정할 수는 없다. 다소 역설적일 수 있으나, 그는 생산의 맥락이 충실하게 남은 기록이야말로 후대의 활용에도 중요하다고 보았다. 양질의 보존기록은 마치 완성된 퍼즐 조각처럼 원래 모습이 유지되어야 이용가치도 높아진다고 보았다. 젠킨슨에게 보존기록관리자는 기록의 '선별자'가 아니라 '지킴이'였다. 물론 이는 기록수용 능력이 제한적인 중앙집중식 보존기록관의 현실에 맞지 않았다. 그렇지만 이것만으로 젠킨슨의 의의를 평가절하한다면 성급한 결론이다. 그는 보존기록관리자가 독자적 기록전문직으로 자리매김하는 데 필요한 고유의 전문지식을 형성했다. 그리고 젠킨슨의 시대로부터 약 반세기 뒤에 등장한 전자기록관리 환경에서 속성론은 다시 조명을 받았다. 그의 속성론은 보존기록관리자들이 디지털 환경의 불안한 지각 위에서 좀 더 안정적으로 서 있을 수 있도록 해주었다.

2) 쉘렌버그의 기록생애주기와 가치론: 숲을 위한 잡목 솎아내기

테오도르 쉘렌버그(Theodore R. Schellenberg)는 20세기 기록학, 특히 평가선별 분야에서 반드시 거론되어야 할 중요 인물이다. 그의 기록관리 이론은 많은 국가에서 실제로 운영 중인 제도에 영향을 끼쳤다. 그는 자신이 생각한 체계를 "현대적(modern)"(1956년에 발간한 그의 대표 저작의 제목이기도 하다)이라고 묘사했다. 그가 활동했던 20세기 초에 기록전문직으로 새로이 부상하고 있었던 보존기록관리자들은 늘어나는 정부기록을 체계적으로 감축하기 위한 혁신을 추구했다. 쉘렌버그의 '현대화'에는 이러한 지향이 반영되었다(Craig, 2004).

쉘렌버그는 19세기 말 미국으로 이민한 독일계 가정에서 1903년에 태어났다. 그는 펜실베이니아 대학교에서 역사학 박사학위를 받았다. 산림청 역사 자문역으로 공직을 시작했고, 그 뒤 NARA에서 보존기록관리자로서 경력을 시작했다. 그는 임용 직후 워싱턴 DC에 있는 연방기관들이 보유한 기록의 조사를 맡았는데, 1945년 이러한 업무 경험을 토대로 논문을 집필하기도 했다. 1930년대 미국 정부는 기록 감축에 많은 노력을 기울였다. 루스벨트 행정부는 뉴딜정책의 일환으로 대대적인 기록조사 사업을 벌였는데, 쉘렌버그도 그 현장에 있었을 것이다. 그는 역사학자로서의 소양과 조사 경험을 토대로 남겨야 할 자료와 그럴 필요가 없는 자료를 구분하는 기준을 고민했다. 1956년에 출판된 그의 저작 『모던 아카이브 (Modern archives)』(Schellenberg, 1956/2002)는 그 결실이었다.

쉘렌버그 이론의 특징은 보존기록 가치론이다. 역사학자이기도 한 그는 보존기록을 연구에 필요한 자료로 보았음이 분명하다. 그리고 연구에 필요한 자료는 필요 없는 자료와 구분되어야 했다. 고문서학자이기도 했던 젠킨슨이 기록 자체를 유지해야 할 이유에 주목했다면 쉘렌버그는 선별의 필요성을 느꼈다.

쉘렌버그는 직장 동료인 필립 브룩스(Philip Brooks)와 필립 바우어 (Philip Bauer)의 생각을 종합하여 자신의 가치론을 발전시켰다. 브룩스는 기록을 계속 보존해야 할 이유로, 첫째, 기록을 생산한 개인이나 기관이 부여하는 의미, 둘째, 행정 연혁을 알고자 할 때 필요한 내용, 셋째, 역사 연구를 위해 필요한 내용 세 가지를 제시했다. 브룩스의 주장에는 시간 경과에 따라 활용을 구분하는 생애주기의 사고가 담겨 있었다. 바우어는 기록의 영구보존 비용을 정당화하는 것이 무엇인지를 중시했는데, 그것을 보존기록의 이용가능성에서 찾으려 했다. 그래서 보존기록관에 보존된 이후 이용가능성을 다음과 같은 척도로 구분했다. 첫째, 정부기관이 공식 참고하는 경우, 둘째, 시민의 권리를 보호하는 데 필요한 경우, 셋째, 학자의 연구에 필요한 경우, 넷째, 계보학(genealogy) 연구에 필요한 것이나 골동품이다(볼스, 1991/2002). 브룩스와 바우어의 생각은 '기록생애주기에 따른 유용함'으로 요약할 수 있다. 오늘날 이는 익숙한 생각이지만 당시로서는 한 단계 진전된 선별 기준이었다. 쉘렌버그는 이를 보다 체계화하여 하나의 패러다임으로 발전시켰다.

쉘렌버그(1956/2002)는 기록의 생애주기를 '생산 목적의 활용'과 '이후 활용'의 두 단계로 구분했다. 그리고 전자를 '현용(現用, current use)', 후자를 '비현용(非現用, non-current use)'으로 정의했다. 비현용의 가치는 생산 목적으로는 더 이상 활용할 필요가 없다는 것이며, 생산한 목적이 끝난 이후에 계속적(continuing) 또는 영속적(enduring)으로 활용할 필요가 있음을 의미했다. 물론 생산된 기록 중 평가선별된 일부에만 해당한다. 그는 현용가치를 '1차 가치', 비현용가치를 '2차 가치'로 명명했다(그림 4-2 참조).

1차 가치는 기록이 업무에 활용 중일 때 필요한 가치인 만큼 기록생산자의 권리나 의무와 관련된다. 쉘렌버그는 1차 가치를 다시 행정·재무·법무 가치로 구분했다. 1차 가치의 척도는 행정적 또는 법적 권리나 의무에 필요한 보유 기간으로 산정하는 것이 일반적이다. 1차 가치에 기초하여 필요한 보유 기간을 책정하는 일은 보존기록관리자로부터 분화된 또

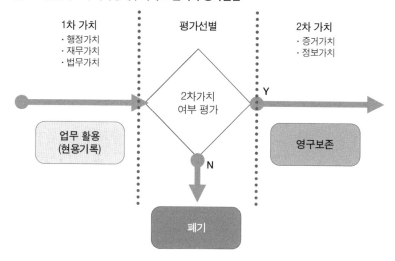

그림 4-2 **쉘렌버그의 기록생애주기와 보존기록 평가선별**

1차 가치
· 행정가치
· 재무가치
· 법무가치

평가선별

2차 가치
· 증거가치
· 정보가치

2차가치
여부 평가

Y

업무 활용
(현용기록)

영구보존

N

폐기

하나의 기록전문직인 기록관리자(records manager)의 주요 책무였다.

업무는 어떤 시점에 종료되기 마련이다. 그에 따라 기록의 1차 가치도 함께 종료되어 다음 단계인 생산 목적 이후의 활용가치로 접어드는데, 이것이 2차 가치이다. 2차 가치는 브룩스나 바우어가 언급한 '학자들의 연구에 필요한' 기록에 해당한다. 쉘렌버그는 한발 더 나아가 가치의 개념화를 시도했고, 그 결과가 증거가치와 정보가치였다. 가치의 범주를 개념화함으로써 평가선별의 타당성 여부를 설명함에 있어 '누구에게 필요한가'와 같은 다소 막연한 논법이 '어떤 가치인가'라는 보다 본질적이고 분명한 논법으로 바뀌었다. 이는 중요한 진전이었다.

먼저 증거가치를 보자. 증거가치란 간단히 말해 생산자에 관한 가치이다. 그렇다면 1차 가치와는 어떻게 다른가. 1차 가치가 생산자의 권리·의무에 관한 직접적 증거라면, 증거가치는 생산자와 그 활동 전반을 고려한다. 쉘렌버그는 증거가치가 생산자의 역사를 연구하는 일과 유사하다고 했다. 즉 생산자의 생성에서 소멸까지의 연혁, 중요 정책이나 프로젝트의 전말, 중요 기능이나 업무 체계를 분석함으로써 판별할 수 있는 가치라는 것이다.

정보가치는 생산자와 상관없이 기록이 담고 있는 인물, 사물, 현상에 주목한다. 증거가치에는 원천적으로 생산 주체라는 한정된 범위가 있는 반면, 정보가치에는 그러한 것이 없다. 대신 첫째, 중복된 기록인지 또는 희소한 기록인지를 가리는 유일성 여부, 둘째, 기록의 형식적 특성, 셋째, 중요도와 같은 척도가 필요하다.

먼저 유일성을 보자. 기록(사본)이 대량으로 생산되던 시대에는 중복된 기록을 찾는 일이 매우 중요했다. 그렇지만 이는 그리 간단하지 않았다. 내용은 같지만 형식이 다른 기록은 사본일까? 또한 복사한 기록은 망설임 없이 골라내야 할까? 쉘렌버그는 전자를 '논리적 사본', 후자를 '물리적 사본'이라고 했다. 논리적 사본은 맥락은 같지만 사실상 다른 기록이다. 물리적 사본 또한 다른 기록과의 관련성을 통해 판단해야 한다. 즉 같이 편철된 원본 기록과의 연관성 때문에 사본이라도 고유한 의미를 가질 수 있다. 유일성은 먹지 타이핑 문서나 복사 기계를 사용한 막대한 분량의 복사본 때문에 등장한 이슈였다. 둘째, 형식적 특성은 '정보 형식'과 '기록 형식'으로 구분했다. 정보 형식은 얼마나 많은 인물, 사물, 현상에 관한 정보가 담겨 있는가라는 포괄성의 척도, 그리고 하나의 대상에 얼마나 다양한 정보 항목이 구성되어 있는가와 같은 집중성의 척도로 구분했다. 이에 비해 기록 형식은 별도의 읽기 수단이나 정리가 필요한지 판단할 때 적용했다. 셋째, 중요도는 정부나 일반 시민, 학자 같은 다양한 이용자가 중시할 만한 것이 기록에 있는지 여부와 관련이 있었다. 중요도를 판별하는 보존 기록관리자는 기록 내용에 관한 학술 연구나 사회 여론 등 다양한 지식에 정통할 필요가 있었다. 그렇지만 활용이 다양한 만큼 보존기록관리자가 이를 충분히 포착하기는 쉽지 않다. 때문에 쉘렌버그는 중요도를 판별하는 평가선별에서는 다른 분야 전문가들과의 협조가 불가피하다고 했다.

쉘렌버그의 증거가치에 대해서는 논란이 있다. 증거가치가 있는 기록에는 생산자의 활동을 입증하는 데 유용한 내용이 들어 있을 것이다. 그런데 이러한 활동 입증에 유용한 기록은 자칫 활동에 대한 객관적 시각과 거리가 있는, 활동 그 자체를 합리화한 결과물이 될 우려도 있다. 테리 이스트우드(Terry Eastwood)는 근본적으로 '증거'는 기록을 생산한 조직과 그 활동을 정당화할 뿐 '가치'라고 부를 만하지는 않다고 평가절하했다(볼수, 1991/2002). 듀란티(1994)는 증거를 찾는 위치에 따라 다르다고 하면서, 쉘렌버그와 젠킨슨이 각각 다른 곳에서 '증거'를 찾았다고 주장했다. 쉘렌버그가 내용에서 찾은 반면, 젠킨슨은 생산·유지 과정에서 찾았다는 것이다. 그러면서 만약 내용에서 증거를 찾는다면 결국 생산자의 이념을 지지하는 것 이상이 되지 못한다고 지적했다.

이러한 비판에도 불구하고 정부의 투명성이 중요한 사회적 가치가 되는 한 증거는 여전히 기록 평가선별의 중요한 기준이 될 것이다. 그런 점에서 이미 생산된 기록에서 증거를 찾기보다는 '있어야 할 기록'이라는 전제(前提)에서 출발하여 증거를 찾는다면 기록가치로서 증거의 의미에 다르게 접근할 수도 있다(설문원, 2018).

한편 정보가치에는 그 대상이 광범위하다는 어려움이 있다. 정보가치는 많은 기록들의 조각 정보 속에 섞여 있을 가능성이 높다. 오랫동안 보존기록관리자들을 괴롭혀온 이른바 동종(同種)대량 사안기록에 대한 평가선별의 까다로움이 그것을 말해준다. 동종대량 사안기록은 사람, 사물, 사건에 관한 다양한 정보를 담고 있지만 대신 분량이 매우 많다. 양이 많다고 가치가 낮다고 할 수는 없다. 납세, 병역, 연금의 기록은 동종대량 사안 기록이면서도 함부로 버리면 안 되는 시민의 권리와 의무에 관한 기록이다. 그렇다고 모든 잠재적 활용을 열어두고 선별하기도 곤란하다. 현직 대통령이 재임 전에 신청한 사업 인허가 서류가 있다고 하자. 아마도 보존기록관리자는 이 기록에 인허가 업무의 증거가치보다는 인물의 중요도를 감안한 정보가치를 우선 적용할 것이다. 그런데 중요 인물의 기준을 정하기는 쉽지 않다. 만약 기준이 인색하면 기록의 잠재적 활용 가능성은 그만큼 줄어들고, 반대로 관대하면 보존에 들어가는 비용을 감당하지 못한다. '잠재적 활용을 극대화하는 적절한 보존 분량'이라는 해법은 쉽게 나오지 않는다. 평가선별 담당 보존기록관리자들은 흔히 이러한 딜레마에 직면한다. 그렇지만 이 딜레마야말로 정보가치를 찾는 과정에서 피할 수 없는 현실이다.

쉘렌버그 패러다임은 미국을 비롯한 많은 국가의 현실 제도에 영향을 미쳤다. 많은 국가들이 그의 이론을 참조하여 보존할 기록을 줄여왔다. 보존기록의 본질을 탐구하기보다는 감축에만 치우친 실용적 평가선별이라는 비판도 있었다(Duranti, 1994). 그럼에도 불구하고 쉘렌버그가 소위 무질서하고 복잡한 기록의 밀림을 쾌적한 보존기록의 숲으로 만들고자 개발한 기록가치론은 기록 대량생산 시대의 공리(公理)로서 기록전문직에게 의미 있는 규범이었음은 분명하다.

3) 보존기록 표상론: 동시대 사회의 모습

미국의 진보적 역사학자 하워드 진(Howard Zinn)은 1970년대 초 보존기록관리자들에게 '활동가(activist archivist)'가 되어야 한다고 촉구했다. 그는 보통 미국인들의 생활과 희망을 담은 기록의 선별이야말로 보존기록관리자가 해야 할 일이라고 했다. 그런데 그는 왜 이런 말을 했을까. 1960~1970년대 미국 사회는 격동의 와중에 있었다. 흑인민권 운동과 여성운동은 이 당시에 최고조에 달했고, 베트남 전쟁은 미국 내부에서 격렬한 반대에 휩싸였다. 미국 전역의 수많은 보존기록관에 수집된 보존기록들은 이러한 사회의 실상을 담고 있었을까. 아마도 그렇지 못하다고 생각할 만한 이유가 있었던 것 같다. 진의 촉구는 그에 대한 일침이었다.

보존기록관리자 제럴드 햄(Gerald Ham)이 이에 화답했다. 그는 1974년 미국아키비스트협회(SAA: Society of American Archivists) 연례회의에서 보존기록관리자가 자신이 일하는 보존기록관에 한정된 임무에서 벗어나 사회 전반에 걸친 기록화(documentation)에 관심을 가져야 한다고 주장했다. 많은 보존기록관의 기록들이 당대 사회의 대표적 모습을 보여주지 못한다는 반성도 덧붙였다(Ham, 1975). 이는 중요한 변화의 단초를 열었다. 기록의 가치는 기록 자체가 아니라 사회에서 찾아야 하며, 당대가 기록에 부여한 의미에 주목해야 한다는 것이 그 단초였다.

한스 봄스(Hans Booms)는 1972년 독일어로 발표한 논문에서 이러한 변화를 실행할 방법을 제시했다. 그는 인간 생활의 총체를 미래에 전달하는 기록유산의 형성이 보존기록관리자의 주요 임무라고 보았다. 인간 생활의 총체란 기록이 만들어진 당대의 사회적 과정(social process)을 의미했다. 그는 이 사회적 과정을 기준으로 많은 개별 사건의 중요도를 평가하고 그에 맞게 기록유산을 형성하는 '기록화계획(documentation plan)'을 실행해야 한다고 주장했다(Booms, Joldersma and Klumpenhouwer, 1987).

봄스는 자신의 생각을 기존의 두 가지 입장과 대비했다. 먼저 기록생산조직의 위상에 따라, 즉 정책을 결정하는 기관인지 집행하는 기관인지, 중앙 기관인지 지방 기관인지에 따라 기록의 중요성이 구별된다는 입장이다. 이는 20세기 초 독일 기록관리계의 유력한 입장으로, '행정조직 위계론'이라고도 한다. 봄스가 볼 때 행정조직은 단지 생산 출처로서 사회적 과정이라는 광범위한 맥락의 하위요소에 불과했다. 따라서 사회적 기록유산 형성의 기준이 될 수는 없었다. 다른 하나는 역사 연구의 결과에 따라 기록을 선별해야 한다는 입장이다. 봄스는 역사 연구의 해석을 따를 경우 당대 사회의 실상이 특정 사관이나 학자의 주관적 이념에 좌우될 수 있다고 보았다. 기록이 만들어진 바로 그 시대에 중요시되었던 일이나 당대인의 가치관에 주목하고자 했던 봄스에게 역사적 해석은 당대성과는 거리가 있었다. 당대인의 생각 그대로라고 한 점은 흡사 젠킨슨을 연상시킨다. 그렇지만 보존기록관리자의 역할에 대해서는 전혀 다른 입장이다. 봄스의 '계획'은 사회적 규모로 진행되기에 그에 맞는 사회적 합의와 집행 체계를 필요로 했다. 그는 이 과정에서 보존기록관리자가 뒤로 물러나 있어야 할 것이 아니라 오히려 과정의 중심에 있어야 한다고 보았다.

미국에서는 햄의 영향으로 1980년대 초 '기록화전략(documentation strategy)'이라고 부른 봄스의 미국판 모델이 등장했다. 이 '전략'의 키워드는 '진행 중인 이슈'와 '다기관 접근(multi-institution approach)'이었는데, 봄스의 '계획'과 유사했다. '진행 중인 이슈'는 당대의 기록화를, '다기관 접근'은 개별 기록관이 아닌 지역이나 주제를 통해 사회 전체를 시야에 두어야한다는 의미였다(Hackman and Warnow-Blewett, 1987). '전략'은 물리학 연구, 노동운동과 같은 특정 주제나 지역 전반을 대상으로 시도되었다(Cox, 1989). 보존기록관리자들은 다원화된 사회의 통합이라는 당시의 시대정신에 공감했다. 그리고 '전략'은 그것을 위해 치우침 없이 기록을 모으고 경우에 따라서는 생산하도록 한 것이었다. 그런데 아쉽게도 넓은 지역을 대상으로 실행된 '전략'은 재원 부족 같은 현실적 어려움을 겪었다. 그러나 비교적 규모가 작은 소외 지역이나 계층에 대한 대안적 기록화 운동으로 실행된 '전략' 모델은 상대적으로 일정한 성공을 거두었다(Malkmus, 2008).

캐나다의 거시평가 또한 기록에 담긴 사회를 지향한 사례이다. 캐나다의 거시평가는 캐나다 국립보존기록관의 공식 정책으로 실행되었다. 캐나다의 거시평가 이론을 세운 이는 테리 쿡이다. 그의 평가선별론은 '현재의 활용(contemporary use)'을 지향했다. 이 키워드는 봄스의 '계획'이나 미국의 '전략'과 일맥상통하며 '당대 사회'가 핵심 의미였다. 쿡은 쉘렌버그의 가치론이 분류된 가치에 기록을 끼워 맞추는 분류학적(taxonomic) 접근이며, 더 이상 기록의 가치를 제대로 볼 수 있지 않다고 비판했다. 쿡은 '전략'이 가치의 분류학적 접근에서 벗어났다는 점에서는 의미가 있다고 했다. 반면 '전략'이 주제를 기반으로 기록수집 영역을 설정한다는 점은 비판했다(Cook, 1992).

쿡은 사회에 실재하는 것, 즉 정부의 기능과 구조를 기록화의 대상으로 삼아야 한다고 보았다. 기능은 정부의 활동이며 구조는 정부의 활동이 수행되는 메커니즘이었다. 만약 정부 기능에 그친다면 행정조직 위계론과 유사하다고 할 수도 있다. 그러나 그는 보다 넓은 맥락의 기능을 생각했다. 그것은 정부 기능의 작용, 그리고 그것에 대한 시민의 반작용이 포함되는 포괄적이고 동역학적인 현상이었다. 그는 이를 '정부의 기록화'가 아닌 '거버넌스의 기록화'라고 설명했다. 이러한 쿡의 거시평가론은 기록에 사회가 담겨야 한다는 생각을 구체화하는 데 한 단계 진전된 것이었다(Cook, 2004; Loewen, 2005).

기록의 사회표상론은 기록생산 이면의 사회에 초점을 맞추었다. 그런데 이러한 지향의 궁극적 목표가 당대 사회 전체의 상이라 하더라도 프로젝트 결과물은 어디까지나 기록이어야 했다. 사회표상론은 많은 보존기록관리자들의 공감을 얻었지만 실제로 성공적이라고 인정받은 사례는 많지 않다. 봄스는 자신의 '계획'으로 기록을 거의 획득하지 못했음을 인정했다고 알려져 있다. 미국의 '전략' 또한 현재 진행 중인 사회적 공통 이슈를 담은 여러 기관들의 기록을 확보하는 데 그다지 성공적이지 못했다. 이 실망스러운 결말에는 기록 획득에 실패했다는 공통점이 있다. 이러한 맥락에서 이스트우드는 사회를 담은 보존기록이라는 지향 자체에 의문을 품기도 했다(Abraham, 1995).

많은 보존기록관리자들이 사회표상론에 공감했던 것은 사회의 다양성을 있는 그대로 반영한 보존기록을 후대에 전하는 일이 다원화된 사회를 살아가는 보존기록관리자가 지향할 가치라고 생각했기 때문으로 보인다. 이러한 취지를 유지하면서 보존기록을 획득하는 효과적인 방법론을 찾는다면 그러한 지향은 결실을 맺을 수 있을 것이다.

4) 미시적 평가선별

평가선별에서 '거시적'이라는 말은 기능이나 업무의 산물로서 장기간 생산되는 많은 양의 기록을 사전적으로 검토하는 방법론에 사용한다. 이에 비해 이미 만들어진 개별 기록에 관한 평가선별에서는 '미시적'이라는 개념을 사용한다. 이제까지의 미시적 평가선별의 이슈는 다음 세 가지이다. 첫째는 거시평가에 포함된 미시적 평가선별 절차이다. 거시적 평가선별에 포함된 미시적 평가선별이란 거시평가의 마무리 단계에서 거시평가에 상응하는 실물 기록을 확인하는 과정이라는 보완적 절차이다. 즉 거시평가 결과에 부합하는 기록을 확인하는 과정으로서의 평가선별이다.

둘째는 개별 기록 자체의 평가선별 기법이다. 여기서 가장 중요한 이슈는 동종대량 사안기록의 선별이다. 동종대량 사안기록을 무분별하게 감축하거나 소홀히 관리하면 시민 권리의 훼손으로 이어질 가능성이 크다. 외국에서는 이로 인해 커다란 정치적 파장이 발생한 사례도 있다.[4] 그렇지만 동종대량 사안기록을 보존하는 데는 많은 비용과 설비가 필요하다. 그래서 선별 기준을 일률적으로 적용하기 힘든 대량의 사안기록에는 수학적 방법을 적용하기도 한다. 기록 모두를 보존해야 하거나 모두를 폐기해도 무방한 경우를 제외한 사안기록에 대하여 전체를 대표할 만한 것을 골라내기 위해 무작위 추출, 체계적 추출 같은 수학적 확률법을 적용한다(Cook, 1991). 예술적 가치나 계약 효력을 이유로 원래 생산된 상태 그대로 보존할 대상을 식별하는 내재가치(intrinsic value) 또한 개별 기록의 선별 척도이다.

셋째는 개별 보존기록의 평가선별 의사결정에 영향을 미치는 요인이다. 이 이슈는 프랭크 볼스(Frank Boles)가 제기했다. 그는 공공 및 사설의 각종 보존기록관에서 일하는 보존기록관리자들을 대상으로 한 설문조사를 통해 가치, 비용, 권고의 세 가지 모듈을 제시했다. 가치와 비용은 비교적 익숙한 평가선별 결정요인이다. 이에 비해 권고 모듈은 현장의 특수한 조건이 반영된 산물이다. 권고 모듈은 특정 보존기록관에만 국한된 상황이 기록의 가치와는 무관하게 결정요인이 되는 경우에 작동한다. 예를 들어 보존기록관의 고액 기부자가 자신의 기록을 기증할 의사를 밝혔다면, 그 기록은 수집될 가능성이 높다. 이 경우 가치나 보존 비용은 수집을 결

---

4   2007년 일본에서 5천만 명 분의 국민연금 전산기록의 일부가 분실되는 사건이 발생했다. 이는 당시 아베 신조 총리가 불과 1년 만에 직에서 물러나는 결과로 이어졌다. 2009년 「공문서관리법」이 제정된 계기가 이 연금기록 파동이었다고 알려져 있다.

정한 요인이 아니다. 권고 모듈은 일관성 있는 기준보다는 특수한 상황 논리가 평가선별 결정에 영향을 미친 경우를 설명할 때 적용된다. 볼스는 이 세 모듈의 작동 메커니즘을 '블랙박스'에 비유했다. 그의 연구는 실제로 진행되는 평가선별 의사결정의 과정과 결과를 이해한다는 점에서 의미가 있었다(Boles and Young, 1985).

5) 전자기록의 평가선별

전자기록은 기록관리 업무에 큰 변화를 불러왔다. 컴퓨터로 접하는 기록은 종이 기록과 무엇이 다른가. 전자기록을 읽으려면 내용과 별개로 기계 언어, 모니터, 서버, 네트워크 같은 각종 이질적 요소가 서로 충돌 없이 작동해야 한다. 하나의 물건이 아니라 다양한 요소로 구성되어 있다고 해서 전자기록을 '논리적 실체'라고도 한다. 이른바 디지털 컨버전스(convergence) 시대가 되면서 예전이었으면 기록되지 않았을 인간 활동의 흔적들이 저장, 재현, 전송 가능한 데이터로 양산되고 있다. 이미 1990년대부터 기존 평가선별 방식이 전자기록에는 맞지 않다는 지적이 있었다(Bearman, 1996). 관리 환경도 더 이상 정부의 전유물이 아니다. 최근 민간 공급 플랫폼을 통해 소셜미디어 기록이 양산되고 있으며 대통령 같은 최고위 공직자의 기록도 이를 통해 만들어지고 있다.

그러나 이러한 환경 변화에도 불구하고 보존기록으로서의 가치를 찾는 평가선별의 본질이 바뀌었다고 볼 수 있는 근거는 아직 없다. 워드프로세서 파일이나 구조화된 데이터베이스, 웹사이트나 소셜미디어 기록도 각종 활동의 증거와 인물, 사물, 현상에 관한 정보를 담고 있다. 따라서 보존기록으로서의 가치 그 자체는 매체 중립적이며 전자기록도 예외는 아니다.

그렇다고 변한 것이 없다고 할 수는 없다. 전자기록의 평가선별에서는 기존에 고려할 필요가 적었던 점이 매우 중요해졌다. 훨씬 분명하게 기록으로서의 요건이나 절차에서 주의할 점이 부각된 것이다. 이는 전자기록이 이질적 요소들의 구성이라는 점, 그리고 물리적으로 손상·변경되기 쉽다는 점에 따른다. 그래서 '이 유동적 기록이 가진 본질적 특성은 무엇인가'라는 의문에 답을 찾는 과정에서 기록속성론의 중요성이 대두되었다(이승억, 2005).

루치아나 듀란티(Luciana Duranti)는 젠킨슨의 보존기록속성론을 토대로 오래된 고문서학의 범주를 전자기록에 원용했다. 전자기록의 평가선별 요건에 관한 이슈는 진본성의 정의, 진본성의 유지가능성, 평가선별의 시점, 평가선별 결정의 지속적 갱신이라는 네 가지로 정리할 수 있다.

첫째 이슈는 진본성의 정의이다. '진본 기록(authentic records)'은 '원본 기록(original records)'과 그 의미가 다르다. 원본은 원래 만들어진 것이라는 물질적 측면을 강조하지만 진본은 만들어지는 과정에 주목한다. 만들어질 때의 파일 형식이 바뀌었어도 '정당하게' 전환하고 '단절 없이' 관리한 경우 진본성에 문제가 없다고 간주한다. 전자기록의 진위는 진본 여부를 의미한다. ISO 15489-1에서는 진본성, 무결성, 이용가능성, 신뢰성 같은 전자기록 환경에서 믿을 수 있는 기록 품질의 범주가 제시되었다. 둘째 이슈는 진본성의 유지가능성이다. 이는 진본 속성의 재현에 주목한다. 진본성을 지속시키는 절차나 수단이 없다면 진본성 속성의 정의는 실제 기록관리에서 구현되지 않는 추상에 불과하다. 셋째 이슈는 평가 시기이다. 전자기록은 훼손 속도가 빠르므로 평가 시점도 앞당길 필요가 있다. 많은 전자기록이 불과 몇 년도 되지 않아 손상되거나 소프트웨어 단종으로 읽을 수조차 없는 경우가 생긴다. 넷째 이슈는 평가선별 결정의 지속적 갱신이다. 전자기록은 기술 문제로 인해 빈번한 변경이 필요하다. 예기치 못한 파일 손상과 소프트웨어 기술 지원 중단에 따라 처분일정을 바꿔야 하는 일이 생길 수 있다.

또 하나의 중요한 이슈는 보존기록의 보관(custody) 문제이다. 정보통신기술의 발전으로 전자기록은 더 이상 기록과 관리자, 그리고 관리 장소가 한 위치에 있을 필요가 없다. 최근 클라우드 컴퓨팅의 요소인 가상화(假想化) 기술에 의해 이 현상이 더욱 두드러진다. 이러한 기술 환경의 영향으로 기록에 대한 권리는 법적 소유권, 내용 접근권, 물리적 관리권으로 세분화할 필요가 대두되었다. 탈보관론(post-custody)도 이에 따른 것이었다. 1990년대부터 본격 대두된 탈보관론은 생산기관이 아닌 다른 곳에 기록이 있더라도, 또 보존기록관이 기록을 물리적으로 보유하고 있지 않더라도 관리가 가능할 수 있는 기술 환경에서 비롯되었다. 각국의 보존기록관 정책은 전자기록 여부에 상관없이 모든 기록을 기존대로 물리적으로 이관하여 보존하는 정책과 생산기관이나 신뢰할 수 있는 제3의 보존 장소에 보관하는 이른바 탈보관 정책을 병행하는 경우가 많다(Niu, 2012).

전자기록 여부에 상관없이 이관하여 보존하는 정책은 문서 형태의 전자기록에 적용하는 경우가 많다. 한국도 전자결재 문서는 기존 종이문서처럼 보존기간에 따라 매년 국가기록원에 물리적으로 이관하여 보존한다. 탈보관 정책은 장기 프로젝트를 활용하기 위한 이관 유예, 또는 기술 저작료, 데이터 구성의 복잡도, 소프트웨어나 하드웨어 의존도를 고려해 물리적 이관을 보류할 필요가 있는 경우에 적용한다. 물리적 이관의 보류에는 법적 소유권이 포함되지 않는다. 예를 들어 캐나다에서는 장기간 자체 보관에 따른 손상 관리가 필요한 경우 보관 장소에 관계없이 법적 소유권은 보존기록관에 귀속시키는 규정을 시행하고 있다. 한편 한국에서는 데이터형 기록의 경우 자체 관리를 원칙으로 하면서 일정 기간 물리적 이관을 유예하는 제도를 시행하고 있다. 보존기록관도 생산기관도 아닌 제3의 기관이 보관하는 정책도 있다. 물리학 실험 데이터 같은 과학 데이터는 전문 센터에 집중하는 정책을 시행하는 경우가 그것이다. 신뢰 가능한 제3자 보관과 공증 제도를 결합한 한국의 '공인전자문서보관소'도 그와 유사하다.

보관 방식을 다변화한 정책의 성패는 분산 보관이 법적 소유권과 내용을 검색하고 접근할 수 있는 권한과 충돌하지 않도록 해주는 기술에 달려 있다. 그런데 최근 이러한 기술 환경의 변화는 기록관리 분야가 주도적으로 대응한 경우가 거의 없다. 보존기록관리자는 컴퓨팅 기술의 발전이 초래한 변화가 기록관리 실무와 개념을 어떻게 바꾸는지에 관해 끊임없이 관심을 기울여야 할 필요가 있다. 그런 점에서 1999년부터 진행된 영구보존 대상의 진본 전자기록에 대한 국제 프로젝트인 InterPARES(International Research on Permanent Authentic Records in Electronic Systems)는 주목할 만하다. InterPARES 초기 연구에서는 생산과 보존 단계의 전자기록 품질 보장을 위한 요건에 주목했다. 고문서학 등 전통적 학문의 개념을 원용하여 확장한 전자기록 '객체'에 대한 보존요건의 모색은 중소 규모의 보존기록관이나 도서관의 전자기록관리에 참고할 만했다. 그런데 2010년 이후 전자기록관리는 클라우드 컴퓨팅, 오픈데이터 등 고집적(高集積) 초연결(超連結) 기술의 영향을 받게 되었다. InterPARES 프로젝트는 이러한 경향을 반영하여[5] 대규모 정보통신기술 환경에서의 기록관리 신뢰(trust)

---

5 InterPARES 프로젝트의 최근 보고서(InterPARES Trust report, Retention & disposition in a cloud environment, 2016.5.17)에는 민간 기업이 공급하는 클라우드 서비스가 전자기록의 분류, 처분, 접근 프로세스별로 얼마나 적합한지 분석하는 일도 포함되었다.

체계 구축 그리고 그것을 위한 국가 차원의 정책에 대한 중요성에 주목했다(박옥남·박희진, 2016).

전자기록의 평가선별은 이제 대규모 컴퓨팅 환경과 무관하게 논의하기 어렵다. 기술 의존도가 커지면서 보존기록관리자의 역할은 상대적으로 약화되고 있다. 그럼에도 첨단 디지털 기술의 기록 또한 인간과 사회의 증거라는 점은 달라지지 않았다. 보존기록관리자는 이질적 요소들의 복잡한 데이터 연계망 속에서 지속적인 기억과 사회적 신뢰의 매개가 될 보존기록의 실마리를 찾아야 할 것이다.

4. 보존기록관의 평가선별 실무모형

보존기록관의 유형은 통상 두 가지로 구분된다. 하나는 보존할 기록을 생산하는 기관이 정해져 있고 보존기록관 자체가 그 기관의 조직 구성에 속한 경우이다. 다른 하나는 보존할 기록을 생산하는 기관이 정해지지 않았고 어떤 주제에 관한 기록을 출처에 상관없이 조사 수집하는 경우이다. 전자는 기관형 보존기록관, 후자는 수집형 보존기록관이라고 한다. 보존기록관의 특성에 따라 평가선별 실무모형도 구분되는데, 이 모형은 다양한 보존기록의 평가선별 이론들이 현장에서 체계적으로 실행될 수 있도록 도와준다.

이 보고서는 아마존, 마이크로소프트 같은 대기업과 ArchiveSocial, Preservica 같은 기록보존 전문 기업 21개가 공급하는 클라우드 서비스의 장단점을 분석했다.

1) 기관형 보존기록관

기관형 보존기록관(in-house archives)은 모기관에 소속된 보존기록관이다. 기관형 보존기록관의 평가선별은 모기관에서 생산된 현용기록관리의 연장선상에 있다. 그만큼 기관형 기록관의 보존기록관리자에게는 기록생애주기 전반을 추적할 지적 수단이 필요한데, 그 대표적 수단이 인벤토리(inventory)와 처분일정(disposal schedule)이다.

인벤토리는 목록, 특히 일정한 항목들로 구성되는 서식형 목록을 말한다. 인벤토리 목록이 중요한 이유는 잠재적 이관대상 기록에 대한 각종 정보로 구성되어 있기 때문이다. 인벤토리 항목에는 기록의 생산부서와 일자, 현재 관리 중인 부서와 물리적 위치, 부피나 길이로 산정하는 분량, 개략적 내용, 그리고 행정적·법적 목적 등 다수의 활용 목적에 필요한 보유 기간, 보존기록관으로의 이관 여부 같은 각종 정보가 포함된다.

처분일정 개념에는 처분대상 기록의 확인, 필요한 보유 기간과 보존기록관으로의 이관 여부, 즉 처분일정 책정, 이를 거쳐 만들어지는 처분일정표(disposition schedule) 또는 처분지침(disposition authority) 모두가 포함된다. 처분일정은 기록을 동일 기능이나 기록 유형에 공통 적용하는 공통처분일정(general records scheduling)과 그 밖에 고유한 기능이나 기록에 적용하는 특정 처분일정(specific records scheduling)으로 구분한다.

기관형 보존기록관의 보존기록관리자가 수행하는 평가선별 업무는 기록과 관련된 기능 분석(functional analysis), 기록내용 분석(contents analysis), 다른 기관이나 다른 기록과의 관련성 분석(context analysis), 이용용이성 같은 접근가능성 분석(accessbility analysis), 기록의 가치 대비 보존의 비용타당성 분석(cost-benefit analysis)의 다섯 가지로 나뉜다(Ham, 1991/2002).

기능 분석은 기록생산자의 조직 내부에서의 위상, 행정적 중요도를 검토하고 그 결과가 기록에 담겨 있는지를 판별하는 일이다. 내용 분석은 기록에 중요한 인물, 사물, 장소, 사건의 정보가 담겨 있는지를 보는 것이다. 기록을 만든 업무 활동보다는 그 활동의 대상에 주목한다. 예를 들어 인사기록의 내용 분석은 인사관리 기능이 아니라 인사정보의 통계적 흐름이나 인물의 중요도에 초점을 맞춘다. 내용 분석을 수행하는 보존기록관리자는 관련 학술연구 동향이나 미디어에 관심을 기울이고 이를 분석 결과에 반영할 필요가 있다. 관련성 분석은 기록이 희소한지 또는 대체 가능한 다른 기록이 있는지를 알아보는 것이다. 관련성 분석은 정보의 형식이나 기록의 형식을 분석하는 것으로 앞의 두 가지 분석을 보완해 가치를 판별한다. 접근가능성 분석은 기록에 대한 물리적·법적·지적 접근성을 파악하는 것이다. 물리적 접근은 기록을 읽는 데 필요한 기계가 별도로 필요한지, 훼손 정도가 판독에 심각한 영향을 미치지는 않는지를 판단하는 것이다. 지적 접근은 색인과 같은 검색 수단이 필요한지를 판단하는 것이다. 법적 접근은 비공개 정보처럼 공개 활용의 제한 사유를 점검하는 것이다. 비용타당성 분석은 보존 비용과 기록의 가치가 상응하는지를 판단하는 것으로 전자기록의 평가선별에서 더욱 중요해졌다. 전자기록을 관리하려면 고비용의 시스템 구축이 불가피하므로 보존기록관리자는 보존할 기록의 가치가 그 기록을 관리할 시스템 구축 비용을 상회하는지 판단해야 한다.

2) 수집형 보존기록관

수집형 보존기록관(collecting archives)의 평가선별 실무는 기관형 보존

기록관과는 다르다. 수집형 보존기록관의 평가선별 대상은 생산기관을 중심으로 정하기 어려운 만큼 수집 분야의 정의가 우선되어야 한다. 그러므로 수집형 보존기록관은 수집대상 분야와 밀접한 학문적 지식을 갖춘 전문직으로 조직을 구성할 필요가 있다.

수집형 보존기록관에서 인벤토리와 비교할 수 있는 것은 리드(lead)이다. 인벤토리는 생산기관의 기능과 업무에 따라 생산된 또는 생산될 기록의 범위가 정해져 있으므로 생산기관과 보존기록관이 순차적으로 협업해 작성하는 '체계적(systematic) 접근 방식'으로 만들어진다. 이에 비해 리드는 정해진 수집 주제에 따라 보존기록관의 전문가가 수집대상 기록 관련 예상 위치와 인물 그리고 문헌을 조사해 작성하는 '현지(field) 접근 방식'을 따른다. 따라서 리드의 개발에는 우선 수집대상 주제와 관련된 기록 실물과 관계 문헌, 그리고 앞서 유사한 기록을 수집했다면 그 기증자에 대한 조사가 필요하다. 나아가 그 주제와 관련 있는 연구자나 실제 후원자가 될 수 있는 인물과 단체도 살펴보아야 한다.

리드를 토대로 하여 잠정적 수집 대상으로 결정된 기록에 대해서는 리드파일을 작성한다. 리드파일은 기관형 보존기록관의 처분일정에 비견된다. 그리고 수집대상 기록에 관한 정보와 함께 잠재적 수집대상 기록, 소유권자, 보유자, 수집 협상 대상자에 관한 정보로 구성된다. 리드파일은 기록 소장자나 접촉점에 관한 정보를 담고 있으므로 수집형 보존기록관의 보존기록관리자는 항상 현행화에 주의를 기울여야 한다.

리드파일에 기초해 진행되는 수집 과정은 수집진행 파일로 기록화하여 관리한다. 수집진행 파일에는 잠재적 기증자나 대리인의 기증 또는 구입 협상 과정을 포함하여 진행 중 일어났던 모든 일에 관한 자료들이 포함된다. 여기에는 담당 보존기록관리자가 써놓은 메모나 현지조사 보고서도 포함된다. 수집진행 파일은 리드파일과 함께 관리되기 때문에 리드파일이 폐기되거나 수집이 완료되는 시점까지는 현용기록으로 유지되어야 한다. 수집이 완료된 후에는 수집된 기록의 추후 처리에 참조할 수 있도록 수집기록 컬렉션에 포함시킬 필요가 있다(Ham, 1991/2002).

국가보존기록관에서는 기관형과 수집형 실무가 병행되는 경우가 많다. 한국의 국가기록원도 기본적으로는 정부기관 생산기록을 대상으로 하는 기관형 보존기록관이지만 국가적 보존가치가 있는 민간기록의 수집을 계획하여 실행하는 수집형 보존기록관이기도 하다. 보존기록관리자는 각 실무모형을 참조하여 자신이 수행할 평가선별 업무의 성격에 맞는 최선의 업무 절차와 수단을 설계하여 이행할 수 있어야 한다.

5. 주요국 사례

1) 미국의 기록 처분일정 절차: 쉘렌버그 패러다임

NARA는 보존기록으로 선별되어야 할 기록을 첫째, 시민의 권리에 관한 기록, 둘째, 연방정부 공무원들의 활동에 관한 기록, 셋째, 국가의 경험에 관한 기록이라는 세 가지로 제시한다. 미국에서는 기관이 신설되면 2년 안에 그 기관이 생산한 모든 기록에 대한 보존기간을 명시한 처분지침을 만들도록 의무화되어 있다. 정책이나 프로젝트가 새로 시작되면 1년 안에 처분일정을 만들어야 한다. 처분지침은 각 기관이 NARA에 초안을 제출하면 '합중국 아키비스트(Archivst of Uinted States)'라 칭하는 최고 관리자인 청장의 승인을 거쳐 확정된다. 그 세부 절차를 알아보자.

우선 사전에 평가 대상을 확인(identification)해야 하는데, 이는 평가선별 대상인 기록(records)과 평가 대상에서 제외하는 비기록 자료(non-records materials)를 구분하는 과정이다. 비기록 자료는 사본 같이 보존할 필요가 없는 기록이지만, 모든 사본이 여기에 해당되지는 않는다. 원본과 함께 편철된 사본은 비기록 자료가 아니다. 간행물도 기록에 포함된다. 개인 자료(personal paper)는 제외되지만 기준이 엄격하다. 공무원 임용 이전 자료나 정치적 내용의 자료, 사적 다이어리만 개인 자료에 포함된다.

비기록 자료를 분리하는 사전 작업이 끝나면 평가선별 절차가 본격적으로 시작된다. 그 순서는 표 4-1과 같다.

NARA의 평가선별 절차에서 주목할 부분을 살펴보자. 먼저 인벤토리 작성이다. 인벤토리는 일종의 기록 조사표로서 처분일정을 결정하는 데 참고할 정보가 담겨 있다. 보통 시리즈 단위로 작성되며 최종 처분될 때까지 갱신되기도 한다. 인벤토리에는 내용, 생산자, 매체, 인벤토리를 작성할 당시 생산 수량, 연간 예상 생산 수량, 작성 당시의 기록이 현용인지 준현용인지 여부, 공개 조건, 기타 처분 결정 시 참고사항으로 구성된다. 시청각 기록과 정보시스템은 별도로 작성한다. 정보시스템 인벤토리는 시스템 명칭, 통제번호, 운영기관의 기본 사항 외에 시스템이 지원하는 기관의 기능, 목적, 소프트웨어와 하드웨어 환경, 투입 및 산출 데이터가 포함된다.

인벤토리는 통상 컷오프(cut-off)라고 부르는 생산 종결된 기록을 대상으로 작성된다. 컷오프는 보통 연도별로 실시하지만, 생산량이 많으면 수시로도 한다. 컷오프는 처분 대상의 기록을 확인하는 것이기도 하므로 지연되는 일이 없도록 지속적으로 주의를 기울여야 한다.

표 4-1에서 '③ 평가(evaluation)'가 평가선별에 해당한다. 이 단계에서 기

표 4-1 NARA의 평가선별 절차

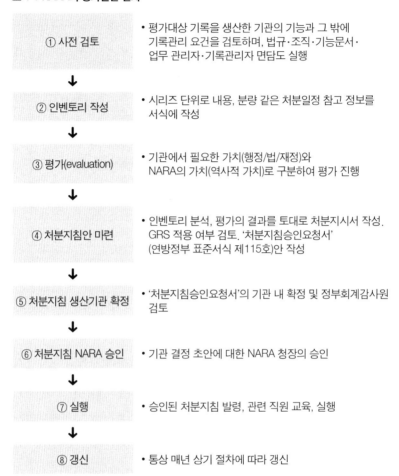

① 사전 검토	• 평가대상 기록을 생산한 기관의 기능과 그 밖에 기록관리 요건을 검토하며, 법규·조직·기능문서· 업무 관리자·기록관리자 면담도 실행
② 인벤토리 작성	• 시리즈 단위로 내용, 분량 같은 처분일정 참고 정보를 서식에 작성
③ 평가(evaluation)	• 기관에서 필요한 가치(행정/법/재정)와 NARA의 가치(역사적 가치)로 구분하여 평가 진행
④ 처분지침안 마련	• 인벤토리 분석, 평가의 결과를 토대로 처분지시서 작성. GRS 적용 여부 검토. '처분지침승인요청서' (연방정부 표준서식 제115호)안 작성
⑤ 처분지침 생산기관 확정	• '처분지침승인요청서'의 기관 내 확정 및 정부회계감사원 검토
⑥ 처분지침 NARA 승인	• 기관 결정 초안에 대한 NARA 청장의 승인
⑦ 실행	• 승인된 처분지침 발령, 관련 직원 교육, 실행
⑧ 갱신	• 통상 매년 상기 절차에 따라 갱신

자료: NARA(1997) 요약·정리.

관의 유지·운영에 관한 행정기록과 NARA에 이관할 장기보존대상 기록이 구분된다. 평가는 인벤토리 정보를 기초로 이루어지는데, NARA의 평가선별 담당 보존기록관리자(archival appraiser)의 현지조사가 실시되기도 한다.

다음으로 주목할 것은 처분일정을 확정하는 절차이다. 이때 '처분지시

표 4-2 시리즈 인벤토리 서식

1.작성일시	2. 파일 유지 부서(명칭과 기호)
3. 작성자(성명, 부서, 전화번호)	4. 시리즈 위치
5. 시리즈 제목	6. 포괄 일자
7. 시리즈 기술(description)	
8. 매체(해당 표시) □ 종이　□ 마이크로필름 □ 전자(정보시스템 포맷) □ 시청각(시청각 포맷)	13. 참조 활용 □ 현용(파일당 적어도 월 1회) 　컷오프 후 경과 기간:＿＿＿＿ □ 준현용(파일당 월 1회 미만) □ 비현용(현행 기관 업무에 활용 안 함)
9. 정리 체계 □ 주제별 분류파일 체계 □ 성명 알파벳순　□ 주제 알파벳순 □ 지역별　□ 일련번호　□ 일자순 □ 기타	14. 필수기록(vital record) 여부 □ 예　□ 아니오 　('예'의 경우 아래 및 15번항 기입) 　＿긴급활동 ＿권리보호 ＿둘 다
	15. 사본 여부 □ 예　□ 아니오 　('예'라면 '위치'와 '매체'를 기술)
10. 분량(세제곱피트)	16. 검색도구(있을 시)
11. 연간 누적량(세제곱피트 또는 서가길이)	17. 접근 및 이용 제한
12. 컷오프(예: 회계종료연도)	18. 영구보존기록 상태 □ 양호　□ 보통　□ 불량 코멘트:
19. 처분지침 승인 여부 □ 예(스케줄, 아이템 번호 기재, 현행 처분지시서 제시, 변동사항 설명) □ 아니오(적정 보유기간 제안)	

서(disposition instruction)' 작성, 공통기록 처분일정(GRS: General Records Schedule) 적용, '처분지침승인요청서' 작성의 순서로 진행된다. '처분지시서'는 인벤토리와 평가 결과를 분석하여 작성하며, 여기에는 시리즈 개요, 영구·한시보존 여부, 컷오프 시점, 필요 보유기간, 폐기 시점, 최종 이관 이전의 중간 보관처인 연방기록센터(Federal Records Center)로의 이송 시

기, NARA로의 최종 이송시기가 기술된다.

GRS는 NARA가 작성하여 배포하는데, (2023년 기준) 재정·인력자원·기술·정보관리·활동지원 6개 영역 31개 분야와 하위에 좀 더 세분화된 항목으로 구성된다. 항목별 예시와 함께 영구·한시보존 처분일정이 기재되어 있다. GRS를 적용할 때 주의해야 할 점은, GRS의 취지가 행정적·법적 활용가치를 보존기간에 일률적으로 반영하는 데 있음을 아는 것이다. 대부분의 기관이 수행하는 회계와 인사, 즉 공통 행정분야가 GRS의 적용 대상이다. 이런 공통 행정분야 기록은 기관 고유의 정책 사안과 직접 관련이 없기 때문에 일반적으로는 영구보존 대상 기록이 아닌 경우가 많다. 그렇지만 회계와 인사 등 각종 행정감사에 필요해서 보존 의무기간을 지켜야 할 기록들이 많으므로 생산기관이 보존기간을 임의로 정하면 곤란하다. 따라서 모든 기관이 이런 기록들의 보존기간을 동일하게 지키도록 하는, 즉 임의적인 단축을 막기 위한 NARA의 보존기간 기준표가 GRS이다. 물론 기관의 고유기능 기록이나 정책기획성 업무 기록(program records)에는 GRS가 아니라 고유기록 처분일정(RS: Records Schedule)[6]을 적용한다. 한편 예산 관련 GRS는 NARA와 별도로 정부회계감사원(GAO: Government Accountability Office)의 타당성 검토도 거쳐야 한다. 정책기획성 업무 기록으로서 보존기간을 3년 이하로 책정하는 경우와 정부를 상대로 한 배상청구사안과 관련된 경우에는 예산 관련 GRS가 아니더라도 GAO로부터 타당성 검토를 받아야 한다.

다음은 '처분지침승인요청서'의 작성이다. 연방정부 표준서식 제115호

---

[6] 'Rrecords Sschedule'은 영국 및 영연방국가들에서 '처분'을 가리키는 용어인 'Ddisposition' 또는 'Ddisposal'(호주)의 미국식 표현이라고 할 수 있다.

그림 4-3 (좌) NARA의 컷오프 독려 포스터
그림 4-4 (우) '처분지침승인요청서'(표준서식 제115호) 작성 사례

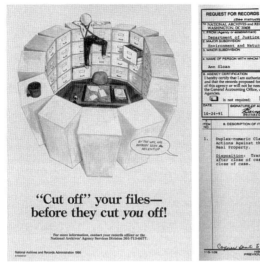
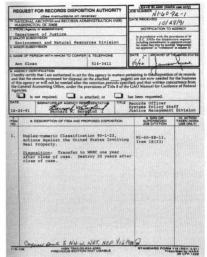

자료: NARA(1997).

인 이 서류는 기관이 만든 처분지침 요청 초안을 NARA 청장이 서명함으로써 확정된다. NARA는 요청서 작성 가이드라인과 컨설팅을 제공하여 정부의 정책이 반영되도록 사전 노력을 기울인다. 그럼에도 이의가 있는 요청서는 반려하여 다시 신청하도록 한다. 처분일정은 확정된 이후에도 매년 갱신되어 추가 기록이나 요건 변동, 기타 고려사항이 반영된다.

영구보존 대상 기록 시리즈는 처분일정에 따라 업무 활용이 끝나면 전국에 있는 연방기록센터로 이송된다. 연방기록센터는 NARA의 시설이지만, 법적 소유권 이전을 전제로 기록이 이송되지는 않는다. 모든 가능성 있는 업무 활용이 종료되면 NARA의 정식보존시설로 최종 이송된다. 한시 문서는 보유 일정이 종료되면 대체로 폐기 처분되지만, 종종 다른 조직에 이전하거나 개인에게 불하되기도 한다.

2) 영국의 수집 정책: 다양한 출처의 역사적 가치 기록 선별

'그리그 체계'라 불리는 영국의 평가선별 제도는 생산 후 5년이 지나면 행정적 가치를, 25년 후에는 역사적 가치를 평가하는 두 단계 절차가 핵심이다. 1950년대에 도입된 이래 그리그 체계의 골자는 전자기록의 등장으로 평가 시점을 앞당기는 문제가 대두될 때까지 그대로 유지되었다. 영국에서 각 기관의 기록 처분일정은 영국 국가기록원(TNA: The National Archives)의 기관기록 담당관(Departmental Records Officer)이 운영한다.

영국의 평가선별 체계는 TNA의 지도 및 지원을 중요하게 생각했는데, 이는 수집 정책에 반영되어 있다. TNA는 국가 수집정책이 각 기관의 기록 평가와 처분일정에 반영될 수 있도록 수집실행정책(OSP: Operational Selecting Policy)을 운영한다. TNA의 최상위 국가 수집영역은 국가의 행정과 국가의 대시민 관계 등 8개 대분야이다. 그런데 이 추상적 기준은 기관 현장에서 실제로 기록에 적용되기가 쉽지 않았다. 그래서 추상적 기준이 실제 기록 수집에 적용되도록 분야별로 다양하게 세분화한 수집 지침이 OSP이다. OSP는 정부기관은 물론 경우에 따라서는 정부 밖의 영역까지 포함했다.

TNA는 OSP 초안을 만들어 광범위한 의견수렴 절차를 거쳤다. 역사학자나 기타 연구자들을 대상으로 전문가 의견을 수렴하고 인터넷에 공표하여 불특정 다수의 의견수렴 절차도 병행한다. 이러한 수렴 과정을 거쳐 확정되면 일련번호를 부여하여 관리한다. OSP는 2023년 기준 61개이다. OSP는 특정 기관이나 정책, 주제의 기록을 대상으로 규정되는데, 일정 연도를 한정하여 특정 기관의 생산기록을 대상으로 하는 경우, 정부 정책이나 정책과 관련된 상황의 주제를 대상으로 하는 경우, 특정 종류 기록이나 특정 법규 기록을 대상으로 경우가 있다. 표 4-4는 각 유형별 사례이다.

표 4-4 **TNA OSP의 주요 사례**

유형 구분	사례
일정 연도에 생산된 특정 기관 기록	• OSP 1 1970~1979년 환경부 기록 • OSP 56 1987~2012년 검찰총장실 기록 • OSP 58 1996~2012년 환경청 기록
정책이나 정책과 관련된 주제	• OSP 10 1973~1991년 영국의 핵 보존 • OSP 11 1967~1998년 핵무기 정책
특정 종류의 기록 일반	• OSP 48 사안기록(case file) • OSP 39 감시활동(inspection) 기록 • OSP 27 중앙정부 웹사이트 기록
특정 법제도 관련 기록	• OSP 37 정보자유법 적용대상 기록 • OSP 25 회사법(Regulation of companies) 기록

자료: TNA 홈페이지(http://www.nationalarchives.gov.uk/) 2023년 발췌.

OSP의 내용은 대상 기록과 범위, 유관 기관, 대략적 기록 현황, 관련 기관에서의 기록평가와 처분일정을 정할 때 고려할 사항으로 구성된다. OSP는 각 기관별 평가선별이 놓칠 수 있는 장기적 관점, 그리고 다수의 기관을 포괄하는 보존기록을 식별하고 수집하기 위한 것이었다. OSP를 통해 TNA가 복잡한 출처와 다양한 경로로 보관된 국가적 중요 기록들을 누락 없이 수집하는 데 많은 노력을 기울이고 있음을 알 수 있다. OSP 시행 후 TNA로 이관되는 보존기록 상당수가 OSP 적용에 따른 것으로 파악되어 이 정책이 실제적으로 효과를 거두고 있음이 확인된다.

3) 캐나다의 거시평가: 당대 사회의 역동성을 담은 기록 찾기

캐나다 도서기록원(LAC: Library and Archives Canada)은 '거시평가(Macro-appraisal)'라고 명명한 평가선별 정책을 시행하고 있다. LAC는 "거시평가의 핵심은 당대 사회상을 미래에 전하는 기록의 보존에 있다"고 천명했다

(LAC, 2004). 여기서 핵심 키워드는 '당대 사회상'이다.

캐나다의 거시평가는 정부 기능에서 출발하지만 정부의 활동 자체의 기록화가 목표는 아니다. 캐나다의 거시평가의 최종 대상은 시민들과의 상호작용이 나타나는 사회적 역동성이다. 따라서 정부 정책이나 기능을 분석하는 한편 정부 정책과 활동이 시민사회에 전달되는 과정과 그에 따른 영향, 그리고 시민들의 반작용 같은 상호작용을 추적한다. 거시평가의 핵심 절차는 마치 학술연구 가설을 만드는 것과 유사하다. 즉 분석 결과를 토대로 '바람직한 기록화'를 척도로 하는 거시평가 가설을 정하는 것이다.

가설을 정하는 하향 과정은 실제 기록들로 기록화 목표가 충족되는지를 검증하는 상향 과정으로 이어진다. 이러한 하향과 상향 과정의 교차점에서 중요한 것이 정부의 특정 기능과 1차적으로 관련 있는 기록의 출처로서 '주출처(OPI: Office of Primary Interest)'를 확인하는 일이다. OPI는 기능 분석이 개념에 그치지 않고 기록과 접목되도록 해주는 매개라고 할 수 있다. OPI의 기록을 분석하여 거시평가 가설이 기능적 중요도나 시민관계의 역동성을 반영하고 있는지를 상호 검증함으로써 기록화 가설을 확정한다. 이 과정에서는 정부기록만 아니라 사회의 다양한 정보원이 확인 대상이며, 필요에 따라 민간기록을 수집하기도 한다(Cook, 2004).

1990년 시작된 LAC의 거시평가는 한때 기록관리 현장의 반대에 직면했다. 현장 기록관리자들은 거시평가가 지나치게 추상적이며 각 기관 현장의 구체적인 기록관리와 동떨어져 있다고 주장했다. 이 갈등을 기능주의(functionalism)와 신전통주의(neo-traditionalism)의 대립이라 부르기도 한다. 신전통주의는 기능 분석에 기초한 거시평가가 실제 기록 획득과 거리가 있다고 주장했다. 이 논쟁의 결과, 거시평가 정책이 철회되지는 않았지만 정책의 성패가 생산부서의 기록관리가 얼마나 효과적이냐에 달려 있다는 점은 분명해졌다. LAC는 전자기록이 대량생산되는 시대에는 기능 일괄 평가가 불가피하다는 입장을 유지할 수 있었지만 거시평가에 의한 선별 기준이 추상적이면 개별 기록생산기관의 처분일정에 적용되기 어렵고 따라서 구체적으로 기록 획득까지 다다르기 어렵다는 점을 깨달았다.

LAC는 기능 분석에 기초한 거시평가를 생산기관의 실제 처분(disposition)과 연계하기 위한 노력을 강화했다(Beaven, 2005). 2004년에는 거시평가 절차를 마련하기 위하여 업무 재설계를 실행했다. 업무 재설계의 핵심은 LAC와 각 기관의 정책적·실무적 '소통'이었다. 이로써 중앙 LAC의 평가선별 정책을 각 현장 기록관리에 접목시키기 위한 수단과 절차가 개발되었다(나영선, 2008). 캐나다의 사례는 기록 거시평가가 기록의 확보로 완결되지 못하면 현장 기록관리자의 지지는 물론 평가선별로서의 근본적 의미도 상실한다는 것을 보여준다.

4) 한국의 단위과제별 기록 보존기간 책정

한국의 공공기록 보존기록 평가선별 절차는 「공공기록물관리에 관한 법률」(이하 「공공기록물법」)과 「공공기록물법 시행령」에 규정되어 있다. 한국의 제도는 '단위과제'라고 하는 기록의 생산 배경을 평가하는 제도이다. 단위과제에 책정된 보존기간은 기록생산과 함께 기록에 적용되며, 보존기간이 만료된 기록은 보존 또는 폐기 여부의 심의 절차를 거쳐 처리된다. 이 과정은 표 4-5와 같이 진행된다.

각 단계별로 살펴보자. 먼저 단위과제의 설정이다. 한국의 보존기록 평가선별은 기록이 아닌 기록의 생산 배경을 평가하는 배경 평가이며, 구체적으로는 단위과제 평가이다. 단위과제는 정부의 전체 기능을 구분하는 6

표 4-5 한국의 공공기록 보존기간 책정 절차

① 단위과제 설정
- BRM 분류
  * 최하위 단위로 각 부처·과별 책정
  * 정책 영역, 정책 분야, 대·중·소 기능, 단위과제의 6단계 분류

↓

② 보존기간 책정
- 단위과제별 보존기간 책정. 법에 따라 1년, 3년, 5년, 10년, 30년, 준영구, 영구의 7종으로 구분. 이 중 30년 이상은 국가기록원 이관 대상
- 보존기간 가책정은 「공공기록물법 시행령」의 각 기록생산기관이 보존기간별 책정 기준과 국가기록원의 '보존기간 책정 준칙'을 참고하여 설정

↓

③ 보존기간 협의
- 각 생산기관은 가책정한 보존기간을 소관 영구기록물관리기관*과 협의
  * 중앙부처는 국가기록원, 지방자치단체는 광역시·도에 설치된 지방기록원, 헌법재판소, 법원, 국회는 자체 영구기록관리기관

↓

④ 보존기간 확정
- 협의를 거쳐 확정된 보존기간은 단위과제별로 '기록관리기준표' 및 기록생산시스템의 과제 목록에 탑재

↓

⑤ 보존기간 적용
- 기록생산시스템에 단위과제별 기록생산 기능 존재. 생산자는 기록 건을 생산하면 단위과제의 보존기간이 상속되어 적용

↓

⑥ 보존기간 만료 심의 및 이관
- 30년 미만 한시기록: 기관에서 자체 심의 후 폐기 또는 보존
- 30년, 준영구 기록: 국가기록원 등 소관 영구기록관리기관에 이관하여 심의 후 폐기 또는 보존
- 영구기록: 국가기록원 등 소관 영구기록관리기관에서 영구보존

단계 체계의 최하위 계층이다. 단위과제 기반의 평가는 2007년 「공공기록물법」 전부개정에 따른 것으로, 정부기능분류와 기록분류를 일치시키고 여기에 평가선별도 연계한다는 취지였다. 단위과제가 속한 정부기능분류체계(BRM: Business Reference Model)는 정부조직을 관리하기 위한 것으로, 2023년 기준 정부의 주무 부처인 행정안전부에서 관리한다. 한 단

위과제에 동일한 보존기간이 배당되어 한 단위과제의 기록은 모두 보존기간이 같다. 따라서 조직의 기능을 논리적으로 구분하는 분류단위와 기록가치를 구분하는 단위는 일치해야 한다.

분류단위와 보존기간 책정단위를 일치시키는 것은 한국 제도의 특성이다. 외국에서는 보통 기능분류 단위와 보존기간 적용 단위를 일치시키지 않는다. 보존기간은 보통 단위과제보다 큰 시리즈에 적용하고, 사전에 기록을 배치하더라도 분류체계의 크고 작은 계층단위에 보존기간을 다중 적용하는 경우가 일반적이다. 이유는 기능을 구분하는 기준과 보존기간을 책정하는 기준이 다르기 때문일 것이다. 즉 기능의 분류는 주제의 포괄성, 적절한 크기, 업무 프로세스의 논리적 구분을 척도로 한다. 반면 같은 기능의 기록이더라도 보존기간의 책정은 법령에 의한 의무 보유기간, 업무 활용기간, 재정적 필요 보유기간, 역사적 가치 여부와 같이 기능분류와 상이한 기준이 적용될 수 있다.

둘째와 셋째는 보존기간의 책정 및 협의이다. 보존기간의 책정 유형을 미리 정하는 것은 1960년대 이래 유지된 제도적 특성이다. 보존기간의 연도 표기형식을 법령에 명시하는 경우 또한 흔하지 않다. 기산일을 생산 이후로 일괄 적용하는 것 또한 한국 제도의 특징이다. 보존기간 기산 시점을 '업무 종료 후 몇 년'처럼 특정 상황과 연계하여 적용하는 것이 외국의 일반적 사례이다.

2023년 기준 「공공기록물법」에서는 1년에서 10년까지 한시 보존기간은 각 기관에서 활용하는 데 필요한 기간으로, 보존기간이 만료되면 기관에서 자체 처분할 수 있다. 30년 보존과 준영구보존은 장기보존이 필요하지만 영구보존으로 확정할 수는 없어 국가기록원을 비롯한 영구기록물관리기관에 이관하여 재평가해야 할 때 적용한다. 영구보존은 다시 평가선별하지 않고 계속 보존할 필요가 있는 경우 적용한다. 쉘렌버그의 가치론으로 설명하면, 보존기간 1년에서 10년은 1차 가치만을, 30년과 준영구는 잠재적 2차 가치까지, 영구는 확정적 2차 가치까지 있는 기록에 적용한다고 할 수 있다.

보존기간 책정 협의는 영구기록물관리기관이 각 생산기관이 책정한 보존기간에 대해 의견을 제시하는 절차이다. 2023년 기준「공공기록물법 시행령」은 영구기록물생산기관이 제시한 의견은 가급적 반영하도록 하고 있으며, 경우에 따라 영구기록물관리기관이 단위과제 보존기간을 직접 책정할 수도 있게 되어 있다. 생산기관의 보존기간 책정은「공공기록물법 시행령」의 [별표 1] '기록물의 보존기간별 책정 기준'과 중앙기록물관리기관인 국가기록원의 '보존기간 책정 준칙'을 참고하도록 되어 있다. 「공공기록물법 시행령」에 명시된 기준은 2쪽 분량으로 매우 소략하다. 따라서 국가기록원이 작성하도록 되어 있는 '보존기간 책정 준칙'이 사실상 실효성 있는 보존기간 책정 기준이라 할 수 있다. '보존기간 책정 준칙'은 2010~2011년에 각 부처별 단위과제로 작성되었다. 국가기록원은 이 준칙을 표준으로 제정하지는 않았지만, 준칙 제1판은 2011년 각 해당 기관에 공식 전달되었다. 그렇지만 아쉽게도 이 준칙이 각 기관 단위과제 보존기간 책정에 얼마나 참조·반영되었는지 정확히 알 수 없다. 또한 정부조직 개편에 따른 유지·관리도 충분하지 않았던 것으로 보인다. 기록의 보존기간을 책정하는 기준은 국가기록원의 보존기록 평가선별 정책의 핵심이다. 정부에 양질의 보존기록이 남으려면 국가기록원이 이에 대해 많은 노력을 기울여야 할 것이다.

넷째와 다섯째는 보존기간의 확정 및 적용이다. 소관 영구기록물관리기관과 협의를 거친 보존기간은 확정되어 단위과제별 '기록관리기준표'에 기재되고, 다시 기록생산시스템과 관리시스템에 연계된다. 이것이 완료되면 다음은 보존기간이 실제 적용되는 단계이다. 기록이 생산되면 이와 동시에 생산자가 이를 해당 단위과제에 배속시키는데, 이렇게 함으로써 실제 생산기록에 보존기간이 적용된다. 만약 단위과제 배속을 잘못하면 앞서 진행된 단위과제의 보존기간 책정 결과가 실제 기록에 반영되지 않는다. 잘못된 보존가치가 적용되면 가치가 적은 기록이 보존기록관에 이관될 수도 있다. 그럼에도 현행 제도에는 기록관의 기록관리자가 보존기간의 적용을 재점검하는 절차가 매우 부족하다. 보존기간 책정의 완성을 기록생산자에게 맡기고 있다고 해도 과언이 아니다.

한번 적용된 보존기간은 폐기 심의까지 유지된다. 보존기간 30년 이상인 기록은 폐기 심의조차 없이 보존기록관에 이관된다. 폐기 심의 때 '기록물관리 전문요원'은 심의회에 상정할 의견을 작성함으로써 비로소 평가선별에 관여한다. 그런데 폐기 심의의 목적이 단위과제 보존기간이 잘못 책정되었는지 판단하는 일인지, 잘못 적용된 것을 가려내는 일인지, 아니면 이와 상관없이 개별 기록에 담긴 인물, 사물, 현상과 관련한 가치 있는 정보를 확인하는 일인지 모호하다. 만약 폐기 심의의 이유가 앞의 두 가지라면 보존기간을 적용하는 앞선 단계에서 통제하는 것이 훨씬 효과적이다.

이렇게 보존기간 최종 적용과정에서 기록관리자의 통제가 미약하고 사실상 생산자에게 일임하는 것은 기록생산자가 기록의 내용을 가장 잘 안다는 통념에 따르기 때문이다. 그러나 기록 내용에 담긴 실무적 이해가 평가선별을 잘하기 위한 충분조건은 아니다. 기록을 통한 행정 감시와 투명성 확보를 위한 기록 보존기간 책정에는 제3자의 개입이 불가피하다. 또한 업무 활용이 종료된 기록의 장기보존 가치는 기록의 생산 목적과 다른 관점에서 유용함을 파악해야 하는데, 이를 생산자에게 일임하는 것은 무리이다. 장기보존을 위한 가치 평가는 기록학 연구의 핵심 분야이다. 외국에서는 보존기간 책정(스케줄링)이나 평가선별을 생산기관의 기록관리자나 보존기록관의 보존기록관리자가 직간접 통제하는 사례가 일반적이다. 한국에서는 보존기간 책정 기준이나 준칙 같은 상위 척도의 정비만큼이나 그것이 생산기록에 구체적으로 적용되는 과정에서 기록전문직이 중심에 위치하기 위한 절차의 개편이 매우 중요하다(설문원, 2013).

여섯째는 보존기간 만료 이후 폐기 심의이다. 보존기간별로 1년에서 10년까지는 기관이 자체적으로 보존하고, 그 이상의 기록은 국가기록원으로 이관한다고 앞서 언급했다. 한시보존기록의 경우 보존기간 만료 시 폐기 심의를 거쳐 폐기 또는 계속 보존한다. 「공공기록물법」은 폐기에 객관성과 신중을 기하도록 심의회 구성의 과반을 외부에서 위촉하도록 의무화했다. 그리고 '기록물관리 전문요원'의 의견을 토대로 심의해야 한다. 이는 1999년 「공공기관의 기록물관리에 관한 법률」 제정에서 가장 중요한 제도 혁신이었다.

다시 생각해보기

1. 보존기록의 가치기준은 어디에 두어야 하는지 생각해봅시다.
2. 보존기록관리자는 보존기록 평가선별에서 어떤 역할을 해야 할지 정리해봅시다.
3. 한국에서 '정부에 기록이 없다'는 논란은 왜 없어지지 않는지 토론해봅시다.
4. 전자기록이 대부분인 상황에서 평가선별이 어떻게 달라질지 생각해봅시다.

기록의 분류와 기술

기록을 어떻게 조직할 것인가?

박지영

분류와 기술은 기록에 질서를 부여하고, 기록 간의 관계를 표현하는 공통점을 갖는다. 이 중에서 분류는 기록을 논리적으로 구조화하고, 기술은 기록의 속성을 통해 기록을 재현한다. 분류와 기술은 고정된 대상이 아니라 프로세스에 해당하며, 기록의 분류와 기술의 결과물은 검색도구뿐 아니라 접근지침이나 처분지침의 개발에도 활용된다. 접근통제나 처분과 같은 다른 프로세스를 지원하므로 분류와 기술은 메타 프로세스이기도 하다. 기록을 조직할 때는 기본 원칙과 이를 바탕으로 개발된 분류체계나 기술표준, 메타데이터 스키마, 통제어휘도구를 활용한다. 이에 이 장은 기록의 분류와 기술을 중심으로 기록 조직에 관한 기본 개념과 원칙, 관련 도구와 결과물을 중심으로 구성했다.

1. 기록의 정리

1) 기록 정리의 개념

미국아키비스트협회(SAA: Society of American Archivists) 용어 사전에 따르면, '정리'는 다음과 같다.

① 기록물의 맥락을 보호하고 물리적·지적 통제를 위해 출처와 원질서에 따라 기록을 조직하는 프로세스
② 컬렉션에 속한 개별 기록의 구조와 배열

'정리'를 이해하기 위해서는 정의문에 포함된 다른 용어를 먼저 알아야 한다. 여기서 '맥락'이란 기록의 생산, 접수, 저장, 활용에 관한 조직적·기능적·관리적 상황 및 다른 기록과의 관계를 나타내며, 기록의 내용, 구조와 함께 기록을 이해하기 위한 기본 요소이다. 그리고 '지적 통제'란 보존기록에 대한 기술정보와 소장정보를 체계적으로 관리하는 것이다. 지적 통제는 기록이 보존된 위치를 확인시켜주며, 물리적 통제는 지정된 위치에 기록이 보존되도록 한다.

즉 기록의 정리는 기록과 관련된 상황이나 관계를 이해하고, 기록을 통제할 수 있도록 조직하는 프로세스이다. 좁은 의미에서는 특정 기록집합에 포함된 개별 기록의 구조화를 의미하기도 한다(SAA, 2023).

2) 기록 정리의 원칙

보존기록은 정해진 분류체계나 파일링 체계가 아니라 기본 원칙에 따라 정리해왔다. 테오도르 쉘렌버그(Theodore R. Schellenberg)는 19세기 이전에는 보존기록 정리에 관한 일반 원칙이 발전되지 않았다고 했는데, 이것은 '출처의 원칙(principle of provenance)'이 확립되지 않았다는 의미이다(쉘렌버그, 2002: 184).

17세기 무렵 유럽에서는 주로 정치적·행정적 관점에서 기록을 관리했으며, 17세기 이후에 기록의 양이 증가함에 따라 효율적인 검색을 위해 주제 분류 방식을 도입했다. 그런데 18세기 이후에는 역사적 관점에서 기록의 증거적 가치가 강조되었고, 주제 분류 방식은 기록 간의 본질적인 상호관계와 의존성을 반영하지 못해 기록의 증거적 가치를 낮추고 기록의 이해와 해석을 어렵게 한다는 주장이 확산되었다. 이러한 인식 변화를 바탕으로 19세기에 출현한 출처 중심의 정리 방식이 이전에 도입되었던 주제 분류 방식을 대체하여 서양의 기록관리 이론과 실무의 기초가 되었다(ICA EGAD, 2023a: 3). 설문원(2021: 37~38)은 이 시기의 기록관리를 '증거 패러다임'으로 설명했다. 이 시기의 기록은 자연적으로 남겨진 것이고, 출처를 통해 기록의 맥락을 보호하려는 것이었다.

출처의 원칙은 다시 '퐁 존중의 원칙(respect des fonds)'과 '원질서의 원칙(respect for original order)'으로 구분되며, 이 두 가지 원칙은 기록의 지적 통제 방식과 물리적 보관 방식을 모두 포함한다(ICA EGAD, 2023a: 3~4). '퐁 존중의 원칙'은 개인이나 단체가 일상생활과 업무에서 생산, 축적, 활용한 기록이 다른 원천에서 나온 기록과 섞이지 말아야 한다는 것이다. 여기서 '퐁'은 생산자에 의해 유기적으로 축적된 기록 전체를 의미한다.

동일한 퐁의 기록이 모여 상호 연관된 증거의 집합을 구성하는 것이다. 당시에는 이 원칙을 통해 기록집합의 무결성을 확보할 수 있다고 보았는데, 프랑스에서 제시한 퐁 중심의 기록물 정리를 위한 일반 원칙은 다음과 같다(쉘렌버그, 2002: 186~187).

① 기록은 퐁을 기반으로 그룹화되어야 한다.
② 동일 퐁 내의 기록은 주제 사안 그룹으로 정리되어야 한다.
③ 주제 사안 그룹 내의 단위 기록은 연대순이나 지리별, 알파벳순으로 정리되어야 한다.

이후 퐁 존중의 원칙은 프러시아에서 '출처의 원칙(provenienzprinzip)'과 '등록소의 원칙(registraturprinzip)'으로 확대되었고, 이 규정은 동일한 퐁 내의 기록을 주제 사안별로 재조직하지 못하도록 했다. 등록소의 원칙이 다시 네덜란드로 가서 '원질서의 원칙'이 되었는데, 이 원칙은 기록생산자가 적용한 기록의 조직 방식과 순서를 의미한다(쉘렌버그, 2002: 190~195). 기록이 생산되었을 때 부여된 원질서는 제3자가 기록의 맥락을 이해하기 위해 보존되어야 하고, 원질서가 명확하지 않은 경우에는 유추할 수 있는 단서를 통해 가능한 한 바로 잡아야 한다(Yeo, 2017: 163~164). 원질서를 통해 기록 간의 상호관계를 이해할 수 있고, 기록의 활용 방식에 대한 증거를 보존할 수 있다는 것이다(ICA EGAD, 2023a: 4).

3) 재해석되는 출처의 원칙

출처의 원칙에서 핵심 역할을 담당했던 '퐁'은 영국 기록관리 실무에서는 '보존기록물군'(아카이브 그룹)이 되고, 미국 기록관리 실무에서는 '기록물군'(레코드 그룹)이 되었다. 그런데 영국의 보존기록물군이 퐁의 개념을 이어받은 것과 달리 미국의 기록물군은 퐁의 범위보다 다양한 방식으로 구성될 수 있도록 변형되었다(쉘렌버그, 2002: 195~199). 미국에서는 기록의 생산부서에서 부여한 정리 방식이 명확하지 않거나 기록서비스를 어렵게 만든다면, 기록의 완전성을 보호하는 범위 내에서는 아키비스트가 별도의 정리 체계를 고안할 수도 있다. 기록이 무질서한 상태로 인수된다면, 기록의 속성에 따라 주제나 활동, 유형, 장소나 시간 등 적합한 질서에 따라 다시 정리될 수 있다(쉘렌버그, 2002: 203).

이와 같은 변화에 따라 출처의 원칙도 재해석되었다. 퐁 존중의 원칙은 동일한 개인이나 단체가 축적한 기록을 그룹화하기 때문에 개인이나 집단 간의 상호작용과 같은 기록의 복잡성을 반영하기 어렵다는 비판을 받았다(Yeo, 2012a, 2012b). 어떤 개인이나 단체에 관한 기록이 다른 개인이나 단체의 기록에서도 발견될 수 있고, 복수의 개인이나 단체가 개별 기록이나 기록집합에서 서로 다른 역할을 담당할 수도 있기 때문이다. 어떤 사람은 기록을 생산하거나 이용할 수도 있지만, 그 사람이 다른 기록의 주제가 될 수도 있다(ICA EGAD, 2023a: 4~5).

원질서의 원칙은 '원질서'라는 의미 자체에 논란이 생겼다. 원질서는 기록이 생산 맥락에서 보존 맥락으로 이동하는 순간의 상태로만 이해될 수 있다는 것이다. 게다가 기록집합 자체가 명확한 질서 없이 기록관리기관에 입수된다면, 기록에 내재된 증거를 기반으로 원질서를 재구성해야 한다. 즉 원질서의 고전적 해석만으로는 기록을 생산, 이용하는 개인이나 단체가 효율적으로 기록을 검색, 분석, 공유하기 위한 즉각적인 요구를 충족시키는 데 한계가 있다는 것이다. 이 점에서 퐁 존중의 원칙과 원질서의 원칙은 모두 기록을 회고적으로 바라보는 한계가 있다. 이 원칙들은 1차적 활용을 마친 보존기록이 원래의 맥락을 유지하며 미래에 연구자료나 증거로 활용되기를 기다리기 위한 것이다(ICA EGAD, 2023a: 4~5).

그런데 출처의 원칙에서 재해석이 필요했던 부분은 주로 '퐁'과 같은 상위 계층의 기록집합을 구성하는 방식이었다. 시리즈나 파일 단계에 적용되는 집합적 관리의 원칙은 아직도 유효하다. 원질서의 원칙도 새로운 환경에 맞게 재해석할 필요가 있다. 여(Yeo)는 원질서의 원칙을 문자 그대로 받아들여야 한다면, 기록을 기술하기 전에 아키비스트가 기록을 '정리'하도록 허용해서도 안 된다고도 했다. 또한 소위 '연속체주의자(continuum thinkers)'들이 원질서의 원칙이 갖는 의의를 기록물의 물리적 보관 원칙 정도로 축소시켰다고 지적했다. 그러나 제프리 여(Geoffrey Yeo)도 인정하듯이 원질서의 원칙은 아날로그 환경에서 보존기록을 기술하기 위한 최선의 접근 방식이었다(Yeo, 2017: 165). 이제 원질서의 원칙은 디지털 기록관리 환경에서 기록의 생산 맥락을 해석하기 위한 방법론으로 확장해서 해석해야 한다. 기록 원칙을 실현하는 방식이나 도구는 달라질 수 있으나, 기록의 생산이나 활용 맥락을 보존하는 일은 디지털 환경에서도 중요한 이슈로 남을 것이다.

2. 기록의 분류

분류는 지식 조직 분야의 기본 개념이며 여러 분야에서 사용되는 용어이다. 넓은 의미의 분류는 '개념 분류'라고 하는데, 우리의 경험과 주위 환경을 개념화하는 행위와 그에 필요한 절차, 결과물을 모두 포함한다. 좁은 의미의 분류는 '체계 분류'로서 분류체계의 설계와 활용을 포함한다(Suppe, 1989; Bliss, 1929; Hjørland, 2017: 98~99 재인용). 이 절에서 다루는 '분류'는 주로 '체계 분류'를 가리킨다.

1) 기록분류의 개념

SAA 용어 사전에 따르면, '분류'는 다음과 같다(SAA, 2023).

① 개별 범주를 식별, 구분, 연결하는 체계에 따라 기록물을 범주로 조직하는 것
② 해당 기록물이 속한 범주를 나타내는 기호나 용어에 기록을 할당하는 프로세스

SAA의 정의에 따르면 분류를 위해서는 별도의 분류체계가 필요하다. 그리고 이 정의에 따른 분류는 특정 '범주(카테고리)'에 기록을 할당하므로, 체계 분류에 해당한다. 체계 분류는 분류 대상을 분석하고, 클래스를 생성하고, 배열 기준을 정하는 '프로세스'이면서, 결과로 도출된 '클래스의 집합'이고, 해당 클래스에 '분류 대상을 할당'하는 것까지 모두 포함하기 때문이다(Hjørland, 2017: 98).

그런데 엄밀히 보면, 분류체계를 이루는 클래스와 범주화 과정에서 만들어지는 범주를 구분할 수 있다. 분류가 사전에 결정된 분류 원칙에 따라 구성된 클래스에 분류 대상을 할당한다면, 범주화는 미리 클래스를 구성하지 않고 분류 대상의 속성에 따라 유사한 것을 그룹화한다는 차이점을 갖는다(Jacob, 2004: 527~531). 이를 기록의 정리와 분류에 대입해보면, 기록의 '정리'는 분류보다는 범주화에 더 가깝다. 전통적인 관점에서 기록의 정리는 개별 기록을 별도의 외부 논리체계에 따라 구축된 클래스에 할

당하지 않기 때문이다. 분류체계와 같은 논리적 구조를 구축하기 위해서는 기본적으로 클래스 구성 원칙, 분류 항목의 명명법이나 기호법과 같은 어휘, 항목 간 배열 기준이나 결합 규칙과 같은 구문이 필요하다. 분류체계는 기록과 분리된 별도의 외부 개체이지만, 기록에 연계되면 자신의 논리적 구조를 기록에 반영시킨다. 그래서 기록분류 프로세스에는 분류체계라는 외부의 통제 도구가 필요하다. KS X ISO 15489-1:2016에 따르면 기록분류에는 다음과 같은 활동이 포함된다(국가기술표준원, 2016: 18).

ⓐ 기록을 기록된 그 업무와 적절한 계층(예: 기능이나 활동, 또는 업무 프로세스)에서 연결하는 것
ⓑ 업무 활동에 대한 연속적인 기록을 제공하기 위해 개별 기록과 기록집합(체)을 연결하는 것

표 5-1 **시소러스와 연계되는 기록분류체계 구성요소**

요소명	설명
분류명	• 분류체계의 분류명과 같이 시소러스에서도 '디스크립터'나 '표목'으로 불리는 이름나 레이블이 있음 • 단일 계열에서는 분류명이 중복되지 않아야 하지만, 상이한 계열에서는 중복될 수 있음. 예를 들어 '예약'이라는 항목은 '회의'나 '전시' 항목의 하위에 모두 나타날 수 있음
식별 기호	• 분류체계의 분류명과 같이 개별 분류명이나 파일에 유일한 식별기호를 부여함 • 전자기록관리시스템에서는 식별기호를 분류명뿐만 아니라 기록에도 부여한다는 특징이 있음
기타 요소	• 설명정보(시소러스의 범위 주기에 해당됨) • 색인어(시소러스 용어와 맵핑됨) • 날짜(파일의 시작일자와 종료일자, 삭제일자) • 접근권한 • 처분지침 • 이력주기 • 상호 참조(도보라 참조)

자료: ISO(2013: 57~58).

즉 기록분류 프로세스는 전반적으로 관계를 만드는 역할을 담당하는데, 기록이 기록집합(체)이나 업무 활동과 맺을 수 있는 관계의 수준이나 시점, 횟수를 제한하지는 않는다.

한편 기록 검색을 지원하기 위해서 분류 프로세스 외에 색인 작성 프로세스를 추가할 수 있도록 규정한다. 색인 유형에는 주제나 장소, 개인명이 있으며 획득 시점에서 기록에 연결하거나 이후 프로세스에서 추가할 수 있다(국가기술표준원, 2016: 18~19). ISO 25964-2:2013에서도 기록분류체계를 이용한 기록의 탐색은 제한적이므로 전문 검색이나 시소러스를 활용한 색인을 연계하여 보완할 것을 제안했다. 시소러스는 기록분류체계와 상호 보완적으로 활용될 수 있는데, 시소러스와 연계되는 기록분류체계의 요소를 정리하면 표 5-1과 같다(ISO, 2013: 57~58; 박지영·윤소영·이혜원, 2017: 126).

2) 기록분류의 원칙

20세기 이후에 공공기록의 양이 빠르게 증가함에 따라 기록의 정리는 별도의 분류체계를 필요로 하는 기록분류로 확장되었다. 쉘렌버그에 따르면, 공공기록을 분류할 때는 기록과 관련된 행위, 기록생산기관의 구조, 기록의 주제를 고려해야 한다. '분류'를 위해 끌어올 수 있는 외부의 개념 체계를 업무 행위와 조직 구조, 주제로 구분한 것이다. 이 중에서 행위는 다시 기능, 활동, 처리 행위로 하위 구분된다. 기능은 그 기관을 설립한 법률에 따라 정의되며, 복수의 활동으로 하위 구분된다. 활동은 다시 여러 처리 행위로 나뉜다. 이때 기관의 본질적인 활동과 부수적인 활동을 구분할 수 있으며, 하위에 정책상의 처리 행위와 운영상의 처리 행위가 발생한다. 그리고 각 처리 행위는 대개 개인이나 단체, 장소, 주제와 관련이 있다

(쉘렌버그, 2002: 59~60).

쉘렌버그는 기록분류에서 기능 다음에는 기관의 조직을 고려하도록 제안했다. 조직은 기록분류에 필요한 구조를 제공하거나 기록을 물리적으로 분산시켜주기 때문이다. 이때 기록은 각 과별 조직이나 기능에 따라 시리즈로 하위 구분될 수 있고, 사안파일(case file)이라는 특수한 경우에는 생산 시작부터 종결까지 여러 부서에 분산시키지 않고 한 부서에서 관리할 수 있다. 기록이 생산된 기능이나 조직이 명확하지 않을 경우에는 주제로 분류할 수도 있는데, 참고파일이나 정보파일이 여기에 해당한다(쉘렌버그, 2002: 65~68). 이를 정리하면, 쉘렌버그는 기록분류에 관해 다음과 같이 몇 가지 원칙을 제안했다(쉘렌버그, 2002: 62~67).

① 공공기록은 예외적인 경우에 한해서 주제 사안의 분석을 통해 주제에 분류되어야 한다.
② 공공기록은 조직을 기반으로 분류될 수 있다. 단, 정부기관의 조직 구조는 유동적이므로 기록분류를 위한 안정적인 기반을 제공하기 어려울 수 있다.
③ 공공기록은 대개 기능을 기반으로 분류되어야 한다.

그런데 업무 기능을 기반으로 기록을 분류한다는 것이 기록을 분류할 때 업무분류체계만 활용한다는 의미는 아니다. KS X ISO 15489-1:2016에 제시된 기록분류의 대상과 시점, 적용 방식에 따르면, 기록분류는 업무분류체계를 적용하는 것만으로 끝나지 않는다(국가기술표준원, 2016: 18~19).

기록분류는 개별 기록 또는 어떤 계층의 집합체에도 적용할 수 있다. 기록은 존재하는 동안 서로 다른 시점에 여러 번 분류해도 된다. 재분류되는 경우, 모든 대체된 분류의 메타데이터는 보유해야 할 것이다. 접근권한을 가진 행위 주체가 기록을 효과적으로 검색할 수 있도록 메타데이터 색인을 활용할 수 있다. 주제, 위치 또는 인명과 같은 메타데이터의 색인 작성은 기록의 획득 시점에서 기록과 연결할 수 있고, 기록이 존재하는 동안 필요에 의해 추가해도 된다.

이를 통해 우리는 업무분류 외에 기록분류 과정에 포함된 암묵적인 요소들을 살펴볼 수 있다. 즉 업무분류체계를 기록에 적용하기 전에 기록은 계층적으로 집합적으로 구조화되어 있으며, 기록은 검색을 위해 주제나 위치, 개인명과 같은 색인 메타데이터를 통해서도 그룹화될 수 있다. 따라서 기록은 집합적 정리 방식이나 색인 메타데이터를 통해서도 논리적으로 구조화될 수 있다. 이때 색인 메타데이터가 전거레코드와 같은 통제어휘도구로 구축되어 있다면 더욱 효과적으로 기록을 그룹화할 수 있다.

3) 기록분류의 도구

플로렌스 오트(Florence Ott)는 분류 프로세스가 종종 '파일플랜'과 같은 도구와 혼동된다고 했다(Ott, 2020: 136~137). KS X ISO 15489-1:2016에서도 기록관리 프로세스와 도구를 구분한다. 기록 메타데이터 스키마와 업무분류체계는 접근과 허용 규칙 및 처분지침과 함께 기록통제도구에 속하고, 기록분류와 색인 작성은 접근통제나 처분과 같이 기록의 생산부터 관리에 이르는 프로세스 중 하나에 해당된다.

(1) 업무분류체계와 기록분류체계
기록의 분류 프로세스에서는 분류체계라는 논리적 외부 체계가 필요한 데, 이는 업무분류체계와 같은 계층 구조의 택사노미(taxonomy)일 수 있고, 어휘통제 기능을 포함한 다계층 구조의 기능 시소러스일 수도 있고, 처분지침과 연계된 파일플랜일 수도 있다. 전자기록관리 환경에서는 복수의 논리적 체계를 기록이나 기록집합에 연계해도 기존의 내용이나 구조, 맥락을 훼손하지 않는다. ISO 25964-2:2013에서도 조직에서는 기록관리를 위해 파일플랜이나 업무분류체계와 같은 기관별 분류체계를 사용하는데, 이런 도구는 업무 맥락을 통해 기록에 접근하도록 지원한다고 강조했다(ISO, 2013: 56).

업무를 기반으로 분류체계를 개발하기 위해서는 우선 업무 기능을 분석해야 한다. 기본적으로 기록관리를 위한 업무분석 지침의 출발은 2003년에 개발된 「DIRKS 매뉴얼」과 이를 보완하기 위해 개발된 「AS 5090 기록관리를 위한 업무과정 분석」이었다(김익한, 2003; 설문원, 2018: 221; 이소연·오명진, 2005; 이해영, 2020: 70~79). 이후 AS 5090은 ISO TR 26122로 제정되었고, 우리는 국가표준인 「KS X ISO TR 26122:2008 문헌정보-기록을 위한 업무과정 분석」을 참고할 수 있다. 이 표준에서는 조직의 업무 기능을 과정으로 분해하는 기능 분석과 처리 행위의 흐름을 조사하는 순차 분석을 제시한다. 기능 분석은 전체 조직을 대상으로 하는 상위 수준의 업무 분류체계 개발에 유용하며, 순차 분석은 단일 업무단위에서 기록의 생산, 획득, 통제와 관련된 이슈 해결에 활용된다.

KS X ISO TR 26122에 제시된 기능에서 처리 행위에 이르는 용어 위계의 사례는 표 5-2와 같다(국가기술표준원, 2019: 3). 이와 같은 구조는 쉘렌버그가 제시했던 기능-활동-처리 행위 구조를 유지하면서 조직의 유형과 규모에 따라 업무분석 결과가 달라지는 여지를 남긴다.

그런데 2016년에 ISO 15489-1이 개정되고 2018년에 ISO TR 21946이

표 5-2 KS X ISO 26122의 업무분석 용어의 위계 예시

용어	출처	사례 1(대학)	사례 2(의료 분야)
기능	KS X ISO 23081-2:2008	연구	환자 서비스
과정의 집합	KS X ISO TR 26122:2008	연구자금 조달	환자 검사, 진단 및 치료
과정	KS X ISO 23081-2:2008	연구 보조금 신청 승인	환자 검사
처리 행위	KS X ISO 23081-2:2008	연구 보조금 신청서 제출	환자에게 처방전 지급

제정되면서 기록의 평가 프로세스가 업무 활동의 평가를 포함하는 개념으로 확장되었다. 평가는 생산되고 획득되어야 하는 기록을 식별하고 기록의 보존기간을 결정하기 위해 업무 맥락, 업무 활동과 위험에 대한 분석을 포함하므로 업무분류체계나 기록 메타데이터 스키마와 같은 기록통제도구 개발의 바탕이 된다(국가기술표준원, 2016, 2018; 김명훈, 2018; 이정은·윤은하, 2018: 95~98; 전보배·설문원, 2019). 특히 평가를 위해 조직과 업무 활동을 이해하는 과정은 기록시스템 설계를 위한 업무분석 방법론과 연결된다. 맥락 검토와 같은 예비조사에서부터 기능 분석과 순차 분석으로 이어지는 업무분석은 기능 기반 업무분류체계나 처분을 위한 기록의 집합을 결정하고, 시소러스나 명명·색인 규칙을 개발하기 위한 기반이 되기 때문이다(국가기술표준원, 2019). 앞으로 분류체계와 같은 기록통제도구를 개발하기 위해서는 기록평가에 포함된 기록요구분석 과정이 선행되어야 할 것이다. KS X ISO TR 21946에 제시된 업무분석 기반 기록통제도구 개발과 관련 프로세스를 도식화하면 그림 5-1과 같다.

그림 5-1 **업무분석 기반 통제도구의 개발과 관련 프로세스의 연계**

(2) 기록분류체계와 처분지침

기록분류체계를 설계할 때는 조직의 활동을 안전하고 정확하게 관리하기 위해 법적 요건을 반영해야 하는데, 이런 요건은 기록의 보유나 처분을 결정하는 핵심 요인이기도 하다(ISO, 2013: 56). 기록분류체계 개발 지침인 호주의 「기록관리를 위한 분류도구 개요(Overview of Classification Tools for Records Management)」에서도 기록분류체계는 업무를 바탕으로 개발되며, 처분지침과 연계된다(NAA, 2003).

그림 5-2를 보면, 업무분류체계를 바탕으로 기록관리요건과 처분지침이 작성되고, 개별 기관에서는 이를 참고하여 기록을 분류한다. 그리고 분류체계는 기록의 검색과 서비스에 활용될 뿐 아니라 보존기간 책정을 위한 처분지침과 연결된다. 이때 공통 업무는 일반 처분지침과 연계되어 기관 공통 업무로 생산된 기록에 대해 일관된 처분을 지원하고, 고유 업무는 고유 처분지침과 연계되어 기관 고유의 업무로 생산된 기록에 대한 처분을 지원한다.

특히 이 지침은 공공기관에서 고유 업무 분류도구를 개발하는 데 활용

그림 5-2 **핵심 기록관리 도구 간의 관계**

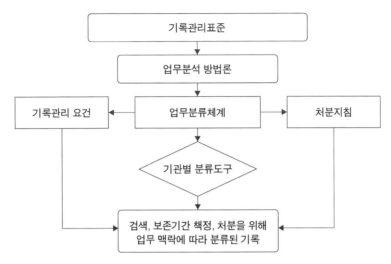

자료: NAA(2003: 10, 그림 1).

할 수 있으며, 발표 후 20여 년이 지난 시점에서도 포괄적인 지침으로 참
고할 수 있다. 우선 이 지침에서 제시한 기록 분류도구 개발에 필요한 사
항은 다음과 같다(NAA, 2003: 5).

- 기록분류의 역할과 범위는 ISO 15489를 기준으로 한다.
- 기록 분류도구는 업무분류체계를 바탕으로 개발한다.
- 공공기관은 기록 분류도구를 자체적으로 작성하여 관리한다.
- 국가기록원은 기록 분류도구 개발을 위한 지침을 제공한다.

업무분류체계는 기능이나 활동과 같은 업무를 분석한 것으로 해당 용
어를 대부분의 기록분류에 적용할 수 있으나, 특정 사안이나 프로젝트와
관련된 경우에는 일부를 기록분류에 적합하도록 조정할 수 있다. 특히 처

분지침을 기록분류체계와 연계할 때는 국가기록원으로 이관되는 영구기록물을 선별하여 확실히 이관받는 데 중점을 둔다. 또한 업무분류체계와 처분지침은 서로 별개의 도구이므로 이 둘을 연계하려면 용어 맵핑이 필요하다. 분류 항목의 용어가 처분 클래스의 용어와 달라 직접 연결되지 않으면 이용자의 편의를 위해서 정보 및 기록관리 담당자가 맵핑 정보를 작성할 수 있다. 기록분류와 처분지침이 모두 업무분류체계를 바탕으로 작성되지만, 각각은 별도의 도구로 존재하고 연계 정보를 관리하는 것이다.

참고로 업무분류체계와 연계되는 기록집합은 주로 시리즈 단위에 대응되므로, 처분지침도 시리즈 단위의 기록집합에 기본적으로 적용될 수 있다. 그러나 대부분은 시리즈 하위에 복수의 기록집합을 구성하여 별도의 상세 처분지침을 다시 지정한다(박지영 외, 2022). 전자기록관리 환경에서도 기록은 집합적이고 계층적으로 관리되는데, 이때 개별 분류항목이나 처분지침은 메타데이터의 일종으로 취급된다. 기록 메타데이터는 개별 기록이나 기록집합, 기록시스템 전체에 적용될 수 있고, 기록의 획득 이전부터 이후까지 지속적으로 추가될 수 있다(국가기술표준원, 2017: 4~8). 따라서 기록에 대한 분류정보나 처분정보도 기록 계층별로 각각 적용될 수 있고, 기록의 생애주기에 따라 추가되거나 수정될 수 있다.

4) 기록집합과 분류

(1) 가상의 디지털 기록집합

기록집합 개념의 확장은 기록의 기술뿐 아니라 분류 측면에서도 중요하다. 기록의 분류정보가 개별 기록뿐 아니라 모든 계층의 기록집합에 적용될 수 있는데, 이와 같은 특징을 활용하기 위해서는 '업무 계층'과 '기록집합'을 구성해야 한다. 업무 계층은 기록통제도구인 업무분류체계에 반영되어 있지만, KS X ISO 15489-1에서 기록집합에 대한 추가적인 설명은 없다. KS X ISO 23081-1에서도 메타데이터 적용 계층에 개별 기록과 기록집합, 전체 기록시스템을 제시하지만 기록집합에 대해서는 '기록 객체의 상위 계층에 있는 어떤 것이든 기록 개체들의 집적물'과 같은 추상적 정의만 제시한다. 단 흥미롭게도 KS X ISO 23081-1:2017의 참고문헌을 보면, ISAD(G)에 대해 '기록과 기록집합(체)'을 기술하는 지침을 제공한다는 각주가 있다(국가기술표준원, 2017: 7~8, 21).

디지털 환경에서 기록분류는 기록시스템의 기능요건에 포함된다. KS X ISO 16175-3에서는 기록관리를 위한 개체모형에 기록 범주와 업무분류체계 외에 디지털 기록집합을 선택적으로 포함시켰다. 업무분류체계와 기록 범주로 구성되는 기록분류체계를 통해 기록물의 획득 및 표제 부여, 검색, 유지, 처분을 원활하게 할 수 있다. 그런데 일반적으로 업무시스템은 기록분류를 자체적으로 지원하지 못하므로 기록물은 기록분류체계를 기반으로 범주별로 연계될 필요가 있다(국가기술표준원, 2010: 21~22).

2020년에 ISO 16175-1과 16175-2가 개정되면서 사실상 기존의 ISO 16175-3은 폐지되었다. 그러나 그림 5-3과 같이 개정된 ISO 16175-1에서도 개체모형에 업무분류체계와 기록집합이 포함되어 있으며, 메타데이터를 통해 기록이나 기록집합을 업무 맥락과 연결하도록 지시하고 있다. 기록시스템 내부에서 업무분류체계 관리 기능이 없는 경우에는 지속적인 링크정보를 유지해야 하며, 업무 맥락이 변경된 이후에도 링크정보가 지속되도록 관리해야 한다. 이때 업무 맥락이 연결되는 기록집합은 기록생산 시에 구성하거나, 이후에 기록시스템에서 가상으로 구성할 수 있다(ISO, 2020a: 2~8). 업무 및 기록시스템의 전자기록집합의 요건은 다음과 같

그림 5-3 **업무 및 기록시스템의 디지털 기록관리 개체모형**

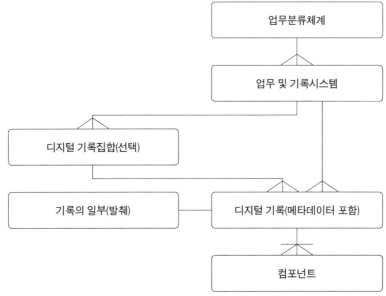

자료: ISO 16175-1(2020a: 16).

다(국가기술표준원, 2010: 29~30).

① 시스템에 의해 정의된 각 기록집합에 대한 단일 식별기호를 생성할 수 있어
야 한다.

② 기록집합에 대한 메타데이터 프로파일 내에 기록집합 생산일시를 자동적으
로 기록할 수 있어야 한다.

③ 업무시스템 운영자들이 기록집합에 표제를 부여하는 방법을 구성할 수 있
어야 한다.

④ 업무시스템 운영자나 기타 승인된 이용자들이 하나의 전자기록집합으로부
터 다른 전자기록집합으로 기록을 재배정할 수 있도록 해야 한다.

⑤ 모든 구조화된 기록 간의 연계관계를 유지하기 위해 기록집합에 속한 기록물이 해당 기록집합의 재분류 후에도 올바르게 위치할 수 있도록 해야 한다.

⑥ 기록집합의 내용에 대한 어떠한 수정 내역도 관련 메타데이터 프로파일 내에 획득, 유지될 수 있어야 한다.

⑦ 별도로 제시된 경우를 제외하고는 항상 기록집합의 폐기나 삭제를 방지해야 한다.

⑧ 전자기록집합에 적용되는 처분 행위는 집합을 구성하는 모든 기록물에 일괄적으로 수행되어야 한다.

이 외에도 업무시스템은 시스템 내에서 기록을 재배정하거나 재분류(기록집합이 지원되는 경우에는 다른 기록집합으로의 재배정을 포함)할 수 있는 방법을 제공할 필요가 있다. 즉 업무시스템에서는 기록이나 기록집합에 처분지침을 적용할 수 있고, 기록집합의 관리 기능이 기록 분류 기능과 별도로 제시된다(국가기술표준원, 2010: 32).

(2) 메타데이터 기반 기록집합

오트는 그의 저서 중 '평가와 분류'에 해당하는 장에서 전자기록관리의 핵심은 메타데이터에 달려 있다고 강조하며, 기존의 업무분류체계는 '업무 맥락 메타데이터'로, 기록의 통제는 '메타데이터의 통제'로 표현했다. 메타데이터를 효과적으로 활용하려면 파일과 폴더에 적절한 이름을 부여하는 것이 중요하다고도 강조했다(Ott, 2020: 111). 또한 그는 기록이 계층구조를 지니고 있지만, 기록분류를 위한 구조는 계층적이 아니라 '패싯(facet)' 구조이며, 다양한 값을 할당할 수 있다고 했다. 여기에는 업무 활동, 기록 유형, 개별 기록이나 집합의 코드, 생산부서명이 모두 포함된다

(MAS, 2015; Ott, 2020: 151 재인용).

디지털 기록관리 환경에서 메타데이터는 기록에 포함되며, 기록관리 과정 전반을 지원한다. 이 중에서도 별도의 메타데이터 값 표준을 활용하면 개별 기록을 기록집합으로 간주하여, 검색이나 처분·접근 지침에 활용할 수 있다. 특히 메타데이터를 이용한 가상의 기록집합 구성은 폴더 구조에 익숙한 기록집합의 구성 방식에도 변화를 줄 수 있다. 그 사례를 마이크로소프트에서 제공하는 Microsoft 365를 통해 알아볼 수 있다. 마이크로소프트에서 제안한 기록분류 방식은 다음과 같다(Warland, 2021a).

① 메타데이터 컬럼을 추가하는 방식
② 용어 저장소에 용어집합(또는 용어)을 저장하는 방식
③ 레코드 보유 레이블을 이용하는 방식

우선 메타데이터 컬럼을 추가하는 방식은 개별 기록에 '기록 유형(DocType)'이나 '업무 기능(Business Group)'과 같은 메타정보를 입력할 컬럼을 추가하는 것이다. 기록 유형에는 어젠다, 등록부, 업무 사례, 보고서, 레터, 회의록, 기획서가 있고, 업무 기능에는 인사, 재정, 교육이 있다. 그림 5-4와 같이 각 컬럼에 들어갈 값을 미리 입력한 뒤, 개별 기록에 맞는 값을 선택할 수 있다. 소규모 기관에서 단독으로 기록을 분류할 때 적합한 방법이다.

둘째는 그림 5-5와 같이 용어 저장소를 이용한 방법으로 별도로 저장된 업무분류체계에서 단위과제 정보를 불러오는 방식과 유사하다. 업무 기능도 인명이나 장소명과 같이 통제 어휘로 간주하고 중앙 저장소에서 관리하며, 필요한 각 부서에서 사용할 수 있다.

그림 5-4 Microsoft 365 레코드 분류: 메타데이터 컬럼 방식

	Name	Doc Type	Business Group	Version	Modified	Modified By	+ Add column
	Agenda.docx	Agenda	Human Resources	14.0	7 minutes ago	Michelle Goodwin	
	Benefits Register.xlsx	Register	PMO	11.0	7 minutes ago	Michelle Goodwin	
	Business Case Development.do...	Business Case	PMO	11.0	7 minutes ago	Michelle Goodwin	
	Cost Benefit Analysis Report.do...	Report	Finance	8.0	7 minutes ago	Michelle Goodwin	
	Document.docx	Letter	Training	12.0	7 minutes ago	Michelle Goodwin	
	Financial Impact Statement.xlsx	Report	Finance	7.0	7 minutes ago	Michelle Goodwin	
	General Purpose Template.docx	Procedure	Training	7.0	7 minutes ago	Michelle Goodwin	
	How Configure SP to drive effe...	Procedure	Training	3.0	6 minutes ago	Michelle Goodwin	
	Minutes.docx	Minutes	Human Resources	9.0	6 minutes ago	Michelle Goodwin	
	Project Brief.docx	Procedure	PMO	7.0	6 minutes ago	Michelle Goodwin	
	SP Webinar Cat Ipsum.docx	Letter	Procurement	7.0	6 minutes ago	Michelle Goodwin	
	SP Webinar DeLorean Ipsum.d...	Agenda	Procurement	7.0	6 minutes ago	Michelle Goodwin	
	VIP Team Meeting.docx	Planning	Human Resources	3.0	6 minutes ago	Michelle Goodwin	
	Webinar Excel Book2.xlsx	Report	Finance	6.0	6 minutes ago	Michelle Goodwin	

자료: Tinker(2018).

그림 5-5 Microsoft 365 레코드 분류: 용어 저장소 관리 방식

자료: Microsoft Ignite(2023).

다음은 그림 5-6과 같이 업무 기능이나 기록 유형이 아닌 보존기간 정보를 메타데이터로 관리하는 방식이다. 다양한 보유 기간을 간단한 근거와 함께 저장해두고 기록에 연계한다. 이때 보유 레이블도 앞서 살펴봤던 메타데이터 컬럼이나 용어 저장소 방식으로 분류정보와 함께 기록에 연계할 수 있다. 기록의 맥락정보는 쉐어포인트(SharePoint) 사이트와 라이브러리의 URL 경로로 제시되며, 보유정보는 '영구'와 '한시'로 크게 구분하

그림 5-6 Microsoft 365 레코드 분류: 보유 레이블 관리 방식

Retention labels

Retention labels are applied to business critical content which needs to be either retained or deleted after/within a certain duration. To explore a particular label just click on it and see all the details, documents what use this label and more.

5 items   Search

Name	SharePoint	OneDrive	Exchange
Company records - 7 years	60	0	0
Temporary records - 7 days	18	0	0
Financial Records	6	0	0
Test One - Retain Five Years then Delete	4	0	0
Client Services Meetings - 7 years	1	0	0

자료: Warland(2021a).

고, 하위에 개별 보유 레이블을 추가할 수 있다. 이때 폴더 수준에 레이블이 적용되면 하위 아이템에도 보유정보가 상속되며, 상속정보를 고정(locked)시켜두지 않는다면 하위 아이템에 개별 레이블을 할당할 수 있다.

마이크로소프트에서는 ISO 16175-1:2020의 분석을 바탕으로 기록집합을 구성하기 위해 폴더를 사용할 필요가 없음을 강조하기도 했다. 즉 ISO 16175-1:2020에 제시된 기록집합의 정의를 분석하여 다음과 같이 네 가지 특성을 정리하고, 이를 준수하기 위해 폴더를 반드시 사용할 필요가 없음을 제시했다(Warland, 2021b).

① 서로 관련이 있는 디지털 레코드의 축적물이다.
② 레코드 간의 공통된 특성이나 속성, 순차적 관계를 반영할 수 있다.
③ 메타데이터를 통해 순차적으로 일어난 사건을 집합적으로 기술할 수 있다.

④ 공식적으로 구조화된 관계로 존재하거나 느슨한 기록 간의 링크정보를 통해 긴밀하게 결합된 메타데이터 관계로 존재할 수 있다.

3. 기록의 기술

넓은 의미에서 기술(description)은 기술대상의 속성을 밝혀 열거하는 것이고, 좁은 의미에서는 관찰이나 조사를 통해 도출된 속성을 열거하는 것이다. 예를 들어 '쉘렌버그는 아키비스트이다'라고 하면 이는 넓은 의미에서 쉘렌버그에 대한 기술에 해당한다. 그런데 좁은 의미에서 이 문장은 명제일 뿐 기술이 되지는 않는다. 관찰의 결과로 '쉘렌버그는 이마가 넓다'고 해야 기술이 되는 것이다. 따라서 좁은 의미에서의 기술은 관찰이나 경험 이후에 가능한 인식론의 영역에 속한다(Hjørland, 2023: 1~2). 기술을 인식론의 영역으로 보는 것은 기술이 가치중립적이지 않고 시대와 문화적 맥락을 반영한다는 관점과도 통한다(Hjørland, 2023: 11). 따라서 이 절에서는 주로 시대와 문화적 맥락을 반영하는 좁은 의미의 기술을 '기술'로 간주할 것이다.

1) 기록 기술의 개념

루치아나 듀란티(Luciana Duranti)에 따르면 1970년대에 와서야 기록의 기술에 대한 용어 정의가 나타났는데, 1974년에 SAA 용어 사전에 제시된 기술의 정의는 "검색도구의 개발을 통해 소장기록을 지적으로 통제하는 프로세스"였다(Duranti, 1993: 47). SAA 용어 사전의 정의는 그 후 다음과 같이 수정되었다(SAA, 2023).

① 보존기록이나 그 구성요소를 식별하고 재현하기 위해 구성된 데이터 집합
② 보존기록이나 그 구성요소를 재현하는 데이터 집합을 생성하는 프로세스

ISAD(G)에서 제시한 보존기록 기술의 정의도 기록의 재현물인 검색도구의 생산 과정과 그 결과를 모두 가리킨다(ICA, 2000: 10).

(기술은) 보존기록과 기록의 맥락, 기록을 생산한 기록시스템을 식별하고, 관리하고, 소재를 알려주고, 해석해주는 정보를 획득하고, 분석하고, 조직하고, 기록함으로써 보존기록의 기술단위와 그 구성요소에 대한 정확한 재현물을 생산하는 것이다. 이 용어는 보존기록 기술의 산출물에도 적용된다.

한국기록학회(2008)도 보존기록의 기술이 검색도구나 기타 접근도구를 생산하는 과정 혹은 그 결과물이라고 정의한다. 제프리 여도 지적하기를 기술을 프로세스로 보는 견해와 산출물로 보는 견해가 모두 나타나는데, 이 중 기술을 산출물로 보는 견해는 기술의 범위를 제한할 수 있다고 했다(Yeo, 2017: 163). 따라서 기록의 기술은 검색도구를 생산하는 과정과 그 결과물인 검색도구 모두를 포함한다.

한편 기록의 기술과 연계되는 주요 개념 중에는 '전거제어(authority control)'가 있다. SAA 용어 사전에 따르면 전거제어의 개념은 다음과 같다.

기록이나 서지 기술에 사용되는 표준화된 이름이나 색인어를 정립하고 그것을 일관된 방식으로 적용할 수 있도록 보장하는 프로세스

기술이 구조화된 방식으로 기록을 재현하고 결과물을 만드는 프로세스라고 한다면, 전거제어는 기록을 기술할 때 기술요소 값의 일관성을 보장하기 위한 통제 프로세스라고 할 수 있다. 기록의 기술에서는 전거제어를 '맥락제어(context control)'라고도 하는데, SAA 용어 사전에서도 다음과 같이 전거제어와 맥락제어의 의미는 유사하다(SAA, 2023).

표준화된 개체명을 정립하고, 해당 개체 간의 관계를 기록하는 프로세스

전거제어의 주된 대상이 개인이나 조직의 명칭과 같은 개체이므로 전거제어는 용어의 명칭과 용어 간의 관계를 규정하는 방식으로 실현된다. 따라서 전거제어를 위한 기술표준은 메타데이터의 유형 중에서도 '데이터 값 표준'에 해당된다. 이와 같은 유형의 표준에서는 요소 값으로 사용되는 어휘나 요소 값의 인코딩 체계를 통제하는데, 여기에는 어휘 리스트나 분류체계, 시소러스와 함께 전거파일이 해당된다(Zeng and Qin, 2022: 23~25).

2) 기록 기술의 원칙

기록 기술의 원칙에는 집합적 기술(collective description)의 원칙과 다계층 기술(hierarchical description, multilevel description)의 원칙이 있는데, 모두 출처의 원칙과 연계된다. 집합적 기술은 상호 연관된 개별 기록을 하나의 집합으로 간주하여 단일 레코드로 기록하는 것이다(SAA, 2023). 쉘렌버그(2002: 26)도 보존기록의 기술이 개별 기록이 아니라 기록물군이나 시리즈와 같은 집합을 대상으로 한다는 점을 강조했다. 특히 ISAD(G)에서 기록의 상위 집합은 출처를 나타내는 '퐁'을 기준으로 하는데, 하나의 퐁

이 하나의 기술단위를 통해 재현된다.

그런데 '퐁' 단위의 일반적인 기술만으로는 기록을 구체적으로 재현하기가 어렵다. 그래서 기록의 기술단위는 퐁의 하위 구성요소로 확장된다. 하위 구성요소도 집합적으로 기술되며, 그 수준에 따라 차례로 퐁의 하위 계층이 된다. 상위 계층의 기록집합인 퐁과 하위 계층의 기록집합인 시리즈나 파일을 기술하는 데는 다계층 기술의 원칙이 적용된다. ISAD(G)에서 제시하는 다계층 기술의 원칙과 목적은 다음과 같다(ICA, 2000: 11; 설문원, 2018: 246~247).

① 퐁과 그 하위 구성요소의 맥락과 계층 구조를 표현하기 위해 일반적인 것에서 특수한 것으로 기술한다.
② 기술단위의 맥락과 내용을 정확히 재현하기 위해 기술 계층에 적합한 정보만을 기술한다.
③ 계층 구조에서 기술단위의 위치를 명확히 제시하기 위해 각 계층의 기술을 상위 기술단위와 연결한다.
④ 보존기록 기술 계층에서 제공되는 정보의 중복을 피하기 위해 최상위 계층에서는 모든 하위 요소에 해당하는 공통된 정보를 제공하고, 하위 계층에서는 상위 계층에 제시된 정보를 반복하지 않는다.

이와 같은 기술 원칙은 기록의 검색도구 개발을 위한 이론적 기반을 제공해왔다. 그런데 20세기 이후에 공공기록의 양이 급격히 증가함에 따라 기록의 조직은 보존기록을 체계적으로 정리하는 방법뿐 아니라 많은 양의 기록을 효과적으로 관리하는 방안으로 확대되었다. 이 시기에는 유기적으로 축적된 모든 기록을 보존하는 대신에 보존할 기록을 선별하는 방안이 모색되었고, 이 과정에서 기록의 기술에도 원칙에 따른 중립성뿐 아니라 아키비스트의 의도가 개입된다고 간주되었다(설문원, 2021: 39).

3) 기록 기술표준

기록 기술표준은 기록물관리기관에서 자관의 기록물을 기술하거나 기존의 기술표준을 개선하는 데 필요한 규칙과 모범 사례를 제공한다. 국제기록관리협의회(ICA: International Council on Archives)에서는 모범 실무 및 표준위원회(CBPS: Committee on Best Practices and Standards)를 통해 1992년에 기록물 기술원칙을 제정하고, 이를 바탕으로 표 5-3과 같이 4개의 기술표준을 제정했다(ICA, 2000, 2004, 2007, 2008; 박지영, 2016: 224~225).

이 중 가장 널리 활용되어온 ISAD(G)는 기록물군을 중심으로 계층적·집합적으로 기록물 기술을 지원한다. 이름 전거레코드 관련 기술표준인 ISAAR(CPF)는 ISAD(G)의 맥락 영역을 분리하여 생산기관에 대한 독립된

표 5-3 **ICA CBPS에서 개발한 기록물기술표준**

기술표준	내용
ISAD(G)	• General International Standard Archival Description • 1994년 초판, 1999년 개정판 발표
ISAAR(CPF)	• International Standard Archival Authority Records—Corporate Bodies, Persons, and Families • 1996년 초판, 2004년 개정판 발표
ISDF	• International Standard Description of Functions • 2007년 초판 발표
ISDIAH	• International Standard Description of Institutions with Archival Holdings • 2008년 초판 발표

자료: 박지영(2016)에서 〈표 1〉 수정.

기술을 지원한다. ISDF는 ISAD(G)의 기록물 개체, ISAAR(CPF)의 생산기관 전거 개체와 더불어 기능에 대한 독립된 기술을 지원한다. 마지막으로 ISDIAH는 기록물 소장 및 관리 기관에 대한 독립된 기술을 지원한다(박지영, 2016: 224~226; 설문원, 2018: 249~256; 이해영, 2020: 162~177). 이와 같은 ICA CBPS의 표준은 ISAD(G)와 ISAAR(CPF)를 중심으로 한국을 비롯해 영국의 MAD(Manual of Archival Description), 미국의 DACS(Describing Archives: A Content Standard), 캐나다의 RAD(Rules For Archival Description: Canadian Archival Standard)와 같은 각국의 기록물 기술규칙에 반영되었다(Bureau of Canadian Archivists, 2008; Procter and Cook, 2000; SAA, 2013).

이후 ICA에서는 개별 기술표준을 통합하고 개선하기 위해 2012년에 기록 기술 전문가 그룹(EGAD: Expert Group on Archival Description)을 결성했다. EGAD는 기록관리 원칙을 바탕으로 기존의 기술표준이 지닌 한계를 개선하고자 했으며, 기존의 ICA 기술표준뿐 아니라 각국의 기록물 기술표준이나 개념 모형을 함께 분석했다(박지영, 2016: 226~232). 그 결과를 바탕으로 개발된 새로운 표준의 이름은 'RiC(Records in Contexts)'이다. RiC에서는 출처의 원칙이 지닌 타당성을 고려하면서도 기존의 ICA 기술표준이 받았던 지적·윤리적 비판을 수용하여 이를 다차원 관점의 '맥락'으로 표현했다(ICA EGAD, 2023b: 7).

ICA는 2023년 11월에 RiC-CM과 RiC-O v1.0을 발표하면서 기존의 RiC v0.2와의 차이점과 관련 연구결과를 공유했는데, RiC은 다음과 같이 네 가지 요소로 구성된다(ICA EGAD, 2023a, 2023b, 2023c).

① Records in Contexts-기술원칙(RiC-FAD)
② Records in Contexts-개념 모형(RiC-CM)

③ Records in Contexts－온톨로지(RiC-O)

④ Records in Contexts－응용 가이드라인(RiC-AG)

RiC-FAD(Foundations of Archival Description)는 RiC 표준의 첫 번째 부분이며, RiC에 담긴 기록 기술의 원칙과 목적을 제시했다. RiC-CM(Conceptual Model)은 기록을 생산하거나 이용하거나 기록된 행위 주체, 행위 주체가 수행한 활동을 지적으로 식별하고 기술하기 위한 추상화 개념 모형이다. RiC-CM은 RiC의 기본 모형이며, 기존의 ISAD(G), ISAAR(CPF), ISDF, ISDIAH를 통합적으로 대체한다. 그리고 RiC-O(Ontology)는 RiC-CM을 구현하기 위한 모델로서 W3C의 웹 온톨로지 표준언어인 OWL를 사용하는데, RiC-O의 어휘와 구조를 통해서 기록 기술정보를 링크드 오픈 데이터 방식으로 배포할 수도 있다. 마지막으로 RiC-AG(Application Guidelines)는 RiC-CM과 RiC-O 개발이 완료된 이후에 진행할 예정이며, 실무자와 소프트웨어 개발자들에게 RiC-CM과 RiC-O을 구현하기 위한 가이드와 사례를 제시할 것이다(ICA, 2023a: 1).

RiC-CM은 아날로그와 디지털 자원의 지적 통제와 기술을 위한 표준시스템을 설계하고 구현하는 데 필요한 개념 구조를 제공한다. 그러나 특정 유형의 검색도구와 같은 통제도구를 지정하지 않고 기술의 바탕이 되는 개체를 모델링했다는 점에서 기존의 ICA 기술표준과 다르다. 또한 RiC-CM은 기록과 기록의 맥락에 대한 지적 기술을 강조하지만, 아날로그와 디지털 형식의 기록 기술을 위한 물리적 인스턴스의 기술도 포함한다. 단 모든 물리적 형식을 다루지 않고, 필요에 따라 확장할 수 있도록 설계했다.

RiC-CM v1.0은 총 19개의 개체와 42개의 속성, 85개의 관계로 구성된

그림 5-7 **RiC-CM v1.0 개요**

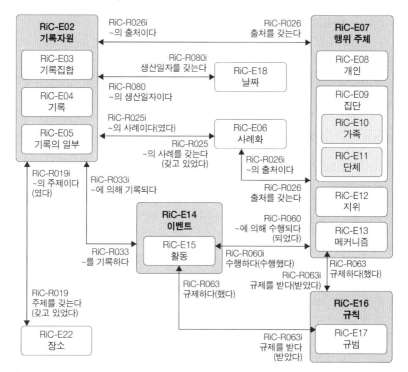

자료: ICA EGAD(2023b: 18).

다. 그림 5-7을 보면 개체와 주요 관계를 확인할 수 있는데, 상위 개체에는 기록 자원과 행위 주체, 이벤트, 규칙이 있고, 날짜와 장소, 사례화 개체가 독립 개체로 제시되어 있다. 이 중 이벤트는 업무 활동을 포함하고, 규칙은 관련 규정을 포함한다. RiC-O는 지식 그래프 생산을 위해 RiC-CM을 RDF 구조로 표현했는데, 지식 그래프는 네트워크 구조로 표현된다(ICA EGAD, 2023b: 6). RiC v1.0이 정식으로 공개되면, 관련 메타데이터 표준도 개정될 것이다. 2025년에는 EAD(Encoded Archival Description) 4.0이 업데이트될 예정이고, ISO 23081도 RiC과 연계하기 위한 개정을 고려하고 있다(ICA, 2023).

박지영(2017: 101~103)은 ISAD(G)에서 RiC-CM으로 전환할 때의 시사점을 도출하기 위해 두 표준의 구조를 비교하고, 각 요소를 시범적으로 맵핑했다. RiC-CM v0.1을 적용했는데, 두 표준 간의 맵핑 유형을 세 가지로 구분했다.

① 속성과 속성 간의 맵핑으로, 예를 들면 ISAD(G) 식별 영역의 '참조코드' 요소는 RiC-CM의 공통 속성인 P1 및 P2와 연계된다. ISAD(G)가 기록 개체의 속성을 중심으로 구성되어 있으므로 이 유형의 맵핑이 가장 많았다. 그러나 1:1 맵핑이 아닌 1:n 맵핑이나 n:1 맵핑도 존재했으며, 속성의 개념 범위가 완전히 일치하지 않는 경우도 있었다.
② 속성과 개체 간의 맵핑으로, 예를 들면 ISAD(G)의 '일자(date)' 요소는 RiC-CM에서 개체와 연계된다.
③ 속성과 관계 간의 맵핑으로, 예를 들면 ISAD(G)의 '원본의 존재와 위치' 요소는 RiC-CM에서는 복수의 기록 개체 간의 관계인 R1이나 R6과 연계된다.

그런데 요소 간 맵핑에서 그칠 것이 아니라 기존의 기술표준에서 RiC으로 이행하기 위해서는 ISAD(G)와 같은 기존의 기술표준으로 작성된 검색도구를 재구조화해야 한다. 이를 위해서 데이비드 베어만(David Bearman)과 켄 소찻(Ken Sochats)의 지적을 참고할 수 있다.

증거 개념에서는 기록이 언제 어떻게 사용되었는지, 과거에 어떤 방식으로 파일링되고 분류되고 접근이 제한되었는지, 적절한 처분지침에 따라 파기되었는지, 언제 누구에 의해 그 행위가 일어났는지 아는 것이 중요하다. (중략) [그리고] 전통적으로 보존기록의 기술에는 이와 같은 이력정보가 포함된다. 그러나 [이러한 기술정보를] 집합적 수준(aggregate levels)에서만 관리하는 대신에 개별 기록이나 해당 기록을 생산한 업무행위정보가 담긴 기록레코드를 탐색할수 있도록 전자기록 메타데이터 구조로 정의할 수도 있다(Bearman and Sochats, 1996).

즉 보존기록의 검색도구에 기술된 내용을 디지털 환경에서 활용하려면 기록을 집합적으로 기술하는 것만으로는 부족하다. ISAD(G)나 ISAAR (CPF) 기반의 기록물 기술정보를 RiC-CM이나 RiC-O와 같은 모형을 반영한 다른 메타데이터 구조로 표현하려면 기록의 내용이나 관리 이력과 같은 정보들을 재구조화해야 한다. 그리고 이 과정에서 기존의 기술 내용을 RiC 모형의 구성요소와 연계해야 한다. 박지영(2018: 205)은 ISAD(G)를 온톨로지 구조인 CIDOC-CRM과 시범적으로 연계한 결과를 바탕으로 ISAD(G)에서 집합적으로 서술된 기술 내용을 온톨로지 구조에 맞게 재구조화할 필요를 강조했다.

또한 ISAD(G)와 같은 기존의 기술표준이 RiC과 같은 다중개체 모형으로 확장되면서 기록레코드와 전거레코드의 경계도 모호해지고 있다. 단일개체 모형에서는 기록정보가 기본 레코드이고 전거레코드는 기록레코드의 일부 값 요소를 제어하거나 맥락정보를 제공하는 데 적용되었다. 그런데 다중개체 모형에서는 기술 대상인 기록 자체와 전거제어 대상인 개인이나 단체와 같은 행위자가 모두 동등한 개체로 표현되고, 각 개체의 속성과 개체 간의 관계를 통해 기록의 기술과 전거제어가 모두 이루어지기 때문이다.

4) 기록집합과 기술

보존기록은 개별 기록보다는 기록집합을 계층적으로 구조화하여 기술해왔다. 상위 계층의 집합은 퐁에서 시리즈와 파일순으로 구성해야 하므로 기술에 앞서 기록을 순차적으로 집합화해야 했다. 반면에 전자기록관리 환경에서는 다양한 맥락정보를 연결하여 계층적 집합뿐 아니라 비계층적 집합을 구성할 수 있다(Cook, 2001: 22~23; Hjørland, 2023: 11 재인용). 따라서 기록의 '집합'이라는 용어에는 이 두 가지 측면이 모두 담겨 있는데, 후자의 관점은 5장 2절 기록의 분류 중 '기록집합과 분류'에서 다루었으므로, '기록집합과 기술'에서는 전자의 관점을 다루기로 한다.

보존기록의 기술에서 기록집합은 주로 '퐁'이나 '기록물군'과 같은 명칭으로 나타난다. 집합적 기술을 강조하는 ISAD(G)에서도 기록집합을 포괄적으로 정의하는 용어를 제시하지는 않았다. ISAD(G)에서 명확히 제시한 것은 다계층 기술 방법이다. 대신 ISAD(G)에서는 '기술단위(unit of description)'라는 용어를 사용하고, 퐁의 계층 구조 내에서 기술단위의 위치를 '기술수준(level of description)'으로 정의했다. 이때 기술단위는 하나의 개체로 취급되어 기술대상이 되는 개별 기록이나 기록의 집합으로 정의되어 있는데, ISAD(G)에서는 기술단위의 정의에서 집합을 'set'으로 표현했다(ICA, 2000: 10~11). 여기서 'set'은 기록의 조직을 위한 전문적인 용어라기보다는 일반 단어에 가깝다. 이와 같이 ISAD(G)에서는 기록집합을 기술단위로 제시하면서도, 집합의 구성방법을 별도로 제시하지는 않았다. 퐁은 자연적으로 축적된 기록의 집합이므로, '집합'을 구성하는 방법은 별도로 정의할 필요가 없었을 것이다.

SAA에서도 집합적 기술에 대한 정의가 있지만, 'aggregation'이 아닌 'collective description'으로 표현했다(SAA, 2023). 전통적으로 퐁은 수집되는 것이 아니라 자연적으로 축적되므로 'collect'란 표현도 적절하지 않을 수 있다. 정의에서도 기록집합을 'set of data'와 같이 일반적인 어휘로 표현했다.

오히려 기록의 집합을 'aggregation'으로 부른 것은 시간이 흘러 기록 기술을 위한 표준이 메타데이터 스키마가 된 이후이다. 기록 메타데이터 표준인 KS X ISO 23081-1의 참고문헌을 보면, ISAD(G)에서 '기록과 기록 집합(체)'을 기술하는 지침을 제공한다는 각주가 있다(KS X ISO 23081-1: 2017: 7~8, 21). 이 외에도 기록시스템의 기능요건인 Moreq2010이나 ISO 16175과 같은 표준에서 기록집합을 별도로 정의하고 기록분류와 구분하고 있다(DLM Forum Foundation, 2011; ISO, 2020a). 아날로그 환경에서는 자연적으로 축적된다고 간주하여 별도로 정의하지 않았던 기록집합이 디지털 환경에서는 다양한 기준에 따라 만들어지는 대상이 된 것이다.

SAA의 'set'과 같은 일반적인 의미까지 포괄하는 넓은 의미의 기록집합은 기록의 분류보다 먼저 출현했다. 업무 활동의 증거로 기록이 생산되면 자연적으로 집합화되는 것이다. 개인의 일상적인 활동이 반복되는 과정에서도 기록은 집합적으로 쌓인다. 전통적인 관점에서는 이러한 집합을 자연스러운 축적의 결과로 간주하고, 해당 결과의 맥락을 보존하고자 했다. 본질적으로 인간은 처리할 정보량이 많아지면 낱개의 정보를 그룹화하여 인지적 부담을 줄이려고 하는데, 이를 '인지적 경제'라고 한다. 집합화는 업무 활동이나 생활 속에서 처리해야 하는 정보의 수를 줄여준다. 그중에서도 내가 만든 기록과 동료가 만든 기록을 구분하는 일은 나의 업무 목록을 관리하는 데 필수적이다. 회사에서 거래처로 나가야 하는 기록과 부서 내부의 회의 기록을 구분하는 것도 필요한데, 그렇지 않으면 내부

정보가 거래처로 흘러갈 수도 있다. 아날로그 환경에서 업무 담당자는 자신이 생산했거나 접수한 기록을 관리하기 위해 의식적으로 개별 기록을 파일로 묶어두었다. 유사한 파일이 증가하면 필요에 따라 더 큰 단위의 집합을 구성할 수도 있다.

이와 같은 과정을 유기적으로 보고, 생산기관에서 업무 과정에 따라 만든 기록의 집합과 집합 내 파일링 체계를 기록화의 원칙으로 조직한 것이 출처의 원칙이라고 할 수 있다. 이와 같은 원칙은 생산기관에서 일어났던 기록의 축적 과정을 경험하지 못한 아키비스트가 기록을 해석하는 데 필요한 것이었다. 생산기관에서는 낱건의 기록을 축적해나가는 데 반해, 보존기록관에서는 대부분 축적이 끝난 기록집합을 먼저 확인하게 된다. 추가적인 기록이 입수될 때도 있지만, 보존기록관의 기술은 주로 큰 덩어리의 기록을 나누는 데서 시작한다. '나무보다 숲을 봐야 한다'고 하지만, 보존기록관에서 숲을 이루기 전의 나무를 보긴 어려울 것이다(Millar, 2006: 64; 설문원, 2018: 248 재인용). 특히 상위 계층에서부터 하위 계층으로 기술해나가는 연역적 방식은 기록의 축적이 끝난 다음에야 가능한 방식이다. ISAD(G) 기반 기록 계층(RSFI: Records group, Series, File, Item)의 사례는 그림 5-8과 같다.

참고로 이와 같은 보존기록 조직의 회고적 특성은 도서관 분야의 개념 모형에서도 나타난다. 1988년에 발표된 '서지레코드의 개념 모형(FRBR: Functional Requirements for Bibliographic Records)'은 2017년에 'IFLA 도서관 참조 모형(LRM: Library Reference Model)'으로 개정되었다. 초기 FRBR 모형을 IFLA LRM 모형으로 개정하고 통합하는 과정에서 전형(representatives)이나 집합(aggregation)과 같은 개념이 도입되는 등 많은 변화가 있었지만, 여전히 저작-표현형-구현형-개별 자료(WEMI: Work, Expression, Manifestation,

그림 5-8 **국가기록원 국정홍보처 기록물군에 속한 훈민정음 디지털 사본**

기록물군(R)	AG121 국정홍보처 [공보처 홍보국의 집합적 기록]
시리즈(S)	AG121/S5 국정홍보(문화재 사진) [기록물 유형에 따른 시리즈]
기록물철(F)	CET0076410 문화재(국보) [시청각기록물(사진, 필름류)철]
기록물건(I)	훈민정음(조선시대, 국보 제70호) [성남 나라기록관 소장건]

자료: 국가기록원(2023b) 기술정보를 활용하여 작성.

그림 5-9 **IFLA LRM 모형에서 저작 {훈민정음}과 연계된 훈민정음 디지털 사본**

저작(W)	훈민정음 [훈민정음의 지적 내용]	
표현형(E)	훈민정음 해례본의 텍스트	
구현형(M)	1446년에 반포된 훈민정음 해례본 판본	1983년도에 디지털 파일로 제작된 훈민정음 해례본
개별 자료(I)	간송미술관에 소장된 개별 자료	성남 나라기록관에 소장된 훈민정음 디지털 사본

Item)로 이어지는 기본적인 개체 구조는 유지되고 있다(Riva et al., 2017; 이미화, 2017). IFLA LRM 모형에서 WEMI의 예시를 간략히 제시하면 그림 5-9와 같다(박지영, 2021: 103~115).

IFLA LRM 모형에서 저작에 속하는 훈민정음은 {훈민정음}과 같이 표현하여, 물리적 판본과 구분한다. WEMI 구조에서도 상위 계층에서 기술한 포괄적 정보가 하위 계층에 상속되며, 각 계층마다 기술 속성과 관계를 별도로 지정한다. IFLA LRM에서도 저작이나 표현형과 같은 추상적 개체를 통해 나무보다 숲을 보여준다는 점에서 ISAD(G)와 같은 다계층 기술과 집합적 기술의 원칙을 엿볼 수 있다.

그런데 세종대왕이 훈민정음를 창제하고 반포한 이래 언해본과 해례본은 여러 형식으로 변형되어 왔는데, 수백 년에 걸친 파노라마를 처음부터 예상하여 WEMI로 구조화하기는 불가능하다. 오히려 다양한 서지정보를 종합하여 물리적 특징, 표현상의 특징, 지적인 특징을 귀납적으로 구축한 모형으로 보는 것이 타당하다. 따라서 IFLA LRM 모형을 실제 서지정보의 구조화에 적용할 때는 개별 자료의 기술부터 귀납적으로 그룹화해 나가야 한다.

4. 기록 메타데이터

메타데이터는 간략하게 '데이터에 대한 데이터'로 정의되는데, 1990년대 이후 인터넷이 등장하여 여러 분야에서 다양하게 사용되면서 개념이 확장되었다(Hjørland, 2023: 9). 이제 '메타데이터'라는 용어는 인터넷이 확산되기 전에 생산되었던 검색도구나 해당 도구에 포함된 데이터까지 가리키는 넓은 개념으로 사용되고 있다. 예를 들면 기존의 기록 기술표준은 '기록 메타데이터 스키마'가 되고, 검색도구는 '기록 메타데이터'로도 불린다. 그런 만큼 메타데이터에 대한 정의도 다양한데, 마샤 레이 정(Marcia Lei Zeng)과 지엔 친(Jian Qin)은 "정보를 담은 개체의 특성을 기술하기 위해 구조화되고 기호화된 데이터이며, 기술대상의 식별, 발견, 평가, 관리를 지원한다"는 정의를 꼽았다(CC:DA, 2000; Zeng and Qin, 2022: 3 재인용).

이제 메타데이터는 기록의 조직뿐 아니라 기록관리 전반을 통제하는 수단이 되었다. 정과 친(2022: 19~23)은 메타데이터의 유형을 관리 메타데이터, 기술(descriptive) 메타데이터, 보존 메타데이터, 기술(technical) 메타데이터, 환경설정(utility) 메타데이터로 구분하고, 이 중 가장 전통적으로 널리 사용되는 것은 기술 메타데이터라고 했다. 그리고 기술 메타데이터의 주요 목적은 정보자원의 검색과 식별, 선정, 획득이라고 꼽았다. 이 절에서는 주로 기술 메타데이터를 '메타데이터'로 간주할 것이다.

1) 메타데이터의 개념

SAA 용어 사전에 따르면, '메타데이터'와 '기술 메타데이터'의 정의는 다음과 같다(SAA, 2023).

- 메타데이터: 기록의 발견을 촉진하고, 데이터 객체를 구조화하고, 기록의 관리와 보존을 지원하는 데이터에 대한 정보
- 기술 메타데이터: 기록의 지적 내용을 표현하고 발견을 지원하는 정보

KS X ISO 23081-1:2017에서 기록 메타데이터는 '기록관리 메타데이터'라고도 하는데, 시공간을 초월하여 기록의 생산, 관리와 이용을 지원하는 구조화되었거나 반구조화된 정보를 의미한다(국가기술표준원, 2017: 2). KS X ISO 15489-1:2016에서는 기록을 다른 정보 자산과 구분하는 것은 업무 활동의 증거 역할과 메타데이터에 대한 의존성이라고 강조했다. 특히 기록 메타데이터는 업무 맥락, 기록과 기록시스템 사이의 의존성과 관계, 법적·사회적 맥락과의 관계, 기록을 생산, 관리 및 이용하는 행위 주체와의 관계를 표현해야 한다.

또한 메타데이터는 시간에 따라 점차 축적되므로 무엇보다도 기록의 출처를 집합적으로 문서화한다. 이를 위해 메타데이터는 다음을 기록하는 정보로 구성되어야 하며, 이러한 메타데이터를 갖지 않는 기록은 공신

력 있는 기록의 특성이 결여된 것으로 간주한다(국가기술표준원, 2016: 6~7).

ⓐ 기록의 내용에 대한 기술

ⓑ 기록의 구조(형식이나 포맷 및 기록의 구성요소 간의 관계)

ⓒ 기록이 생산, 접수, 이용되었던 맥락

ⓓ 다른 기록과 다른 메타데이터와의 관계

ⓔ 포맷 또는 저장정보와 같이 기록을 검색하고 표현하는 데 필요한 식별기호
나 이외 정보

ⓕ 기록이 존재하는 동안 기록과 관련되었던 업무 행위와 사건(행위 날짜와
시간, 메타데이터 변경사항, 행위주체 포함)

디지털 환경에서 기록 메타데이터는 기록 자체를 규정하기도 한다. 제프리 여는 특정 맥락에서 기록으로 식별하거나 인정하기 위해 어떤 개체를 선택해야 할지 결정해야 한다고 했다(Yeo, 2018: 2~21). 그리고 설문원(2021: 466~467)은 이를 디지털 환경에서 '고정하여 관리할 개체'의 식별이 필요하다는 의미로 해석하고, 고정화를 위한 1차 전략으로 생산 및 획득 시점의 상황과 관계에 관한 메타데이터를 확보할 것을 제안했다. 기록 메타데이터는 기술을 통해 기록을 재현해왔는데, 이 역할이 디지털 환경에서는 재현 대상인 기록을 고정시키는 역할로 확장된다.

2) 유형별 메타데이터 표준

메타데이터의 의미가 확장되면서 다양한 표준이 개발되었는데, 다음과 같이 메타데이터 표준을 구분할 수 있다(Zeng and Qin, 2022: 23~25).

① 데이터 내용 표준: 메타데이터 작성이나 생성을 위한 지침을 제공한다. ICA
의 ISAD(G), 미국의 DACS, ISO 23081과 같은 표준이 있다.

② 데이터 구조 표준: 주로 '기술요소 집합'이나 '메타데이터 어휘'라고 하며,
데이터의 구조와 의미를 정의한다. EAD와 같은 표준이 있다.

③ 데이터 교환 표준: 데이터 교환과 통신을 위한 '형식'으로서, EAD를 포함한
대부분의 데이터 구조 표준은 XML과 같은 일반적인 마크업 언어를 사용한
다. 이 외에는 RDF 스키마가 있다.

④ 데이터 값 표준: '요소 값 어휘'나 '요소 값 인코딩 체계'와 같은 별도의 체계
로서 통제어휘 리스트나 분류체계, 시소러스, 전거파일 등이 있다.

이와 같이 구분하면 기록의 분류나 기술도 모두 메타데이터의 유형에
포함될 수 있다. 데이터 내용 표준은 기록의 기술에, 데이터 값 표준은 기
록의 분류나 색인에 활용되는 메타정보를 의미한다. 이 절에서는 다른 절과
중복되지 않는 범위에서 메타데이터의 내용 표준과 구조 표준을 다룰 것
이다.

(1) 메타데이터 내용 표준

마이클 버클랜드(Michael Buckland)는 "메타데이터의 최초 용도는 문서
(document)를 기술하는 것"이라고 했다(Buckland, 2017: 113; Mayernik, 2020
재인용). 또한 수 맥케미시(Sue McKemmish)도 레코드 매니저와 아키비스
트는 언제나 메타데이터 전문가라는 것을 강조했다(McKemmish et al., 1999:
4). 이 관점과 가장 가까운 메타데이터 표준은 내용 표준일 것이다. 테리
쿡(Terry Cook)은 '정리'와 '기술'이 물리적 기록 개체나 매체에 집중하는
대신에 기록을 생산한 정보시스템과 여러 기관 및 단체에 대한 맥락정보

를 더 풍부하게 제공해야 한다고 강조했다(Cook, 1997: 47). 이러한 관점은 기술을 기록의 재현을 위한 프로세스로 보는 견해에 가깝다. 기록의 정리와 기술이 담당했던 역할을 기록 메타데이터를 통해 실현하는 것이다. 특히 디지털 환경에서는 기록의 맥락을 파악하기 위한 메타데이터의 중요성이 더욱 강조된다. KS X ISO 23081-1:2017에서는 KS X ISO 15489-1을 효과적으로 실행하기 위해 필요한 메타데이터 유형을 제시하고 있는데, 이것은 기록시스템 내에서 설계되고 적용되어야 하는 메타데이터 범주에 해당한다. 이를 도식화하면 그림 5-11과 같다.

그런데 이 구조는 호주의 메타데이터 표준을 바탕으로 한 것이다. 호주 모나시(Monash) 대학교에서는 AS 4390 표준에 이어 기록연속체 개념과 시리즈 시스템을 바탕으로 1998년부터 1999년까지 SPIRT 기록관리 메타데이터 연구 프로젝트를 진행했다. 그 결과 호주 기록관리 메타데이터 스키마(ARKMS: Australian Recordkeeping Metadata Schema)라는 상위의 메타데이터 개념 구조를 개발했다. 이때 주요 개체로 제시된 것이 업무, 기록관리, 업무 맥락이며, 기록 메타데이터의 범위로는 법규와 사람/행위 주체, 기록, 업무, 기록관리 업무로 제시했는데 ISO 23081에서 이를 적용한 것이다(McKemmish et al., 1999: 5, 15).

그림 5-10의 각 개체는 그림 5-11와 같이 단일개체와 다중개체로 모두 표현할 수 있다. 단일개체 구조로 표현하면 기록 개체에 행위 주체나 업무, 법규가 속성으로 표현되고, 다중개체 구조로 표현하면 행위 주체나 법규, 업무가 기록과 동등한 별도의 개체로 나타난다(국가기술표준원, 2017: 9).

기록 메타데이터 표준에 따르면 조직에 적용되어야 하는 기록관리 메타데이터는 기록을 획득한 시점의 메타데이터와 기록을 획득한 이후의 메타데이터로 구분할 수 있다. 이와 같이 기록 메타데이터는 기록이나 기

그림 5-10 **주요 기록 메타데이터 유형과 관계**

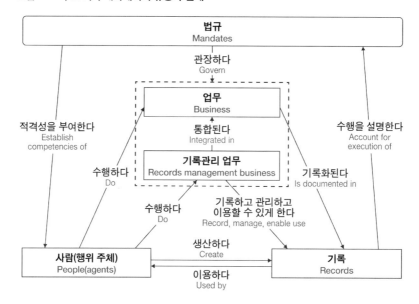

자료: 국가기술표준원(2017: 13); ISO(2021: 6).

그림 5-11 **기록 메타데이터의 다중개체 vs. 단일개체 적용방식 비교**

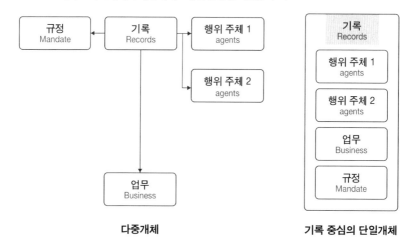

자료: 국가기술표준원(2017: 9).

그림 5-12 **기록 메타데이터의 계층간 상속 예시**

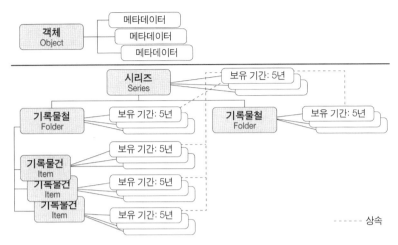

자료: 국가기술표준원(2017: 14); ISO(2021: 13).

록집합에 수행된 모든 기록관리 과정을 기록화하므로 기록의 획득, 등록, 분류와 같은 주요 시점마다 메타데이터가 생산되고 적용되며, 기록 메타데이터 자체도 기록으로 취급해야 한다. 또한 기록 메타데이터는 기록집합뿐 아니라 개별 기록과 전체 기록시스템에도 적용될 수 있다. 따라서 기록의 기술원칙과 같이 기록 메타데이터도 각 계층에 적합하도록 적용되어야 하며, 상위 계층의 메타데이터는 하위 계층에도 적용되어야 할 것이다(국가기술표준원, 2017: 4~8). 예를 들면 그림 5-12와 같이 기록의 상위 집합인 시리즈 단계에서 적용된 보유 기간은 하위 기록물철과 기록물건에도 상속된다(국가기술표준원, 2019).

(2) 메타데이터 구조 표준

메타데이터의 구조 표준은 대개 '메타데이터 요소 집합'을 규정하는데,

기술대상에 적합한 메타데이터 표준을 선정하고 구현하기 위해서는 메타데이터 명세서에서 각 요소를 구조화하는 데 적용된 접근 방식을 이해해야 한다. 여기에는 어플리케이션 프로파일이나 온톨로지나 스키마, RDF 어휘집으로 기술되는 메타데이터 어휘도 포함된다. 메타데이터 요소 집합은 대상을 기술하는 데 필요한 '속성'을 나타내는 요소를 그룹화한 것이다. 그리고 개별 요소의 의미와 요소 간의 관계를 정의하고, 각 요소에 할당해야 하는 값의 유형과 그 방법을 제시한다. 메타데이터 명세서에서 각 요소는 요소의 이름이나 레이블, 정의, 식별기호와 같은 속성으로 정의된다(Zeng and Qin, 2022: 37~38).

KS X ISO 15489:2016에 따르면, 기록 메타데이터는 메타데이터 스키마에 따라 기술되고 문서화되어야 하는데, 메타데이터 스키마의 개발은 그것이 적용되는 업무 영역에 대한 평가 결과를 바탕으로 해야 한다(국가기술표준원, 2016). 기록의 기술을 위한 메타데이터에는 EAD가 있다. 1993년에 버클리 대학교의 검색도구 개발 프로젝트의 결과로 EAD DTD가 개발된 이후, SAA의 EAD 실무 그룹이 1998년에 XML 형식의 EAD를 공식 발표했다. 이후 ISAD(G)가 개정되자 이를 반영한 EAD 2002가 발표되었는데, 2002년에는 DTD로 공개되었지만, 2007년에는 W3C 스키마로도 제공되었다(SAA, 2019a; Library of Congress, 2023). EAD는 구조 표준일 뿐 아니라 교환 표준도 함께 정의하고 있는데, 인코딩을 위한 마크업 언어로서 SGML DTD에서 XML DTD로, 다시 XML 스키마로 개발되었다. EAD를 적용하면 기술요소 집합에 대한 명세서와 인코딩 스키마를 하나의 문서로 관리할 수 있다. EAD 개발 기준은 다음과 같다(Zeng and Qin, 2022: 445~446).

① 검색도구에 포함된 포괄적이고 상호 연관된 기술정보의 표현

② 기술수준 간에 존재하는 계층관계의 보존

③ 하나의 계층 수준에서 다른 계층으로 상속되는 기술정보의 재현

④ 계층 구조 내에서의 이동

⑤ 기술요소별 색인과 검색 지원

이와 같은 개발 기준은 메타데이터 표준(또는 메타데이터 스키마) 개발을 위한 기본 요건인 단순성, 확장성, 상호운용성과도 연계된다(Zeng and Qin, 2022: 26~27). 그런데 EAD 2002도 변화하는 환경에 따라 개정되어야 한다는 요구가 커졌다. EAD 문서 구조는 ICA-AtoM과 같은 관계형 DB 기반의 기술도구에 적용하기 어려웠으며, LOD와 같은 시맨틱웹 구현 도구와도 잘 맞지 않는다는 지적이 있었다. 또한 2011년에 발표된 EAC-CPF(Encoded Archival Context for Corporate Bodies, Persons, and Families)도 EAD 2002의 개정에 영향을 미쳤다. 박지영·김태수(2007)는 EAD 2002 스키마를 보존기록의 기술에 시범 적용했는데, 그 결과 EAD 2002가 인쇄 형식의 검색도구를 디지털 형식으로 변환하기에는 적합했으나, 향후 디지털 형식의 장점을 살린 검색도구로 확장될 필요가 있음을 지적했다.

SAA에서는 5년 기한으로 EAD 기술 소위원회(TS-EAD)를 구성하여 EAD 2002의 개정 작업을 시작했다. 그 결과 SAA는 2015년에 EAD3 버전을 공식 발표했으며, 현재 최신 버전은 EAD3 1.1.1 2019 버전이다. TS-EAD에서는 EAD 개선의 주요 고려사항으로 다음을 꼽았다(SAA, 2019a).

① EAD를 적용할 때, 더 폭넓은 개념적·의미적 일관성 달성하기

② EAD로 인코딩된 정보가 다른 규약에 따라 관리되는 데이터와 더 원활하고 효과적으로 연결, 교환, 통합될 수 있는 방법론 탐색하기

③ 다국어 환경을 비롯해 국제적 환경에서 생성된 기술정보를 나타내기 위해 EAD의 기능성을 향상시키기

④ 새로운 버전이 현재 사용자에게 미칠 영향을 염두에 두기

표 5-4 ISAD(G): EAD3 요소 맵핑

ISAD(G)	EAD3
3.1.1 참조코드	〈agencycode〉 and 〈recordid〉 within 〈control〉; 〈unitid〉 with @countrycode and @repositorycode
3.1.2 제목	〈unittitle〉
3.1.3 일자	〈unitdate〉, 〈unitdatestructured〉
3.1.4 기술 계층	〈archdesc〉 and 〈c〉 @level
3.1.5 기술단위의 규모와 매체	〈physdesc〉, 〈physdescstructured〉
3.2.1 생산자명	〈origination〉
3.2.2 행정연혁/개인이력	〈bioghist〉
3.2.3 기록물 이력	〈custodhist〉
3.2.4 수집의 직접적 출처	〈acqinfo〉
3.3.1 범위와 내용	〈scopecontent〉
3.3.2 평가, 폐기, 처리 일정	〈appraisal〉
3.3.3 추가수집 예상 기록물	〈accruals〉
3.3.4 정리체계	〈arrangement〉
3.4.1 접근조건	〈accessrestrict〉
3.4.2 복제조건	〈userestrict〉
3.4.3 자료의 언어/문자	〈langmaterial〉
3.4.4 물리적 특성과 기술요건	〈phystech〉
3.4.5 검색도구	〈otherfindaid〉
3.5.1 원본의 존재와 위치	〈originalsloc〉
3.5.2 사본의 존재와 위치	〈altformavail〉
3.5.3 관련 기술단위	〈relatedmaterial〉, 〈separatedmaterial〉
3.5.4 출판물 주기	
3.6.1 주기	〈didnote〉, 〈odd〉
3.7.1 아키비스트 주기	〈processinfo〉
3.7.2 규칙과 관행	〈conventiondeclaration〉
3.7.3 기술일자	〈maintenanceevent〉/〈eventdatetime〉

EAD3를 ISAD(G) 기술요소와 맵핑하면 표 5-4와 같다. ISAD(G) 기술요소의 대역어 선정에는 NAK 13:2022 영구기록물 기술규칙(v2.1)의 기술요소를 참고했다(국가기록원, 2022; SAA, 2019b: 470).

기록을 기술하는 EAD 외에는 전거제어를 위한 EAC-CPF가 있다. EAC-CPF는 관계형 DB로 기록관리 도구가 설계되고, 시맨틱웹 논의가 확산되던 2011년에 1.0 버전이 발표되었다. EAC는 XML 스키마 구조이며, EAD로 인코딩된 기록레코드에서 맥락정보를 추출하여 별도의 전거레코드로 관리하기 위해 개발한 전거레코드의 인코딩 표준이다. 박지영(2014)은 RAMP(Remixing Archival Metadata Project) 프로젝트(Thompson et al. 2013)에서 개발된 도구를 활용하여 EAC-CPF 1.0 버전으로 기록 전거레코드를 인코딩하고, OCLC WorldCat Identities를 비롯한 외부 전거레코드와 연계하고, 위키 페이지로 통합하여 내보내는 시범적 연구를 수행했다. 그 결과, EAC를 통해 기록전거 정보를 풍부하게 연계하기 위해서는 신뢰성 있는 외부 전거 정보원의 파악이 중요하고, 전거레코드의 반입과 반출을 지원하는 국내 플랫폼 개발이 필요하다는 점을 확인했다. 현재 EAC-CPF는 2.0 버전이 개발되었다. SAA는 2017년부터 EAC-CPF 1.0의 개정 작업을 시작했고, EAD3의 개정 내용을 반영하여 2022년에 개정된 버전을 공개했다(SAA, 2022).

5. 한국의 기록 조직

공공기록관리를 중심으로 살펴보면, 한국의 기록관리 업무는 현용·준현용 기록관리와 비현용 기록관리로 구분된다. 넓게 보면 기록 조직은 기

표 5-5 **기록관리 절차: 기록관리 업무 3단계**

현용·준현용 기록관리		비현용 기록관리
처리과(생산)	기록관(중간보존)	영구기록물관리기관(영구보존)
기록생산시스템 →	기록관리시스템 →	영구기록물관리시스템
등록, 분류, 편철	**기록관리기준표 관리**	**기록물 기술**

자료: 국가기록원(2023a)을 바탕으로 재구성.

표 5-6 **기록의 조직 프로세스별 기록관리 업무**

기록의 조직	기록관리 업무	담당기관 및 부서
기록의 정리(기록집합을 구성)	편철	처리과
기록의 분류(기록에 업무 맥락을 연결)	분류	처리과
기록의 분류(분류체계 관리)	기록관리기준표 관리	처리과, 기록관
기록의 기술(검색도구 생산)	기록물 기술	영구기록물관리기관

록관리 업무 전반에 연계될 수 있으나, 좁은 의미에서 단계별로 기록의 조직과 직접적으로 관련된 업무만 제시하면 표 5-5와 같다. 기록의 분류와 편철은 처리과에서, 처리과에서 기록을 분류하는 기준이 되는 기록관리기준표는 기록관에서, 기록물 기술은 영구기록물관리기관에서 담당한다. 기록 조직의 측면에서 업무를 다시 나누면 표 5-6과 같다. 단 기록관리 업무를 기준으로 하므로 외부에서 분류체계를 관리하는 기관은 제외했다.

1) 기록의 분류와 편철

현용기록관리 단계에서 기록은 등록 시점에서 편철되고 분류 클래스를 할당받는다. 통합온나라시스템을 사용하는 공공기관은 정부기능분류체계(BRM: Business Reference Model)를, 전자문서시스템 사용기관은 기록물분류기준표를 적용한다. 처리과의 관점에서 보면, BRM 상위 수준은 외부의 논리적 체계를 자관의 기록에 적용하고, 하위 수준은 자관에서 관리하는 분류체계를 적용하는 것이다. 공공기관에서는 업무기능 기반 분류체계를 기록의 편철단위에 적용하므로, 기록을 업무분류체계에 연결한다고 볼 수 있다.

그런데 처리과에서 직접 기록을 등록하는 담당자의 관점에서 보면 분류보다는 편철이 우선이다. 공공기관에서는 단위과제별로 1개 이상의 기록물철이나 단위과제카드를 만든다. 전자문서시스템에서는 2권 이상으로 분철할 수도 있다. 전자기록시스템에서는 BRM이나 기록물분류체계와 같은 업무분류체계가 단위과제카드나 기록물철과 같이 편철에 따라 구성된 기록집합에 연계된다. 이 점을 고려하면, 처리과에서의 분류는 외부의 논리적 체계를 이용해 기록에 업무 맥락을 부여한다는 의미보다는 직접적인 연관성을 지닌 개별 기록을 집합화하는 편철에 더 가깝다.

2) 기록관리기준표의 관리

기록관리기준표 관리 업무는 주로 BRM을 기반으로 보존기간, 보존기간 책정 사유, 비치 기록물 해당 여부와 같은 기록관리 항목을 대상으로 한다. 따라서 BRM 자체를 관리하는 업무가 아니므로 기록분류 프로세스가 아니라고 간주할 수 있다. 그러나 기록관리기준표는 현용·준현용 단계에서 공공기록의 분류 현황을 파악할 수 있는 핵심 도구이며, 기록의 분류와 처분을 연계한다. 또한 이미 정보 거버넌스 차원에서 현용기록관리 방식이 구조화되고 있으므로 기록관리 업무 자체뿐 아니라 기록관리 업무가 지원하는 업무의 연속성 확보나 기록의 맥락 보호를 조직 전체의 지향점과 함께 이해할 수 있어야 한다.

기록관리기준표의 기록관리 항목을 고려하면 기록의 분류는 업무 기반의 기록집합 구성뿐 아니라 업무 기반 기록집합의 보존기간 책정과 연계된다. 한국에서는「공공기록물법 시행령」[별표 1] 기록물의 보존기간별 책정 기준(2020년 시행)과 중앙행정기관 공통업무 보존기간 준칙(2022년 시행), 중앙행정기관 기록물 보존기간 준칙(2020년 시행)이 있다. 일련의 보존기간 책정 기준은 처분지침에 해당되는데 기록시스템 기능요건을 보면, 업무분류체계에 처분지침을 연결하여 기본적인(default) 보존기간을 설정하도록 제안하고 있다(ISO, 2020b: 13).

기록관리기준표를 도입한 이후 시간이 지나면서 BRM 계층 가운데 단위과제를 중심으로 하는 정비 사업이 진행되고 있다. 김화경·김은주(2014)는 BRM 운영을 위한 단위과제 정비 방안을 제안했고, 오진관(2017)은 분류체계관리시스템 기능 개선을 제안했다. 2013년부터 2014년까지는 서울시에서 BRM과 기록관리기준표 정비사업을 실시했고(이세진·김화경, 2016), 국가기록원(2018)에서는 기록분류체계 혁신 관련 설문조사를 통해 현행 기록분류체계 보완 및 개선 필요성을 도출하여 기록관리기준표 개선을 위한 단위과제 정비사업을 실시하고 있다(한국문헌정보기술, 2023). 또한 2023년도부터는 경남기록원에서 관할 공공기관을 대상으로 기록관리기준표 및 기록물분류체계 설계 지원사업을 실시하고 있다(경남기록원, 2020, 2023).

3) 기록의 기술과 검색도구

(1) 기록물기술표준

국가기록원은 보존기록의 기술표준으로 ISAD(G)를 기반으로 2008년에 작성한 NAK 13 영구기록물 기술규칙을 원내표준으로 제정했고, 현재는 공공표준으로 관리하고 있다(국가기록원, 2022). 전거제어 관련 표준으로는 ISAAR(CPF)를 바탕으로 2009년에 NAK/A 12:2009 v1.0 전거레코드 작성규칙을 원내표준으로 제정했으나, 2019년에 표준에서는 폐지하고 소관부서의 자체 지침으로 관리하고 있다(국가기록원, 2020).

이 외에는 ISO 23081-1과 ISO 23081-2를 국내표준에 적용한 KS X ISO 23081-1과 KS X ISO 23081-2가 있다. 그리고 이를 공공표준으로 구체화한 NAK 8:2022(v2.3) 기록관리 메타데이터 표준이 있다. 전자기록관리 환경에서는 메타데이터를 통해 기록관리 프로세스 전반의 공신력을 보장해야 하므로, 기술 메타데이터는 기록의 재현과 통제를 위한 여러 유형의 메타데이터와 연계된다.

(2) 기록물 검색도구

보존기록의 기술 결과는 검색도구의 생산과 연결된다. 출처에 따라 계층별로 기술된 보존기록의 집합은 계층별 검색도구로 나타나고, 보존기록을 주제별로 구분하여 기술하면 주제별 검색도구가 된다.

국가기록원에서는 기술 계층별 기록물 검색과 국정분야 주제별 검색도구를 제공한다. 그림 5-13과 같이 기술 계층별 검색은 최상위 계층을 기능이나 주제별로 먼저 구분하고, 차상위는 기록물군으로, 그 하위 계층은 기록물 계열로 구분했다. 각 기록물 계열의 하위에서는 철과 건 정보를 추가로 확인할 수 있다.

국정분야 주제별 검색도구는 공공질서, 과학기술, 교육, 국가보훈 등 국정분야 28개로 구분되어 있다. 그림 5-14와 같이 개별 하위주제에서는 2~3단계의 주제 목록을 확인할 수 있으며, 3단계 주제명을 클릭하면 해당

그림 5-13 **국가기록원 카테고리별 검색 화면**

자료: 국가기록원(2023b).

그림 5-14 **국가기록원 국정분야 주제별 검색 화면**

자료: 국가기록원(2023c).

주제의 정보와 기록정보를 확인할 수 있다(국가기록원, 2022: 35~36).

　서울기록원에서도 조직분류와 업무기능분류 외에 주제 분류체계를 도입한 다중분류 기반 검색도구와 조사·연구 가이드를 개발하여 제공한다. 서울기록원의 검색도구는 기록과 관련 행위 주체, 맥락정보를 연계했다

는 점 외에도 주목할 만한 점이 있다. 첫째는 '서울기록원 카탈로그 이용
방법'을 조사·연구 가이드에 포함한 점이다. 기록물 기술에 대한 기본 원
칙과 방법, 검색도구의 구조를 이해하는 것도 조사·연구 과정에 포함된다
는 것을 나타낸 셈이다. 둘째는 개별 조사·연구 가이드와 카탈로그를 통
해 제공되는 기록집합, 업무 기능, 주제와 같은 기록물 기술 개체에 모두
고유한 링크 값을 부여한 점이다. 웹 콘텐츠로 제공되는 검색도구에서 고
유한 링크는 기록의 참조코드와 같이 식별과 접근에 필수적이다. 예를 들
면 다음과 같다.

[기록집합] 둔촌주공아파트 수집물품(고유번호: SR108)

　　　https://archives.seoul.go.kr/aggregation/108

[조직/단체] 마을에숨어, 2014~(관리번호: ORG-31360)

　　　https://archives.seoul.go.kr/authority/ORG-31360

[공간/지역] 둔촌주공아파트, 1980~(관리번호: GEOL-00732)

　　　https://archives.seoul.go.kr/authority/GEOL-00732

[주제] 새서울우리한강(관리번호: TOPIC-00510)

　　　https://archives.seoul.go.kr/authority/TOPIC-00510

[조사·연구 가이드] 둔촌주공아파트 기록 컬렉션 관련 컬렉션 관리번호: CC-0005

　　　https://archives.seoul.go.kr/research-guide/440

　해당 URL은 웹페이지 개편 시에도 고유하게 유지되어야 할 것이다. 또
한 조사·연구 가이드에도 기록집합과 같이 고유한 식별기호를 부여하고,
컬렉션 정보에서 조사·연구 가이드로 링크도 제공한다면 더 효율적인 서
비스가 가능할 것이다. 서울기록원의 유형별 검색도구는 다음과 같으며,

그림 5-15 **서울기록원 기록 검색도구**

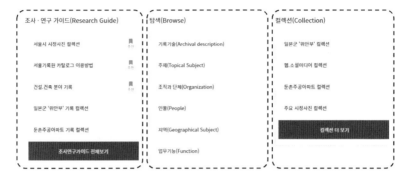

자료: 서울기록원(2019a).

그림 5-16 **서울기록원 카탈로그 구조**

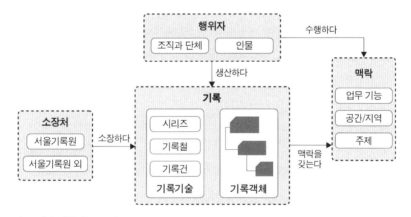

자료: 서울기록원(2019b).

이를 도식화하면 그림 5-15와 같다.

① 서울기록원 카탈로그: 기록물 기술정보, 주제, 조직과 단체, 인물, 지역, 업무 기능별 기록 탐색을 지원한다. 그림 5-16은 서울기록원 카탈로그 구조를 나타낸다.

② 조사·연구 가이드: 소장기록의 검색과 활용을 위해 주제별, 기록 유

그림 5-17 **서울기록원 조사·연구 가이드 예시**

자료: 서울기록원(2019c).

형별, 이용자 유형별 가이드 형식으로 제공되며, 서울기록원 카탈로그의
유형과 연계된다. 주제별 기록 컬렉션인 '둔촌주공아파트 컬렉션' 조사·
연구 가이드의 일부는 그림 5-17과 같다.

참고로 현용·준현용 단계의 검색도구도 업무를 기반으로 하지만, 별도
의 분류기준을 추가할 수 있다. 예를 들면 문화재청에서는 업무 기능에
해당되는 사업단위뿐 아니라 기록물의 형태적·내용적 특성을 고려한 기
록물 검색도구인 '관계적 유형'을 개발했다. 문화재 기록물을 중심으로 관
련된 기록물의 생산대상(문화재), 생산체계(수행사업), 생산주체(문화재청),
생산정보(방법·내용)를 재구성한 것이다(문화재청, 2020).

6. 요약 및 결론

이 장은 기록 정리와 분류, 기술, 메타데이터를 기록관리 프로세스이자 도구, 그 결과물 측면에서 정리했다. 기본 개념과 원칙을 간단히 정리하면 표 5-7과 같은데, 메타데이터의 경우에는 정리나 분류, 기술원칙이 기록 메타데이터에 반영되어 있어 별도의 용어로 제시하지 않았다. 다만 기록 메타데이터의 구조 표준인 EAD의 개발 기준을 요약하여 넣었다.

기록 조직은 프로세스이자 도구이고 결과물이다. 기록의 정리는 기술의 기반이 되어 검색도구를 만들고, 기록의 분류는 분류체계나 통제어휘와 같은 외부의 논리적 체계를 도구로 삼아 기록에 질서를 부여한다. 일단 기록이 특정 체계에 따라 그룹화되면, 처분지침이나 접근제한과 같은 다른 기록관리 도구 개발에 활용되기도 한다. 기록 메타데이터는 내용 표준을 특정 기술요소의 집합으로 구성된 구조 표준으로 나타내는 것이 주

표 5-7 기록조직 분야의 기본 개념과 원칙

구분	개념	원칙
기록의 정리	• 기록의 맥락을 보호하고 출처와 원질서에 따라 기록을 조직하는 것	• 출처의 원칙 - 퐁 존중의 원칙 - 원질서 존중의 원칙
기록의 분류	• 논리적 체계에 따라 기록물을 범주로 조직하는 것	• 업무 활동 • 조직 구조 • 주제 사안
기록의 기술	• 기록이나 그 구성요소를 식별하고 재현하는 것. 기술요소 값의 통제는 전거제어와 연계됨	• 집합적 기술의 원칙 • 다계층 기술의 원칙
기록 메타데이터	• 기록의 지적 내용을 나타내고, 기록물의 발견을 지원하는 것	• 포괄성과 상호운용성 • 계층관계의 보존 및 연계 • 계층 간의 상속 • 색인과 검색 지원

된 역할이지만, 교환 표준과 값 표준으로 확장되면서 기존의 기록조직 도구를 포괄할 수도 있다. 디지털 기록관리 환경에서 모든 기록관리 프로세스는 기록시스템이나 업무시스템에서 기록에 메타데이터를 부여하는 방식으로 구현될 것이다.

아날로그 환경에서 디지털 환경으로 기록의 생산부터 관리, 보존 체계가 변화하고 있지만, 기록의 맥락을 보존하거나 활용하는 것과 집합적으로 기록을 관리하는 원칙은 디지털 환경에서도 유효할 것이다. 다만 그 원칙을 구현하는 방식은 달라질 것이다. 기록집합을 구성하는 방식도 자연적인 축적물에서 가상의 기록집합까지 확대되고 있고, 기록물 검색도구도 웹을 기반으로 제공되거나 그 자체가 온라인 콘텐츠로 생산되고 있다.

기록의 생산부터 관리까지 전 과정이 디지털 환경에서 관리될수록 기록의 조직 원칙이나 표준, 세부 지침의 개정은 시스템 기능요건과 함께 진행되어야 할 것이다. 그런데 최신 정보기술을 반영한 시스템 기능 요건의 설계부터 유지관리까지 드는 비용을 개별 기록물관리기관에서 감당하기는 어렵다. 게다가 시스템 구축이나 업그레이드 및 DB 구축에 비해 시스템의 구조와 기능을 결정하는 기술표준이나 분류지침을 개발하기 위한 예산은 책정되지 않거나 상대적으로 매우 낮은 수준이다. 이 과정에서 세대를 거치며 축적된 기록관리 원칙의 중요성과 기록관리 과정에 적용되는 노하우는 시스템의 기능과 메뉴의 한계에 제한을 받게 된다. 기록의 생산과 관리자는 기록 조직의 기본 개념과 원칙이 담긴 표준과 지침보다는 실제 업무에 활용할 수 있는 시스템 기능 매뉴얼이나 입력지침을 먼저 참고하기도 한다. 기록을 분류할 필요성이나 기술의 중요성은 시스템의 필수 입력 값을 채워 저장 버튼을 누르는 것으로 대체된다. 효과적인 기록관리를 위한 기록관리 담당자의 의지는 시스템의 기능 제한이나 업그레이드의 지연으로 좌절될 수 있다.

　이 모든 상황을 개선하는 방안은 무엇일까. 윌리엄 설리반(William Sullivan)
은 전문가의 진정한 역량은 새롭고 제대로 정의되지 않은 상황에 대응해
야 할 때 비로소 드러난다고 했다(Sullivan, 1995: 5; Cox, 2000: x 재인용). 그
렇다면 바로 지금이 위기를 기회로 만들 때일까.

다시 생각해보기

1. 기록의 분류와 기술을 기록관리 프로세스와 도구, 산출물 측면으로 구분하여 생각해봅
　시다.
2. 아날로그 환경과 디지털 환경에서 기록집합의 구성과 활용에 대해 각각 생각해봅시다.
3. 기록통제도구로서 업무분류체계와 처분지침의 관계에 대해 생각해봅시다.
4. 기록의 맥락을 다차원적으로 표현하기 위한 기술모형에 대해 생각해봅시다.
5. 기록시스템에서 분류체계와 기록집합, 메타데이터의 관계에 대해 생각해봅시다.

기록의 보존

기록을 왜, 어떻게 보존해야 하는가?

송정숙

우리가 보고 느낀 것은 기록해두지 않으면 곧 사라져버린다. 인간의 기억은 아무리 길어도 인간의 수명을 넘어설 수 없고, 또 완전하지도 않다. 이러한 인간 기억의 유한성과 불완전성을 극복할 수 있는 것이 기록이다. 이 장에서는 전통적인 기록보존의 개념과 기록매체의 역사, 다양한 매체에 담긴 기록물의 바람직한 취급 방법과 보존 환경, 기록매체의 종류에 따른 열화와 훼손 원인과 이에 대한 대비 방법, 보존 전략을 세우기 위한 건물의 환경과 기록물의 상태 조사, 재난에 대비하기 위한 방법과 전략, 보존 프로그램의 실행, 보존처리의 원칙과 절차 등을 다루고자 한다. 디지털 형태로 생산되는 기록과 정보가 시간이 지나도 접근 가능하고 사용 가능하도록 보장하는 디지털 보존(digital preservation)에 대해서는 '11장 디지털 보존 정책'에서 논의될 것이다.

1. 기억과 기록

만약 인간이 기억하지 못한다면 어떻게 될까? 내가 '나'임을 알 수 있는 것은 오늘의 '나'가 어제의 '나'를 기억하고 내일의 '나'를 유추할 수 있기 때문이다. 따라서 기억의 문제는 정체성의 문제와 관련이 깊다(송정숙, 2012: 344).

기억이란 마음과 연관되어 있으며, 과거의 시간을 되돌려보는 것이다. 과거-현재-미래가 연결됨으로써 기억은 완전해지며, 그 기억은 나를 존재감 있는 자아로 만든다. 그러하기에 기억을 잃어버리는 것은 과거와 현재를 넘어 다가올 미래까지 송두리째 잃어버리는 것이다(김윤환·KBS 기억 제작팀, 2011: 27). 인간의 기억은 기계에 집어넣으면 똑같이 재생되는 DVD와는 다르다. 우리의 기억은 기억을 꺼낼 때마다 계속 바뀐다. 우리가 겪은 어떤 상황을 기억한다고 할 때, 우리는 그때 일어난 상황을 그대로 모두 다 기억하는 것은 아니다. 그중 일부만을 기억한다. 이처럼 인간의 기억은 완전하지도 않고, 기억을 간직하고 있는 기간은 아무리 길어도 인간의 수명을 초과할 수 없다.

인간 기억의 불완전성과 유한성을 극복하고자, 인간은 문자를 발명한 이후 돌, 나무, 비단, 대나무, 양피지, 종이 등에 기록했고, 현대에는 시청각 매체나 디지털 매체 등 다양한 매체에 기록하고 있다. 하지만 이처럼 다양한 매체에 담긴 모든 기록을 다 보존하는 것은 불가능하다. 현존하는 기록 가운데 어느 것을 선택해서 보존하는가의 문제는 우리의 다양한 경험 가운데 어느 것을 기억해야 하느냐와 같이 선택의 문제이다. 여기에서 보존기록관리자(archivist)의 역할이 강조된다.

보존기록관리자는 우리가 누구이며, 무엇을 했는가에 대한 지속적인 가치를 지닌 기록을 보존하여 후세에 물려줄 책무가 있다. 우리가 공식, 비공식의 커뮤니케이션을 하며 생산한 모든 것은 문명이라는 그림을 이루는 퍼즐의 한 조각이다. 이 퍼즐의 조각들은 매우 값지며 모아두지 않는 것은 영원히 사라져버린다(송정숙, 1999: 357). 이 보물들을 잘 관리하여 후손들에게 안전하게 전해주는 것이 보존기록관리자의 책무이다.

2. 기록보존의 개념

많은 사람들은 보존(preservation)을 보존처리(conservation) 또는 복원(restoration)과 잘못 동일시하며, 개별 문서의 수리를 기록관의 우선순위로 삼아야 한다고 주장하기도 한다. 하지만 대부분의 보존처리전문가들은 이에 동의하지 않으며, 기록물이 손상되거나 열화되지 않도록 안정적인 환경을 조성하는 것이 훨씬 더 중요하다고 주장한다. 따라서 보존, 보존처리 및 복원의 개념을 명확히 하는 것이 필요하다.

보존은 기록물에 물리적·기술적·화학적 처리를 하지 않는 소극적 보호 활동을 의미한다. 보존은 기록물의 물리적 상태를 보존하기 위하여 수행하는 모든 활동으로 기록물이 손상되거나 열화되지 않도록 수행하는 모든 절차와 작업의 총칭이다. 이러한 작업에는 견실한 보존 정책을 개발하고, 적절한 환경 및 보관 조건을 유지하며, 안정적인 보존 환경에서 기록물을 보관하며, 기록물을 안전하게 보호하기 위하여 기록물을 취급하고 관리하는 활동이 포함된다.

보존처리는 기록물(주로 종이와 아날로그 자료)을 적극적으로 보호하는 활동으로, 손상되거나 열화된 기록물을 수리하거나 추가 열화를 최소화하기 위해 물리적·화학적으로 처리하는 작업을 말한다. 지도 수리, 미술품 세척 또는 제본된 장부의 먼지 제거는 모두 보존처리 활동이다.

보존과 보존처리의 차이점을 보면, 보존은 기록물의 유용 수명을 연장시키는 데 초점을 맞추고, 보존처리는 기록물의 원래 형태를 보존하는 데 초점을 맞춘다. 보존은 예방적인 조치가 주를 이루는 데 비해, 보존처리는 주로 손상된 기록물을 수리하거나 개선하기 위해 이루어진다. 보존은 기록물의 모든 유형에 적용되지만, 보존처리는 역사적 또는 문화적 중요성이 있는 기록물에 한정된다.[1]

복원은 기록물을 원래의 모습으로 되돌리거나 미적 품질을 향상시키기 위해 행하는 수리 작업이다. 복원은 기록물의 외관이 중요하거나 기록물이 훼손될 수 있는 심각한 위험에 처했을 때 주로 수행된다. 복원은 기록물의 원래 상태를 회복하고, 미적 가치를 높이며, 수명을 연장할 수 있다. 하지만 원래 상태를 변경함으로써 역사적 가치를 손상시킬 수 있으므로 복원 작업을 수행하기 전에 역사적 가치와 미적 가치를 신중하게 고려해야 한다(Millar, 2010: 74~75, 2017: 146~148).

건강한 사람이라도 위험한 환경에 지속적으로 노출되면 수명이 단축되듯이, 기억을 담고 있는 매체의 종류와 매체를 보관하고 있는 환경이나 보관 방법이 기록물의 수명을 단축시킬 수 있다. 매체의 수명이 다하거나 열악한 보존 환경으로 인해 기록에 담겨진 기억이 사라질 위기에 처해 있다면, 보존처리나 복원 작업을 통해 기록의 수명을 연장하여 접근 가능하게 할 수 있다.

---

[1] The U.S. National Archives and Records Administration, Preservation. https://www.archives.gov/preservation/about(2023.9.2 참조)

기록물의 수명에 영향을 미치는 유해요소와 이에 대한 대비책은 무엇인가? 어떤 환경에서 어떻게 관리해야 기록물의 수명을 최대한 유지할 수 있는가? 이와 같은 보존에 대한 문제 인식과 해결 방안의 도출은 많은 비용이 투입되어야 하는 사항이므로 경영진의 지지와 후원을 얻어야 실행에 옮길 수 있다. 따라서 기록보존이 효율적으로 이루어지도록 하기 위해서는 기관 내부의 이해와 적극적인 재정 지원이 필수적이다.

폴 콘웨이(Paul Conway)는 기록보존을 다음과 같이 정의했다. 첫째, 기록보존은 지속적인 가치를 지니고 있는 역사 및 문화적 정보를 적절하게 보호하는 한편 현재와 미래의 세대들이 접근할 수 있도록 인적·물리적·재정적 자원을 수집하고 조직하여 배분하는 활동이다. 둘째, 기록보존은 기록의 훼손을 예방하고, 선별된 자료들의 이용가능성을 연장시켜주기 위한 계획, 실행 정책과 절차, 과정을 포괄한다. 셋째, 기록보존이 가장 효과적으로 이루어지려면, 실행 이전에 철저한 계획이 선행되어야 하고, 복원 활동보다 예방 활동이 우선시되어야 한다(Ellis(ed.), 1993: 76).

'기록보존'은 기록관에서 근무하거나 기록관을 이용하는 모든 사람의 주된 관심사가 되어야 한다. 아무리 규모가 작고 예산이 적더라도 소홀히 해서는 안 된다. 보존기록관리자는 소장물이 어떤 매체로 이루어져 있는지 반드시 알고 있어야 하며, 기록물 열화의 원인과 징후 및 이에 대응하는 절차도 꼭 인지하고 있어야 한다. 보존 프로그램은 현존하는 소장물을 안정적으로 보존하고 미래의 열화와 훼손을 예방하며, 장기보존을 위해 적절한 재료와 절차를 통해 새로운 기록물이 생산되도록 해야 한다. 보존에 대한 경각심을 향상시키고 기록관의 모든 직원과 이용자들이 기록물을 잘 다루도록 하기 위해서, 그리고 언제 닥칠지 모르는 재난에 대비하기 위해서 보존 프로그램이 수립되어야 하고, 이에 따라 시행되어야 한다.

보존은 기록관 내에서 시행되는 모든 활동 속에 녹아들어야 한다(Ellis (ed.), 1993: 105).

기록이 잘 보존될 때 나와 우리, 나아가 인류는 기억을 보존할 수 있을 것이다. 기록을 통해 과거의 '나'를 기억함으로써 미래의 '나'가 나아가야 할 방향을 모색할 수 있다. 따라서 기록은 개인과 조직·국가의 정체성을 확립하는 주요한 수단이며, 개인과 조직·국가가 '나'는 누구이며 무슨 일을 했는지 보여주는 창(窓)이자, 나아가야 할 방향을 제시하는 이정표라 할 수 있다. 따라서 기록을 보존하지 않으면 모든 것을 잃는다. 여기에 기록보존의 중요성이 있다.

3. 기록매체의 역사와 매체별 취급 방법 및 보존 환경

1) 기록매체의 역사

문자는 인간의 말과 기억과 경험을 보존하고자 창안되었다. 기원전 3500년에 메소포타미아의 수메르인이 진흙판 위에 뾰족한 막대기로 새긴 쐐기문자가 이제까지 알려진 인류 최초의 문자이다. 그 뒤 세계 여러 곳에서 문자가 발명되면서 인간은 대나무, 나무, 비단, 돌, 나뭇잎, 갑골, 파피루스, 양피지, 청동기 등 다양한 매체에 문자로 기록을 남겼다.

종이가 발명되기 전 동양의 서적은 주로 죽간·목독과 비단으로 만들었는데, 죽간과 목독은 무거워 휴대하기 불편했고, 비단은 값이 비싸 구하기 어려웠다(송정숙, 1998: 204). 죽간으로 된 책은 경서만 해도 수레 한 대로는 다 실을 수 없을 정도로 부피가 크고 무거워서 유통하기에 불편했다(이노우에 스스무, 2013: 59). 중국 후한(後漢)의 채륜(蔡倫)은 나무껍질, 삼베 부스러기, 누더기, 헌 어망을 사용해 종이를 만들었다. 105년에 그것을 화제(和帝)에게 헌상하자, 화제는 그의 능력을 높이 평가하여 그때부터 모든 곳에 종이를 사용하도록 했고, 사람들은 그것을 '채후지(蔡侯紙)'라고 불렀다(後漢書 卷78 蔡倫傳; 이노우에 스스무, 2013: 60). 채륜이 종이를 만들 때 사용했던 누더기와 어망은 마(麻)가 원료이므로 당시의 종이 원료는 크게 마와 나무껍질이다. 나무껍질은 닥나무(楮) 껍질을 말한다. 채륜의 위대함은 종이 만드는 데 새로운 원료인 닥나무 껍질을 사용한 것이다(정선영, 1998: 21~22).

종이는 그 종류에 따라 보존기간에 현격한 차이가 있다. 통일신라 시대인 751년경 목판에 글을 새겨 닥종이에 인쇄한 『무구정광대다라니경(無垢淨光大陀羅尼經)』은 1,200여 년이 지났음에도 아직 전래하는데, 불과 100년도 안 된 책의 종이가 누렇게 변하고 부스러지는 이유는 무엇일까? 그 근본적인 원인은 대량생산에 따른 종이 생산 재료와 생산 방법의 변화이다.

구텐베르크가 금속활자 인쇄술을 발명한 이후 르네상스와 종교개혁, 과학혁명으로 중세 사회가 근대 시민사회로 전환함에 따라 대학의 출현, 대중교육의 등장, 문맹률의 감소 등으로 책에 대한 수요가 폭발적으로 증가했다. 이를 감당하기 위해 1850년대 이후 나무를 종이 재료로 사용했는데, 나무에는 리그닌이 많이 함유되어 있다.[2] 나무를 갈아 만든 쇄목펄프[3]

---

2 리그닌은 나무의 중요한 구성요소로서 산소와 접촉하면 섬유가 빛을 반사하는 방법이 달라져서 종이의 색깔이 바뀐다. 이 산화 과정에서 산(酸)이 많이 생성되는데, 산은 종이를 파괴하는 주범이다. "[뉴욕타임스/Science Q&A] 종이색 바래는 이유는?", ≪동아일보≫, 2000.6.27.

3 쇄목펄프는 나무를 겉껍질만 벗겨내고 그대로 잘게 갈아서 만든 펄프로 기계의 힘을 이용해서 만들기 때문에 섬유의 손상이 많고, 평균 섬유의 길이가 짧아 종이를 생산했을

에 잉크가 번지지 않도록 종이 제작 과정에 명반, 로진의 사이즈제를 첨가했다.[4] 면이나 마로 만들었기 때문에 잉크가 번지지 않아 사이즈제가 필요하지 않았던 과거의 종이와 달리 쇄목펄프에 사이즈제를 첨가하여 만든 종이는 열화 현상이 빨리 나타나 종이의 수명이 현격하게 줄어들었다.

「공공기록물관리에 관한 법률」제3조 제2항에서 "기록물이란 공공기관이 업무와 관련하여 생산하거나 접수한 문서·도서·대장·카드·도면·시청각물·전자문서 등 모든 형태의 기록정보자료와 행정박물(行政博物)을 말한다"고 하듯이, 현재 생산되는 기록매체의 종류는 종이, 사진, 시청각 자료, 전자자료와 행정박물 등으로 다양하다.

2) 기록매체의 종류에 따른 기록관리

기록매체의 종류에 따른 적절한 취급 방법과 보존 환경을 보면 다음과 같다(Millar, 2010: 89~95, 2017: 159~166). 다양한 매체에 담긴 기록물은 특정한 환경에서 더 잘 보존될 수 있다. 가까운 미래에 그 환경이 조성될 수 없다 하더라도 다양한 요구사항을 인지하는 것이 중요하다.

때 강도가 낮으며, 다량의 리그닌을 함유하여 열이나 햇빛에 의해 변색되기 쉬운 단점이 있다. "쇄목펄프[ground wood pulp, 碎木―]", 두산백과, http://terms.naver.com/(검색일자: 2017.12.15)

4 펄프로 종이를 제조하는 공정은, ① 고해(叩解: beating), ② 사이징(sizing), ③ 충전제 및 약품·염료의 첨가, ④ 정정(精整: refining)과 정선, ⑤ 초지(抄紙), ⑥ 완정 순이다. 펄프만을 사용하여 제조한 종이는 흡수성이 있어서 필기나 인쇄를 하면 번져서 문제를 일으킨다. 이때는 펄프에 내수성이 있는 콜로이드 물질을 혼합함으로써 섬유의 표면이나 섬유 사이의 틈을 메워 잉크가 침투 확산하는 것을 방지하는 작업을 사이징이라고 하며, 첨가하는 물질을 사이즈제라고 한다. 사이즈제로는 보통 로진(송진)과 젤라틴을 사용한다. "종이와 양지제조", 두산백과, http://terms.naver.com/(검색일자: 2017.12.15)

(1) 종이 기록물

■ 종이 기록물은 주원료가 셀룰로오스, 헤미셀룰로오스, 리그닌으로 흔히 산성을 띠며, 산성이 종이의 섬유를 약화시킨다.

■ 기계 펄프에 포함된 리그닌은 빛, 특히 에너지가 높은 자외선에 민감해 변색을 일으킨다.

■ 종이 기록물은 사용하지 않을 때는 어두운 곳에 보관하고, 빛, 특히 자외선에 최대한 적게 노출하는 것이 바람직하다.

■ 청사진은 변색되기 쉬우므로 사용하지 않을 때는 항상 덮어두어야 한다.

■ 종이를 보관하기 위한 최상의 온도는 18~20℃, 상대습도는 35~45%, 조명은 50럭스(lux) 이하이다.

■ 종이 기록물은 평평하게 펴서 폴더당 문서 두께가 1~2cm를 넘지 않도록 하여 양질의(이상적으로는 중성) 파일폴더에 보관해야 한다. 폴더는 빛과 먼지가 들어오지 않도록 견고한, 가능하면 산성이 없는 상자에 보관해야 한다.

■ 금속 클립 및 스테이플은 플라스틱 패스너로 교체한다.

■ 수요가 많은 종이 기록물은 원본의 마모를 줄이면서 접근성을 높이기 위해 복제하거나 디지털화하여 원본 이용을 최소화한다.

(2) 인화한 사진

■ 인화한 사진(photographic prints)은 지지층과 이미지층으로 구성되며, 지지층은 주로 종이로 만들어지지만 간혹 유리나 금속 또는 다른 물질로도 만들어지고, 이미지층은 다양한 화학물질로 만들어진다.

■ 흑백 사진의 이미지는 은(銀)으로 만들어지며, 에멀션층으로 불리는 바인더에 박혀 있다. 에멀션층은 젤라틴이나 알부민 혹은 콜로디온

(collodion) 같은 물질로 만들어진다.

■ 컬러 사진의 이미지는 젤라틴층에 내포된 다수의 유기 염료로 이루어진다.

■ 모든 인화한 사진은 자외선, 오염 물질, 먼지로 손상될 수 있다.

■ 흑백 사진은 컬러 사진보다 안정적이며, 컬러 사진은 빛, 온도 또는 습도 변화에 훨씬 더 민감하다.

■ 사진은 빛에 노출되면 퇴색될 수 있으므로 최대한 어두운 곳에 보관하여 빛에 대한 노출을 최소화해야 한다.

■ 사진은 온도와 상대습도를 안정적으로 유지하는 것이 중요하다. 온도는 20℃ 이하, 상대습도는 흑백 사진은 30~35%, 컬러 사진은 25~30%를 유지해야 하며, 상대습도가 20% 이하로 내려가면 사진이 부서지기 쉬우므로 위험하다.

■ 사진은 구부리거나 접어서는 안 되며, 클립이나 스테이플러를 사용해서도 안 된다.

■ 손의 유분이 사진을 손상시키므로 항상 플라스틱 장갑을 착용해야 한다. 폴리에틸렌 코팅이 된 니트릴 장갑이나 무분말 수술용 장갑이 좋다. 폴리비닐클로라이드(PVC) 또는 고무장갑, 황이 함유된 장갑은 피하고, 가장자리만 잡아야 한다(Bettington et al.(eds.), 2008: 107).

■ 인화한 사진은 완충이 없는 중성 봉투나 폴더에 넣어 보관해야 한다.

(3) 음화 필름, 슬라이드와 투명 필름

■ 인화한 사진과 같이 음화 필름(photographic negatives)도 지지층과 이미지층으로 이루어져 있다. 지지층은 일반적으로 폴리에스터나 셀룰로스 아세테이트, 또는 셀룰로스 니트레트(질산) 필름이다.

- 흑백 음화 필름의 이미지층은 젤라틴의 은(銀) 입자로 만들어진다.
- 컬러 음화 필름의 이미지층에도 은이 포함되어 있지만 은 입자가 현상되는 동안에 표백되고 산이 추가됨으로써 안정성이 떨어진다.
- 슬라이드(slides)도 지지층과 이미지층으로 이루어지는데, 슬라이드 제작 과정에 사용되는 화학 염료가 시간이 지남에 따라 슬라이드를 불안정하게 만든다.
- 음화 필름과 슬라이드는 빛과 열, 화학 물질이나 오염 물질, 높은 온도와 습도에 의해 손상된다. 20℃ 이하의 온도에서 빛에 거의 노출되지 않게 보관해야 한다.
- 인화한 사진과 같이 음화 필름도 상대습도를 안정적으로 유지하는 것이 가장 중요하다.
- 필름과 슬라이드를 위한 상대습도는 30~35%이고, 유리 원판 음화와 유리 슬라이드를 위한 상대습도는 25~30%이다.
- 사진과 마찬가지로 음화 필름도 가장자리만 잡아야 하고, 맨손으로 만지면 안 되며, 완충이 없는 중성 봉투나 폴더에 넣어 보관해야 한다.
- 슬라이드는 불활성 플라스틱 폴더에 넣어두는 것이 최선이다. 정전기 방지 코팅된 플라스틱, 질산염, 염소 처리된 플라스틱(예: 폴리염화비닐 또는 PVC) 또는 유황이나 접착제가 함유된 봉투에는 절대 넣어서는 안 된다.
- 자주 사용하는 음화 필름이나 슬라이드는 디지털화하거나 복제하여 사본을 이용하고, 원본은 별도 보관해야 한다.
- 음화 필름이나 슬라이드를 복사할 때 복사기나 스캐너를 사용하면 기계에서 나오는 빛에 원본 이미지가 손상될 수 있으므로 카메라로 사진을 찍거나 다른 광학적인 방법으로 복제해야 한다.

(4) 사진 앨범

- 사진 앨범에서 원래의 사진 배열 순서는 앨범의 증거가치를 보여주는 필수적인 요소이다.
- 앨범의 상태가 좋지 않은 경우, 보존기록관리자는 앨범을 온전히 보존할지, 아니면 사진을 분리할지 결정해야 한다.
- 앨범에서 사진을 분리하기가 용이하지 않다면, 사진을 복사하거나 디지털화한 다음 안전하게 분리할 수 있을 훗날을 위해 보관해야 한다.
- 앨범은 상자에 개별적으로 보관하여 빛과 먼지를 방지하는 것이 좋고, 사진과 같은 환경조건에서 보관한다.

(5) 영화 필름

- 영화 필름은 보존 온도는 20℃ 이하로 가능한 한 서늘해야 하며, 상대습도는 35~45%를 유지해야 한다.
- 필름은 빛이 들어오지 못하도록 필름 용기에 넣어 보관해야 한다.
- 필름은 가능한 한 적게 만져야 하고, 손의 유분이 필름에 묻지 않도록 장갑을 끼고 다루어야 한다.
- 사본은 열람용으로 쓰고, 원본은 장기보존을 위해 별도로 보관한다.
- 필름이 손상되면 되돌릴 수 없으므로 보수할 필요가 있으면 보존처리 전문가에게 연락해야 한다.

(6) 질산 섬유소 필름

- 질산 섬유소 필름은 1800년대 후반부터 1950년대까지 생산되었는데, 매우 부서지기 쉽다.
- 인화성이 높고 급격하게 열화될 수 있다.

- 산성 가스가 발생하므로 같은 장소에 보관된 다른 기록물에 손상을 줄 수 있다.
- 과거에 질산 필름은 적절한 사본을 만들자마자 보관 구역에서 제거, 파기되는 경우가 많았다.
- 보존기록관리자는 질산이 포함된 기록물인지 확인하고, 질산이 포함되었으면 다른 기록물과 별도로 보관하며, 정기적으로 점검해야 한다.

(7) 제본된 책

- 제본된 책은 온도는 18~20℃, 상대습도는 45~50% 이하, 빛은 가능한 어두운 곳에서 보존해야 하며, 전시할 때도 조명은 50럭스 이하여야 한다.
- 아주 부서지기 쉬운 자료는 보존용 상자에 넣고 목면 끈으로 묶는다.
- 스크랩북의 경우, 산성이 다른 페이지로 전이되지 않도록 얇은 중성지를 끼운다.
- 특히 두꺼운 책의 경우, 책등이 과도하게 구부러지지 않도록 책베개로 적절하게 지탱해주는 것이 좋다.
- 선반에서 책을 빼낼 때는 책등 상단을 잡지 말고, 책등 가운데 부분을 잡고 빼내야 한다.
- 복사할 때 오버헤드 복사기나 디지털카메라를 사용하면 책등 손상을 줄일 수 있다.
- 손상된 책을 수선할 때는 고무 밴드나 접착테이프, 접착제를 사용해서는 안 된다.

(8) 양피지, 독피지와 도장

- 일부 지역에서는 양 또는 염소 가죽으로 만든 양피지와 송아지 가죽으로 만든 독피지(犢皮紙) 문서가 많은데, 이들은 내구성이 뛰어나고 산성에 쉽게 영향을 받지 않는다.

- 양피지와 독피지는 온도와 상대습도의 변화에 민감하다. 건조한 환경에서는 부서지기 쉽고, 습한 환경에서는 곰팡이가 자라기 쉽다.

- 양피지와 독피지는 가능한 한 빛에 적게 노출되어야 하며, 18~20℃의 온도를 유지하거나 더 서늘하게 하고, 50~55%의 상대습도에서 보관해야 한다.

- 팽창과 수축의 기회를 줄이도록 가능한 한 온도와 상대습도가 안정적이어야 한다.

- 양피지나 독피지 문서는 상자나 서랍 혹은 선반의 파일폴더에 평평하게 보관해야 한다.

- 문서에 첨부된 모든 도장(圖章)은 중성지로 싸서 문서와 함께 보관해야 한다.

(9) 신문

- 신문은 매우 불안정한 매체로 정보를 장기 보존하는 데 적합하지 않다.

- 신문의 사본을 제공하고자 하는 경우, 마이크로필름화하거나 디지털화하는 것이 가장 좋다.

- 원본을 보관해야 하는 경우, 상자나 폴더에 넣어 빛을 차단하고, 20℃ 이하의 온도와 40~45%의 상대습도를 유지하면서 다른 기록물과 별도로 보관해야 한다.

- 신문은 제본하면 열화 속도가 빨라지고, 산성 전이 문제가 발생하므

로, 신문 제본은 시간과 비용의 낭비라고 할 수 있다.

- 만약 신문 스크랩을 보관하고자 한다면 디지털화하거나 중성지에 복사하고 원본은 파기할 수 있다. 신문 스크랩의 경우, 원본을 보관하는 것은 장점이 거의 없다. 신문의 산성이 전이되어 같은 폴더에 있는 다른 기록물을 손상시킬 수 있기 때문이다.

(10) 예술작품 및 액자

- 기록관리기관은 기록물의 일부로 예술작품을 입수할 수 있다.
- 예술가의 스케치, 초안, 미술품도 기록물로 간주될 수 있으며, 편지나 일기 같은 서류도 예술적 가치가 있을 수 있다. 기록 컬렉션의 일부로 예술품을 입수할지 여부는 기관의 규정과 취득으로 인한 장점에 따라 결정한다.
- 보존의 관점에서 문제는 예술품을 어떻게 보관하고 보존하느냐이다.
- 액자에 끼운 예술품은, 액자가 산성도가 높거나 예술작품에 손상을 입히지 않는 한, 일반적으로 액자 그대로 보관한다.
- 액자가 예술적인 가치가 적으면, 그 작품을 보다 더 안정적이고 안전하게 보관할 수 있도록 액자를 제거할 수 있다.
- 액자가 없는 예술품은 먼지와 빛으로부터 보호하기 위해 상자 또는 용기에 보관하는 것이 좋다.
- 예술작품을 전시할 경우, 조명은 150럭스 이하, 온도는 18~20℃, 상대습도는 45~55%에서 보관하는 것이 가장 좋으며, 가능한 한 온도와 상대습도를 안정적으로 유지해야 한다.
- 참조용으로 원작 대신에 디지털 사진이나 복제한 사진을 사용할 수 있다.

(11) 시청각 자료

- 기록물관리기관은 오디오 자료, 비디오테이프 자료, DVD 등 시청각 자료를 소장하고 있다.

- 시청각 기록을 정리하고 기술하고 보존하는 문제와 아울러 시청각 기록을 재생하는 데 필요한 장비를 구비하는 것 또한 당면과제이다. 재생할 수 없다면 평가하거나 이용할 수도 없기 때문이다.

- 보존기록관리자는 이용자가 내용에 쉽게 접근하도록 지원하고, 장래에 다시 복제할 수 있도록 원본을 보관하기 위해 가능한 한 빨리 시청각 자료의 참조 사본을 만들어야 한다. 오늘날 복제는 아날로그가 아니라 디지털로 이루어진다.

- 빛 자체가 시청각 자료에 특히 해롭지는 않지만, 빛에 의해 생성된 열 때문에 시청각 자료가 팽창하거나 수축되어 손상될 수 있다.

- 온도는 18℃ 이하, 상대습도는 40~45%에서 보관하는 것이 가장 좋다.

- 귀중한 정보가 기술된 음반 케이스와 같은 관련 자료도 함께 보존해야 한다.

(12) 마이크로 자료

- 마이크로필름(microfilm)과 마이크로피시(microfiche)는 (사진) 필름과 물리적 특성, 보관 요구사항이 유사하다.

- 온도는 18~20℃, 상대습도는 35%에서 보관하는 것이 가장 좋다.

- 온도와 상대습도의 변동은 특히 위험하므로 반드시 온도와 상대습도를 일정하게 유지해야 한다.

- 완전한 어둠 속에서 보관하는 것이 가장 좋으며, 손의 유분이 자료에 묻는 것을 막기 위해 장갑을 끼고 작업해야 한다.

■ 빛과 먼지가 없는 중성의 상자나 용기에 보관해야 한다.
■ 마이크로 자료(microforms)는 참조를 용이하게 하고, 원본의 마모를 줄이기 위해 생산된다. 이 경우 마이크로 자료의 마스터 원본은 비상 시에도 안전하도록 외부에 보관하고, 사본을 참조용으로 사용해야 한다.

(13) 박물

■ 기록물관리기관은 이따금 3차원 물체인 박물, 즉 지구본, 주화, 메달, 트로피, 공구나 의복, 동물 표본까지도 기록물과 함께 수집한다.
■ 박물은 보관 및 보존을 위한 요구사항이 다른 일반 기록물과 완전히 다르다.
■ 이론적으로 최선의 방책은, 간행물은 도서관으로 보내고 미술품은 미술관에 보내는 것처럼 박물은 적절한 박물관 환경으로 이관하는 것이다.

4. 기록의 열화 및 훼손의 원인과 대비

기록의 수명에 영향을 미치는 유해요소는 기억을 담고 있는 매체가 저급하게 생산된 경우와 보존 환경이 열악하여 기록이 수명을 다하지 못하고 열화되는 경우로 나누어볼 수 있다. 전자, 즉 매체 자체의 품질이 좋지 않은 경우로는 리그닌을 많이 함유한 신문용지와 식초 증후군(vinegar syndrome)[5]을 일으키는 아세테이트 필름 등 대량으로 생산된 저급한 매체를

_____

5   식초 증후군은 셀룰로오스 아세테이트 필름의 열화 중에 일어나는 화학 반응을 일컫는

들 수 있고, 기록매체의 품질이 우수하더라도 유해한 환경에 방치되어 열화되는 경우가 후자에 해당한다. 전자의 문제를 해결하려면 보존기록을 생산하는 단계에서부터 리그닌이 함유되지 않은 중성용지 등 질이 좋고 안정적인 매체에 생산해야 한다. 즉 보존기록을 생산할 때는 오랫동안 지속되고, 장기간의 사용에도 강한 강도와 내구성을 지녀야 하고, 화학적으로 안정적이어야 하며, 미래에도 읽을 수 있도록 지속적인 접근성이 보장되어야 한다(Bettington et al.(eds.), 2008: 92). 후자의 경우는 기록매체별로 적절한 관리 방법과 보존 환경을 숙지하여 더 이상 기록물이 유해한 환경에 방치되거나 훼손되지 않도록 관리해야 한다.

기록물이 훼손되는 경우는 크게 네 가지로 나누어볼 수 있다. 첫째는 기록물의 내적 요인으로 기록매체의 자연적 열화, 둘째는 외적 요인으로 기록의 열악한 보존 환경과 부주의한 취급 방법, 셋째는 사회적 요인으로 이용의 증가, 넷째는 홍수나 지진, 화재 같은 재해나 전쟁으로 인한 파괴와 훼손 등을 들 수 있다. 이러한 문제는 정보를 훼손된 매체에서 다른 매체로 옮김으로써 기록에 담긴 정보가 사라지지 않도록 보존하는 방법, 기록물의 보존이나 취급에 대한 적절한 유지관리 방법, 홍수나 화재 같은 재난에 대한 대비와 재해기록의 복원 방법, 영구보존기록의 중성지 사용이나 대량탈산처리법과 같은 협동이나 대규모 기술을 요하는 방법으로 어느 정도 해결할 수 있을 것이다(로스, 1999: 37~38).

용어이다. 필름이 분해되기 시작하면 '아세틸 이탈 반응(deacetylation)'이 일어나 아세테이트 이온이 수분과 반응하여 아세트산이 형성되고 캔을 열면 식초 냄새가 난다. 반응은 연속적이며 일단 시작되면 멈추거나 되돌릴 수 없다. 실제로 반응은 자동 촉매 작용을 하며, 시간이 지남에 따라 속도가 빨라진다. vinegar syndrome, Retrieved 2017. 12.15, from https://vinegarsyndrome.com/about-vs/

기록물관리에 상존하는 위험요소인 온도와 상대습도, 남용과 취급 부주의, 산성, 빛, 오염, 화재와 수해, 해충 등으로부터 기록물을 보호하기 위한 대비책을 보면 다음과 같다(Millar, 2010: 75~83, 2017: 149~158).

1) 온도와 상대습도

□ 위험요소

■ 온도(temperature)와 상대습도(relative humidity, 공기 중의 수증기 양)는 기록물의 수명에 크게 영향을 미친다.

　− 온도가 5℃ 올라갈 때마다 매체의 반응 속도가 2배로 증가한다. 20℃에 보관된 기록물은 15℃에 보관된 기록물에 비해 수명이 반밖에 되지 않는다.

　− 습도가 높을수록 기록물에 대한 위험이 증가한다.

■ 상대습도가 높으면 곰팡이의 성장이 촉진되고 기록물이 습기를 흡수하여 부풀어 올라 형태가 영구적으로 변형된다.

■ 상대습도를 절반으로 줄이면 기록의 수명이 2배로 연장된다. 그러나 습도가 너무 낮으면 기록물이 건조해져 부서지기 쉽다.

■ 너무 높거나 낮은 온도와 습도보다 온도와 습도의 과도한 변동이 가장 위험하다.

■ 온·습도가 자주 변동되어 기록물이 팽창과 수축을 반복하면, 종이나 필름 같은 기록물은 결합력이 약화되어 수명이 줄어든다.

□ 위험에 대한 대비

■ 온도와 상대습도를 일정하게 통제하면 기록의 수명을 두드러지게 증가시킬 수 있다.

- 온도와 상대습도를 정기적으로, 가능하면 매일 모니터링해야 한다.
  - 연월일시, 온도, 상대습도, 외부 날씨조건(외부 온도 및 강수량 포함)을 기록해야 한다.
- 온도가 18℃ 이하로 떨어지거나 20℃ 이상으로 오르지 않아야 한다.
- 상대습도는 35~40%로 유지해야 하며, 50%를 초과해서는 안 된다.
- 시원하고 건조한 환경은 모든 기록물 컬렉션에 이로우나, 특정 자료는 좀 더 정교하게 통제해야 한다.
- 온도와 상대습도를 통제하는 간단한 방법
  - 건물 전체에 통풍이 잘 되도록 하고,
  - 공기 순환을 위해 기록물을 외벽에서 멀리 보관하고,
  - 지하실이나 다락방에 보관하지 않으며,
  - 서류들을 질이 좋은 저장 용기에 넣고,
  - 극히 취약한 자료는 안전한 장소에 보관하여 상태를 쉽게 모니터링할 수 있도록 한다.
- 고가 장비에 대한 구입을 고려할 때 전문가의 조언을 구하는 것이 우선이다.

2) 남용과 취급 부주의

□ 위험요소
- 의도적이든 우발적이든 기록물을 잘못 취급하면 돌이킬 수 없는 손상이 일어난다(예: 책등을 누르거나, 문서에 글을 쓰거나, 맨손으로 사진을 만지거나, 기록물 근처에서 음식을 먹거나 마시거나, 페이지를 찢거나 접거나, 젖거나 더러운 손으로 문서를 만지는 행위).

■ 부적절하게 관리하고 열악한 장소에 보관하면 매체의 종류에 관계없이 모든 기록물의 안전에 심각한 위협이 된다.

□ **위험에 대한 대비**

■ 기록물을 열람하거나 보관하는 장소를 감독해야 하며, 귀중 자료는 추가 감독이 필요하다.

■ 직원들에 대한 보안 검사는 정기적으로 엄격하게 이루어져야 한다.

■ 방문자는 기록물을 이용하기 전에 등록하고 신분증을 제시하여 누가, 언제 열람실에 있었는지 파악할 수 있어야 한다.

■ 기록물을 이용하면서도 안전하게 보호하기 위해 보존기록관리자는 이용자의 행동에 조건을 부과할 수 있다.

■ 열람실이나 기록물 근처에서는 먹거나, 담배 피우거나, 마시는 행위를 허용해서는 안 된다.

— 건물 내에 방문자들이 다과를 먹을 수 있는 공간을 마련해놓는 것이 좋다.

■ 보존기록관리자는 직원과 이용자가 기록을 활용하는 것을 감시하여 자료의 손상이나 취급 부주의를 방지해야 한다.

■ 기록관의 서고에는 일반인의 접근이 금지되어야 하며, 방문객이 기록물을 직접 가져가는 것이 허용되어서는 안 된다.

■ 기록물이 올바른 위치에 안전하게 반환되어 있는지, 적어도 한 달에 한 번(가능하다면 매주) 점검해야 한다.

■ 매체에 관계없이 연구자가 처리되지 않은 기록물에 접근하는 것이 허용되어서는 안 된다. 내용물이 알려지지 않은 경우는 분실 위험이 더 크기 때문이다.

■ 기록물을 충분히 정리하고 기술하려면 여러 해가 걸릴 수 있으므로,

보존기록관리자는 기록물을 이용하기 위해 일반적인 수준의 정리와 기술을 최우선으로 해야 한다.

■ 먼지를 털고, 진공청소기로 청소하고, 벽과 마루를 닦는 것과 같은 기본적인 시설물 관리는 기록물을 위험으로부터 보호하는 데 가장 효과적일 수 있다.

3) 산성

□ 위험요소

■ 기록물(특히 기록의 대부분을 차지하는 종이 기록물)은 대부분 산성(acidity) 물질로 이루어져 있으므로 본질적으로 취약하다.

■ 기록물의 산성도(또는 알칼리도) 수준은 0~14 범위의 pH 척도로 측정된다. pH가 7.0이면 중성이고, 7.0 이상이면 알칼리성이 증가하고, 7.0 미만이면 산성이 증가한다. pH 척도는 로그이므로 pH 1.0 변화마다 산도나 알칼리도의 10배 변화를 반영한다(예: pH 5.0은 pH 6.0보다 10배 더 산성이며, pH 4.0은 pH 6.0보다 100배 더 산성이다).

■ 산성과 알칼리성 모두 기록에 해로우나, 산성이 좀 더 해로운 것으로 간주된다.

■ 산(acids)은 종이가 제조되는 과정에서 함유될 수 있다.
 - 19세기 초반에 만들어진 종이는 면섬유와 아마섬유를 이용해 만들어져 pH가 중성이며 수명이 수백 년에 이른다.
 - 19세기 중반 이후 만들어진 종이는 목재펄프 섬유로 구성되는 경우가 많아 산성 화학물질인 리그닌과 헤미셀룰로오스를 다량 함유하고 있으므로 본질적으로 불안정하다.

― 신문용지는 품질이 매우 낮은 목재 펄프로 제조하므로 산성도가 높다.

■ 산성은 종이에 사용되는 잉크에도 존재할 수 있다(예: 12~19세기에 쓰인 철분 잉크는 특히 해롭다).

■ 산은 한 물질에서 다른 물질로 전이될 수 있다. 좋은 품질의 기록물도 산성 파일폴더에 보관하거나, 신문 스크랩, 스테이플러, 접착제와 같이 산성이 있는 물건에 가까이 보관하면 더 빨리 품질이 저하된다.

□ **위험에 대한 대비**

■ 종이 기록물 및 보관 용기의 pH 측정은 산성도를 알아내는 한 가지 방법이다.

■ pH를 측정하려면 pH 측정기와 같은 특수 장비가 필요한데, pH 펜은 기록물에 영구적인 흔적을 남긴다.

■ 보존기록관리자는 많은 자료가 산성을 띤다고 추측되거나, 탈산처리를 할 수 있을 때만 산성도를 측정하는 것이 좋다.

■ 산성도를 측정하는 데는 시간과 비용이 많이 들며, 문제를 발견하더라도 해결하지는 못하므로, 기록물을 양질의 보존 용기에 안전하게 보관하는 것이 우선이다.

■ 좋은 품질의 보관 봉투, 폴더 및 상자는 안정적인 미세 환경을 제공해 산의 확산을 줄이고, 온도와 상대습도 변동의 영향을 완화해준다.

■ 플라스틱 봉투나 폴더는 비활성 물질(물질 내에서 화학적 작용이 없음)이어야 한다.

■ 마일러(코팅되지 않은 폴리에스터 필름)로 만든 보존 용기는 기록물을 위한 가장 안정적인 플라스틱 용기로 간주된다.

■ 폴리염화 비닐이나 PVC 용기에는 유해 가스가 포함되어 있으므로 절

대로 사용해서는 안 된다.

■ 캡슐화(문서를 폴리에스터 시트 안에 넣고 가장자리를 밀봉하는 것)는 적절한 절차에 따라 이루어진다면 수용할 만한 보관 방법이다. 하지만 열이나 접착제를 이용하여 기록물을 영구적으로 플라스틱에 부착하는 라미네이션은 되돌릴 수 없기 때문에 절대로 해서는 안 된다.

■ 기록보존뿐 아니라 현용기록관리를 담당한 보존기록관리자는, 영구적 가치가 있는 기록물을 생산할 때 보존용 종이를 사용하도록 후원 기관에 로비할 수 있다.

■ 영구보존 용지(permanent paper)를 위한 국제표준이 제정되어 있다.

■ 보존기록관리자는 산성 자료를 다룰 때 위험과 보상의 균형을 맞추어야 한다. 중성 용기에 많은 양의 기록물을 보관하면 비용이 높아질 수 있으며, 기록물의 산이 폴더와 상자로 침투해 내구성을 저하시키기 때문에 폴더와 상자를 몇 년마다 교체해야 한다.

■ 보존기록관리자는, 매우 취약한 자료는 중성 용기를 사용하는 동시에 정기적으로 기록물의 상태를 평가하여 다른 보관 용기로 옮겨야 하는지 여부와 시기를 결정해야 한다.

4) 빛

□ 위험요소

■ 빛(light)은 산성화를 가속화함으로써 종이 기록물의 품질 저하를 가속화한다.

■ 빛은 화학 결합을 분해하여 잉크를 퇴색시킨다.

■ 빛은 열을 발생시켜 기록물을 손상시킨다.

- 자외선은 방사선을 생성하여 화학적 열화를 증가시키기 때문에 가장 해롭다.
- 자외선은 햇빛과 형광등에서 발견되므로 기록물을 보호하기 위해 이러한 빛은 제어해야 한다.

□ **위험에 대한 대비**

- 빛을 측정하면 전체 빛 수준(럭스 단위)과 광원에서 방출되는 자외선의 수준을 확인할 수 있다.
- 값비싼 자외선 측정 장비 대신 전반적인 조명 수준을 낮추거나, 자외선 조명을 제거하거나, 자외선 조명에 필터를 끼우는 것이 바람직하다.
- 기록물은 빛에 오래, 광원 가까이 노출될수록 더 많은 손상을 입는다. 따라서 보존 및 전시를 위한 이상적인 조도는 50~100럭스이며, 사진·유화·목제 제품은 최대 150럭스까지 노출될 수 있다.
- 기록물이 온도와 상대습도가 통제된 환경에서 보존될 경우, 조명이 없는 상태가 가장 이상적이지만, 완전한 어둠 속에서 일하기란 불가능하므로 가능한 한 빛의 노출을 줄이는 것이 최선이다.
- 환경이 지나치게 습한 경우, 온도를 높이고 상대습도를 낮추며 곰팡이·해충·쥐의 출현을 방지하기 위해 항상 약간의 조명을 켜두는 것이 좋다.
- 빛의 노출을 줄이기 위해 기록물을 이용하지 않을 때는 상자나 용기에 보관해야 한다.
- 자료를 처리하는 동안 덮지 않은 상태로 두거나 강한 광원 근처에 오래도록 놓아두어서는 안 된다.
- 커튼, 블라인드, 필터는 바깥에서 들어오는 자외선을 줄일 수 있지만,

광도가 높을 경우 기록물을 더 시원하고 어두운 장소에 보관해야 한다.

- 인공 조명을 통제하기 위한 첫 번째 단계는 건물 내 형광등의 모든 위치를 파악하고, 보존 서고나 열람 장소에서 얼마나 가까운지 아는 것이다.

- 오랫동안 사용한 형광등은 자외선을 발생시키지 않는 백열등으로 교체할 것을 권장한다. 하지만 형광등과 백열등 모두 열이 발생하므로 가능하면 조명은 항상 꺼두는 것이 좋다.

- 기록관들은 환경 친화적인 소형 형광등을 쓰도록 사회적 압력을 받고 있지만, 형광등에서는 자외선이 발생하기 때문에 기록관에서 사용하기에는 적합하지 않다.

- 복사하거나 스캔할 때 많은 빛과 열이 발생하여 자료에 손상을 주므로, 자주 이용하는 기록물은 마스터 사본이나 디지털 사본을 만들어 이를 이용하여 추가 사본을 만들고, 원본은 안전하게 보관해야 한다.

5) 오염

□ 위험요소

- 오염(pollution)은 보존기록물에 심각한 위험을 초래한다.

- 가스, 화학물질, 독소와 같은 외부 오염물질은 공장, 자동차, 트럭에서 발생한다.

- 건물 내부에서 발견되는 내부 오염물질은 복사기, 청소용품, 페인트, 미처리 목재, 플라스틱, 접착제 및 수돗물에서 발생한다.

- 오염을 구성하는 입자는 거칠고 산성이며, 이 입자들이 기록물에 닿은 다음 습해지면 얼룩이 남을 수 있다.

- 먼지는 컴퓨터 내부를 심각하게 손상시킬 수 있다. 먼지는 팬의 속도를 늦추고 절연체 역할을 하여 컴퓨터를 과열시킬 수 있다. 높은 열로 인해 컴퓨터가 예기치 않게 고장 날 수 있으며, 수리에 비용이 많이 들 수 있다.

□ **위험에 대한 대비**

- 오염을 줄이는 가장 좋은 방법은 오염된 공기 입자를 걸러내는 공기 정화 시스템이나 공기 정화기를 설치하는 것이다.
- 좋은 품질의 상자, 용기 또는 캐비닛에 기록을 보관하면 오염 물질에 대한 노출이 제한된다.
- 처리되지 않은 목재 선반은 라텍스 페인트(유성 페인트가 아닌)를 칠해 산성 목재입자가 기록물이나 보관상자를 손상시키지 않도록 한다.
- 복사기는 기록물을 보관하는 장소와 멀리 떨어져 있어야 한다.
- 어느 누구도 기록물 근처에서 먹거나, 담배를 피우거나, 마시거나, 요리해서는 안 된다.
- 신문과 같이 품질이 낮은 소장품은 다른 용기에 분리하여 별도로 보관해야 한다.
- 정기적으로 서고와 열람실의 먼지를 털고 청소함으로써 먼지를 최소화할 수 있다.

6) 화재와 수해

□ **위험요소**

- 화재(fire)는 기록물에 엄청난 위협이 되는데, 화재 자체로 인해 막대

한 손실이 발생할 뿐 아니라 화재를 진압하는 데 사용된 물이나 화학 물질이 기록물에 피해를 입히기 때문이다.

- 누수, 홍수, 빗물로 인한 수해(water) 역시 마찬가지로 해롭다.
- 종이는 물을 빨리 흡수하기 때문에 텍스트 및 사진 자료의 손상은 즉각적이고 광범위하며 되돌릴 수 없다.
- 잉크가 흐르거나 녹을 수 있고, 곰팡이가 생길 수 있으며, 페이지가 서로 달라붙고 접착제가 약해진다.
- 물은 컴퓨터 내부를 손상시킬 수 있으며, 화재나 수해로 손상된 드라이브에서 데이터를 추출하는 것이 불가능할 수 있다.

□ **위험에 대한 대비**

- 화재와 수해의 위험을 줄이려면 화학 물질, 페인트, 용제 및 기타 인화성 물질과 같은 위험 물질을 기록물 근처에 보관해서는 안 된다.
- 기록물은 홍수 또는 누수가 발생할 경우 손상을 최소화하기 위해 바닥에서 적어도 15~25cm(6~8인치) 떨어진 곳에 보관해야 한다.
- 지하실이나 다락방은 화재나 홍수로 가장 먼저 피해를 입는 곳이기 때문에 기록물을 보관해서는 안 된다.
- 라이터나 담배처럼 불꽃이나 열이 있는 것은 기록관 내 어디에서도 소지해서는 안 된다.
- 휴대용 히터를 사용해야 하는 경우, 방에 아무도 없을 때는 반드시 꺼야 한다.
- 누수 피해를 줄이기 위해 건물에 노출된 수도관은 누수 방지 방수 테이프로 감아야 한다.
- 컴퓨터는 물이 있는 곳이나 창문이나 바닥처럼 위험도가 높은 장소에

서 멀리 떨어진 곳에 두어야 한다.

■ 화재진압시스템이 설치되어 있더라도 화재 경보기와 휴대용 소화기를 기록관 전체에 설치해야 한다.

■ 기록관의 모든 사람은 휴대용 소화기에서부터 화재 경보기, 화재진압시스템에 이르기까지 비상 대응 장치의 사용법을 익혀야 하며, 모든 장비가 제대로 작동하는지 정기적으로 점검해야 한다.

7) 해충

□ 위험요소

■ 곰팡이, 곤충 및 설치류는 기록물을 손상시킬 수 있는데, 이들은 온도와 습도가 높고 어두우며, 먹이(특히 종이, 풀, 가죽, 접착제에 포함된 영양분)가 있는 기록물 보관장소에서 자주 발생한다.

■ 곰팡이는 어둡고 환기가 되지 않는 서고나 고온 다습한 환경에서 종이, 천, 사진 및 기타 기록물에 많이 발생한다.

■ 곰팡이는 기록물을 물리적으로 손상시킬 수 있으며, 냄새와 얼룩을 남길 수 있고, 또한 인체에 건강상 위험을 초래할 수도 있다.

■ 좀벌레, 바퀴벌레, 딱정벌레와 같은 해충(biological agents)은 종이류에 잘 생기는데, 구멍을 뚫어 물리적으로 손상시키고, 배설물과 껍데기, 냄새와 얼룩을 남길 수 있다.

■ 해충이 많이 나타나는 경우는 기록이 손상됨을 나타내는 징후일 수 있다.

■ 쥐나 생쥐와 같은 설치류는 종이, 제본된 책, 상자에 구멍을 뚫거나 찢어 물리적으로 손상시키고, 전기 배선까지 갉아서 합선, 정전 및 화

재를 일으킬 수 있다.

□ **위험에 대한 대비**

■ 냉난방을 통제할 수 있는 환경에 기록물을 보관하고, 상대습도를 낮게 유지하며, 보존 서고와 열람실을 깨끗이 청소하면 곰팡이의 발생이나 해충 감염의 위험을 줄일 수 있다.

■ 컴퓨터와 전기 케이블을 정밀하고 정기적으로 검사하면 해충이 전선에 손상을 입혔는지 확인할 수 있다.

■ 설치류가 기록관에 들어올 가능성을 줄이기 위해서는 외부 창문과 문위에 방충망을 설치해야 한다.

■ 쥐와 같은 설치류가 건물에 있으면 덫을 놓는 것이 가장 좋다. 독극물로 설치류를 죽일 수는 있지만, 죽은 설치류를 빨리 찾을 수 없다면 썩은 시체가 곤충이나 다른 설치류를 끌어들여 문제를 악화시킬 수 있기 때문이다.

■ 곰팡이로 손상된 기록물은 건조시킨 후 헤파(HEPA: High Efficiency Particulate Air) 필터가 장착된 진공청소기로 표면 곰팡이를 솔질하며 약하게 빨아들여 포자를 제거한다. 이 작업은 흡입 후드가 있거나 통풍이 잘 되는 곳에서 수행해야 하며, 직원은 곰팡이 포자를 걸러주는 마스크를 착용해야 한다. 헤파 필터는 진공청소기의 배기 공기에서 곰팡이 포자를 제거하므로 곰팡이를 제거하는 데 사용할 수 있는 유일하게 안전한 진공청소기이다.

■ 곰팡이 제거 기술은 전문성을 요하므로, 보존기록관리자는 작업을 시도하기 전에 숙련된 보존처리전문가에게 조언을 구해야 한다. 곰팡이가 핀 기록물을 쉽게 제거할 수 없는 경우, 수동 또는 디지털 방식

으로 복제하고 원본을 폐기할 수 있다.

■ 곰팡이가 핀 기록물을 복사하는 데 사용된 모든 장비는 곰팡이 포자가 다른 기록물로 옮겨지지 않도록 철저히 청소해야 한다.

■ 곰팡이를 처리하는 가장 좋은 방법은 기록물을 자주 점검하고, 상대습도가 60% 미만으로 유지되도록 하며, 공기 흐름이 원활하게 환기를 자주 하여 곰팡이가 발생하지 않도록 하는 것이다.

■ 해충이나 곰팡이를 죽이기 위해 기록물을 훈증 처리할 수 있지만, 훈증제는 종종 잔류물을 남겨 기록물을 손상시킬 수 있을 뿐 아니라 독성이 있어 인체에도 유해하다. 따라서 기록물의 훈증은 최후의 수단임을 인지하고, 작업을 고려하기 전에 보존처리전문가와 상의해야 한다.

5. 기록관의 환경 조사와 기록물의 상태 조사

기록관리자가 보존에 대해서 취할 수 있는 가장 현명한 접근 방식은 기록 열화의 상황을 체계적으로 파악하고, 이를 완화하기 위한 계획을 수립하는 것이다. 이는 최대한의 효과를 달성하기 위한 재정과 인적 자원을 확보하는 핵심적 절차로서, 기록물이 보관되는 건물에 대한 환경 조사와 보관되어 있는 기록물의 상태 조사를 통해서 계획수립에 필요한 정보를 얻을 수 있다.

1) 환경 조사

환경 조사의 목표는 기록보존을 위한 건물의 적합성을 평가하는 것이다. 기록을 보존하는 건물의 환경조건이 기록보존에 도움이 되는지 혹은 방해가 되는지 여부를 결정하기 위해 물리적 환경의 모든 측면들을 조사한다. 이와 관련해서 ① 건물, ② 건물 내의 환경, ③ 건물 보안, ④ 보관 구역과 작업실의 네 가지의 영역에서 문제가 제기될 수 있다. 이 문제들에 대한 답은 외관 검사와 직원들과의 인터뷰, 그리고 온도, 습도 및 광도에 대한 모니터링을 통해서 얻을 수 있으며, 조사의 결과는 개선이 필요한 영역을 즉시 제시해줄 수 있다. 그리고 일반적인 대처 방법에는 소화기에 대한 정기적인 점검과 온도와 습도에 대한 모니터링이 있다(Ellis(ed.), 1993: 79~80). 환경 조사를 위한 질문은 표 6-1에 제시되어 있다.

표 6-1 환경 조사를 위한 질문

1. 건물: 지붕과 벽은 어떠한 상태인가? 지붕과 벽에 새는 부분이 있는가? 벽과 지붕에 단열 처리가 되어 있는가? 다락, 지하실, 그리고 창고는 어떠한 상태인가? 깨끗한가? 정리가 되어 있지 않은가? 혹은 지저분한가? 쥐나 해충 혹은 곰팡이가 있는가?
2. 건물 내 환경: 온도와 습도가 1년 365일, 하루 24시간 동안 지속될 수 있는가? 이를 위한 장비가 좋은 상태로 잘 유지되고 있는가? 햇빛의 영향력이 어떻게 최소화되는가? 어떠한 유형의 인공 조명이 사용되고 있는가? 이것의 수준은 어느 정도인가? 온도와 습도가 정기적으로 모니터링되고 있는가? 어떠한 방법으로 이루어지는가?
3. 건물 보안: 어떤 유형의 방범용 경보기가 설치되어 있는가? 어떠한 유형의 화재 경보기가 설치되어 있는가? 화재 경보기가 지역의 소방서와 연동되어 있는가? 어떠한 종류의 소방 시스템이 설치되어 있는가? 이것은 정기적으로 관리되고 있는가? 얼마나 많은 휴대용 소화기를 이용할 수 있는가? 직원들은 소화기 사용법 교육을 받았는가?
4. 보관 구역과 작업실: 평균 온도와 습도는 얼마인가? 이것이 어떻게 유지되는가? 관리는 적절한가? 해충, 곰팡이 혹은 쥐가 있는가? 선반에 보관된 기록과 관련해서 송수관과 스팀 파이프는 어디에 위치해 있는가? 과도하게 온도나 습도가 높은 흔적이 있는가? 벽과 천장에 물 새는 부분은 없는가? 보관기록에 빛에 의한 피해가 있는가? 어떠한 유형의 선반이 사용되고 있는가? 환기는 잘 되고 있는가? 잘 계획되고 감독된 시설관리 프로그램이 있는가?

2) 상태 조사

기록물의 상태 조사는 열화의 특성과 정도를 평가하는 한편, 보존에 대해 현실적이고 적절한 의사결정을 가능하게 하는 정보를 제공한다. 예를 들어 가장 많은 관리가 필요한 영역들을 확인하고, 관리의 우선순위를 결정한다. 장기적으로는 정기적인 조사를 통해서 특정한 보존 전략들의 효과를 점검할 수 있다.

기록관에서 보관하고 있는 기록물의 상태를 조사하면 기록물의 물리적 상태 및 수리 상태와 해당 문제의 성격과 규모를 파악할 수 있다. 이 조사를 통해 어떠한 패턴이 나타나며, 보관 구역 혹은 어떠한 형태의 기록물이 특별한 문제를 일으키는지 확인할 수 있다. 이러한 과정 중에 기록물 보관 방향을 수직에서 수평으로 변경하면 사이즈가 큰 자료의 손상이 완화되거나, 혹은 특정 기록들을 보존 상자에 담으면 문제가 해결되는 경우도 있다. 그리고 단기적·장기적 보관 조치는 이 조사의 결과를 이용해서 좀 더 현실적으로 다룰 수 있다.

상태 조사를 수행해야 하는 또 다른 이유는 보존 프로그램의 진행 상황과 효과를 평가할 수 있는 도구로서 향후 비교를 위한 기반을 마련할 수 있기 때문이다. 이 조사에 기록보존소의 담당 직원들이 많이 참여할수록, 보존문제에 대한 인식이 더 높아질 수 있다.

상태 조사는 기록관리자의 필요에 따라 상세한 조사가 될 수도 있고, 단순한 조사가 될 수도 있다. 이러한 작업은 특별 프로젝트를 위해 고용한 특별히 교육받은 학생들이나 직원들이 수행하거나 혹은 기록관의 일상적인 활동 내에서 정규직원들이 수행할 수 있다. 상태 조사를 시행할 때는 일반적으로 전체 자료에 대한 적절한 표본을 추출한다. 이 표본에 대한 질문들은 표 6-2에 제시되어 있다(Ellis(ed.), 1993: 79~80).

표 6-2 **상태 조사: 데이터 표제**

---

1. 기본 정보(조사 날짜, 조사자 이름 등)
2. 기록물의 위치
3. 기록물 그룹 내에서의 현재의 자료 유형(현재의 자료 형태, 날짜의 범위)
4. 기록물의 상태(전반적인 외형, 찢어짐, 표면의 먼지, 얼룩, 균열, 곰팡이나 해충 피해의 흔적)
5. 보관 용기(폴더, 상자, 핀, 종이 클립 등)
6. 부착물이나 끼워져 있는 자료(스테이플러의 침, 티슈, 오림자료, 사진 등)
7. 제안되는 조치사항(상자 재포장, 폴더 안에 다시 집어넣음, 봉합된 것을 제거함, 사용을 중지함, 어떠한 조치도 취하지 않음)
8. 기록물에 대한 처치의 우선순위

---

6. 재난 대비 및 대응

1966년 11월 4일 이탈리아 피렌체에서 폭우로 불어난 아르노 강물은 시속 64km의 속도로 광장을 가로질러 돌진해 300만 권의 장서를 보유한 이탈리아 국립중앙도서관의 창문을 부수고 서가를 향해 수 톤의 진흙과 돌 조각들을 쏟아부었다. 이로 인해 100만 권 이상의 책과 문서가 물속에 잠겼다. 그뿐만 아니라 산타 크로체의 프란체스코 대성당, 우피치 미술관과 박물관에 전시·보관되어 있던 고서, 문서, 그림, 조각품, 벽화 등의 문화유산이 침수되거나 손상되었다. 이러한 피렌체의 홍수는 현대사에서 최악의 예술적 재난으로 불린다. 그러나 재난이 피해를 극복하는 데 필요한 기술을 발전시키는 기회가 되었다(동아출판사 편집부 엮음, 1994: 244~249). 이 사건 이후로 기록물을 포함한 문화유산을 재난으로부터 보호하기 위한 재난 대비 및 대응책(disaster preparedness and response)이 수립되었고 보존처리, 복원기술이 발전했다(실버만, 2010: 57 참조).

'재난대비 계획의 수립(disaster planning)'은 재난의 피해를 최소화하고 기록관 건물과 소장기록물을 신속히 이용 가능한 상태로 복원하는 데 도움이 되는 일련의 사전 조치이다. '재난'은 소규모 사건일 수도 있고, 대형 사고일 수도 있으며, 아주 모범적으로 운영되는 기록관에서도 일어날 수 있다.

재난대비 계획을 세울 때 중요한 것은 미리 계획을 세워 위험요소를 줄이며, 재난을 가정하여 대처할 수 있는 절차를 수립하는 사전 예방과 재난이 발생했을 때 미리 세워놓은 절차를 실행에 옮겨 재난을 감당해내는 사후 조치이다. 재난대비 계획은 대부분 예방, 준비, 대응, 복구의 네 가지 측면으로 이루어진다.

표 6-3 재난대비 계획을 세울 때의 일반적인 지침

1. 계획은 사전에 세워라.
2. 재난대비 계획에 대해 교육하라.
3. 자관의 상황에 맞는 조언을 채택하라.
4. 재난에 신속하게 대응하라.
5. 계획대로 행동에 옮겨라.

1) 예방

예방은 무단 접근, 화재, 홍수의 위험을 최소화하고 재난으로 인한 피해를 최소화하는 조치를 말한다. 개별 자료를 보호하기 위해 적절한 보관용 장비를 활용하는 것, 중요 자료의 보안 사본(security copies)을 제작해두는 것, 건물 공사 중이나 전시 기간처럼 비일상적 위험이 증가하는 기간 동안 건물 및 자료의 안전을 확보하기 위한 특별한 조치가 그 예이다. 초기의 필수적인 조치는 건물의 점검이다.

일상적인 시설관리 업무와 건물 유지보수는 재난 예방에서 필수적인 역할을 수행한다. 한 예로 화재예방 절차에서 정기적으로 소화장비의 유지보수 및 직원 교육을 실시한다면 화재가 번질 위험을 줄일 수 있다.

현실적인 예방 방법 중 하나는 수해를 피하기 위해 가장 가치 있는 자료를 위쪽 서가나 위층에 보관하는 것이다. 만일 일시적으로 지하나 낮은 층에 보관해야만 한다면 벽돌이나 판자, 화물 운반대 위에 올려놓는 일이 현명한 예방책일 것이다. 지진이나 홍수, 폭풍우의 피해를 막기 위해 레코드판과 같이 깨지기 쉬운 물건들은 서가 앞면을 가로지르는 고무줄로 고정할 필요가 있다(Ellis(ed.), 1993: 99~100).

표 6-4 예방: 고려해야 할 사항

1. 내력: 건물은 얼마나 오래되었는가? 화재나 수해를 입은 적이 있는가? 있다면 원인을 제거했는가? 아니면 대충 수선만 했는가? 내진 설계가 되어 있는가?
2. 난방시설: 건물과 난방시설로 통하는 모든 곳에 방화문이 설치되어 있는가? 연료 저장소는 안전한가?
3. 전기: 전선의 절연체가 벗겨졌거나 손상되었는가?
4. 지붕: 언제 만들어졌는가? 오래된 누수 흔적이나 새로운 누수의 징후는 없는가?
5. 창문: 견고한가? 환기를 위해 열린 상태로 방치된 적이 있는가?
6. 화재 예방 장비: 자동 스프링클러나 화재 탐지기가 설치되어 있으며, 고장은 없는가?

2) 준비

준비 단계에는 재난대비 계획을 수립하여 성문화하고, 최신성을 유지하는 일이 해당된다. 다음으로는 긴급 상황이나 재난 발생 시 직원들에게 신속히 재난 사실을 통지하여 집합시킬 수 있는 재난대비팀을 조직하는 것이다. 이 단계에서는 우선 구조해야 할 자료들을 식별해 표시해두어야 한다. 건물의 평면도, 직원 명단 및 주소록, 장비 목록, 긴급 상황 시 필요한 물품(예: 상자, 신문지, 발전기 등) 공급처의 목록과 같은 서류들을 구비해야 하며, 이러한 목록들의 최신성을 반드시 유지해야 한다.

표 6-5 재난대비 계획의 내용

1. 비상시 응급처치 요령	2. 비상시 연락해야 할 사람의 명단
3. 서비스 목록	4. 장비 및 용품 목록
5. 비상자금을 조달받는 절차	6. 기록관의 평면도
7. 보험 계약의 개요	

　재난 발생 시 지원을 받을 수 있는 지역의 보존처리전문가 및 기관과 연락이 이루어져야 한다. 재난에 대비하기 위한 장비가 갖추어져야 하며, 유지보수를 해야 한다. 냉동고 용량을 파악하여 수해 시에 사용하고, 긴급 상황에 필요한 비용을 지급할 수 있도록 준비해야 한다. 재난 발생 시 피해를 최소화할 수 있는 조치가 필요하다. 예를 들면 수해를 줄이기 위해 바닥에서 기록물을 올려두고, 서가 꼭대기에 덮개를 설치하는 방법이다. 마지막으로 재난대비 계획은 정기적으로 점검하고 갱신해야 한다 (Ellis(ed.), 1993: 100~101).

　아울러 비상 사태나 재난 발생 시 기록관리의 피해를 최소화하고 기록 자산을 최대한 보호하며 업무의 연속성을 보장할 수 있게 하는 필수기록[6] 관리시스템을 수립해야 할 것이다(산업표준심의회, 2010: 1).

6　필수기록물을 선별·관리하는 목적은 비상 사태나 재난 발생 시 업무를 수행하는 데 핵심적으로 필요한 기록을 최대한 이용 가능하게 해서 조직의 업무를 지속적으로 수행하게 하고, 신속한 업무 재개를 가능하게 하는 것이다. 또한 조직의 중요한 재정적·지적 자산을 보호하고 손실을 방지하는 등 조직의 위험관리를 효과적으로 실현하게 하는 것이다. 필수기록물은 정보의 성격에 따라 크게 비상운영 기록물, 권한보호 기록물로 나뉜다. 비상운영 기록물은 위기 상황 시 비상 사태에 대응할 수 있게 하고, 이후 조직의 생존이나 복구가 가능하도록 하는 핵심적인 정보를 포함한 기록물이다. 권한보호 기록물은 위기 상황 이후에 조직의 법적·재정적 상태를 되돌리고, 이해관계자의 권리와 의무를 보전하는 데 필요한 정보를 포함한 기록물이다(국가기록원, 2022: 3~5).

3) 대응

세 번째 단계는 재난 발생 시 따라야 할 절차와 관련된다. 제일 먼저 할 일은 경보를 울린 후 직원들을 소집하는 것이다. 이 절차는 이미 마련되고 잘 훈련되어 있어야 한다. 그다음에는 재난 현장에 들어가는 것이 안전한지 확인한다.

건물에 접근하고서는 피해 정도를 평가해야 한다. 반드시 건물의 환기가 잘 이루어지도록 해야 하며, 난방을 끄고 온도와 습도를 낮추기 위한 모든 조치를 해야 한다. 만일 지붕이 사라졌거나 물이 건물을 통해 빠져나가고 있을 경우 노출된 자료들은 덮개로 덮어야 한다. 날씨에 대비한 일시적 보호조치 계획도 강구해야 하고, 재산을 보호하기 위해 보안 회사 또는 다른 적절한 직원을 배치해야 할 수도 있다.

다음으로 손상된 자료들을 옮겨야 한다. 좀 더 안전한 장소로 이동하기 위해 자료를 포장하고, 이러한 내용을 기록해야 한다. 약간 젖은 자료를 자연 건조하는 경미한 조치를 하기 위해 가능한 한 재난 장소와 가까운 곳에 후속조치용 장소(treatment area)를 마련해야 한다. 이러한 활동들에도 사전 교육이 필요하며, 경험이 있으면 더 좋다.

20℃ 이상의 기온과 70% 이상의 상대습도를 지니는 환경에서 48시간 이상이 지날 경우, 물에 젖은 종이 자료에는 곰팡이가 발생할 위험이 있다. 젖은 자료는 가능한 한 빨리 옮겨 건조시켜야 한다(Ellis(ed.), 1993: 101).

4) 복구

마지막 단계에서는 재난 현장과 손상된 자료 모두를 안정적이고 이용

가능한 상태로 복원하는 작업을 한다. 이 단계에는 손상된 자료를 복구하기 위한 보존처리 계획을 수립하고, 재난 현장을 청소하고, 복구된 장소에서 수선된 자료를 교체하고, 재난대비 계획을 개선하기 위해 재난을 분석하는 일이 포함된다.

먼저 어떤 자료가 이용 가능하도록 복원할 필요가 있는지, 가장 좋은 복원 방법은 무엇인지를 결정할 필요가 있다. 이용 가능한 보존 옵션을 평가하고, 그에 대한 비용 견적을 산출해야 한다. 재난 현장도 재사용할 수 있도록 복구되어야 한다. 재난 잔해를 치우고, 습도를 낮추어 곰팡이 증식을 억제하게끔 하는 조치가 필요하다. 복구 과정의 최종 단계에서는 재난대비 계획을 개선하기 위해 이루어진 조치를 평가한다(Ellis(ed.), 1993: 101~102).

(1) 수해 기록물 복구

수해는 가장 흔한 재난의 하나이다. 물에 젖은 기록물을 복구할 때는 꼭 맞는 플라스틱 장갑을 착용하는 것이 좋다. 이는 기록물의 손상을 방지하고, 물로 인한 잠재적 위험으로부터 사용자를 보호할 수 있기 때문이다. 곰팡이는 습한 환경에서 매우 빠르게 증식하므로 곰팡이를 걸러낼 수 있는 마스크를 착용하는 것이 좋다.

곰팡이 성장은 수해 발생 시 가장 흔한 손상 유형이다. 곰팡이를 방지하려면 수해 장소와 기록물을 최대한 빨리 말려야 한다. 자연 건조하려면 환기가 잘 되어야 하므로 선풍기와 제습기를 써서 공기 순환을 증가시키고, 습기를 더 빠르게 제거하면 건조 속도를 높일 수 있다.

기록물을 48시간 내에 말릴 수 없으면 곰팡이가 자라지 않도록 하기 위해 냉동을 고려해야 하는데, 다음 유형의 젖은 기록물은 절대 냉동하면 안

된다. ① 사진, 필름, 유리판 네거티브(마이크로피쉬 및 마이크로필름 포함), ② 도료 성분이 있는 기록물(예: 채색한 사본이나 지도, 건축도면), ③ 전자매체, ④ 자기매체, ⑤ 비닐 레코드(예: 레코드판), ⑥ 여러 매체가 함께 사용된 기록물(예: 나무와 금속이 함께 사용된 기록물), ⑦ 베니어 합판(예: 표지에 베니어 합판이 사용된 책)(Bettington et al.(eds.), 2008: 119).

냉동고를 사용할 수 있다면 동결건조법도 활용할 수 있다. 젖은 자료들은 일단 포장하여 냉동할 준비를 한다. 그 상태로 급속 냉동기에 넣어 영하 21℃ 이하의 온도로 냉동시킨다. 이들은 건조 가능한 자원이 갖추어질 때까지 장기간 냉동 상태로 둘 수 있다. 냉동 자료들은 진공실에서 건조한다.

곰팡이 방제 기술은 재난의 후유증을 방지하는 데 도움이 된다. 화학약품을 사용하지 않고 곰팡이의 성장을 억제하려면 환경조건을 바꾸면 된다. 예를 들어 서가가 향하는 방향을 조정하거나 창문을 일부 열어 공기의 흐름을 향상시켜 눅눅한 장소가 없도록 한다. 곰팡이를 제거할 때는 곰팡이가 퍼져 나가지 않도록 다른 자료들과 떨어진 곳에서 작업한다. 마스크와 장갑은 반드시 착용해야 한다. 살균제를 활용한 곰팡이 제어는 상당한 전문지식을 요하는 분야이므로 반드시 보존처리전문가에게 자문을 구해야 한다. 감마선 조사(照射)도 곰팡이를 제거하는 데 가끔 사용된다.

모든 기록보존기관에는 최신의 재난대비 계획이 있어야 한다. 직원들이 재난에 대응하는 기술을 교육받도록 하고, 재난대비 계획을 세우도록 한다. 아울러 지역 내 다른 기록관·도서관·박물관과 협력하여 계획을 수립한다(Ellis(ed.), 1993: 102).

5) 기록보존 프로그램의 실행

미국 국가기록관리청(NARA: National Archives and Records Administration)의 보존 계획은 보존 프로그램의 주요 요소의 대부분을 포함한다.

- 환경통제
- 소장기록물의 유지관리: 현용자료
- 소장기록물의 유지관리: 신착 시
- 접근 차단, 평가 및 보호: 이용 시
- 비영구적 문서의 체계적 복사
- 자주 사용하는 문서의 복제
- 귀중문서의 실험실 보존처리(laboratory conservation)
- 비문자기록의 보존

표 6-6은 기록보존 프로그램의 주요 요소들이다. 기록보존 프로그램의 어떤 요소를 선택할지는 개별 기록관이 처한 상황에 맞도록 결정한다. 예를 들어 기록관의 예산이 충분하여 적절한 건물에 기록물을 보관할 수 있

표 6-6 보존 프로그램의 요소

1. 건물설계: 안정된 안전한 환경의 보장
2. 환경통제: 적절한 수준의 온도, 상대습도, 빛 확보, 해충 통제
3. 소장기록물 유지관리: 좋은 건물, 청결한 환경에서 상자와 같은 용기에 담아 보관
4. 취급통제: 보안 직원과 이용자 교육
5. 매체 변환 프로그램: 디지털화, 마이크로필름 제작, 복사를 통한 정보 콘텐츠의 복사
6. 보존처리: 처리와 수선
7. 재난 대비와 복구
8. 대중교육: 일반인의 인식을 제고하기 위한 캠페인
9. 자문: 기록생산 단계에서 적절한 재료 및 절차에 관하여

다면, 1번 요소(건물설계)와 2번 요소(환경통제)에는 상대적으로 신경을 덜 써도 되지만, 그렇지 않은 기록관이라면 이것이 우선순위가 되어야 한다. 앞서 상세히 기술했다시피, 보존 프로그램을 시행하는 데 있어 먼저 건물과 소장물을 조사하는 일은 모든 기록관에게 필수 불가결하다. 적절한 보존계획 설계는 열화의 특성과 정도에 대한 상세한 지식이 없이는 이루어질 수 없기 때문이다.

보존이 우선순위가 아닌 기록관이라면 기관의 보존 계획의 첫 요소로서 소장기록을 조사하고, 재난대비 계획을 개발하는 편이 유익할 것이다. 이를 위해서는 전 분야의 많은 인력이 투입되어야 한다. 이 일의 장점은 모든 직급의 많은 직원들이 보존 문제를 접하게 된다는 것으로서, 미래에 다른 보존 계획의 요소가 시행될 때 이러한 사전 지식이 유익한 영향을 미치게 된다. 1인이 근무하는 기록관이나, 소수의 직원만이 근무하는 기록관에서는 이러한 점의 중요도가 다소 떨어진다. 그럼에도 불구하고, 소장기록물을 조사하는 일은 포괄적인 보존 계획을 수립하기 위한 필수적인 예비 단계로서 상당한 장점을 지닌다. 또한 재난대비 계획을 수립하고 시행하는 일은 보존을 위한 자원을 확보하고 할당하는 데 유리하게 작용할 수 있다.

성공적인 기록보존 계획의 공통적인 특징은 다음과 같다.

- 기록관의 보존 문제, 필요자원과 가용자원에 대한 평가, 어떤 보존 행위가 비용 대비 가장 효과적이고 최대 이익을 제공하는지에 관한 의사결정 등 심도 있는 연구에 기반하여 보존 프로그램의 목표를 정의하는 서면 진술서를 개발하라.
- 필수적인 첫 단계로서 우선순위를 설정하라.

- 계획을 수립하기 위한 지원이 기록관 전체 차원에서 이루어질 수 있게 하고, 모든 직원들이 이를 숙지할 수 있도록 하라.
- 자관의 상황을 고려하라. 만일 모든 기록물이 상자에 보관되어 있다면 조명을 자외선이 적게 방출되는 형광등으로 교체하는 일은 우선순위가 낮다.
- 자관의 상황을 고려하여 비용과 일정 계획을 수립하라. 비용은 지역의 물품 공급처 목록이나 인건비에 따라 달라질 수 있고, 상자에 넣는 작업의 일정은 활용 가능한 인력의 사정을 고려하여 조율될 수 있다.
- 조사 결과를 구체적인 계획으로 옮겨라. 이 계획에는 목표, 일정표, 비용에 관한 내용이 포함되며, 최소 비용으로 최대 효과를 얻을 수 있도록 아이템 및 절차에 할당된 우선순위가 포함된다.
- 보존 프로그램을 개발하고 시행하기 위하여 보존처리전문가 또는 전문지식을 갖춘 노련한 보존기록관리자를 고용하라.

기록보존운동의 원로인 조지 쿤하(George M. Cunha)는 작은 기록관에서 보존 프로그램을 시작할 때 밟아야 하는 절차에 대해 다음과 같이 언급했다. 이는 오늘날에도 여전히 유효한 조언이다.

- 보존 서고의 환경을 조사하고 그 적합성을 평가하라.
- 환경을 개선하기 위한 방안을 결정하고 시행하라.
- 소장기록물을 조사하라.
- 간단한 수선 처리와 기록물을 상자에 넣기 위한 작업 공간이나 수리 공간 확보하라.
- 조언을 구하거나 유물의 수선이 필요할 때를 대비해 지역의 보존처리전문가와 우호적인 관계를 만들어두어라.

- 새로운 보존 기술과 전략에 대한 정보에 지속적으로 관심을 가져라(Ellis(ed.), 1993: 102~104).

7. 보존처리

보존처리(conservation treatment)는 개별 기록물 또는 소량의 기록물에 개입하여 수리, 안정화 또는 복원을 수행하는 작업이다. 보존처리 시 보존처리전문가가 따르는 두 가지 원칙은 보존처리 후에 기록물을 원래 상태로 되돌릴 수 있어야 하는 가역성과 안정화에 필요한 최소한의 작업만을 수행하는 최소 개입의 원칙이다. 보존처리 후 원래 상태로 되돌릴 수 있도록 하려면 쉽게 제거하고 되돌릴 수 있는 최고 품질의 재료와 방법만 사용해야 한다. 이것은 보존처리전문가가 지켜야 하는 핵심 원칙 중 하나이다. 보존처리로 인해 기록물이 손상되거나 위험에 처해서는 안 되며, 미래의 기록관리자와 보존처리전문가가 필요에 따라 기록물을 재처리하는 방법을 파악할 수 있도록 보존처리를 문서화해야 한다.

보존처리 작업에서 문서화란 기록물의 원래 상태와 보존처리의 모든 과정을 기록으로 남기는 것이다. 여기에는 표면 청소처럼 아주 간단한 작업부터 세척, 보강, 수리와 같은 좀 더 복잡한 작업까지 모두 포함된다.

문서화 작업은 기록물의 상태를 추적할 수 있고, 기록물에 발생하는 모든 변화를 파악할 수 있으며, 보존처리의 효과를 평가할 수 있고, 미래의 보존처리전문가에게 도움이 되는 정보를 제공할 수 있다. 기록물의 원래 상태를 문서화할 때는 기록물의 색상·크기·질감 등 물리적 상태, 산도·알카리성 등 화학적 상태, 기록물에 존재하는 찢어짐·구겨짐·변색 등 모든 손상 정도를 기록해야 한다. 아울러 보존처리를 수행한 전체 작업의 단계별 설명, 사용한 모든 재료와 도구, 보존처리 전후의 기록물 상태 비교를 문서화하여 남겨야 한다.

보존처리에는 시간과 비용이 많이 들기 때문에 기록관리자는 처리를 제안한 기록물의 중요성과 자원을 다른 곳에 더 잘 배분할 수 있는지 고려해야 한다(Bettington et al.(eds.), 2008: 123~125).

1) (보존처리의) 일반 원칙

보존처리를 할 때 중요한 사전 질문은 '어떤 절차를 적용해야 하는가?'이다. 이 단계에서 기술적·재정적·실무적 관점 아래 기록관에서 실현 가능한 요소들이 무엇인지 고려해야 한다. 아울러 개별 기록물 또는 기록물군의 가치 역시 고려해야 한다. 개별 기록물이나 기록물군에 대한 결정을 신속하게 내릴 수 있도록 하는 지침이 개발되어야 한다. 예를 들면 모든 사진은 영구보존용 종이로 만든 봉투에 넣어야 한다. 의사결정을 돕기 위해서는 표준적인 수리, 마이크로필름 제작, 디지털화, 보존용 복사에 소요되는 비용을 알아야 한다.

보존처리를 할 때는 기록물에 유해하지 않은 고품질의 재료들만 사용해야 한다. 예를 들어 사용된 모든 종이와 판지(板紙, board, 일명 마분지)는 기록물에 화학적인 해를 입히지 않도록 무(無)산성이어야 한다(pH 7이나 그 이상). 열화된 기록물의 산성이 전이되지 않고 저절로 상쇄되도록 알칼리성 종이와 판지를 사용하는 것이다. 마찬가지로 접착제는 화학적으로 비활성이어야 하며, 필요할 경우 접착 상태를 원상태로 되돌릴 수 있어야 한다(Ellis(ed.), 1993: 94~95).

2) 기본적인 수리 절차

간단한 수리 작업은 최소한의 교육, 재료 및 장비로 수행할 수 있으며, 정교한 장비가 필요하지 않다. 봉투를 제작할 때나 대부분의 수리 작업에 필요한 것은 두꺼운 종이를 접을 때 유용한 본폴더(bone folder), 종이를 자를 때 바닥에 까는 커팅 매트나 판지, 종이를 자르는 가위나 종이의 표면을 청소할 때 유용한 부드러운 솔과 같은 저렴한 장비들이다. 수리 절차는 다음과 같다(Ellis(ed.), 1993: 95~96; Bettington et al.(eds.), 2008: 125~129).

(1) 작업공간 준비

기록관에서 안전하게 작업을 수행하려면 먼저 작업할 공간을 준비해야 한다. 깨끗하고 평평한 작업대를 준비하여 메틸 알코올과 물을 섞어 작업대를 청소한다. 표백제나 암모니아가 함유된 일반 가정용 세제는 잔여물이 기록물을 손상시킬 수 있으므로 사용해서는 안 된다.

(2) 패스너 제거

보존처리 또는 복사 전에 문서의 낱장을 묶는 도구인 패스너(fasteners)를 제거해야 한다. 패스너에는 핀, 스테이플러, 스플릿 핀, 천 테이프가 포함된다. 패스너는 금속, 플라스틱 또는 종이로 만들어지는데, 시간이 지남에 따라 기록물을 손상시킬 수 있다. 특히 금속으로 만들어진 패스너는 부식되면 녹이 나서 패스너 부근 종이에 구멍이 생기고, 이는 종이를 약화시켜 찢어짐에 더 취약하게 만든다. 천 테이프 또는 리본은 제거할 때 기록물이 손상될 수 있으며 교체할 수 없기 때문에 반드시 제거해야 하는지 숙고할 필요가 있다. 패스너를 제거할 경우에는 기록물이 손상되지 않도록 패스너의 종류에 따른 적절한 도구를 사용해야 한다.

(3) 종이 기록물의 먼지 제거

종이 기록물과 책 표면에 묻어 있는 먼지는 부드러운 솔(예: 면도용 솔 또는 페인트용 솔) 단독으로, 또는 흡입력이 낮은 진공청소기와 함께 사용하여 제거할 수 있다. 기록물의 일부가 흡입되거나 찢어지지 않도록 진공청소기 노즐에 거즈를 장착해야 한다(이 경우 오래된 스타킹이 좋다).

진공청소기의 노즐은 표면에서 적어도 3cm 떨어뜨려야 하고, 브러쉬는 표면에서 먼지를 들어 올리는 데 사용해야 한다. 페이지는 평평하게 하고 장갑을 낀 손과 부드러운 추로 제자리에 고정시켜야 한다. 먼지가 유해하므로 적절한 마스크를 착용해야 한다.

(4) 접착테이프 제거

테이프 제거는 기록물의 외관을 개선하고 보존 상태를 향상시키는 데 도움이 되지만, 올바른 기술과 도구를 써서 조심스럽게 수행해야 한다.

접착테이프는 열화되어 기록물에 영구적인 얼룩과 부서짐을 남긴다. 테이프가 너무 열화되지 않았다면 열의 도움으로 제거할 수 있다. 다음 방법을 사용하여 테이프를 쉽게 제거할 수 없다면 즉시 중단해야 한다. 매우 열화된 테이프는 진한 갈색으로 변하고 부서지기 쉽다.

부드러운 추로 페이지를 제자리에 고정한다. 헤어 드라이기를 따뜻하게(뜨겁지 않게) 해서 페이지로부터 약 5cm 간격을 주고 접착제 부분을 따뜻하게 한 다음, 핀셋으로 테이프 가장자리를 들어 올리면서 테이프 부분을 잘라낸다. 크레이프 지우개(crepe eraser)를 사용하여 페이지에 남아 있는 접착제 잔여물을 작은 원형 동작으로 제거하고, 접착제가 뭉친 부분을 정기적으로 제거한다. 크레이프 지우개는 종이를 손상시키지 않고 부드럽게 문지르는 데 효과적이며, 주로 미분리성 테이프나 접착물, 문서 표면의 오염물, 흙, 먼지 또는 흔적을 제거하는 데 유용하다. 보존 제품 공급업체에서 구입할 수 있다.

(5) 산성 전이 방지

산성 전이는 종이가 얼룩지거나 갈색으로 변하는 것을 보고 알 수 있는데, 가능하다면 산성을 전이시키는 종이를 제거하거나 영구보존용지를 산성종이 양면에 끼워 넣는 방법으로 방지할 수 있다.

(6) 종이 펴기

말거나 접은 채로 보관되어 있던 종이는 세심하게 펼쳐야 한다. 종이에 수분을 공급하려면 증류수를 스프레이로 뿜어주거나, 촉촉한 흡수지를 사이에 끼워 놓거나, 종이를 펼치기 전에 가습실을 활용한다.

(7) 곰팡이 제거

곰팡이 제거는 어렵고 더럽고 시간이 오래 걸리는 작업이다. 작업을 시작하기 전에 곰팡이가 죽었는지 살아 있는지를 확인하는 것이 중요하다. 곰팡이가 살아 있다면 보관 공간의 환경조건이 양호하지 않음을 나타낸다. 청소 후 곰팡이가 재발할 가능성이 높기 때문에 이러한 조건에서는 보관하지 않아야 한다.

또한 고려해야 할 건강 및 안전 문제도 있다. 특정 곰팡이 포자(살아 있든 죽은 상태든)는 심각한 건강 문제를 유발할 수 있다. 안전을 위해 방진 코트, 비닐장갑, 마스크와 같은 개인보호장비(PPE: personal protective equipment)를 착용해야 한다. 가능한 경우 통풍이 잘 되는 공간에서 흡입기를 사용하는 것이 좋다.

곰팡이가 발생한 기록물은 완전히 말린 후 곰팡이 포자가 방 안에 퍼지지 않도록 헤파필터가 장착된 진공청소기로 흡입해야 한다. 부드러운 솔 또는 페인트 솔을 써서 먼지와 포자를 청소기 노즐에 넣고 매일 작업이 끝나면 비누와 뜨거운 물로 솔을 씻는다. 작업하는 동안 미세 입자를 걸러낼 수 있는 방진 마스크와 비닐장갑도 착용해야 한다.

8. 예방 전략

예방 보존은 기록물에 대한 손상을 지연시키거나 방지하기 위한 수동적이고 전체적인 전략을 말한다. 가장 효과적인 보존 방법은 각 기록물을 개별적으로 처리하는 것이 아니라 전체 기록물의 안전을 위해 필수적이고 기본적인 수준으로 관리하고, 필요한 경우 특히 중요하거나 위험에 처한 기록물에 초점을 맞추는 것으로 널리 인식되고 있다.

예방 보존에는 일반 위험관리, 양호한 보관조건 제공, 통합해충관리(IPM: integrated pest management), 양호한 취급 절차, 재난대비 및 적절한 전시 방법론 개발이 포함된다. 기록물의 가장 큰 위험요인은 보관 환경과 접근 절차이다.

□ **예방 전략의 예**
- 온도와 습도를 조절하여 기록물을 극단적인 온도 변화로부터 보호한다.
- 기록물을 먼지, 곤충 및 기타 오염원으로부터 보호하기 위해 적절한

보관 용기를 사용한다.

- 기록물을 안전하게 취급, 이동하기 위한 절차를 개발하고 직원을 교육한다.
- 화재, 홍수 및 기타 재난으로부터 기록물을 보호하기 위한 재난대비 계획을 수립한다.
- 기록물에 접근하는 것을 제한함으로써 부적절한 취급으로 발생할 수 있는 손상을 방지한다.

예방 전략(preventive strategies)은 기록물을 보존하는 가장 비용 효율적인 방법 중 하나이며, 기록물을 미래 세대에 전하기 위해 필수적이다 (Bettington et al.(eds.), 2008: 102~103).

□ 기록물의 열화를 예방하기 위한 일반적인 취급지침

- 기록물은 최소한으로 만진다. 가능한 한 적게 만지고 기록물을 지지하는 지지대와 같은 보조 도구를 사용한다.
- 손이 깨끗한지 확인한다. 기록물을 취급하기 전과 후에 비누와 물로 손을 씻고 완전히 말린다. 이는 기록물과 여러분의 건강을 보호하기 위한 행동으로 손은 최소한 한 시간에 한 번씩 씻어야 한다.
- 취급하기 전에 모든 기록물을 검사하여 손상 징후가 있는지 확인한다.
- 페이지를 표시하기 위해 포스트잇이나 다른 접착 스티커를 사용하면 안 된다. 중성지나 양질의 본드지를 사용한다.
- 메모를 하거나 마커 슬립에 쓸 때는 연필만 사용한다.
- 페이지가 넘어가지 않도록 고정하려면 부드럽고 유연한 도구를 사용한다. 지퍼백과 납산(또는 다른 작고 둥글며 무거운 물질)으로 저렴하게

제작할 수 있다.

■ 페이지를 넘기려고 손가락에 침을 묻히거나 고무 골무를 사용하지 않는다. 과거에 훈증을 했거나, 곰팡이가 있는 기록물이라면 건강에 위협이 되기 때문이다.

■ 무겁거나, 다루기 어렵거나 또는 큰 기록물을 옮길 때는 주위의 도움을 받는다. 이는 여러분과 기록물의 안전을 위해서다.

■ 기록물을 옮기기 전에 깨끗하고 평평한 작업 공간을 준비한다. 흰색 종이를 펴놓고 그 위에서 작업하면 기록물에서 떨어지는 조각을 쉽게 발견할 수 있다(Bettington et al.(eds.), 2008: 106~107).

9. 보존 관련 법령과 표준

■ 공공기록물관리에 관한 법률
■ 공공기록물관리에 관한 법률 시행령
■ 공공기록물관리에 관한 법률 시행령 시행규칙
■ 산업표준심의회(2010). 필수기록관리와 기록관리 재난대비 계획(KS X 6500: 2010)
■ 국가기록원(2012). 기록물관리기관 보안 및 재난관리 기준. NAK 2-1: 2012(v1.1)
■ 국가기록원(2022). 필수기록물 선별 및 보호절차. NAK 2-2:2022(v1.1)
■ 국가기록원(2021). 기록관 및 특수기록관 시설·환경 표준. NAK 11-1: 2021(v1.2)
■ 국가기록원(2021). 영구기록물관리기관 시설·환경 기준. NAK 11-2:

2021(v1.1)

- 국가기록원(2022). 기록매체 요건 및 관리기준. NAK 12:2022(v3.1)
- 국가기록원(2023). 기록물 보존시설 신축 가이드라인. NAK 24:2023 (v1.1)
- 국가기록원(2022). 종이 기록물 보존 및 복원 지침. NAK 25:2022 (v1.1)
- 국가기록원(2018). 기록물 디지털화 기준. NAK 26:2018(v2.0)
- 국가기록원(2020). 기록물 상태검사 지침. NAK 36:2020(v1.0)
- 국가기록원 기록관리정책과(2021). 행정박물 관리지침
- 국가기록원 복원관리과(2023). 재난 피해 기록물 응급복구 가이드라인
- 국가기록원 보존관리과(2022). 기록물 소독대상 선별 및 처리 매뉴얼
- 국가기록원 복원관리과(2022). 재난 피해 기록물 응급조치 매뉴얼

다시 생각해보기

1. 기록매체에 따른 적절한 취급 방법과 보존 환경에 대해서 알아봅시다.
2. 기록매체별 열화 및 훼손의 원인과 이에 대한 대비책을 정리해봅시다.
3. 단계별 재난 계획을 수립해봅시다.
4. 기록보존 프로그램을 실행하기 위한 보존 계획의 주요 요소가 무엇인지 생각해봅시다.

기록정보서비스

기록정보의 활용과 서비스를 어떻게 확대할 것인가?

김지현

전통적으로 보존기록관의 핵심 역할은 기록의 무결성 보존이었으며 기록의 활용은 이에 상반된다는 인식으로 인해 그 활용 범위는 매우 제한적이었다. 그러나 「정보공개법」을 통한 국민의 알권리 보장과 기록에 대한 대중의 관심이 높아지면서 기록 이용의 목적이 점차 다양해지고 그 범위도 확대되었다. 오늘날 기록을 보존하는 궁극적인 목적이 기록 활용에 있다는 인식이 보편화되면서 이를 지원하는 기록정보서비스의 중요성이 어느 때보다 강조되고 있다. 더불어 정보기술의 눈부신 발전은 기록정보서비스에 많은 변화를 가져왔고 새로운 서비스 개발을 이끄는 원동력이 되고 있다. 기록정보서비스는 현재의 이용자뿐만 아니라 잠재적 이용자들을 대상으로 디지털화된 기록 원문과 검색도구 제공, 전시, 교육, 콘텐츠 개발, 홍보 등 다양한 활동을 포함하는 영역으로 그 외연이 확장되고 있다. 이 장에서는 기록정보서비스의 개념과 절차, 유형, 이용자, 평가, 접근 정책, 저작권 및 윤리, 서비스의 동향 및 발전 방향을 중심으로 살펴본다.

1. 기록정보서비스의 개념과 절차

1) 기록정보서비스의 정의

미국아키비스트협회(SAA: Society of American Archivists) 용어 사전에서는 기록정보서비스를 이용자들의 관심에 맞는 자료를 찾을 수 있도록 도와주는 서비스로 정의하고 있다(SAA, 2005). 기록정보서비스는 기록에 대한 접근이 허가되었을 경우 기록 이용자에게 제공되는 서비스와 시설을 포괄적으로 지칭하는 용어로 정의되기도 한다(Jeremy, Woodley and Kupke, 2008). 퓨(Pugh, 2005)는 기록정보서비스가 넓은 의미에서 이용자의 요구에 맞게 이용자와 기록을 연결시키는 행위를 의미한다고 했다. 기록정보서비스는 다양한 활동들로 구성되며, 이를 수행하기 위한 지적·관리적 능력 및 대인관계 기술이 요구된다. 디어스틴(Dearstyne, 1997)이 제시한 이용자 중심의 서비스 개념을 수용하여 퓨는 기록정보서비스를 현재 혹은 잠재적 이용자와의 모든 상호작용과 관련된 공공서비스 프로그램으로 정의했다. 이는 연구를 위한 이용을 촉진하고 이용자들을 적극적으로 보조하며 서비스 향상을 위해 이용을 평가하는 보존기록관리자의 역할을 강조하는 개념이라고 할 수 있다. 이와 더불어 더프와 예이켈(Duff and Yakel, 2017)은 기록정보서비스를 이용자, 보존기록관리자, 기록 및 기록시스템 간 다양한 조합에 따른 상호작용으로 정의한다. 보존기록관에서의 상호작용은 보존기록전문가 혹은 기록시스템에 의해 이루어지는 사회적 또는 기술적 상호작용이며 이용자의 관심에 맞는 자료, 증거 혹은 정보를 이용자에게 의미 있고 활용 가능한 형태로 제공하는 것을 의미한다. 한편 외스트라이허(Oestreicher, 2020: 39)에 따르면 효과적인 상호작용은 이용자와의 협력관계를 기반으로 이루어지며 보존기록관리자가 이용자와 함께 배움을 얻는 과정이다.

이러한 정의들을 통해 기록정보서비스는 이용자, 보존기록전문가, 기록 및 기록시스템 간 상호작용을 바탕으로 이용자가 찾고자 하는 기록을 활용 가능한 형태로 제공하고, 잠재적 이용자에게 보존기록관과 소장기록을 알리는 활동 전반을 의미한다고 볼 수 있다. 이러한 기록정보서비스는 기록에 대한 지적(intellectual)·법적·물리적 접근이 가능하다는 전제하에서 이루어질 수 있다. 또한 기록정보서비스는 지적·인간적(human), 행정적(administrative) 영역을 포괄하는 활동이다. 지적 영역에서 보존기록관리자는 이용자, 기록, 기록시스템 간의 상호작용을 통해 이용자의 요구에 맞는 기록을 검색하여 제공하게 된다. 인간적 영역은 이용자의 비언어적 표현과 대인관계적 요소를 고려하여 제공되는 서비스와 연관된다. 행정적 영역은 이용자 등록과 확인, 이용 절차를 설명하는 오리엔테이션 등 관리적인 측면을 의미한다(Pugh, 2005: 112).

2) 기록정보서비스의 과정[1]

기록정보서비스의 과정은 일반적으로 등록, 확인, 오리엔테이션, 초기 면담, 연구 과정 중의 지속적 상호작용, 마무리 면담으로 구성된다. 등록, 확인 및 오리엔테이션은 기록정보서비스의 행정적 영역에 해당하며, 초기 면담, 지속적 상호작용 및 마무리 면담은 기록정보서비스의 지적 영역과 연관되는 과정이다. 행정적 영역이 지나치게 강조되다 보면 이용자의

---

[1]   Pugh(2005: 112~147)를 참고했다.

요구에 맞는 기록을 제공하고자 하는 서비스의 지적인 부분을 실현하기 어려우므로 이 두 가지 영역의 조화를 이루는 것이 중요하다(Pugh, 2005: 131).

등록과 확인은 기록에 대한 보안을 유지하고 보존기록관 이용 규칙과 법적인 사항을 이용자에게 알리기 위한 통상적 절차이다(Pugh, 2005: 189~190). 오리엔테이션은 보존기록관리자가 보존기록관 전반에 대해 소개하는 과정으로, 기록관의 자료 및 자료 생산자, 관리 현황에 대한 정보를 제공하고 이용자의 효과적인 연구준비 방법을 안내하기 위해 수행된다(조민정, 2001).

초기 면담, 지속적 상호작용 및 마무리 면담 과정에서 질문 협상(question negotiation)이 이루어지며 이는 질의 형성, 해답 제시, 정련(refinement)의 세 단계로 구성된다(표 7-1 참조). 초기 면담에서 질의 형성과 해답 제시 및 적합한 검색 전략이 제안되며 보존기록관리자와 이용자 간의 지속적 상호작용을 통해 질의에 대한 정련이 이루어진다. 마무리 면담은 이용된 기록에 대한 정보와 서비스에 대한 이용자 의견을 수집할 수 있다는 점에서 유용하다.

초기 면담은 질의 형성으로 시작되는데, 이 단계에서 보존기록관리자는 이용자의 정보 요구를 충실히 파악하는 데 주력해야 한다. 이용자의

표 7-1 **기록정보서비스 질문협상 과정**

단계	질문협상 과정(원기호로 표시된 세 가지 활동으로 구성)
(1) 초기 면담	① 질의 형성(주제 리스트 작성) ② 해답 제시(탐색 전략 수립)
(2) 지속적 상호작용	③ 정련(질의 및 검색전략 보완)
(3) 마무리 면담	검색도구 및 서비스 평가

언어로 표현된 정보 요구를 검색도구에서 표현된 검색어로 변환하기 위해 필요한 정보를 수집하고, 이용자의 기록 이용목적을 이해하는 것이 질의 형성에 도움이 된다. 해답 제시 단계에서는 질의 형성 단계에서 구체화된 질문에 가장 효과적인 검색 전략을 수립하고 기록에 대한 탐색을 실시한다.

지속적 상호작용은 앞서 형성된 질의와 검색 전략을 정련하는 과정을 의미한다. 이용자들은 기록을 탐색하는 과정에서 문제 해결에 필요한 새로운 정보를 찾아내거나 다른 질문들을 도출하기도 한다. 이를 통해 또 다른 질의 형성과 해답 제시 과정이 실행될 수 있다. 마무리 면담에서는 소장기록과 검색도구 및 서비스에 대한 평가가 이루어지며, 추가적인 기록 탐색을 위해 이용자들이 재방문할 필요가 있는지를 확인한다(Pugh, 2005: 112~120).

이용자와 보존기록관리자 간의 상호작용을 원활히 하기 위해서는 우선 초기 면담에서 제시된 이용자의 최초 질문을 정확히 이해해야 한다. 이용자들은 낯선 사람에게 자신의 요구나 무지를 드러내는 것이 심리적으로 불편하기 때문에 첫 질문에서 정보 요구를 분명하게 표현하지 않는 경우가 많다. 그러므로 이용자들이 정보 요구를 충분히 표현할 수 있도록 이끌어주고 그들의 질문을 경청하는 것이 무엇보다 중요하다.

이러한 기록정보서비스의 과정은 대면 상호작용을 전제로 논의되었지만 전화와 이메일 등 전통적인 방식에서부터 실시간 챗(chat)과 소셜미디어를 활용한 비대면 상호작용도 서비스에서 발생한다. 특히 현재의 온라인 환경에서는 기록에 대한 경험과 이해의 폭이 다른 다양한 이용자들이 존재하고 디지털 기록 접근 및 신속한 응답 제공에 대한 이용자 기대 수준이 높으므로 이를 모두 만족시키는 서비스 제공은 사실상 불가능하다. 따라서 보존기록관리자의 소통능력이 온라인 상호작용에서도 핵심적인 요건이라 할 수 있다(Oestreicher, 2020: 45).

더프 외(Duff, Yakel and Tibbo, 2013)는 이용자의 질문에 효과적으로 응답할 수 있는 보존기록관리자의 지식 영역을 ARK(Archival Reference Knowledge)라고 했다. ARK는 기록에 대한 지식(collection knowledge), 연구 지식(research knowledge), 상호작용 지식(interaction knowledge)의 세 가지로 구성된다. 기록에 대한 지식은 소장기록에 대한 지식과 기록의 맥락에 대한 지식을 의미한다. 연구 지식은 연구방법론에 대한 지식, 유물로서의 기록을 이해하는 능력(artefactual literacy) 및 주제 지식을 가리킨다. 상호작용 지식은 이용자, 기록시스템, 기관에 대한 지식을 의미한다.

2. 기록정보서비스의 유형

기록정보서비스는 그 정의에서도 나타나듯이 현재의 이용자 요구에 부합하는 기록을 제공하는 것뿐만 아니라 잠재적 이용자들에게 기록의 가치와 유용성을 홍보하고 기록을 적절한 형태로 가공하여 제공하는 기능까지 포괄하는 광범위한 활동이다. 기록정보서비스의 유형은 여러 가지로 제시될 수 있으며, 절대적인 구분 방식은 존재하지 않는다. 이 절에서는 검색 및 열람 서비스, 부가가치 서비스, 활용촉진 서비스의 세 가지로 그 유형을 제시한다(김순희, 2010; 설문원, 2008b).

1) 검색 및 열람 서비스

검색 및 열람 서비스는 이용자가 원하는 기록을 찾을 수 있게 하는 검색도구의 제공, 검색서비스 및 실제 기록을 열람할 수 있게 하는 서비스를 포함한다(표 7-2 참조). 검색도구는 기록관리 원칙을 적용하여 집합적·계층적 기술을 기반으로 하는 수직형 검색도구가 일반적이었으나, 최근에는 주제 검색 및 기관 간 통합적 검색을 가능하게 하는 다양한 형태의 수평적 검색도구가 등장하고 있다(설문원, 2010). 이용자들은 다양한 접근점을 활용할 수 있는 검색을 선호하므로 출처별 검색도구와 주제별 색인이 조화를 이루는 검색시스템을 구현할 필요가 있다. 특정 주제에 대한 기록이나 검색도구 및 관련 자원을 모아 각각의 이용 방법과 특징을 제공하는 온라인 검색 가이드(research guide)는 이용자들이 기록을 쉽게 검색하고 이해하는 데 도움을 줄 수 있다(설문원, 2015). 또한 기록생산 맥락을 검색할 수 있도록 기록생산자에 대한 변천 정보를 제공하고 시소러스 등 검색어 사전을 제공하여 검색 효율을 높일 수 있다. 이용자가 원하는 검색을 수행

표 7-2 **검색 및 열람 서비스**

검색도구 제공	• 소장기록 목록 • 전거파일 • 색인(주제, 인명, 지명, 사건) • 등록부	• 통합 목록 • 시소러스(주제어, 기능어) • 인벤토리 • 검색 가이드
검색서비스	• 이용자 유형별 서비스 • 통합 검색(소장처 안내)	• 전담 창구(참고 면담 및 검색)
열람서비스	• 방문 열람 • 서고 외 반출 • 방문열람 예약신청	• 온라인 열람(기록 원문 디지털화) • 사본제공 서비스 • 온라인 사본 신청

자료: 국가기록원, NAK 21: 2018(v1.1); 김순희(2010: 177~178); 설문원(2008b: 15~17); 설문원(2015) 재구성.

할 수 있게 지원하는 검색시스템을 구축하고 이와 더불어 검색도구와 목록의 위치를 안내하고 공개 기록물과 최신 수집목록을 제시할 필요가 있다(국가기록원, NAK 21: 2018(v1.1)).

열람서비스와 관련해 방문 열람이 이루어지는 열람실은 외부로부터 이용자들의 접근이 용이한 곳에 위치하는 것이 좋다. 직사광선이나 조명으로부터 기록을 보호하기 위해 자외선 차단 필터, 커튼 또는 블라인드를 설치하고, 조용하고 편안한 환경을 조성해야 한다. 도난, 고의적인 손상, 부주의한 이용으로부터 기록을 보호하기 위해 열람실 내 보안 절차 및 규정을 마련해야 한다(Pugh, 2005: 176~185). 온라인 열람은 공개할 수 있는 기록을 대상으로 지속적인 디지털화와 이를 제공하는 시스템 구축을 토대로 운영되어야 한다. 열람서비스 중 하나인 서고 외 반출은 원칙적으로 금하지만 제한적으로 허용할 수 있으며 이 경우 반출과 관련된 규정을 사전에 수립해야 한다. 행정적 이용, 연구 목적, 전시를 이유로 외부 기관 또는 관계자가 대여를 요청할 경우 규정에 따라 허용할 수 있으며 기관 간 대여 합의서를 작성해야 한다. 기관의 방침에 따라 내부 직원에게도 반출을 허용할 수 있으며 반출 신청서를 반드시 작성하도록 한다. 또한 사본 제공 서비스는 복제, 복사, 전송으로 구분된다. 복제의 경우 관련된 법적 조건, 기록 소유자와 저작권자의 권리, 기록 보호에 필요한 조건을 명확히 하고 이를 위한 규칙과 절차가 마련되어야 한다. 복사는 원본의 물리적 상태를 고려하여 수행되며 저작권을 보호할 수 있는 관련 규정이 수립되어야 한다. 전송을 통해 기록 사본을 전달할 때 사본의 변경과 훼손을 막는 보호조치가 필요하다(국가기록원, NAK 21: 2018(v1.1)).

2) 부가가치 서비스

부가가치 서비스는 기록의 가공과 해석 작업을 통해 각종 콘텐츠 및 전시물을 제공하며, 기록관의 잠재적 이용자들이 기록을 쉽게 이용할 수 있도록 다가가는 서비스를 의미한다(설문원, 2008b). 부가가치 서비스는 크게 전시, 기록콘텐츠, 이용자 교육, 연구지원 서비스로 구분할 수 있다(표 7-3 참조). 이 항에서는 전시, 기록콘텐츠, 이용자 교육을 중심으로 정의, 개발 절차 및 연구 동향을 살펴본다.

표 7-3 **부가가치 서비스**

전시	• 상설전시(온라인, 오프라인) • 특별전시(주제별, 유형별)
기록콘텐츠 개발	• 이용자 유형별 맞춤형 콘텐츠(이용자 참여형 콘텐츠, 국정 분야 및 주제별 콘텐츠) • 교육용 콘텐츠
이용자 교육	• 교육 프로그램(교사 워크숍, 기록문화학교, 이용교육) • 강좌, 세미나 • 학습지원 서비스(e-Learning) • 교수지원 서비스(교수안 제작)
연구 지원	• 연구조사 서비스(기록 연구활동 지원) • 전문가 서비스(전문 해설서 및 가이드) • 법률지원 서비스(법률 상담)

자료: 김순희(2010: 179); 설문원(2008b: 17~18) 재구성.

(1) 전시

기록관 혹은 박물관에서의 전시는 어떠한 목적을 가지고 전시물을 보여주는 행위를 의미하며, 관람객에게 전시물을 통해 전달하고자 하는 의도를 보여줌으로써 영향을 미치는 것을 말한다(벨처, 2006: 61). 이러한 전시는 전시물, 전시 공간, 전시 기획자, 관람객 간의 유기적인 작용을 통해 생성되는 복합적인 결과물이라고 할 수 있다(윤병화, 2023a: 51).

전시의 유형은 기능을 기준으로 감성전시, 교훈전시, 해설전시로 구분할 수 있다. 감성전시는 전시물의 미적 가치를 최대한 보여주는 것을 목적으로 하는 물품 지향적 전시이며, 시각적 아름다움을 위한 심미적 전시와 낭만주의를 위한 환기적 전시로 나눌 수 있다. 교훈전시는 전시의 의도를 명확히 전달하는 것이 목적이며, 교육자료를 전면에 배치하고 전시해설을 진행하는 방식으로 이루어진다. 해설전시는 학술적 연구 활동을 통해 분석한 객관적인 근거를 바탕으로 전시물을 설명하는 전시를 의미한다. 또한 전시는 그 형식에 따라 상설전, 기획전, 특별전, 순회전, 대여전으로 구분할 수 있다(윤병화, 2023a: 61~63).

전시는 계획, 기획, 진행, 평가의 4단계로 이루어진다. 전시계획 단계에서는 전시 주제를 선정하고 실현가능성을 검토한다. 전시 주제가 정해지면 자료를 수집하고 주제에 맞는 전시물을 선정한 후 목록을 작성한다. 전시기획 단계에서는 계획 단계에서 수집된 자료를 바탕으로 전시의 목적, 시기, 자료 보존 및 보안, 인력, 전시 공간, 일정과 예산을 검토한다. 이를 통해 전시 추진이 결정되면 전시팀을 조직하고 자원을 확보하며 구체적인 전시 기획서를 작성한다. 전시진행 단계는 이전 단계에서 계획한 내용을 구체적으로 실행하는 과정이다. 선정된 전시물을 전시 공간으로 안전하게 이동하여 설치하고 개막 행사를 진행한다. 전시실 운영에 있어 전시물 관리와 원활한 전시 진행을 유도하며 전시 평가를 진행하기도 한다. 전시 완료 이후 전시물을 정리 혹은 반환하고 결과 보고서를 작성한다. 전시평가 단계는 전시 내용이 관람객에게 효과적으로 전달되었는지를 검토하여 향후 전시의 품질을 개선하고자 하는 목적으로 진행된다(윤병화, 2023b: 161~167, 187~193).

기록관 전시에 대한 국내 연구는 다양한 기록관리기관을 대상으로 이루어졌다. 대통령기록관 전시 관련 연구(김혜윤·김지현, 2019; 송나라 외, 2016; 이재나·유현경·김건, 2015; 조민지, 2018)가 다수 수행되었으며 국가기록원과 국립민속박물관 전시 비교분석(김연주, 2009), 교육기록물관리기관(우지원·이용재, 2016) 및 조계종 중앙기록관(김재훈·이경훈, 2006)의 전시 개선방안 연구가 수행되었다. 이 연구들은 공통적으로 관람객에게 친밀감 있는 전시 주제 및 구성을 제공하고 체험형 전시의 확대를 제안했다. 또한 기록 전시를 통한 과거의 재현과 의미화의 효과를 고려해야 한다고 제시했다(조민지, 2018). 최근에는 물리적 전시뿐만 아니라 온라인 전시가 기록의 가치와 유용성을 극대화할 수 있는 방안으로 논의되고 있다. 정보전달 기능, 전시효과적 기능, 정보적 기능을 포함하는 온라인 전시 기능요건을 효과적으로 구현하고 기록정보, 배경정보, 해석 또는 스토리로 구성되는 기록콘텐츠를 기반으로 가상현실 등 다양한 기술을 활용한 온라인 전시를 제공할 필요가 있다. 이를 통해 정보의 확장성과 이용자의 관심도를 높이고 이용자와의 상호작용을 통해 새로운 콘텐츠를 생성할 수 있다(서은경·박희진, 2019; 유호선 외, 2017; 임수현·서은경, 2021; 최석현 외, 2014; 최윤진 외, 2014).

(2) 기록콘텐츠

기록의 활용에 초점을 맞춘 적극적인 기록정보서비스가 강조되면서, 잠재적 이용자들이 기록의 내용에 쉽게 접근하고 이해할 수 있도록 기록을 재구성하고 관련 정보를 부가하여 디지털 형태로 제공하는 사례들이 증가하고 있다. 기록콘텐츠 혹은 기록정보콘텐츠라고 명명되는 이러한 정보자원은 기록의 활용이 강조되고 디지털 기술이 발전하는 환경에서 그 개발과 이용이 증가할 것으로 예상된다. '콘텐츠'는 원래 정보통신기술이 빠르게 발전하면서 각종 유무선 통신망을 통해 제공되는 디지털 정보나 그러한 내용물[2]을 의미한다. '디지털 콘텐츠'라는 용어로도 많이 사용되지만 콘텐츠라는 개념 자체가 디지털 형태의 정보임을 함의한다고 볼 수 있다(설문원, 2012).

국내에서 기록콘텐츠에 대한 논의는 다양한 영역에서 이루어져왔다. 교수·학습자료용 콘텐츠 서비스 및 개발(심성보, 2007; 이은영, 2011a, 2011b; 이정민·김수정, 2023), 초등 또는 중등 교육에 기록콘텐츠를 연계하는 방안(김솔, 2013; 도윤지, 2013), 역사기록콘텐츠의 교육적 효용성(신예진·최재황, 2015) 연구 등 교육용 기록콘텐츠에 대한 논의가 활발히 이루어졌다. 또한 지역사 및 로컬리티 관련 기록콘텐츠 개발에 대한 연구를 통해 개발 전략을 제시하고 이를 적용한 사례 연구가 수행되었다(설문원, 2012; 현문수·김동철, 2013; 현문수·전보배·이동현, 2014). 이 외에 특정 유형의 기록에 대한 콘텐츠 개발 연구(설문원·김익한, 2006; 류한조·김익한, 2009; 우지원·이영학, 2011)와 소셜미디어를 활용한 기록콘텐츠 서비스 연구(박지영 외, 2018; 정회명·김순희, 2023)도 진행되었다.

국내 기록콘텐츠 사례로 국가기록원의 디지털 컬렉션[3]으로 제공되는 대한민국과 기록, 날짜와 기록, 어린이 콘텐츠가 있으며 대통령기록관 기록컬렉션 중 대통령 연설 기록콘텐츠[4]와 해외순방 콘텐츠[5]를 들 수 있다.

---

2   네이버. n.d. "국어사전."
      http://dic.naver.com/(검색일: 2023.10.10.)
3   국가기록원. 2022. "디지털 컬렉션".
      https://www.archives.go.kr/next/newtheme/contentsList.do(검색일: 2023.10.28)
4   대통령기록관. 2019. "연설기록".
      https://pa.go.kr/research/contents/speech/index.jsp(검색일: 2023.10.28)
5   대통령기록관. 2019. "해외순방".

국외 사례로 영국 국가기록원(TNA: The National Archives)의 교육용 콘텐츠[6]는 시대별, 교육과정 단계별, 자원 유형별로 검색 가능하며 5~18세 영국 학생들의 역사 교육과정과 연계되어 있다(백진이·이혜영, 2018). 또한 남북전쟁 전후 두 마을의 기록을 중심으로 구축된 "The Valley of the Shadow"[7]는 미국 내 역사 및 관련 분야에서 우수성을 인정받은 기록콘텐츠로 두 마을 주민들의 삶을 기록으로 대비시켜 드러내는 방식을 취하고 있다(설문원, 2012).

(3) 이용자 교육

기록 이용자를 대상으로 하는 교육의 중요성은 지속적으로 강조되어 왔으며, 오리엔테이션 수준의 이용자 교육을 넘어 원자료에 대한 정보 리터러시를 증진하는 이용자 교육의 중요성이 부각되고 있다(Yakel, 2004). 국외의 기록 이용자 교육은 크게 보존기록관에서의 교육, 학교 수업에서의 교육, 튜토리얼 기반의 교육으로 구분된다(Duff and Yakel, 2017). 보존기록관에서의 교육은 주로 보존기록관리자가 제공하는 오리엔테이션을 통해 이루어지는데 그 내용과 정보의 양은 이용자의 기록 이용 경험 및 관심 분야에 따라 달라질 수 있다. 학교 수업에서의 기록 활용 교육 역시 원자료를 활용하는 리터러시 교육의 중요성으로 인해 강화되고 있다. 이로써 이용자 교육의 내용과 교육 방식을 결정하고 실제 이용자 교육이 성공

---

https://pa.go.kr/portal/contents/stroll/diplomacy/diplomacyMain.do(검색일: 2023.10.28)

[6] The National Archives. n.d. "Education and Outreach". https://www.nationalarchives.gov.uk/education/(검색일: 2023.10.28)

[7] The University of Virginia Library. n.d. "The Valley of the Shadow". https://valley.lib.virginia.edu/(검색일: 2023.10.28)

적으로 이루어졌는지를 평가하는 보존기록관리자의 역할이 강조되고 있다. 튜토리얼 기반의 이용자 교육은 주로 유튜브를 통해 기록관 교육 및 홍보 비디오를 공유하는 방식으로 활발히 전개되고 있다. 대다수의 튜토리얼이 원자료와 2차 자료의 차이점을 설명하는 데 중점을 두고 있고 기록관 소장기록을 소개하고 있다는 점에서 보존기록관에서의 이용자 교육과는 차이가 있다.

국내에서는 주로 대통령기록물 기반의 교육 프로그램 개발과 관련된 다양한 연구들이 수행되었다. 신문활용교육이나 다중지능이론 등 교육학 분야의 이론 및 기법과 정보 리터러시 모형을 적용한 연구(김건 외, 2013; 심갑용 외, 2015; 이능금·김용·김건, 2015)와 자유학기제 적용을 받는 중학생 또는 다문화 가정을 대상으로 하는 대통령기록물 기반 교육 프로그램에 대한 연구도 이루어졌다(김은실 외, 2017; 송나라 외, 2017). 대통령기록관 교육 프로그램 연구에서는 학생과 교사를 대상으로 학년별 수준을 반영하고 참여와 체험 등 다양한 방식과 콘텐츠를 기반으로 하는 교육 프로그램 제공, 교사들을 위한 지원 프로그램 개발 및 교육 전문가 활용을 제시했다(박성희, 2010; 이진영, 2012). 어린이 교육 프로그램과 관련하여 국가기록원 정책에 어린이 교육 서비스에 대한 내용을 명문화할 것과 이를 지원할 조직과 인력의 필요성이 논의되었다(서혜경, 2010). 더불어 온라인 교육이 확대되는 현시점에서 학교 교육과정과 연계된 교육용 콘텐츠 개발에 대한 국가기록원 등 보존기록관의 역할 강화가 제안되었다(김정분, 2020).

3) 활용촉진 서비스

국내에서는 기록관에 대한 인지도가 전반적으로 낮은 편이므로 이를

표 7-4 **활용촉진 서비스**

홍보	• 책자 발간 및 출판(홍보물, 연보, 해제집, 번역집, 학술서, 전문서) • 매체 홍보(언론 인터뷰) 및 마케팅 • 기록공동체 운영(서포터즈, 자원봉사자, 모니터 집단)
견학	• 이용자 대상별 견학(초등학생, 중고등학생 및 일반인, 기록관리 전공자 및 실무자 대상, 외국인)
행사	• 이벤트(백일장, 세계 기록의 날, 사진 전시회) • 기념품 배포

자료: 김순희(2010: 180); 설문원(2008b: 18~19); 이혜원·이해영(2015: 233) 재구성.

개선하기 위하여 다양한 문화 행사와 견학 제공 및 적극적인 홍보 활동을 전개할 필요가 있다(표 7-4 참조). 이 항에서는 이러한 활용촉진 서비스 중 주로 홍보와 출판을 중심으로 그 개념과 방법을 살펴본다.

보존기록관에서의 홍보(public relation)는 기관 내·외부의 개인 혹은 단체들과 보존기록관의 서비스 및 목적을 커뮤니케이션하는 것으로 정의된다. 성공적으로 홍보하기 위해서는 보존기록관의 사명과 다양한 잠재적 이용자 집단에 대한 이해가 반드시 선행되어야 한다. 홍보는 보존기록관과 대중 간의 쌍방향 커뮤니케이션이므로 온라인 및 오프라인 방식을 활용한 다양한 형태로 전개된다(Kurtz, 2004: 221).

홍보는 우편이나 인터넷을 통해 직접적으로 잠재적 이용자들에게 접근하는 방식과 대중매체를 통한 간접적인 방식의 두 가지로 구분할 수 있다. 직접적인 접근 방식을 활용할 경우, 보존기록관리자는 기관 내 홍보 담당자와 협력하여 홍보 메시지를 작성하고 이를 전달하고자 하는 사람들에게 발송하거나 기록관 웹사이트에 게시한다(Pederson, 2008). 다양한 소셜 미디어를 통해 기록관을 홍보하고 새로운 이용자층에 접근하려는 보존기록관이 증가(Duff and Yakel, 2017)하면서, 미국 국가기록관리청(NARA: National Archives and Records Administration)에서는 기관의 전략 계획과 밀접히 연계되는 소셜미디어 전략을 수립하여 이를 홍보에 적극 활용하도록 지원하고 있다(NARA, 2020).

라디오나 신문, TV 같은 대중매체를 활용하는 간접적인 홍보 방식은 더욱 광범위한 홍보 효과를 누릴 수 있다는 점에서 긍정적이다. 간접적 홍보를 통해 기증을 유도하거나 새로 수집된 기록을 공개한다든지, 강의나 전시 및 교육 프로그램을 홍보할 수 있다(Kurtz, 2004).

보존기록관에서 이루어지는 홍보 활동의 또 다른 예시로 국가기록원 홍보에 일반 국민이 참여하는 서포터즈 활동인 나라기록넷띠가 있다. 2023년 17기를 선발했고 국가기록원 소식과 콘텐츠의 소셜미디어 홍보 및 주요행사 참여 활동을 수행한다. 나라기록넷띠에 대한 인지도를 높일 수 있는 홍보 방안 및 서포터즈 활동을 평가하는 명확한 기준과 인센티브가 필요하다(백제연·이성신, 2021).

출판은 홍보 활동과 밀접하고 그 결과물이 보존기록관과 소장기록 및 서비스에 대한 교육도구로 사용되거나 연구의 산물로서 지속적으로 활용될 수 있다(Pederson, 2008). 외국의 국립기록관에서는 가이드, 인벤토리, 목록집, 해제집과 같은 출판물들의 비율이 가장 높은 것으로 나타났다(정은진, 2007). 반면 국가기록원의 출판물은 기록관리 실무자와 학술 연구자를 대상으로 하는 보고서나 매뉴얼 또는 자료집이 대다수인 것으로 조사되었다(심세현·이성숙, 2010). 국가기록원 및 기록물 전문기관 출판 프로그램의 발전 방안으로 기관 내 출판전문조직의 필요성, 기획 단계에서 외부 의견을 충분히 반영하는 방안 모색, 출판물 주제 범위의 확대가 제안되었다(정창오·이해영, 2018).

견학과 행사는 국내 보존기록관에서 일반적으로 제공되는 활용촉진 서비스이지만 이에 관한 연구는 드문 편이다. 세분화된 이용자군에 적합한 대통령기록관 견학 프로그램을 개발하고 전시 혹은 교육 프로그램과 견학을 연계하는 방안(이혜원·이해영, 2015) 및 공모전과 캠페인 위주의 국가기록원 행사 프로그램을 공연, 전문가 모임으로 다양화하는 방안(박현정·장우권, 2015)이 제시되었다.

3. 기록정보서비스 이용자 연구

1) 이용자 유형에 따른 요구

다양한 유형의 기록 이용자를 이해하기 위해서는 이용자의 정보 요구가 발생하는 상황과 맥락에 대한 이해가 필요하다. 이용자 유형은 크게 직업적(vocational) 이용자와 비직업적(avocational) 이용자로 구분할 수 있는데 직업적 이용자에는 모기관의 직원, 전문직 이용자, 학자, 학생, 교사 또는 대학교수가 포함되며 비직업적 이용자로는 족보학자(genealogists), 아마추어 역사가 및 기록수집가가 있다(Pugh, 2005: 43~60).

더프와 예이켈(2017)에 따르면 직업에 따른 이용자 유형 가운데 선행연구에서 가장 많이 조사된 집단은 역사학자, 학생, 족보학자로 나타났다. 또한 상기 저자들은 다양한 데이터 아카이브에서 데이터를 재이용(reuse)하는 사람들을 새롭게 등장한 기록 이용자 유형으로 제시했다. 이를 바탕으로 이 절에서는 가장 많은 연구가 수행된 역사학자, 학생, 족보학자 및 새로운 기록 이용자 유형인 데이터 재이용자(reusers)에 대한 논의를 살펴본다.

역사학자들은 보존기록관의 핵심 이용자층으로 인식되어왔고 이들이 어떻게 기록에 접근하고 기록을 활용하는지에 대한 여러 연구가 진행되었다. 북미 역사학자들을 대상으로 한 연구에서 역사학자들 대다수는 출판된 자료의 각주와 참고문헌을 추적하여 원자료의 소재를 파악하며, 출판된 서지나 검색도구 및 가이드도 많이 활용했다(Tibbo, 2003). 웹 기반 검색도구와 디지털 기록 컬렉션은 역사학자들에게도 매우 유용한 자원(Duff, Craig and Cherry, 2004; Sinn and Soares, 2014)이지만 연구에 활용하기에는 불완전한 경우가 많아 학자들의 요구를 고려한 서비스 개선의 필요성이 논의되었다(Force and Wiles, 2021). 학술정보 요구를 가진 국내 이용자들을 대상으로 한 연구에서는 정보공개 청구를 통한 공공기록 접근이 이용자 불만족의 주된 요인임을 확인하고, 연구자들의 요구에 맞는 차별화된 기록정보서비스 개발이 필요함을 강조했다(윤은하 외, 2014). 또한 학술 목적의 이용자들은 다양한 유형의 원본 기록에 대한 요구가 많으며 기록에 대한 주제별 접근과 양적 연구를 위한 기록 수집·분석 지원, 집합적이고 상세한 기술 및 가이드 등 효율적인 검색도구에 대한 요구가 높았다(설문원, 2022; 성면섭·이해영, 2020; 장윤서·김지현, 2021).

학생들은 기록을 활용하여 분석적 사고능력을 함양하고 과거와 현재의 연계성을 탐구할 수 있다. 보존기록관리자의 교육적 역할이 가장 강조되는 이용자 유형이기도 하다. 국외 연구에서는 주로 대학기록관의 오리엔테이션 수업이 학부생들의 학습능력에 미치는 영향을 분석했다. 학부생들이 대학기록관에서 제공하는 오리엔테이션에 참여한 이후 기록 이용에 대한 자신감 수준과 기록을 과제에 활용하는 빈도가 증가했으며, 기록을 관찰·해석하고 비판적으로 평가하는 능력이 향상된 것으로 나타났다(Duff and Cherry, 2008; Krause, 2010; Daniels and Yakel, 2013). 국내에서는 중고등학생, 학부 또는 대학원생 등 잠재적 이용자들을 대상으로 기록에 대한 인식을 조사한 연구가 수행되었다. 이들은 기록관에 대한 인식 정도는 낮았으나 기록관리의 중요성 및 향후 기록 이용에 대해서는 긍정적으로 인식하고 있어 이들의 요구에 맞는 서비스 제공이 필요함을 알 수 있다(김태훈, 2021; 조윤희 2008; 강혜라, 장우권 2017; 이정은 외, 2017).

족보학자들은 북미의 보존기록관 이용자 중 가장 높은 비율을 차지하는 이용자 유형이라고 할 수 있다. 족보학자들은 보존기록관리자보다는 비공식적인 네트워크나 동료들을 통해 원하는 자료를 찾는 경향이 있고, 다양한 검색 전략을 반복적으로 활용하며, 검색 시 주로 이름이나 장소 또는 날짜를 이용하는 것으로 나타났다(Duff and Johnson, 2003). 에이켈과 토레스(Yakel and Torres, 2007)는 족보학자들이 기록에 접근하여 필요한 정보를 찾아내고 이를 개인적으로 의미 있는 정보로 해석하면서 가족사를 재창조하는 과정을 통해 기록공동체(community of records)를 형성한다고 보았다.

데이터 재이용은 원래 데이터가 생성된 목적과는 차별화되는 연구 및 기타 목적으로 데이터가 이용된다는 의미이다.[8] 최근 활성화되고 있는 공공데이터 개방 및 연구데이터 공유 정책을 통해 공개되는 데이터가 늘어나면서 데이터의 재이용 역시 확산되고 있으며 관련 연구도 활발히 수행되고 있다. 더프와 에이켈(2017)은 데이터 재이용 연구와 기록 이용자 연구가 현재 분리되어 수행 중인 것은 사실이지만 두 연구 간에 유사한 결과가 존재한다는 사실에 주목했다. 예를 들어 데이터 재이용자를 조사한 다

---

8   National Library of Medicine. n.d. "Data Reuse".
     https://www.nnlm.gov/guides/data-glossary/data-reuse(검색일: 2023.10.10)

수의 연구에서 공통적으로 데이터 생산 맥락을 이해하기 위한 데이터 기록화(data documentation)의 중요성이 강조되고 있는데, 이는 기록 이용자 연구에서도 자주 언급되는 부분이다. 다양한 분야의 연구데이터 및 공공 데이터 아카이브가 구축되고 있는 상황에서 데이터 재이용에 관한 연구는 확장된 기록 이용의 영역으로 논의될 수 있다. 이를 통해 기록 이용자 연구의 범위를 넓히고 새로운 기록관리 연구 영역으로 제시되고 있는 데이터 큐레이션 및 서비스 개발에 유용한 시사점을 제시할 수 있다.

2) 이용자 세분화 기법

기록 이용자 연구가 대부분 특정한 직업을 가진 이용자 유형을 중심으로 전개된 반면, 여(Yeo, 2005)는 시장조사 영역에서 널리 활용되는 시장 세분화 기법을 적용하여 보존기록관 이용자 유형을 구분하고자 했다. 이용자를 세분화하는 기준에는 연령, 성별, 직업과 같은 인구통계학적 변수가 활용될 수 있다. 또한 기록에 대한 이용자의 역할을 기록의 생산자, 생산자 이외에 기록이 생산된 기관의 업무 종사자, 외부 이용자, 보존기록관리자로 구분할 수 있다. 뿐만 아니라 기록의 이용목적(업무 목적, 설명책임성, 문화적 이용)과 기록의 가치(증거적 가치, 정보적 가치, 역사적·문화적 의미를 갖는 객체로서의 가치)를 각각 세 가지로 제시하면서 이용자의 역할에 따라 이용목적과 가치가 강조되는 지점에 차이가 있음을 설명했다.

정경희(2007)는 여의 주장을 수용하면서 국내 기록정보서비스 이용자 세분화를 위한 변수를 인구통계 변수, 지리적 변수, 심리적 변수, 이용 변수의 네 가지로 제시했다. 이효은·임진희(2015)는 구글 애널리틱스(Google analytics) 웹 이용자 분석 항목과 상기 네 가지 변수가 일치하거나 유사하다는 점에 주목했다. 이를 바탕으로 구글 애널리틱스 기능을 아카이브 웹사이트에 적용하여 웹 이용자 행태를 분석하고 이를 특성별로 세분화하여 이용자의 정보 요구를 파악할 것을 제안했다.

4. 기록정보서비스 평가

기록정보서비스를 개선하기 위해서는 서비스 평가가 반드시 수행되어야 하며 이를 통해 기록 이용의 현황을 파악하고 역사적 기록을 보존하는 보존기록관의 가치를 확인할 수 있다. 보존기록관 이용을 평가하기 위한 프레임워크를 개발한 콘웨이(Conway, 1986)는 품질(quality), 무결성(integrity), 가치(value)를 평가의 핵심 요소로 보았다. 품질과 가치는 기록정보서비스의 효율성(effectiveness) 및 편익(benefits)과 관련되며 무결성은 기록의 보존과 연결된다. 서비스의 품질은 보존기록관리자가 이용자의 요구를 얼마나 잘 이해하고 그들의 요구에 맞는 서비스를 제공했는지를 바탕으로 평가될 수 있다. 무결성은 보존기록관리자가 서비스 제공 시 기록의 이용 촉진과 보존이라는 상반된 책임을 얼마나 조화롭게 수행했는지를 기반으로 평가될 수 있다. 서비스의 가치는 기록의 이용이 개인이나 집단, 혹은 사회에 끼친 영향을 중심으로 평가될 수 있다.

퓨(2005)는 이 중 서비스의 품질과 가치에 중점을 두어 기록정보서비스의 평가를 논의했다. 우선 기록정보서비스의 품질을 평가하기 위해 보존기록관의 이용을 나타내는 양적 데이터를 정기적으로 수집할 것을 제안했다. 그러한 데이터에는 보존기록관 방문자 수와 전화, 이메일, 우편을 통한 이용자 질문 수 및 보존기록관 웹페이지 방문 횟수, 기록이 이용되거나 검색 및 다운로드된 횟수, 복사 또는 대출 횟수 등이 포함된다. 뿐만 아니라 등록 양식이나 서비스 평가 양식 또는 마무리 면담을 통해 수집한 이용자에 대한 인구통계적 데이터를 바탕으로 이용자의 유형과 그들이 속한 기관 및 지역 분포를 파악할 수 있다. 이 외에도 기록정보서비스의 품질은 보존기록관리자의 서비스 수행 능력에 대한 평가 및 보존기록관에 대한 평가를 통해서도 측정될 수 있다. 그러나 기록정보서비스의 가치는 품질에 비해 측정하기 어려운 요소이다. 퓨(2005: 266~268)는 기록 이용을 통해 발생하는 영향이나 효과를 측정하기 위해서는 기록의 직접적 이용뿐만 아니라 간접적 이용에 대한 평가도 함께 이루어져야 한다고 주장했다.

기록정보서비스의 평가 항목에 대한 국내 연구로 이해영 외(2007)는 접근성, 서비스 지원, 이용자 서비스, 시설 및 장비의 4개 범주를 제안했다. 한수연·정동열(2012)은 국내외 서비스 품질 모형 8개를 분석하여 국내 공공기관 기록정보서비스의 평가 척도를 외형성, 편리성, 책임성, 공감성, 공평성의 다섯 가지 요소로 도출했다.

이와 더불어 표준화된 평가 방법과 도구에 대한 논의로 북미에서 진행된 아카이브 매트릭스 프로젝트(Archival Metrics Project)[9]를 들 수 있다. 이 프로젝트는 이용자 기반 평가도구를 개발 및 보급하여 서비스에 대한 표준화된 평가도구로 활용하게 하려는 목적으로 수행되었다. 특히 대학기록관의 주된 이용자인 교수, 학생, 학술 이용자들을 대상으로 하는 평가도구들이 개발되었으며, 설문지와 함께 분석용 코딩지와 샘플 보고서 양식도 제공한다(Duff, 2010). 국내에서는 아카이브 매트릭스 프로젝트를 참고

---

[9]   Archival Metrics, n.d. "About Archival Metrics".
       https://sites.google.com/a/umich.edu/archival-metrics/(검색일: 2023.10.10)

하여 국가기록원 또는 대학기록관 이용자 인식에 기반한 서비스 평가와 기록관의 사회적 영향을 논의한 연구들이 수행되었다(김두리·김수정, 2014; 김지현, 2012; 박성재, 2017; 정우철·이해영, 2016).

또 다른 표준화된 평가 척도로는 SAA와 미국 대학 및 연구도서관 협회 (ACRL: Association of College & Research Libraries)의 고서·매뉴스크립트 분과(RBMS: Rare Book & Manuscript Section)에서 2018년 공동 개발한 Standardized Statistical Measures and Metrics for Public Services in Archival Repositories and Special Collections Libraries[10]가 있다. 이용자 인구통계정보(user demographics), 기록정보서비스 업무(reference transactions), 방문 열람(reading room visits), 기록 이용(collection use), 행사(events), 교육 (instructions), 전시(exhibitions), 온라인 상호작용(online interactions)의 8개 영역으로 구성되며 영역별 양적 척도들이 제시되어 있다(Oestreicher, 2020: 135~136). 호크와 그리핀(Hawk and Griffin, 2022)은 미국 내 기록관 및 특수 컬렉션 운영 도서관의 해당 표준화 척도 도입 비율이 24%에 그치고 있음을 지적하면서 이에 대한 홍보가 필요하다고 제안했다.

---

10 SAA. 2018. "Standardized Statistical Measures and Metrics for Public Services in Archival Repositories and Special Collections Libraries".
https://www2.archivists.org/standards/standardized-statistical-measures-and-metrics-for-public-services-in-archival-repositories(검색일: 2023.10.10)

5. 기록정보서비스 정책 및 윤리

1) 접근 정책

접근(access)이란 넓은 의미에서 문서나 정보의 탐색 및 사용, 그리고 이에 다가가기 위한 권리나 기회를 의미하며 필요한 정보를 찾아내는 과정을 나타낸다. 좁은 의미에서의 접근은 기록으로부터의 정보 수집, 기록을 이용하여 연구할 수 있는 권한이나 기록물의 입수가능성 또는 기록물을 이용할 수 있는 허가를 의미하기도 한다. 접근과 관련하여 기록관에서는 개인정보 보호, 비밀 유지, 정보공개, 비밀 분류와 관련된 법을 이해해야 하며 기록 기증자와 생산자에게 그들이 기증 또는 생산한 기록에 접근하는 데 대한 의견을 구해야 한다. 민간기록 기증자를 비롯해 생산기관과 명확한 협약을 맺고, 입수된 기록 중 어디에 민감한 정보가 있는지를 확인해야 한다. 일반 이용자에게 바로 공개할 수 없는 정보가 있는지 파악하고 민감한 정보를 보호하기 위한 이용제한 규정을 수립해야 한다. 이러한 제한 규정은 공평하게 운영되어야 하며 이용자에게 접근이 제한되는 기록을 알려주어야 한다(Pugh, 2005: 150~151).

접근정책에 포함되는 내용을 퓨(2005)는 일곱 가지 요소로 제시했는데, ① 이용자, ② 소장기록과 이용 제한, ③ 지적 접근(intellectual access)과 기록정보서비스, ④ 서비스 이용 요금, ⑤ 물리적 접근과 이용 조건, ⑥ 정보이용, ⑦ 대출로 구성된다. 이를 다시 상세히 살펴보면, 첫째, 접근 정책에서는 기록관의 사명에 맞는 이용자, 즉 서비스 제공 대상을 명시해야 한다. 기록에 대한 공평한 접근을 원칙으로 제공하되 예외 조항들도 명시할 필요가 있다. 둘째, 이용 가능한 기록의 종류를 명시하고, 법이나 기증자의 요청으로 접근이 제한되는 기록에 대한 정보를 제공한다. 셋째, 기록에의 지적 접근을 가능하게 하는 검색도구 및 서비스의 범위와 수준을 명시한다. 넷째, 복사, 검색, 소장기록의 출판과 관련된 서비스 비용을 명시한다. 다섯째, 열람, 복사 등 기록의 물리적 이용과 관련된 규칙을 기술한다. 여섯째, 기록으로부터 나온 정보를 인용하는 방법을 명시하고, 기록 내용의 출판과 관련된 저작권과 출판을 허가하는 절차를 기술한다. 일곱째, 전시나 연구 또는 업무 목적으로 대출이 허용되는 경우를 명시한다.

2) 기록 이용과 저작권

기록 이용 정책을 수립하기 위해서는 기록 이용목적과 저작권을 고려해야 한다. 보존기록관에서는 이용자의 기록 이용목적에 따라 기록 컬렉션에 포함된 이미지나 정보를 다양한 유형의 2차 자료에 수록하여 출판하는 것을 허용하고 있다. 기록 이용목적은 개인적·상업적·비상업적·교육적 목적 및 기관 내부업무 목적으로 구분할 수 있다. 이러한 기록 이용과 복제에서 저작권은 가장 중요한 고려사항이라고 할 수 있다(Oestreicher, 2020: 115~116, 122).

국내 기록관리기관에서 소장하고 있는 기록 중 저작권법의 보호 대상인 기록이 상당수 존재하며 이러한 기록은 열람 및 복사 서비스를 제공할 때 저작권자의 이용 허락이 필요한 대상이다. 그림 7-1에 따르면 국내 공공기록물관리기관의 소장기록은 크게 저작물인 기록과 저작물이 아닌 기록으로 구분할 수 있다. 그러나 저작물인 기록 중에서도 저작권법 제7조에 의해 보호받지 못하는 저작물이나 저작권이 만료된 저작물은 자유롭게 이용 가능하다. 저작권법에 의해 보호받는 저작물 중에서도 저작권법

그림 7-1 **저작권법에 따른 공공기록물관리기관 소장기록 이용허락 여부**

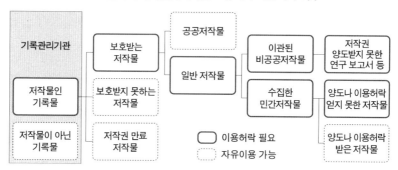

자료: 정경희·이호신(2023: 310).

제24조의2(공공저작물의 자유이용)에 따른 공공기록물일 경우 자유 이용이
가능하다. 그 외 공공기관에서 외부에 작성을 의뢰하여 받은 자료는 저작
권을 양도받지 않았다면 공공저작물로 볼 수 없으므로 이용 허락을 받아
야 하며, 기증을 통해 수집한 민간기록물 역시 저작권을 양도받지 않은 경
우 저작권법 제31조(도서관 등에서의 복제)에 따라 제한된 범위 내에서만 이
용할 수 있다(정경희·이호신, 2023: 309~310).

공공기록물관리기관의 소장기록 대다수는 저작권법 제7조 제2호에 따
라 국가 또는 지방자치단체의 고시·공고·훈령 그 밖에 이와 유사한 것에
해당하는 공문서이고 이러한 일반 문서류는 보호받지 못하는 저작물이므
로 자유롭게 이용할 수 있다. 그러나 이를 제외한 국가나 지방자치단체가
업무상 생산한 공공저작물의 이용허용 범위는 제한적이라는 한계가 있었
다. 공익 목적으로 생산된 이러한 저작물을 납세자인 국민이 자유롭게 이
용할 수 있도록 2014년 7월 시행된 개정 저작권법에서 공공저작물의 자유
이용 조항(제24조의2)이 신설되어 현재에 이르고 있다(정경희·이호신: 306,
310).

저작권법 제24조의2 제1항에 따라 국가나 지방자치단체가 업무상 작성하여 공표한 저작물은 국가안전보장에 관련된 정보나 개인의 사생활이나 사업상 비밀에 해당하는 정보가 포함되지 않다면 자유롭게 이용할 수 있는 공공저작물이 된다. 이에 비해 공공기관이 업무상 작성하여 공표한 저작물은 제24조의2에서 자유이용 저작물로 정한 것이 아니므로 각 공공기관이 공공누리를 적용해야만 자유이용이 가능해진다. 기관 외에서 생산한 저작물은 국가, 지방자치단체, 공공기관 모두 계약에 따라 저작재산권을 전부 보유한 저작물이어야 하며 이 경우 미공표저작물이어도 자유이용이 가능하다(정경희·이호신, 2023: 313~316).

이와 더불어 도서관, 기록관, 박물관 등 문화유산기관이 보유한 기록 중 저작권자를 알 수 없는 권리자불명 저작물이 다수 존재하며 이는 디지털화를 통한 온라인 열람 서비스를 제공하기 어렵게 하는 요인이다. 2019년 개정된 저작권법의 제35조의4(문화시설에 의한 복제 등)는 이러한 권리자불명 저작물의 서비스를 문화시설에서 수행할 수 있는 근거 조항으로 신설되었다. 그러나 이 조항에서 규정하는 문화시설은 기록관리기관을 완전히 배제하고 있다는 문제점이 있다. 다양한 문화유산기관의 자원이 연계되어 제공되는 서비스를 지향하는 현시점에서 기록관리기관 권리자불명 저작물의 온라인 열람이 가능하도록 해당 조항의 문화시설에 기록관리기관을 포함하는 것이 필요하다(정경희·이호신, 2023: 322~330).

3) 기록정보서비스와 윤리

접근, 기록 이용, 저작권, 이용 제한, 이용자와의 상호작용 등 기록정보서비스의 전 영역에서 보존기록관리자의 윤리적인 결정이 필요한 상황은 언제든 발생할 수 있다(Oestreicher, 2020: 87). 기록정보서비스와 관련된 ICA 및 각국의 윤리강령[11]을 살펴보면, 공통적으로 개방적이고 공평한 접근을 강조하면서, 접근제한이 있을 경우 이를 명시하고, 모든 이용자에게 공정하게 적용할 것을 제안한다. 또한 기록전문직으로서 부여된 신뢰를 자신의 이익을 보호하는 데 남용하지 않도록 규정하며 다양한 이해관계자들의 개인정보 보호와 비밀을 유지하기 위한 권리의 존중을 제시한다.

국내에서는 2014년 한국기록전문가협회에서 한국기록전문가윤리강령[12]을 제정했다. ICA 윤리강령에 기초를 두고 국내 기록전문직의 현실을 반영하여 검토, 제정되었으며 총 10개의 강령으로 이루어져 있다. 기록전문직뿐만 아니라 비전문직 담당자라도 기록의 관리 및 보존, 이용 서비스 제공과 관련한 업무를 수행하고 있다면 해당 강령을 준수해야 함을 명시하고 있다.

---

[11] ICA. 1996. "Code of ethics".
https://www.ica.org/en/ica-code-ethics(검색일:2023.10.10)
SAA. 2012. "SAA core values statement and code of ethics".
http://www2.archivists.org/statements/saa-core-values-statement-and-code-of-ethics
(검색일: 2023.10.10)
ASA 1993. "Code of ethics".
https://www.archivists.org.au/about-us/code-of-ethics(검색일: 2023.10.10)
ACA. 2017. "Code of ethics and professional conduct".
https://archivists.ca/Code-of-Ethics-and-Professional-Conduct(검색일: 2023.10.10)
ARA. 2020. "Code of ethics".
https://www.archives.org.uk/resources(검색일: 2023.10.10)
[12] 한국기록전문가협회. 2014. "한국기록전문가윤리강령".
http://www.archivists.or.kr/795(검색일: 2023.10.10)

6. 기록정보서비스 동향과 발전 방향

1) 웹과 소셜미디어를 활용한 기록정보서비스

현재의 디지털 환경에서 기록정보서비스는 정보기술의 지원 없이는 실행하기가 어렵다. 기록콘텐츠와 메타데이터를 공유하는 온라인 플랫폼과 웹사이트, 온라인 상호작용을 위한 도구 및 디지털화된 혹은 태생적 디지털 기록의 폭발적인 증가는 기록정보서비스의 지속적인 변화와 발전을 견인하고 있다(Oestreicher, 2020: 8). 특히 웹사이트는 디지털 기록과 검색 기능 및 서비스 관련 가이드라인과 규정 등 이용자가 필요로 하는 많은 정보를 담고 있으므로 효과적인 내비게이션 기능과 심미성을 고려한 설계가 필요하다. 이용자 설문조사, 구글 애널리틱스 등 데이터 분석 도구 활용 및 사용성(usability) 평가를 통해 웹사이트의 효과성을 확인할 수 있다(Oestreicher, 2020: 75~77). 국내에서는 주로 국가기록원 웹사이트를 대상으로 이용자 검색어 및 질의 분석과 검색서비스 사용성 평가를 통한 이용자 요구분석 및 국가지정기록물 웹페이지 개선방안 연구가 이루어졌다(백지연·오효정, 2019; 이효진·김지현, 2021; 정미옥·최상희, 2019; 진주영·이해영, 2018).

소셜미디어는 사회 전반에서 일상적인 커뮤니케이션부터 기관 홍보에 이르기까지 광범위한 목적으로 활용되고 있다. 보존기록관에서도 소셜미디어를 활용함으로써 기록관에 대한 인식을 높일 수 있고 새로운 이용자층을 확보할 수 있다는 점에서 긍정적인 효과가 있다(Bak and Hill, 2015; Hager, 2015). 성공적인 소셜미디어 운영은 단순히 정보를 재공유하거나 팔로우하는 것이 아니라 기록관리기관의 이해관계자와 다른 영향력 있는 주체인 기증자, 기금 제공자, 공공정책 전문가, 미디어와의 연결 고리를 형성하여 기관의 영향력을 확대하는 것이다(Oestreicher, 2020: 130). 관련된 국내 연구로 국가기록원, 지방기록물관리기관 및 재난기록관리기관의 소셜미디어 기반 기록정보서비스 개선 방안이 논의되었다(김예지·김익한, 2022; 두효철·김건·오효정, 2019; 정혜정·이해영, 2019).

2) 지능화 기술 기반 기록정보서비스

하루가 다르게 발전하는 기술 변화의 흐름 중에서도 인공지능 기술은 최근 10년 사이 가장 진일보한 영역이라고 할 수 있다. 인공지능 기술 또는 지능화 기술은 기계가 상황에 대한 인식, 판단 및 예측을 인간과 유사하게 수행하는 기능으로 정의된다(김태영 외, 2018). 이러한 지능화 기술을 기록관리 업무에 적용하려는 시도가 활발히 이루어지고 있으며 특히 지능형 기록정보서비스 개발을 위해 빅데이터 분석, 이미지, 영상 및 음성 인식, 챗봇, 스마트 디바이스 같은 인공지능 기술 적용에 대한 논의가 국내외에서 진행되고 있다. 지능형 기록정보서비스는 인공지능 기술을 토대로 기록내용정보 기반의 검색과 활용을 지원하는 서비스이며 검색 고도화, 추천 서비스, 콘텐츠 제공 영역에서 새로운 서비스 개발의 가능성을 모색할 수 있다(김인택·안대진·이해영, 2017; 김태영 외, 2018; 이창희·이해영·김인택, 2018; Colavizza et al., 2021).

향후 검색도구의 개선과 디지털화 기록 확대, 온라인 콘텐츠 개발과 함께 인공지능 기술 등 새로운 기술에 기반한 기록정보서비스 구축 논의가 활발해질 것으로 예상된다. 외국의 사례에 비해 부족하다고 할 수 있는 전시, 교육, 연구지원 같은 부가가치 서비스도 강화되어야 할 것이다. 또한 기록관에 대한 인식이 전반적으로 낮은 현실에서 기록관의 존재를 알리고 대중과 소통할 수 있는 홍보와 행사 및 기록공동체 운영 활성화가 요청된다(설문원, 2008a). 이러한 실무적 차원에서의 개선과 함께 기록 이용자의 정보탐색 행위, 정보 요구, 정보 리터러시와 이용자 교육, 기록정보서비스 평가 등 다양한 영역에서의 이론적 연구도 병행되어야 할 것이다.

다시 생각해보기

1. 이용자 중심의 기록정보서비스 활성화를 위한 방안을 법적·제도적 측면에서 생각해봅시다.
2. 지능화 기술을 적용한 기록정보서비스 제공 방안에 대해 생각해봅시다.
3. 원자료를 활용하는 기록관 이용자들의 정보 리터러시와 이용자 교육에 대해 생각해봅시다.
4. 기록정보서비스에 대한 표준화된 평가 척도의 필요성과 평가 항목에 대해 생각해봅시다.
5. 기록콘텐츠의 구축과 효과적인 활용 방안을 생각해봅시다.

알권리와 정보공개

알권리를 위한 정보공개제도는 어떻게 발전되어 왔는가?

김유승

한 세기 전만 하더라도 우리는 알권리라는 개념조차 갖고 있지 않았다. 모든 행정은 권력과 자본을 가진 사람들의 전유물이었고, 정보는 위에서 아래로 한 방향으로만 흘렀다. 고인 물이 썩듯이 흐르지 않는 정보와 독점된 정보는 부정과 부패를 낳고, 이들 통해 이익을 얻는 사람들이 생겨났다. 그들만의 비밀주의는 더욱 강화되었고, 정보를 가진 이들과 그렇지 않는 이들 사이의 정보 비대칭은 더욱 기울어져 갔다. 이러한 잘못된 관행과 부조리의 악순환을 끊어내고자 했던 이들의 한 걸음 한 걸음이 오늘날 우리가 누리는 알권리가 되었다. 공공정보에 대한 접근 패러다임은 빠르게 변하고 있다. 정보공개의 암흑기를 지나, 정보공개제도를 거쳐, 다시 정보공표제도로까지 확대된 접근의 대역폭은 정보통신기술을 기반으로 정보 공유의 개념으로 진화하고 있다. 이 장에서는 알권리의 개념과 정보공개제도의 변천 과정을 기록관리와의 관계 속에서 살펴본다. 이 장은 김유승(2010, 2014a, 2014b, 2018.4.12; 2022, 2023)의 일련의 정보공개 연구를 바탕으로 재구성한 것이다.

1. 알권리의 정의

1950년대 이후 미국 언론계는 정부의 비밀주의 정책에 대항하는 언론 운동의 일환으로 알권리 운동을 전개했다. 그들은 '정보를 입수할 권리', '사전 검열 없이 출판할 권리', '적법 절차에 따르지 않는 보복을 금지하고, 보복의 두려움 없이 출판할 권리', '커뮤니케이션에 필수적인 시설과 자료에 접근할 권리', '정부의 간섭을 받지 않고 정보를 확산할 권리'를 주장했다(Wiggins, 1956: 3~4; 유일상, 2003: 1 재인용). 다시 말해, 시민들이 사전 검열이나 부당한 보복에 대한 두려움 없이 커뮤니케이션을 위해 필요한 시설이나 자료에 접근하고, 정부 혹은 어떠한 형태의 권력에도 방해받지 않고 정보를 전달할 수 있는 권리로서 알권리를 정의한 것이다(Wiggins, 1956; 이재진, 2005: 233~234 재인용).

표현의 자유를 구체적으로 보장하고 유지할 수 있도록 정보를 제공할 '국가의 정보제공 의무', 정부가 보유한 정보의 공개를 요구할 수 있는 '국민의 공개청구권', 공권력의 간섭을 받지 않고 정보를 수집할 수 있는 '국민의 정보수집권', 송신자가 발신하는 정보를 공권력의 방해 없이 수령할 수 있는 '국민의 정보수령권'(유일상, 2003: 3~4)이 알권리를 위한 주요 활동으로 꼽히는 네 가지 유형이라 할 수 있다.

같은 맥락에서, 한병구(2000: 65)는 '정보원으로부터 정보에 자유롭게 접근할 수 있는 권리', '무엇인가를 알고자 정보의 유통 과정에 참여할 수 있는 권리'를 알권리로 규정했다. 하지만 알권리를 사회정치적 운동의 제도화된 개념 또는 구체적 정보에 대한 공적 청구권으로 이해하는 입장은 알권리에 대한 협의적 해석이라 할 수 있다.

반면 광의적 관점의 알권리는 모든 기본권의 내재적·묵시적 전제이며,

수동적 자유권과 적극적 사회권이 복합된 불가침의 인권으로, 표현의 자유를 보장하기 위한 출발점이자, 이를 구성하는 불가결의 요소로 인식된다(한상범, 1970: 22~23). 이러한 광의적 해석은 1966년 미국 린든 B. 존슨 대통령이 「정보자유법(Freedom of Information Act)」에 서명하며 남긴 언명에서도 찾아볼 수 있다. 그는 어느 누구도 법에 의하지 않고서 정보에 대한 비밀의 장막을 씌울 수 없으며, 모든 시민이 정보에 자유롭게 접근할 수 있는 권리를 누릴 때 민주주의는 비로소 작동한다고 천명했다. 민주주의가 지향하는 열린 사회란 알권리가 번성하고 보호받는 곳이며, 알권리가 민주주의를 작동시키는 원동력이라는 것이다.

이상의 협의와 광의의 해석은 알권리의 미시적 그리고 거시적 역할을 설명하는 상호보완적 성격을 지닌다. 이러한 맥락에서 배정근(2009: 369)은 알권리를 미시적으로 개별 시민의 자아 실현과 행복 추구를 위한 필수적 수단인 동시에, 거시적으로 민주국가의 주인인 국민 스스로가 국정의 중요 의사결정에 참여하고 정부를 감시·감독하기 위해 반드시 전제되어야 할 기본권으로 규정한다. 후자의 거시적 관점은 알권리가 정부의 권력 남용을 감시하는 견제가치(checking value)를 지니고 있음을 주장한 블라시(Blasi, 1977: 609)의 주장을 재천명한 것이다. 이와 같은 주장은 정보자유 운동의 바이블이 된 『국민의 알권리(The People's Right to Know)』를 저술한 크로스(Cross, 1953)에 의해서도 뒷받침된다. 그는 "자치 사회의 국민은 국정 수행을 검토하고 조사할 수 있는 법적인 권리를 가져야 한다"고 주장하며, 알권리를 민주국가의 주권자인 국민의 자기 통치수단으로 파악했다(Halstuck and Chamberlin, 2006: 525). 권력과 자본에 의한 정보 비대칭의 불균형을 바로잡고 누구나 자유롭고 평등하게 정보를 이용할 수 있게 하는 알권리는 민주국가의 국민이 누려야 할 기본적 생존권인 것이다.

1789년 프랑스 혁명을 통해 천부적이고 보편적인 인간의 권리를 선언한 '인간과 시민의 권리 선언(Déclaration des droits de l'homme et du citoyen)' 제15조는 "모든 공직자로부터 그 행정에 관한 보고를 요구할 수 있는 권리"를 국민에게 부여한다. 1948년 유엔(UN) 총회에서 채택된 '세계인권선언' 제19조는 "모든 사람은 의견과 표현의 자유에 관한 권리를 가진다. 이 권리는 간섭받지 않고 의견을 가질 자유와 모든 매체를 통해 국경에 관계없이 정보와 사상을 추구하고, 접수하며, 전달하는 자유를 포함한다"는 언명으로 알권리를 선언한다.

「대한민국헌법」 제21조는 언론·출판의 자유와 집회·결사의 자유가 모든 국민의 헌법적 기본권임을 규정함으로써 알권리를 보장한다. 이러한 헌법적 권리는 헌법재판소에 의해 다시 한 번 확인된 바 있다. 헌법재판소는 1989년 9월 4일 '검사의 공소권 행사에 관한 헌법소원' 판결에서 다음과 같이 판시했다.

사상 또는 의견의 자유로운 표명은 자유로운 의사의 형성을 전제로 하는데, 자유로운 의사의 형성은 충분한 정보에의 접근이 보장됨으로써 비로소 가능한 것이며, 다른 한편으로 자유로운 표명은 자유로운 수용 또는 접수와 불가분의 관계에 있다고 할 것이다. 그러한 의미에서 정보에의 접근·수집·처리의 자유, 즉 '알권리'는 표현의 자유에 당연히 포함되는 것으로 보아야 하는 것이다. [⋯] 이 권리의 핵심은 정부가 보유하고 있는 정보에 대한 국민의 알권리, 즉 국민의 정부에 대한 일반적 정보공개를 구할 권리(청구권적 기본권)라고 할 것이며, 또한 자유민주적 기본질서를 천명하고 있는 헌법 전문과 제1조 및 제4조의 해석상 당연한 것이라고 봐야 할 것이다. [⋯] 그 이외에도 자유민주주의 국가에서 국민주권을 실현하는 핵심이 되는 기본권이라는 점에서 국민주권주의

(제1조), 각 개인의 지식의 연마, 인격의 도야에는 가급적 많은 정보에 접할 수 있어야 한다는 의미에서 인간으로서의 존엄과 가치(제10조) 및 인간다운 생활을 할 권리(제34조 제1항)와 관련이 있다 할 것이다(헌재 1989.9.4. 88헌마22, 판례집 1, 176: 188).

알권리가 헌법이 보장하는 국민의 기본권임은 누구도 부정할 수 없을 것이다. 이렇게 알권리의 헌법적 지위를 확인한 다음에는 알권리의 대상이 무엇인지를 파악해야 한다. 다수의 연구자들은 알권리의 대상정보로 '주권자인 국민이 국정을 판단하는 데 필요한 정보'뿐만 아니라, '국민이 안전하고 건강한 생활을 영위하는 데 필요한 정보', '국민 개개인이 인격적 자기 달성을 위해 필요한 정보'를 포함시킨다(이재진, 2005: 235). 이러한 포괄적 정의는 제도적 및 기능적 관점 또는 목적에 따른 구분 없이 모든 공공정보를 알권리의 대상으로 보는 관점에 기반을 둔다. 공공정보는 제도 및 기능에 따라 '공공·행정 기관이 직무상 또는 업무와 관련하여 생산, 수집, 관리하는 정보'와 '학술, 문화, 과학기술, 행정영역을 망라하여 국가적으로 보존하고 이용할 가치가 있는 정보'로 구분되거나(김유승·전진한, 2011: 51), 목적에 따라 '정보의 재사용을 목적으로 하는 공공영역 정보(public sector information)'와 '콘텐츠의 이용가능성을 목적으로 하는 공공영역 콘텐츠(public sector content)'로 나뉘어(OECD, 2005) 인식되고 관리되어왔다. 하지만 알권리는 이러한 공공정보의 세부 영역과 구분을 넘어 공공정보 전체에 적용된다.

하지만 국민의 기본권인 알권리는 또 다른 기본권들과 경합한다. 알권리와 함께, 국민 개개인 혹은 집단에게는 자신들의 정보를 보호받을 권리가 주어진다. 따라서 알권리는 다른 기본권들과의 경합 속에서 제한되고 유예될 수 있다. 이러한 기본권의 경합 속에 공익에 따른 우선순위를 판단한다. 헌법이 보장하는 알권리의 광의적 개념이 일반법의 영역에서 협소해지는 것이다.

「인권 및 기본적 자유의 보호에 관한 유럽 협약(Convention for the protection of human rights and fundamental freedoms)」 제10조는 표현의 자유와 정보 및 사상을 주고받을 자유를 규정함과 동시에 "이러한 자유의 행사에는 의무와 책임이 따르므로 법률에 의해 규정되고, 국가안보, 영토의 일체성이나 공공의 안전, 무질서 및 범죄의 방지, 보건과 도덕의 보호, 타인의 명예나 권리의 보호, 비밀리에 얻은 정보의 공개 방지, 또는 사법부의 권위와 공정성 유지를 위해 민주사회에서 필요한 형식, 조건, 제약 또는 형벌에 따르게 할 수 있다"라고 명시한다. 이와 같은 맥락에서 세계 각국은 국민의 알권리에 따르는 의무와 책임 그리고 타 권리를 위한 제한의 범주와 절차를 법률로 정한다.

2. 알권리 제도의 연혁

18세기부터 오늘에 이르는 알권리의 패러다임은 끝없이 변화 중이다. 알권리는 이를 민주주의의 기본권으로 지키고 진전시키고자 했던 이들과 이를 거부하고 후퇴시키고자 했던 세력 간의 갈등 사이에서 순탄치 않은 길을 걸어왔다. 이에 알권리 제도의 연혁은 18세기부터 2차 세계대전 이전까지 '고전적 자유주의 기반의 알권리 시대', 2차 세계대전 이후 각국에서 정보공개제도를 확립해나간 '수동적 정보공개의 시대', 디지털 정보통신기술을 기반으로 한 '능동적 정보 공유의 시대'로 구분할 수 있다.

고전적 자유주의를 기반으로 한 알권리 시대를 연 국가는 세계 최초로 정보공개제도를 도입한 스웨덴이다. 고전적 자유주의 사상가 안데르스 쉬데니우스(Anders Chydenius)가 주도한 1766년 「언론과 출판의 자유에 관한 법률(His Majesty's Gracious Ordinance Relating to Freedom of Writing and of the Press)」을 통해 법제화된 스웨덴의 정보공개제도는 이후 유럽을 넘어 전 세계로 전파되었다. 하지만 이 제도의 출발이 순탄했던 것은 아니다. 법률이 제정된 지 불과 1년 후 정부 관련 정보에 대한 공개가 제한되고, 1772년에 제도 자체가 폐지되었다가, 1809년에는 스웨덴 헌법에 의해 기본권으로 재등장했다. 1930년대 스웨덴 내정에 대한 독일 나치정권의 간섭과 「기밀보호법」 제정으로 위기를 겪기도 했으나 2차 세계대전 이후 공적 제도로서 자리를 잡았다(Manninen, 2006: 18~53; 심영섭, 2008: 61~86; 이재완, 2014: 152).

이러한 스웨덴의 앞선 정보공개제도는 1951년 핀란드, 1957년 프랑스, 1970년 덴마크 등 유럽 주변국들이 정보공개법령을 선도적으로 받아들이는 데 큰 영향을 미쳤을 뿐 아니라, 세계 각국이 정보공개제도를 확립함으로써 '수동적 정보공개의 시대'를 여는 시발점이 되었다.

유럽연합(EU)이 정보공개의 원칙을 최초로 천명한 계기는 '마스트리히트 조약(Maastricht Treaty)'으로 알려진 1992년 '유럽연합조약'의 '정보접근권에 관한 선언(Declaration on the right of access to information)'이다(European Communities, 1992). 이 선언은 의사결정 과정의 투명성이 행정에 대한 기관의 민주주의와 시민의 신뢰를 강화한다고 명시하며, 정보의 공적 접근을 증진시킬 방안에 대한 보고서를 채택해줄 것을 권고했다. 이에 1993년 EU 집행위원회(European Commission)와 EU 이사회(European Council)는 보유하고 있는 데이터와 문서에 대해 최대한의 폭넓은 접근권을 부여하는 것을 원칙으로 하는 '행동강령(Code of conduct concerning public access to Council and Commission documents)'을 채택했다(European Communities, 1993). 이후 EU 집행위원회는 1997년 '암스테르담 조약(Amsterdam Treaty)' 제255조를 통해 회원국에 거주하거나 등록한 시민과 법인 모두에게 유럽 의회, 이사회, 위원회의 모든 문서에 대한 접근권을 규정함으로써 알권리를 명시했고, 이를 바탕으로 2001년 EU 이사회와 유럽 의회는 유럽 집행위원회, 정상회의, 의회의 문서에 대한 공적 접근권을 규정한 법령(Regulation No 1049/2001)을 채택하기에 이른다(Augustyn and Monda, 2011: 17).

미국의 알권리 제도 역시 18세기로 거슬러 올라가, 1776년 '버지니아 권리 선언(The Virginia declaration of rights)'에서 그 시발점을 찾을 수 있다. "언론의 자유는 민주주의를 위한 가장 큰 방벽의 하나이며, 독재 정부에 의해 결코 저지될 수 없다"라고 명시한 선언의 제12조는 언론, 출판, 집회, 청원이라는 국민의 권리를 침해할 어떠한 법률도 제정할 수 없음을 규정한 1791년 「수정헌법 제1조(The First Amendment)」로 이어졌다. 하지만 미국 「행정절차법(APA: Administrative Procedure Act)」은 일반 국민이 아닌 이해 당사자들로 정보공개청구권의 자격을 제한하고, 모호한 예외조항으로 공공기관이 정당한 사유 없이 정보를 공개하지 않을 수 있도록 했을 뿐 아니라, 이에 대한 법적 불복 절차를 두고 있지 않아 정보공개가 효과적으로 시행되지 못했다(김배원, 1999: 192; 배병호, 2008: 215~216). 이를 바로잡고자 하는 여러 활동들이 결실을 맺어 정보공개에 대한 포괄적 법률인 「정보자유법(FOIA: Freedom of Information Act)」이 제정된 때는 1966년이었다.

한국에서 '알권리'라는 용어를 최초로 사용한 법령은 "모든 국민은 언어, 문자, 형상에 의하여 자유로이 표현할 권리를 가지며, 일반적으로 접할 수 있는 정보원으로부터 알권리를 방해받지 아니한다"고 명시한 1980

년의 「언론기본법」이다. 하지만 역설적으로 「언론기본법」의 제정 취지는 알권리의 보장과는 거리가 멀었다. 1980년 계엄령 아래 해산된 국회를 대신한 '국가보위입법회의'에 의해 제정된 이 법은 당시 언론을 규제하기 위한 내용을 담고 있었으며, 제5공화국 출범 직후인 1980년 12월 법률 제3347호로 제정·공포되었다가, 언론 통제를 목적으로 하는 규제법이라는 논란 속에 1987년 11월 28일 폐지되었다.

1989년에는 앞서 언급한 알권리에 대한 최초의 헌법재판소 판결이 나왔다(88헌마22). 알권리를 청구권적 기본권으로 보장할 것을 명시한 이 판결은 헌법이 보장하는 국민의 자유와 권리 속에 알권리가 포함되어 있음을 확인시켜 주었다는 점에서 이후 전개된 정보공개운동의 준거가 되었다.

한국 최초의 정보공개법령은 1991년 청주시의회가 의결한 '청주시 행정정보공개조례안'이다. 당시 정보공개에 대한 인식이 매우 낮고, 상위법조차 제정되기 이전에 지방의회가 스스로 나서 정보공개를 위한 조례를 마련한 것이다. 하지만 앞선 사례와 같이 청주시의회의 정보공개조례가 제정되는 과정은 순탄치 않았다. 관선시장이 조례 제정의 부당성을 주장하며 재의를 요구했으나, 청주시의회는 조례안을 재의결하며 조례 제정의 의지를 재확인했다. 결국 조례는 청주시에 의해 대법원에 제소되었으나, 1992년 6월 대법원이 제소를 기각하고 청주시의회의 결정이 옳았음을 확인함으로써 시행될 수 있었다. 청주시의회의 정보공개조례와 대법원의 판결은 한국의 「정보공개법」 제정에 큰 영향을 미쳤다. 1994년 국무총리 훈령으로 '행정정보공개 운영지침'이 마련되고, 1996년 12월 31일 「공공기관의 정보공개에 관한 법률」(법률 제5242호, 이하 「정보공개법」)이 제정됨으로써, 한국은 전 세계에서 13번째로 정보공개를 위한 법령을 제정한 국가가 되었다. 하지만 그 시행은 1년 유예되어 법은 1998년 1월 1일부터 시행되었다.

1992년 대통령 선거 당시부터 정보공개법령 제정의 필요성을 주장한 시민사회에게 1998년 「정보공개법」의 시행은 본격적 정보공개운동의 기폭제가 되었다. 1998년 참여연대는 대중적 정보공개운동의 출범을 선언하며, 법학자와 변호사로 구성된 '정보공개사업단'을 발족했다. 사업단의 초기 활동은 기존 관행의 개선을 요구하는 각종 토론회, 제도 개선안의 발표, 공공기관의 부당한 비공개 결정에 대한 행정심판과 행정소송의 진행이 주를 이루었다(하승수, 1999; 홍일표, 2009: 45~46). 2000년에는 참여연대 정보공개사업단의 판공비 공개 운동이 전국 30여 개 시민단체로 확대되어 '판공비 공개 운동 네트워크'가 구성되었다. 이러한 시민단체의 활발한 정보공개운동만큼, 정부도 정보공개제도 개선을 위해 노력을 기울였다. 1999년 「공공기관의 기록물관리에 관한 법률」제정은 정보공개의 주 대상이 되는 행정정보의 관리에 새로운 전기를 마련했고, 2003년 6월에는 '행정정보공개의 확대를 위한 지침'이 국무총리훈령(제442호)으로 마련되었다.

2004년 한국의 정보공개제도는 새로운 전기를 맞는다. 2004년 전부개정된 「정보공개법」(법률 제7127호)은 기존의 비공개대상정보의 범주를 축소하고, 정보공개위원회와 정보공개심의회의 설치를 의무화하는 규정을 두어 정보공개의 양적·질적 측면의 개선을 도모했을 뿐만 아니라, 공공기관의 사전적·자발적 정보공개를 의무화하는 행정정보 사전공표제도를 명시함으로써 알권리의 패러다임을 청구에 의한 수동적 공개에서 능동적 사전 공개로 전환시키는 시발점이 되었다. 공공정보 사전공표제도의 일환으로 서비스되고 있는 대표적 사례들로는 공공기관 경영정보공개시스템 '알리오', 지방공기업 경영정보공개시스템 '클린아이', 대학정보 공시서비스 '대학알리미'가 있다.

2006년에는 '열린정부' 누리집(현 정보공개포털, open.go.kr) 서비스가 개시되었다. 웹을 통한 정보공개 청구서비스는 개별 기관으로 분산되어 있던 정보공개 접수 창구를 통합하고, 검색·청구·결정 통지·수수료 납부·열람 같은 정보공개 청구 전 과정에 대한 원스톱 서비스를 제공함으로써 이전 정보공개 절차의 번거로움을 크게 개선했고, 이후 정보공개 청구 건수가 급증하는 계기가 되었다. 2008년에는 정보공개운동을 전문으로 다루는 시민단체 '투명사회를 위한 정보공개센터'가 창립되어, 시민운동 기반 정보공개운동의 맥을 이어간다.

2009년은 알권리제도의 패러다임이 전환되는 해였다. 2009년 5월 미국 오바마 정부가 정부2.0으로 대변되는 Data.gov 서비스를 시작했다. 정부 행정기관들이 생산하는 원정보(raw data)에 대한 시민들의 접근권을 향상시키고, 공공정보의 창조적 이용을 확장하는 데 목적이 있다고 밝힌 Data.gov는 영국, 호주, 뉴질랜드, 노르웨이, 캐나다 등 국가로 빠르게 확산되었다(김유승, 2010: 212).

한국 정부도 정부2.0의 추이에 대응하여 2010년 행정안전부, 방송통신위원회, 문화관광부 합동으로 '공공정보 민간활용 촉진계획'을 수립하고 한국정보화진흥원 산하에 '공공정보활용지원센터'를 설치했다. 2011년 행정안전부 고시로 '공공정보 제공지침'이 제정되었고, 공공데이터포털(data.go.kr) 서비스가 개시되었다. 2013년 박근혜 정부는 '정부3.0 추진 기본계획'을 수립하고, 이를 국정과제로 채택했다. 같은 해 "공공기관이 보유·관리하는 데이터의 제공 및 그 이용 활성화에 관한 사항을 규정함으로써 국민의 공공데이터에 대한 이용권을 보장하고, 공공데이터의 민간 활용을 통한 삶의 질 향상과 국민경제 발전에 이바지함을 목적"으로 하는 「공공데이터의 제공 및 이용 활성화에 관한 법률」(법률 제11956호, 이하「공공데이터법」)이 제정되었다. 2013년 8월「정보공개법」은 일부개정을 통해 "공공기관 중 중앙행정기관 및 대통령령으로 정하는 기관은 전자적 형태로 보유·관리하는 정보 중 공개 대상으로 분류된 정보를 국민의 정보공개 청구가 없더라도 정보통신망을 활용한 정보공개시스템 등을 통하여 공개하여야 한다"는 공개대상정보의 원문공개조항을 신설했다(제8조의2).

3. 비공개대상정보

"공공기관이 보유·관리하는 정보에 대한 국민의 공개 청구 및 공공기관의 공개 의무에 관하여 필요한 사항을 정함으로써 국민의 알권리를 보장하고 국정(國政)에 대한 국민의 참여와 국정 운영의 투명성을 확보함"을 목적으로 하는 현행「정보공개법」(법률 제19408호, 2023.5.16. 타법개정)의 적용을 받는 기관의 유형과 수는 상당하다. 국회, 법원, 헌법재판소, 중앙선거관리위원회 같은 헌법기관, 대통령 소속기관과 국무총리 소속기관을 포함한 중앙행정기관과 그 소속기관,「행정기관 소속 위원회의 설치 운영에 관한 법률」에 따른 위원회, 지방자치단체, 법률에 따라 직접 설립되고 정부가 출연한 기관, 정부 지원액이 총수입액의 2분의 1을 초과하는 기관, 정부가 100분의 50 이상의 지분을 가지고 있는 기관을 포함한「공공기관의 운영에 관한 법률」에 따른 공공기관, 그 밖에 대통령령으로 정하는 기관으로「유아교육법」,「초·중등교육법」,「고등교육법」에 따른 각급 학교 또는 다른 법률에 따라 설치된 학교,「지방공기업법」에 따른 지방공사 및 지방공단이「정보공개법」의 적용을 받는다.

「정보공개법」은 "모든 국민은 정보의 공개를 청구할 권리를 가진다"고 명시하며, 국민의 정보청구권을 보장한다. 또한 국민의 알권리를 보장하기 위해 "공공기관이 보유·관리하는 정보"를 법률이 정하는 바에 따라 "적극적으로 공개"해야 한다는 정보공개의 원칙을 제시한다. 다시 말해, 국가기관 및 공공기관의 모든 정보는 공개를 원칙으로 한다. 비공개는 예외적인 경우다. 법률이 정한 비공개 사유에 해당하는지 여부에 대한 엄격한 해석을 통해, 예외적 경우로서 비공개를 적용할 수 있는 것이다(행정안전부 정보공개정책과, 2021). 이에 「정보공개법」 제4조를 통해 "국가안전보장에 관련되는 정보 및 보안 업무를 관장하는 기관에서 국가안전보장과 관련된 정보의 분석을 목적으로 수집하거나 작성한 정보"를 법의 적용 대상에서 제외하고 있으며, 제9조 제1항은 비공개대상정보가 될 수 있는 경우를 1호부터 8호까지에 규정하고 있다(표 8-1 참조). 다만 "각 호의 어느 하나에 해당하는 정보는 공개하지 아니할 수" 있을 뿐, 각 호에 해당한다고 해서 무조건적으로 반드시 비공개로 판단해야 하는 것은 아니다. 이는 판례로도 확인된 바 있다. 2004년 2월 13일 서울행정법원은 정보공개 거부처분 취소소송의 판결을 통해, 「정보공개법」이 알권리를 제한하는 경우, "그 제한은 […] 알권리의 성격에 비추어 필요 최소한도에 그쳐야 할 것"이라고 판시한 바 있다(서울행정법원 2002구합33943).

하지만 「정보공개법」 제9조 제1항은 "추상적이고 불확정한 법 개념"을 사용하고 있다는 평가와 함께(이일세, 2015), 비공개대상정보의 요건이 과도하게 포괄적이라는 비판을 받고 있다(김유승, 2023). 이에 시민사회 단체들은 법 규정의 추상성과 포괄성이 공공기관의 자의적 정보 비공개 판단의 근거가 되고 있다고 비판하며, 비공개대상정보요건을 구체화할 것을 지속적으로 요구하고 있다(투명사회를 위한 정보공개센터, 2020.12.2).

표 8-1 「정보공개법」 제9조 1항의 비공개대상정보

1. 다른 법률 또는 법률이 위임한 명령(국회규칙·대법원규칙·헌법재판소규칙·중앙선거관리위원회규칙·대통령령 및 조례에 한한다)에 의하여 비밀 또는 비공개 사항으로 규정된 정보
2. 국가안전보장·국방·통일·외교관계 등에 관한 사항으로서 공개될 경우 국가의 중대한 이익을 현저히 해할 우려가 있다고 인정되는 정보
3. 공개될 경우 국민의 생명·신체 및 재산의 보호에 현저한 지장을 초래할 우려가 있다고 인정되는 정보
4. 진행 중인 재판에 관련된 정보와 범죄의 예방, 수사, 공소의 제기 및 유지, 형의 집행, 교정, 보안처분에 관한 사항으로서 공개될 경우 그 직무수행을 현저히 곤란하게 하거나 형사피고인의 공정한 재판을 받을 권리를 침해한다고 인정할 만한 상당한 이유가 있는 정보
5. 감사·감독·검사·시험·규제·입찰계약·기술개발·인사관리·의사결정 과정 또는 내부검토 과정에 있는 사항 등으로서 공개될 경우 업무의 공정한 수행이나 연구·개발에 현저한 지장을 초래한다고 인정할 만한 상당한 이유가 있는 정보. 다만 의사결정 과정 또는 내부검토 과정을 이유로 비공개할 경우에는 제13조 제5항에 따라 통지를 할 때 의사결정 과정 또는 내부검토 과정의 단계 및 종료 예정일을 함께 안내하여야 하며, 의사결정 과정 및 내부검토 과정이 종료되면 제10조에 따른 청구인에게 이를 통지하여야 한다.
6. 당해 정보에 포함되어 있는 이름·주민등록번호 등 개인에 관한 사항으로서 공개될 경우 개인의 사생활의 비밀 또는 자유를 침해할 우려가 있다고 인정되는 정보. 다만 다음에 열거한 개인에 관한 정보는 제외한다.
    가. 법령이 정하는 바에 따라 열람할 수 있는 정보
    나. 공공기관이 공표를 목적으로 작성하거나 취득한 정보로서 개인의 사생활의 비밀과 자유를 부당하게 침해하지 않는 정보
    다. 공공기관이 작성하거나 취득한 정보로서 공개하는 것이 공익 또는 개인의 권리구제를 위하여 필요하다고 인정되는 정보
    라. 직무를 수행한 공무원의 성명·직위
    마. 공개하는 것이 공익을 위하여 필요한 경우로서 법령에 의하여 국가 또는 지방자치단체가 업무의 일부를 위탁 또는 위촉한 개인의 성명·직업
7. 법인·단체 또는 개인(이하 "법인 등"이라 한다)의 경영·영업상 비밀에 관한 사항으로서 공개될 경우 법인 등의 정당한 이익을 현저히 해할 우려가 있다고 인정되는 정보. 다만 다음에 열거한 정보를 제외한다.
    가. 사업활동에 의하여 발생하는 위해로부터 사람의 생명·신체 또는 건강을 보호하기 위하여 공개할 필요가 있는 정보
    나. 위법·부당한 사업활동으로부터 국민의 재산 또는 생활을 보호하기 위하여 공개할 필요가 있는 정보
8. 공개될 경우 부동산 투기·매점매석 등으로 특정인에게 이익 또는 불이익을 줄 우려가 있다고 인정되는 정보

제정 당시 「정보공개법」은 법 적용대상 기관에 일괄적으로 적용될 수 있는 원칙으로서 비공개대상정보의 기준을 수립했다. 법의 적용대상 기

관 모두를 포괄해야 하는 법 규정의 특성상 각 기관이 보유·관리하는 정보와 업무의 특성을 일일이 고려할 수는 없었다. 하지만 법 제정 이후 짧은 기간 동안 정보공개 청구 건수가 급격히 증가한 반면, 공개와 비공개대상정보의 기준을 수립하지 못한 공공기관의 정보공개 업무는 일관성과 체계성이 크게 떨어진다는 비판에 직면하게 되었다(김유일, 2007: 88). 이에 2006년 「정보공개법」 일부개정(법률 제8026호)은 "공공기관이 정보공개의 범위를 자의적으로 해석하거나 축소하는 사례"를 방지하고, "국민의 정보공개서비스 수요를 충족"시키기 위해 비공개대상정보 세부 기준을 수립, 공개하도록 하는 규정을 신설했다.

현행 「정보공개법」 제9조 제3항은 공공기관으로 하여금 해당 기관의 "업무 성격을 고려하여 [제9조 제1항 각 호의 범위에서] 비공개대상정보의 범위에 관한 세부 기준"을 세우고 이를 공개하도록 규정하고 있다. 또한 2020년 일부개정을 통해 신설된 제9조 제4항은 수립한 비공개대상정보 세부 기준이 「정보공개법」의 비공개대상정보요건에 부합하는지 여부를 3년마다 점검하고, "필요한 경우 이를 개선하여 그 점검 및 개선 결과를 행정안전부 장관에게 제출"하도록 명시하고 있다. 이는 정보공개 개념의 확대와 기관의 기능 변화에 따른 비공개대상정보 세부 기준의 현행화가 필수적이기 때문이다. 다만 행정안전부 장관에게 점검 및 개선 결과를 보고하도록 한 제4항은 행정부로부터 독립된 헌법기관인 국회, 법원, 헌법재판소, 중앙선거관리위원회에는 적용되지 않는다.

이와 같은 법적 근거를 가지고 있는 비공개대상정보 세부 기준의 적합성은 행정안전부가 시행하는 공공기관 정보공개 운영실태 평가지표의 하나다. 행정안전부의 정보공개평가는 '사전정보공표', '원문정보공개', '정보공개 청구처리', '고객관리'의 4개 분야로 이루어지고 있으며, 이 중 '정보공개 청구처리' 분야의 세부 평가기준의 하나로 '비공개 세부 기준 적합성'이 포함되었다. 구체적으로는 "각 기관의 홈페이지에 비공개 세부 기준 게시 여부와 기관별 특성 반영 정도"를 평가 대상으로 했다(행정안전부 정보공개정책과, 2020.2.7).

이러한 맥락에서 비공개대상정보 세부 기준은 국가기관 또는 공공기관이 공개정보의 범주를 자의적으로 해석하는 관행을 미연에 방지하는 역할을 맡고 있다. 다시 말해 세부 기준은 공공기관의 정보공개청구 업무 수행에 필수적 도구이자 국민의 알권리 보호와 증진을 위한 중요한 장치라 할 수 있다(황진현 외, 2021: 118).

4. 정보공개제도의 과제

「정보공개법」이 시행된 지 25년이 흘렀다. 정보공개 접수 건수는 1998년 26,338건에서 2021년 1,642,959건으로 약 62배 증가했고(행정안전부, 2022: 21), 지방자치단체의 정보공개율은 전부 공개 83%, 부분 공개 13%를 포함하여 96%에 다다른다. 정보공개청구제도를 통한 국민의 알권리가 크게 증진된 것은 부정할 수 없다. 하지만 중앙행정부처, 대통령실 같은 중앙권력기관들의 정보공개는 여전히 개선의 여지가 크다.

아직도 우리의 알권리는 헌법재판소의 판결문을 통해 확인될 뿐, 헌법에는 명시되지 않는다. 「정보공개법」은 절차법적 성격을 가질 뿐, 정보공개의 기본 철학을 담고 있지는 못하다. 국민의 기본권인 알권리는 헌법에 성문화되어야 하며, 관련 법령의 전면개정을 통해 알권리를 확대해야 한다. 정보공개위원회의 위상 강화, 정보공개 대상기관의 확대, 악의적 비공개에 대한 책임과 의무의 구체화에 대한 구체적 논의가 필요하다.

정보공개의 영역은 공공기관의 행정정보에서 생명, 안전, 건강, 교육, 복지 등 국민의 주요 관심 분야로 확대되어야 한다. 행정 행위의 결과에 대한 공개에서 과정에 대한 공개로 확장되어야 한다. 정책 제안, 결정, 평가 과정의 주요 정보를 적극적으로 공개함으로써 국민 참여를 확대해야 하며 정보의 생산, 유통, 공유 과정에 시민이 책임 있는 자세로 참여할 수 있는 제도 역시 마련되어야 한다.

기록관리와 정보공개는 동전의 양면이다. 올바르게 남겨진 기록이 있어야 올바른 공개가 이루어질 수 있다. 기록이 없으면 시민의 알권리도 없다. 정보공개를 통해 시민의 알권리를 실현하는 일은 기록전문직의 당면과제이다.

다시 생각해보기

1. 알권리란 무엇이며, 알권리의 획득이 시민에게 어떤 의미인지 생각해봅시다.
2. 한국의 정보공개 관련 법제도의 변천 과정을 조사해봅시다.
3. 「정보공개법」이 정한 비공개대상정보의 근거와 범주에 대해 생각해봅시다.
4. 정보공개와 기록관리의 상관관계를 알아봅시다.

3부 디지털 환경에서의 기록관리

전자기록관리

디지털 환경에서 전자기록을 어떻게 관리할 것인가?

현문수

디지털 정보기술은 이미 우리의 일상과 업무 환경에 깊이 녹아들어 있다. 이 과정에서 생산된 전자기록은 기록과 디지털 자원의 특성을 모두 가지고 있다. 따라서 전통적인 기록관리의 원칙과 품질 기준, 관리방법론을 수용하면서도, 매체와 내용의 분리나 정보기술의존성, 쉬운 복제와 휘발가능성을 고려해야 한다. 나아가 분산원장기술, 인공지능 같은 인지기술의 활용으로 향후 파괴적인 디지털 환경 변혁이 예상된다. 가속되는 정보기술의 변화 동향을 살피고 새로운 시각으로 기록관리의 원칙과 방법론을 고민할 때다. 이 장에서는 디지털 환경에서 생산 및 이용되는 전자기록의 개념을 이해하고, 기록이자 디지털 자원인 전자기록을 관리 및 보존하기 위해 고려해야 하는 특성을 살펴본다. 특히 전자기록을 관리하려면 개정된 기록관리 국가표준인 KS X ISO 15489-1:2016의 기록관리 과정을 어떻게 이해해야 할지 살펴본다. 마지막으로 차세대 정보기술 도입에 대응하기 위한 과제도 함께 다룬다.

1. 전자기록의 개념과 구성

전자기록(electronic records, digital records)은 "컴퓨터 등 전자적 처리 장치를 사용하여 생성·획득·이용·관리되는 기록"(한국기록학회, 2008: 196)이다. 한때 전자매체에 저장된 아날로그 기록도 넓은 범위의 전자기록(Duranti and Preston, 2008: 787; SAA, 2005-2023: electronic record)으로 불렸다. 하지만 최근에는 더 명확하게 디지털 형태로 생산·관리되는 기록을 의미하는 용어인 '디지털 기록(digital records)'이 '전자기록'을 대체(Duranti and Rogers, 2019)하기도 한다.

전자기록도 내용과 구조, 맥락을 가진다. 하지만 전자기록은 내용과 구조, 형식이 모두 흩어져 존재할 수 있다. 매체에 저장된 실체로서 데이터 객체와 인간이 인지할 수 있는 형태의 구현물(manifestation)도 나눌 수 있다. 전자기록을 저장할 때 디지털 구성요소로 분리되고, 재검색하여 이용자에게 제시될 때는 해당 구성요소로부터 구현물을 재생산하기 때문에 나타나는 특징이다(Duranti and Rogers, 2019). 이런 이유로 우리가 보존하는 것은 전자기록 자체가 아니라 전자기록을 재생산하거나 복제할 수 있는 기능이라는 주장(Duranti and Thibodeau, 2006)을 전자기록을 관리·보존할 때 전제로 받아들이기도 한다.

하지만 이를 잘못 이해하면, 전자기록의 물질성을 간과할 수 있다. 설문원(2021: 459~461)은 문헌연구를 통해 디지털 물질성도 전자기록의 개념으로 수용해야 하며 이를 토대로 전자기록을 관리·보존할 수 있다고 제안한다.[1] 그중에서도 물리적 객체(매체에 각인된 것)이자 논리적 객체(소프트웨

---

[1] 이런 주장을 뒷받침하기 위해, 설문원은 Glaudemans, Jonker and Smith(2017a, 2017b);

어의 논리에 따라 처리되는 것), 개념적 객체(실세계에서 정보단위로 인식할 수 있는 것)로 전자기록을 이해해야 디지털 보존에 접근할 수 있다는 주장 (Thibodeau, 2002)은 저장된 기록(stored record)과 구현된 기록(manifested record)을 구분해야 한다는 듀란티(Duranti, 2010)의 주장과 맞닿아 있으며, OAIS(Open Archival Information System)의 정보 모형과도 연결된다.

저장된 기록은 기록을 재생산하는 데 사용되는 디지털 구성요소의 조합인데, 이는 기록을 구현하기 위해 처리하는 데이터[내용(content) 및 양식 (form) 데이터]와 변형을 가능하게 하는 데이터를 포함해 데이터 처리를 위한 규칙[구성(composition) 데이터]으로 구성된다. 구현된 기록은 인간이 보거나 시스템에 표시하기에 적합한 형태로 기록을 시각화·인스턴스화한 것이다(Duranti, 2010).

예를 들어 표 9-1은 웹사이트를 구성하는 레이어를 나타낸다. 표의 단계는 설명을 위해 표기했으며, 실제로는 더 복합적인 레이어로 구성될 수 있다.

단계 7은 저장된 기록이자, 물리적 객체다. 디스크에 저장한다는 것은 자성(magnetic)이나 전자(electron) 형태로 셀을 채우는 것이므로, 디지털은 물리적인 것이다. 단계 6에서부터 단계 4의 경우는 논리적 객체로 이해할 수 있으며, 물리적 객체를 1과 0으로 표현하는 것부터 특정 코드체계로 읽어내는 단계다. 단계 1이나 단계 2는 지적 객체 수준으로 구현된 기록이며 개념적 객체이고, 단계 3은 객체의 속성 정보로 볼 수 있다.

OAIS의 정보 모형(Information Model)에서 가장 기초가 되는 단위로 제시한 정보객체 모형을 살펴보면 그림 9-1과 같다. OAIS 참조 모형에서 정

Acker(2017); Thibodeau(2002)를 인용했다.

표 9-1 단계에 따른 디지털 객체 레이어

단계	레이어	설명	예시
1	합성 또는 복합 개체	여러 개의 파일로 구성되지만 하나로 인지하게 되는 것	웹브라우저에 렌더링된 웹사이트
2	렌더링된 파일	소프트웨어 어플리케이션을 통해 렌더링된 파일	플레이어 또는 뷰어를 통해 볼 수 있는 MP3 파일, JPEG 파일
3	파일시스템 안의 파일	파일시스템을 통해 볼 수 있는 개별 파일에 대한 정보	디스크의 파일 디렉토리 보기, 개별 속성 보기
4	비트스트림인 파일	파일에 있는 2진수 값의 선형 시퀀스	Hex 에디터에서 파일 열기
5	하위파일정보	파일 내부에서 추출 가능하고 볼 수 있는 정보	텍스트 버전에서 볼 수 있는 MP3 안에 포함된 ID3 태그의 텍스트
6	I/O의 비트스트림	컴퓨터에 표시되는 일련의 1과 0	복사할 수 있는 드라이브의 내용(contents)
7	물리적 매체의 비트스트림	기본 미디어에서 해석되는 정보의 물리적 인코딩	드라이브의 물리적 징표, 디스크상의 자기화(magneti-zations)

자료: Owens(2018: 45) 재구성.

그림 9-1 OAIS의 정보객체 모형

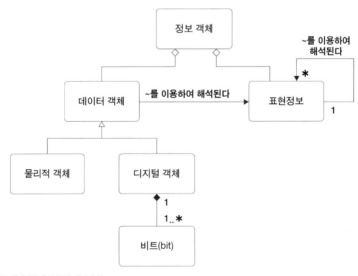

자료: CCSDS(2012: IV-21).

표 9-2 **OAIS 정보 모형의 객체 유형**

유형	내용
정보객체	• 하나의 디지털 데이터 객체와 이를 의미 있는 정보로 표현하도록 하는 표현정보로 구성된 객체 • 표현정보는 디지털 데이터 객체와 연관
디지털 데이터 객체	• 디지털 객체(예: 비트열)와 이 비트에 의미를 부여하는 일부 표현정보로 구성
표현정보	• 디지털 데이터 객체와 함께 제공되어 객체가 전달하는 데이터에 추가적인 의미를 제공 • 디지털 데이터 객체의 형식을 이해하게 하는 구조정보(예: 이 비트열은 JPEG임)와 의미를 이해할 수 있게 하는 의미정보(예: 인간이 이해할 수 있는 이미지로 표현) 및 기타 정보로 구성

자료: CCSDS(2012: IV-20~IV-22).

보객체는 기본적으로 데이터 객체와 표현정보의 조합이다. 아날로그 객체를 제외하고 디지털 객체를 대상으로 보면, 각 유형은 표 9-2와 같다.

저장된 객체로서 디지털 데이터 객체도 중요하겠지만, 디지털 데이터 객체를 인간이나 컴퓨터가 이해할 수 있는 수준까지 해석하는 데는 표현정보가 특히 중요하다. 간단히 해석의 절차를 살펴보면, 먼저 비트열을 문자, 정수, 실수, 테이블 등 일반적으로 인식할 수 있는 데이터 유형으로 해석한다. 그런 다음 이를 더 높은 의미 단계로 해석하고 형식이나 구조정보도 설명한다(CCSDS, 2012: IV-21).

특정한 디지털 데이터 객체를 인간이나 시스템이 읽을 수 있는 단계까지 표현하려면 구조정보와 의미정보가 모두 필요하다. 예를 들어 어떤 디지털 객체가 JPEG 파일 형식인지를 알 수 있는 정보는 구조정보인데, 여기까지 안다고 해도 인간이나 시스템은 비트열을 읽고 이해할 수 없다. JPEG 파일임을 확인할 수 있고(1단계, 구조정보를 사용함), 다음으로 이 파일을 JPEG를 이해할 수 있는 표현정보를 사용해 픽셀로 매핑하여 인간이 볼 수 있는 이미지로 만들어야(2단계, 의미정보를 주로 사용함) 한다(CCSDS, 2012: I-15).

또 객체가 어떻게 복합적으로 상호 연관되었는지도 이 과정에서 해석한다. 예를 들어 표현정보를 사용해 숫자 3개가 온도(단위 섭씨로 표시)와 위도 및 경도(단위 각도로 표시)를 나타내고, 이 온도가 지정된 경도와 위도에서 측정되었다는 점에서 상호 연관되어 있음을 표현할 수 있다. 정의상 표현정보에 해당하지만, 구조정보나 의미정보로 분명히 구분할 수 없는 정보들이 기타 표현정보이다. 예를 들어 소프트웨어나 알고리즘, 암호화, 서면지침은 물론이고 구조정보와 의미정보가 서로 어떻게 관련되는지를 알려주는 정보가 여기에 해당한다(CCSDS, 2012: IV-21~IV-22).

기본 구조의 정보객체는 그림 9-2와 같은 유형의 객체를 포함한다. 여기 설명된 모든 정보객체 유형은 그림 9-1의 구조로 이루어져 있다는 점을 기억해야 한다. 예를 들어 내용정보도 표현정보도 모두 정보객체이므로, 이 둘도 디지털 데이터 객체와 이를 인지 가능한 수준까지 해석하기 위한 표현정보로 재구성된다.

내용정보는 전자기록의 관리와 보존의 핵심 대상이다. 내용정보를 구성하는 디지털 데이터 객체는 파일의 비트열로 구성될 것이며, 해석을 위한 표현정보와 연계된다(CCSDS, 2012: IV-26).

표현정보는 또한 비트열을 읽어내기 위한 코드 체계나 언어 표준이나 사전, 문법 등을 사용하는 표현정보 네트워크를 구성할 수 있다. 복잡한 표현정보 네트워크를 집약한 접근용 소프트웨어, 즉 확장된 표현정보도 사용할 수 있는데, 문서 형식과 내용을 표현하는 워드프로세서나 과학 데이터의 시각화를 지원하는 시스템이 대표적인 사례이다. 많은 경우 내용 데이터 객체와 완전한 표현정보 집합을 관리한다고 하더라도, 실질적으

그림 9-2 OAIS 정보객체의 유형

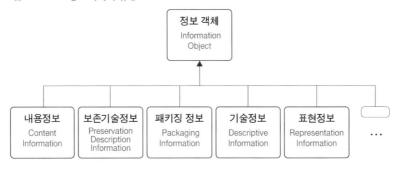

자료: CCSDS(2012: IV-26).

로 이용자가 내용에 접근하려면 접근 소프트웨어를 사용해야 한다. 이것
이 내용 데이터 객체와 소프트웨어 모듈과 구동 환경에 대한 정보를 함께
관리해야 하는 이유이다(CCSDS, 2012: IV-26~IV-27).

보존기술정보는 내용정보의 품질을 보장하고, 그 맥락을 이해하도록
하며, 지속적으로 접근하게 하는 정보를 말한다. 내용정보를 고유하게 식
별하고, 이 정보가 생산된 이유나 타 내용정보와의 관계를 안내하며, 현재
를 비롯한 과거 상태와 그 이력을 설명하고, 접근권한에 대한 정보와 허가
받지 않은 변경이 없었다는 사실을 확인하는 정보를 모두 아우른다
(CCSDS, 2012: IV-29~IV-30). 전자기록관리의 맥락에서는 기록관리 메타데
이터를 구성하는 정보로 볼 수 있다.

패키징 정보는 어떤 정보가 물리적이거나 논리적으로 구성된 패키지임
을 알게 하여, 특정 매체에서 하나의 개체로 식별하도록 하는 정보이다
(CCSDS, 2012: IV-32). 전자기록은 개별 파일단위보다 어떤 방식으로든 논
리적 결합관계를 구성하는 것이 일반적이다. 디지털 객체와 기록 메타데
이터가 함께 묶여 전자기록을 구성하고, 다수의 전자기록이 집합관계로

연결되기도 한다. 이러한 연결정보를 따로 관리하지 않는다면, 기록으로서 의미를 잃어버릴 수밖에 없다.

기술정보는 전자기록의 이용가능성을 지원하기 위한 것으로, 이용자가 잠재적으로 관심있는 정보를 찾고 분석하고 얻을 수 있도록 돕는 기능을 하며, 이 기술정보를 활용해 다양한 검색도구(finding aids, access aids)를 제작할 수도 있다(CCSDS, 2012: IV-33). 보존기술정보와 함께 기술정보도 기록의 발견을 지원하는 역할로 기록관리 메타데이터를 구성한다.

2. 전자기록의 품질요건

신뢰는 항상 기록관리에서 핵심이며(Goudarouli, Sexton and Sheridan, 2019), 이는 전자기록의 관리에서도 마찬가지다. 신뢰할 수 있는 전자기록, 즉 "공신력 있는(authoritative)" 전자기록은 진본성, 신뢰성, 무결성, 이용가능성의 품질을 갖는다. 업무 활동에 대한 증거를 제출하려면 일단 기록을 생산하여 획득하고 이후 관리 과정에서 전자기록의 업무 맥락과 요구사항이 변경되어도 기록의 진본성과 신뢰성, 무결성, 이용가능성을 보호해야(KS X ISO 15489-1:2016, 5.1) 하기 때문이다. 공신력 있는 기록이 갖춰야 할 4개 품질을 간략히 살펴보자.

1) 기록관리 국가표준이 다루는 품질요건

진본 기록(authentic records)은 기록이 표방하는바 그대로(what it purports to be)인지를(KS X ISO 15489-1:2016, 5.2.2.1-a) 입증할 수 있는 것이다.

기록에 드러난 정보요소의 주장이 옳음을 확인할 수 있어야 하는데, 이 중 필수로 증명해야 하는 정보요소는 '기록의 생산 주체'와 '생산 시점'에 대한 확인이다. 해당 기록을 생산했거나 보냈다고 되어 있는 바로 그 행위 주체가 기록을 생산했거나 보냈으며(KS X ISO 15489-1:2016, 5.2.2.1-b), 명시된 시점에 생산했거나 보냈음을(KS X ISO 15489-1:2016, 5.2.2.1-c) 확인할 수 있어야 한다는 의미다. 하지만 입증해야 하는 정보요소에서 기록의 '내용'까지 포괄하지는 않는다. 이는 신뢰성(reliability)의 과제이다.

신뢰성 있는 기록은 기록이 입증하려 하는 처리 행위나 활동 혹은 사실을 완전하고 정확하게 표현하므로 신뢰할 수 있다(KS X ISO 15489-1:2016, 5.2.2.2-a). 그리고 이후 처리 행위나 활동 과정에서 이 기록을 근거로 삼을 수 있는 것이다(KS X ISO 15489-1:2016, 5.2.2.2-b). 신뢰성 있는 기록이 되려면, 기록과 관련된 사건이 발생한 시각이나 바로 직후에 기록을 생산하며, 사실에 직접적인 지식이 있는 주체가 생산하거나 처리 행위를 하는 데 일상적으로 사용하는 시스템에서 생산해야 한다(KS X ISO 15489-1:2016, 5.2.2.2).

진본성이 기록이 주장하는 대로 기록이 존재한다는 의미라면, 신뢰성은 기록이 증명하는 사실을 뒷받침할 수 있다는 의미이다(MacNeil, 2000: xi). 즉 진본성이 기록으로서 (존재하는 것을) 신뢰할 수 있는가(InterPARES Trust, 2018: authenticity)의 문제와 연결되는 품질이라면, 신뢰성은 (발생한) 사실을 진술하는 것으로서 기록을 믿을 만한가(InterPARES Trust, 2018: reliability)의 문제와 연결된다.

무결성(integrity) 있는 기록은 "완전하고" 무단으로 "변경되지 않은 것"인데(KS X ISO 15489-1:2016, 5.2.2.3), 일단 생산된 기록을 기록시스템이 획득했다면, 미리 허가받은 변경만 이뤄져야(KS X ISO 15489-1:2016, 5.2.2.3) 한다는 의미이다. 그러려면 기록관리 규제체계에서 어떤 행위 주체가 어떤 역할로 기록을 변경할 수 있는지 분명하게 밝히고, 허가받은 변경이라 하더라도 이를 기록화하여 나중에 추적할 수 있어야 한다(KS X ISO 15489-1:2016, 5.2.2.3).

공신력 있는 기록의 마지막 특성은 이용가능성(usability)이다. 조직 내·외부의 이해관계자들이 합리적이라고 여기는 시간 안에 기록의 위치를 찾고 검색할 수 있으며, 찾아낸 기록을 볼 수 있고 이해할 수 있는 것이다. 업무 활동에서 생산되는 기록의 특징을 고려할 때, 기본적으로 기록의 이용가능성은 기록과 이를 생산한 업무 프로세스와 처리 행위를 연계하고 그 연계가 유지될 때 보장된다. 이를 위해 식별기호나 포맷, 저장정보, 구현에 필요한 정보 등 기록의 검색과 표현에 필요한 정보를 제공해야 한다(KS X ISO 15489-1:2016, 5.2.2.4).

2) 전자기록의 품질요건 평가를 위한 접근

신뢰는 항상 기록관리에서 핵심이었지만, 인간-컴퓨터 상호작용 방식의 변화 속도가 빨라지면서 전통적인 기록관리의 방법과 실무가 충돌하고, 다시 신뢰가 논의의 최전선에 등장했다(Goudarouli, Sexton and Sheridan, 2019). '전자기록의 진본성은 무엇이며 어떻게 확보할 것인가'의 문제는 '데이터를 포함해 어떤 전자기록이 공신력 또는 신빙성을 갖고, 이를 위해 어떻게 관리할 것인가'의 문제(Duranti and Rogers, 2019)로 조금씩 바뀌고 있다.

현재 전자기록의 품질을 확보하는 가장 일반적인 방법은 디지털 서명(digital signature, 전자서명이라고도 함)의 활용이다. 디지털 서명은 데이터 단위와 관련해서 데이터를 전달하는 주체의 인증과 데이터 무결성 서비스를 제공하고 서명자의 부인을 막는 데 사용할 수 있도록 데이터를 암호학적으로 변환한(산업표준심의회, 2022: 5) 객체다. 전자기록에 대해 디지털 서명을 생성하여 연결하고, 필요한 시점에 인증서를 활용하여 검증하는 방식인데, 인증서의 유효성 때문에 한계가 존재한다.[2]

진본성과 신뢰성을 아우르는 기록의 속성으로 신빙성(trustworthiness)[3] 개념도 주목받고 있다. 조직의 공식 절차와 시스템을 통해 생산된 기록이라면, 따로 기록을 대상으로 신빙성을 확인해야만 하는 경우를 제외하고 진본이라고 판단할 수 있다(Stančić, Ngoepe and Mukwevho, 2019). 증거로 다뤄지는 기록 자체의 신빙성 확인은 논쟁거리인데, 오히려 기록 자체의 증거능력에서 기록관리 활동을 통해 형성되는 기록의 증거능력으로 초점을 바꾸면 "증거의 기록학적 개념"의 새로운 관점을 가지게 된다(설문원, 2021: 166~167).

신뢰할 수 있는 기록관리 활동으로 기록의 신빙성을 확보하는 방법에서 벗어나 개별 기록에 대한 품질 평가로 신빙성을 다루려는 시도도 있다. 진본성, 무결성, 신뢰성, 정보기술적·법적·인지적 이용가능성 및 맥락의 표상성 같은 측정 지표를 구성하고, 측정 방법을 계량화하여 평가하려고 시도한 실험 수준의 연구(Makhlouf Shabou et al., 2020; 현문수, 2022)가 대표적이다. 현재의 정보기술 발전 속도를 고려할 때 방대한 데이터의 의미를

---

2   현재의 한국 공공영역에서 운영하는 디지털 서명 관리 방식에 대해서는 국가기록원이 발행한 「전자기록물 전자서명 인증서 장기검증 기술규격(NAK 32-1)」을 보라. 신규 정보기술로서 블록체인에 디지털 서명을 생성하여 디지털 서명 인증서의 한계를 극복하려는 연구도 진행되었다(Stančić, Ngoepe and Mukwevho, 2019).

3   'trustworthiness'는 '신뢰성', '신용', '신뢰할 수 있음'으로 옮길 수 있으나, 문헌에서는 이 용어를 진본성(authenticity)과 신뢰성(reliability)을 아우르는 상위 개념으로 제시하고 있어, 이와 동일하게 접근한 설문원(2021)의 용어, '신빙성'으로 옮겼다.

탐구·분석할 수 있는 컴퓨팅 자원의 역량이 지원되는 한 이런 종합적 분석의 방법도 버릴 수 없는 선택지(이승억·설문원, 2021)이므로 관심을 가질 만하다.

디지털 환경에서는 디지털 데이터 객체를 어떤 방식으로든 구현해야 하며, 또 계속해서 마이그레이션(migration)하거나 변환해야 할 상황이 발생한다. 저장된 기록과 구현된 기록 모두가 쉽게 변화할 수 있는 조건이다. 특히 관리와 보존의 핵심인 디지털 데이터 객체의 변화가 불가피할 때, 무엇이 변하지 않아야 동일 기록으로 판정할 수 있는지의 기준은 중요하다. 이를 지원하기 위한 개념은 '중요 속성(significant properties)', 즉 구현하거나 사본을 제작·변환할 때 동등함을 보장할 수 있는 중요 특성이 무엇인지 구체적으로 나타내는 것이다. 여기에는 데이터 객체 자체의 구조나 의미 표현, 데이터 객체를 통해 표현해야 하는 기능성이 포함될 수 있으며, 데이터 객체 및 구현된 객체를 구분하여 둘 모두에 대해 중요 속성을 나타낸다. 또 중요 속성이 제대로 표현되었는지 테스트하는 방법(예: 자동화 도구, 인간 관찰)도 함께 포함하는 것이 좋다(Cunningham et al., 2019).

전자기록의 맥락에서 특히 중요 속성에 관심을 가지는 분야는 가상현실, 온라인 게임 같은 경험을 다루는 분야이다. 지속적인 관리와 이용을 지원하려면 대상의 '어떤 측면이 중요한가', 그리고 이를 위해서는 '무엇을 해야 하는가'의 문제가 제기된 것이다. 디지털 정보의 복잡한 중첩 플랫폼 특성 때문에 가상현실이나 온라인 게임의 기록화와 관리는 전통적으로 조직의 업무 과정에서 생산된 전자기록의 관리보다 더 어렵다. 또한 이용자들은 대부분 객체 자체가 아니라 객체의 집합으로부터 형성되는 의미나 경험에 관심을 두므로 객체 자체 이상의 관리나 '보존 의도'를 고려할 필요가 있다(Owens, 2018: 82).

디지털화 기록을 포함해 전자기록의 생산이 늘어나고 데이터화되면서 대량의 전자기록에 대한 접근도 공간의 제약 없이 늘어나고 있다. 이 중 저작권과 개인정보 보호 문제가 민감해지고, 따라서 전자기록의 공개 및 이용가능성 확보 문제도 더 민감하게 다루어야 한다. 여러 웹 아카이브가 수집 컬렉션을 공개하지 못하는 이유가 바로 저작권과 개인정보 보호의 문제이기도 하다. 또 이전 서신을 대체하는 이메일에 대해서도 개인정보 보호의 문제로 접근이 크게 제한된다(Jaillant et al., 2022).

결국 디지털 환경이 제시하는 추가 과제는 디지털 기록의 진본성과 무결성 및 신뢰성 또는 신빙성을 확립하고, 시간이 지나도 이를 유지해 기록의 신뢰가치를 검증·증명하는 것이다. 정리를 겸하여 기록관리 전문영역이 집중해야 하는 분야를 요약하면 다음과 같다(Duranti and Rogers, 2019).

- 기술이 변화하더라도 생산자에서 보존자, 이용자에 이르기까지 신빙성 있는 전자기록을 단절 없이 통제된 절차 안에 있도록 보장하는 체계의 구축
- 전자기록과 기록관리에 대한 투명성을 제공하며, 필요하다면 기밀을 보호
- 이용자, (조직의) 고객, 직원 및 미래 세대의 상호 충돌하는 권리 보호 보장
- 전자기록의 생산과 저장 위치가 어디든, 전자기록을 지속 가능하게 장기보존

3. 전자기록의 관리 과정

기록관리 원칙을 포괄하는 ISO 15489는 상위 수준에서 기록관리를 바라보는 렌즈의 역할을 한다. 이 표준을 수용하여 기록관리를 수행하는 일은 기록이 존재하는 동안 '기록성(recordness)'을 유지하기 위해 수행하는

기록관리 활동의 근거를 마련한다는(Stuart, 2017) 점에서 의의가 있다. 이 표준은 조직 환경에서 생산되는 디지털 정보를 클라우드에 저장하는(이정은·윤은하, 2018) 등 변화된 기록관리 환경을 수용할 수 있도록 2016년에 대폭 개정되었다.[4]

ISO 표준개정에 따라 개정된 국가표준 KS X ISO 15489-1(이하 기록관리 국가표준)은 "기록의 생산, 획득 및 관리를 위한 핵심 개념과 원칙을 규정"하므로, 기록관리를 관장하는 표준의 중심에 있다. 이 절에서는 개정된 표준에 추가된 기록 평가와 기록의 생산을 포함하여 획득, 분류와 색인, 접근통제, 저장, 이용과 재사용, 마이그레이션과 변환, 처분의 관리 과정에 대한 기본 개념을 전자기록관리의 측면에서 살펴본다.

1) 평가와 생산

'평가(appraisal)'는 보존기록관으로 이관될 가치가 충분한 기록을 확인하는 과정이며 법규요건과 현재 및 잠재적 가용성에 기초하여 기록의 보유 기간을 결정하는 과정(SAA, 2005-2023: appraisal)이다. 이미 생산된 기록을 대상으로 법규요건 및 보유가치를 판단하여 보유 기간을 결정하는 활동에 초점을 둔 개념 정의이다.

기록관리 국가표준은 평가를 "어떤 기록이 생산되고 획득되어야 하는지, 그리고 얼마 동안 보존되어야 하는지를 결정하기 위해 업무 활동을 평가하는(evaluating) 과정"으로 정의하며, "'평가'라는 용어의 전통적인 용법

---

4   ISO 15489 표준의 개정에 따른 주요 변화 사항과 특징은 이정은·윤은하(2018)의 연구에서 자세히 소개하고 있다.

을 확장하여 어떤 기록을 생산하고 획득할지와 장기간에 걸쳐 어떻게 기록의 적절한 관리를 보장할지 결정할 수 있도록 업무 맥락, 업무 활동과 위험에 대한 분석(analysis)을 포함"한다(KS X ISO 15489-1:2016, 7.1). 기록관리 영역 중에 평가는 2016년 표준이 개정되며 신설되었다. 조직의 업무 활동을 평가하려면, 기록관리 전문가가 조직과 업무 활동에 영향을 미치는 다양한 요구사항(법규상, 운영상, 내·외부 이해관계자)과 위험요인, 내·외부 맥락 및 행위 주체를 드러내고, 기능 및 프로세스를 분석하는 활동을 해야 한다(KS X ISO 15489-1:2016, 7.3). 이를 바탕으로 업무 활동의 증거요건인 '기록요구사항'이 결정되며(KS X ISO 15489-1:2016, 7.4), 식별한 이 요구사항을 업무 과정과 연계하여 다양한 도구(기록시스템, 통제도구, 방침과 절차)를 통해 이행하게 된다(KS X ISO 15489-1:2016, 7.5).

조직 내·외부의 상호작용 방식이 다양해지고, 그 과정에서 대량의 데이터가 생산된다. 이미 지능화 컴퓨팅이 사용되는 수준으로 변화한 디지털 환경의 기록관리 실무를(이승억·설문원, 2021) 고려할 때, 표준의 평가 개념과 범위는 다음과 같이 전자기록의 관리를 지원할 수 있을 것이다.

첫째, 개별 기록을 정의하는 데서 벗어나, 업무 맥락과 연결하여 기록화해야 할 전자기록을 정의할 수 있다. 네트워크 환경을 전제로 하는 분산저장과 관리, 다양한 주체가 복합적으로 상호 작용하는 커뮤니케이션 방식을 지원하도록 시스템 환경이 변화할수록 개별 전자기록의 경계를 분명히 정의하기는 더 어려워진다. 특히 업무 과정에서 생산되는 대량의 데이터가 복합적으로 연결되고 공유되며 기록의 구조는 더욱 해체되는 상황에서 개별적이고 물리적인 기록 평가는 불가능에 가깝다(이승억·설문원, 2021). 호주 정부기관을 대상으로 한 설문에서조차 50% 이상이 디지털 정보에 기록관리를 포괄적으로 적용하지 못하고 있다고 응답(Stuart, 2017)

했을 정도이다. 이런 현실을 고려할 때, 변화된 평가 개념은 '업무 과정에 생산된 것 중 무엇이 기록인가'의 문제를 '업무 활동을 설명하고 증거하려면 무엇을 남겨야 하는가'의 문제로 전환시켜, 업무 과정에서 생산된 디지털 정보를 전자기록으로 정의하여 관리할 수 있는 바탕을 마련한다.

둘째, 디지털 환경에서 적용할 수 있는 기록 생산과 획득 기준을 "분석적 방법"(이승억·설문원, 2021)에 따라 마련할 수 있다. 즉 평가를 통해 확인한 기록요구사항을 바탕으로 "업무 프로세스와 기록시스템이 설계 또는 재설계될 때 기록생산에 대한 사항을 규정"(KS X ISO 15489-1:2016, 9.2)할 수 있다.

셋째, 물리적 기록관리와 통제에서 전자기록의 논리적 관리와 통제를 가능하게 하는 도구를 제공할 수 있다. 정보기술을 활용하는 기록 생산 환경이 빠르게 변화하고 있어, 과거와 같이 물리적인 방법을 사용해 기록관리시스템으로 획득한 후 기록관리 과정의 시작을 선언하기는 어렵다(설문원, 2018). 변화된 평가 개념에서는 전자기록의 물리적 위치와 무관하게 조직의 기록관리 프로그램이 전자기록을 포괄할 수 있고 통제할 수 있게 한다. 이는 클라우드 서비스, 블록체인 기술을 사용하는 관리 환경에서 더욱 중요하다.

2) 획득

기록 획득(capture)은 평가를 통해 확인한 기록화 대상을 기록시스템에서 획득하는(KS X ISO 15489-1:2016, 9.3) 과정을 말한다. 중앙집중화된 기록시스템으로 전자기록을 물리적으로 획득하여 등록하는 일이 점차 어려워지고 있다. 이러한 변화를 수용할 수 있는 기록시스템 운용 옵션이 KS

X ISO 16175-3의 표준으로 제정되기도 했다. 따라서 개정된 표준도 획득 과정을 통해 이루어져야 하는 과업을 첫째, 기계가 생성하고 기계나 인간이 읽을 수 있게 고유 식별자를 부여할 것, 둘째, 기록을 획득할 때 기록 메타데이터를 함께 획득하거나 생성할 것, 셋째, 기록 간 관계나 기록과 행위 주체 또는 업무 간 관계를 맺을 것(KS X ISO 15489-1:2016, 9.3)으로 제시한다. 이는 전자기록에 고유 식별자를 부여하는 행위가 획득의 중요한 과정이며, 전자기록의 물리적 저장 위치로 인한 한계를 벗어날 수 있다는 의미이다.

획득 과정에서 기록 메타데이터의 생산과 획득도 강조한다. 고유 식별자를 포함하여 기록이 획득될 때 함께 획득된 메타데이터는 "기록과 영속적으로(persistently) 연계"해야 하며, 기록의 맥락을 설명하는 메타데이터는 업무 활동의 증거가 되므로 보존해야 한다(KS X ISO 15489-1:2016, 9.3).

3) 분류와 색인 작성

모든 전자기록은 생산되는 시점에서 분류되어 업무 맥락과 연결되어야 한다(DLM Forum Foundation, 2011: 69). 따라서 전자기록의 분류 과정에서 핵심 작업은 "기록을 그 업무 맥락과 연결하는 것"(KS X ISO 15489-1:2016, 9.4)인데, 이는 다시 두 가지 세부 과업으로 나뉜다. 첫째는 기록과 기록을 산출한 업무를 적절한 업무 분류계층에서 연결하고, 둘째는 개별 기록과 기록집합을 연결하여 업무 활동의 흐름을 반영하는 연속적 기록을 제공 (KS X ISO 15489-1:2016, 9.4)하는 것이다. 이는 전자기록을 업무 맥락과 연결하는 활동과 기록 간 관계를 형성하는 활동을 일정 정도 구분하는 변화로 이해할 수 있다.

이처럼 분류의 과업을 구분하는 기록관리 국가표준의 접근은 DLM 포럼 재단(DLM Forum Foundation)이 중심이 되어 개발한 기록시스템 요건인 MoReq2010과도 연결된다. MoReq2010에서는 이 표준에서 제시하는 분류의 세부 과업을 성격이 다른 두 개념, 즉 분류와 집합으로 명확하게 구분한다.[5] 분류는 기록에 업무 맥락을 제공하고 기록을 산출한 처리 행위와 기록의 관계를 설정하는 데 초점이 있고, 집합은 업무는 물론이고 주제나 장소, 사람, 포맷 같은 다양한 기준에 따라 관련 기록을 함께 모으는 역할을 하여 기록의 의미를 폭넓게 이해할 수 있도록 돕는다(DLM Forum Foundation, 2011: 26, 77). 특히 MoReq2010은 분류와 처분 기준을 연결하여 특정 분류 클래스와 연결된 기록에 그 처분 기준을 부여한다(DLM Forum Foundation, 2011: 27). 이렇게 구분하면 서로 구분되는 목적의 행위를 나누고 논리적으로 연계할 수 있다. 조직의 다양한 요구에 따라 전자기록을 일대다(1:n) 관계로 집합화할 수 있고, 전자기록과 업무 맥락의 연결을 유지하며 분류할 수 있다.

한편 필요한 만큼 재분류할 수도 있는데, 재분류 이전의 분류정보는 메타데이터로 보유해야 한다(KS X ISO 15489-1:2016, 9.4). 분류는 기록과 업무 맥락을 연결해 기록이 왜 생산되었는지를 설명하며, 분류와 연결된 기록에 처분 기준도 할당하는 효과가 있으므로, 특히 재분류라는 기록 이벤트가 발생했을 때 이벤트 발생 이전의 정보와 이후 정보 및 그 근거를 분명히 메타데이터로 기록화하는 것은 매우 중요하다. 또 허가받은 접근을 돕기 위해 메타데이터로 색인을 작성할 수 있고, 이는 기록 획득 또는 과정 메타데이터로 생산될(KS X ISO 15489-1:2016, 9.4) 수 있다.

---

5   분류와 집합 구분에 대한 더 상세한 내용은 이 책의 '5장 기록의 분류와 기술'을 참조.

4) 접근통제

일반적으로 기록에 대한 접근은 기록을 "탐색하고 활용하거나 검색하는 권리와 기회 및 수단"(KS X ISO 15489-1:2016, 3.1)을 의미한다. 기록에 대한 이러한 접근은 단순히 일반 이용자의 활용을 위한 탐색과 검색 기회 및 수단만을 의미하지 않는다. 기록관리 영역에서 접근은 기록에 대한 특정 이벤트, 즉 기록관리 활동이 목적인 접근을 포함한다. 따라서 "기록에 대한 접근은 공인된 프로세스"(KS X ISO 15489-1:2016, 9.5)를 따라야 한다.

그러려면 어떤 행위 주체가 개별 전자기록이나 기록집합에 어떤 행위를 할 수 있는지 지시하는 "접근과 허용 규칙"이 기록시스템의 기능성으로 구현되어서(KS X ISO 15489-1:2016, 9.5), 허가받은 이용자가 허용된 기능만을 수행할 수 있도록 해야 한다. 또 접근 규칙의 적용이나 변경 내용을 과정 메타데이터로 기록하고, 필요하다면 접근 이력도 기록해야 한다(KS X ISO 15489-1:2016, 9.5).

접근과 허용 규칙의 기능을 설계하는 예는 MoReq2010의 역할 서비스

그림 9-3 MoReq2010의 접근통제 목록 구성

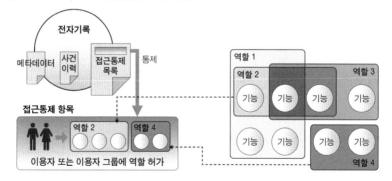

자료: DLM Forum Foundation(2011: 35, 60~61) 재구성.

(Model role service) 모형에서 찾아볼 수 있다.

그림 9-3과 같이, 전자기록(개별 및 집합)을 대상으로 수행할 수 있는 개별 기능(예: 보유기간 부여)을 다대다(n:n) 관계에 따라 역할(예: 부서 기록책임자)로 묶고, 이를 특정 이용자나 이용자 집단과 연결하여 접근통제 항목을 구성한 후, 하나 이상의 접근통제 항목을 포함하는 접근통제 목록을 개별 전자기록에 할당하는 방식이다(DLM Forum Foundation, 2011: 59~61).

5) 저장

기록 저장(storage)은 전자기록의 생애 전반에 걸쳐 수행되는 기록관리 과정이다. 기록관리 국가표준은 기록의 "포맷이나 매체가 무엇이든, 도난이나 재난을 포함하여 승인되지 않은 접근, 변경, 훼손 또는 폐기로부터 보호할 수 있는 방식"으로 기록을 저장하도록 한다. 저장정보는 기록 메타데이터에 포함되어야 하며, 조직 내부에서 기록 저장소를 운영한다면 내부 시스템에서 저장정보를 추출할 수 있고, 외부 공급자의 서비스를 활용한다면 외부 시스템에서 추출할 수 있을 것이다. 이처럼 기록을 보호하는 방식으로 저장하려면 첫째, 적절한 저장 환경과 매체를 보장할 것, 둘째, 필요하다면 기록을 보호할 수 있는 재료나 특수 취급절차를 이용할 것, 셋째, 물리적 보안이나 정보 보안에 대해 일상적으로 보호하고 모니터링하며 평가할 것, 넷째, 공식 재난계획을 운영하고 복구 절차를 개발하여 시험하는 한편 관련 직원을 훈련하도록 보장할 방법을 마련해야 한다. 특히 일상적인 모니터링과 평가(evaluation)를 수행하여 기록에 대한 이용가능성과 무결성을 위협하는 요소를 식별할 수 있어야 한다(KS X ISO 15489-1:2016, 9.6).

6) 이용과 재이용

기록관리 국가표준은 조직이 기록을 보유하는 한 이를 이용할 수 있어야 한다는 점을 우선 강조한다. 내·외부의 업무 과정에서 기록의 내용을 재이용한다면 이는 새로운 맥락과 연결된 기록을 새롭게 생산하며, 이 기록에 대해서도 획득 시점의 메타데이터와 관리 과정 메타데이터를 함께 생산해야 한다고 덧붙인다(ISO 15489-1:2016, 9.7).

조직 내에서는 다음의 내용을 고려하여 전자기록의 이용가능성 보장안을 마련할 수 있다. 첫째, 전자기록을 이용하려면 어떤 정보기술이 필요한지 메타데이터로 기입해서 관리한다(KS X ISO 15489-1:2016, 9.7-a). 전자기록의 구성에서 보았듯이, 디지털 데이터 객체로부터 인간과 시스템이 이해할 수 있는 수준의 객체를 구현하려면 이에 필요한 정보기술 환경을 분명하게 확인할 수 있어야 한다. 이는 기록 생산 환경으로서의 하드웨어와 운영시스템, 소프트웨어, 전자서명에 대한 정보와 이후 전자기록을 계속해서 불러오거나 실행할 수 있도록 하는 기술 환경에 대한 정보를 모두 포괄한다. 그래야만 이에 해당하는 표현정보를 활용하여 디지털 데이터 객체를 중층적으로 해석하고, 전자기록을 꾸준히 이용하고 재사용할 수 있다.

둘째, 이용을 위한 기록 사본을 추가로 생성하거나 대안포맷으로 변환한다(KS X ISO 15489-1:2016, 9.7-b). 전자기록을 변형하는 활동을 목적으로 하지 않는 한, 전자기록의 데이터 객체 저장소를 보호하거나 기타 요구에 따라 이용하기 위한 전자기록의 사본을 제작하여 제공할 수 있다. 또 원천 기록을 이용하는 데 필요한 정보기술이 구형이거나 GIS용 데이터와 같이 일상적으로 사용하지 않은 구현 환경이 필요하다면, 현재 대중적으로 이용하는 정보기술을 통해 구현할 수 있는 포맷으로 변환할 수 있다. 포맷을 변환한 후에는 이에 관한 메타데이터를 과정 메타데이터로 남겨야 한다(KS X ISO 15489-1:2016, 9.7). 또 대안포맷으로 변환하여 이용을 제공할 때는 원천 전자기록의 중요 속성을 그대로 전달할 수 있도록 변환해야 할 것이다.

셋째, 기록을 마이그레이션한다(KS X ISO 15489-1:2016, 9.7-c). 조직은 정보기술의 발전 속도에 따라 사용하는 정보시스템을 주기적으로 교체한다. 기록의 마이그레이션을 위해서는 구시스템의 전자기록을 내보내서 새로운 시스템으로 들여와야만 지속적인 전자기록의 이용가능성을 보장할 수 있다. 마이그레이션과 관련한 사항은 이어지는 '7) 기록의 마이그레이션과 변환'에서 좀 더 다룬다.

넷째, 재난 상황이 발생하여 기록시스템이나 저장 영역에 영향을 미치는 상황에서도 기록에 대한 접근과 이용가능성을 여전히 보장할 수 있는 계획을 마련한다(KS X ISO 15489-1:2016, 9.7-d). 평가 과정에 진행된 위험평가 결과를 반영한 재난 계획에는 재난 복구 프로세스의 일부로서 전자기록의 이용가능성을 보장할 절차와 기준이 포함되어야 한다. 예를 들어 2001년 9월 11일 비행기 충돌로 미국 월드 트레이드 센터가 붕괴했을 때, 재난 복구 프로그램에 따라 외부 건물에 백업 저장시스템을 운영하던 기업은 신속하게 업무를 재수행할 수 있었다(Franks, 2018: 236~237). 전자기록에 대한 이용가능성 확보가 조직의 업무연속성으로 연결된다는 점을 기억해야 한다.

다섯째, 일상적으로 저장조건을 모니터할 체계를 마련한다(KS X ISO 15489-1:2016, 9.7-e). 전자기록을 이용할 수 없게 된 후에는 돌이키기 어려운 경우가 많다. 일상적·사전적으로 저장소를 점검하여, 적시에 이용가능성을 지속할 수 있는 조치를 수행해야 한다.

7) 기록의 마이그레이션과 변환

기록관리 국가표준은 마이그레이션을 "포맷의 변화 없이 하나의 하드웨어나 소프트웨어 구성(configuration)에서 다른 것으로 기록을 이전하는 프로세스"(KS X ISO 15489-1:2016, 3.13)라고 정의하고, 변환(conversion)은 "하나의 포맷에서 다른 포맷으로 기록을 바꾸는 프로세스"(KS X ISO 15489-1:2016, 3.6)라고 정의한다. 전자기록이 일단 어떤 시스템에서 생산되면 다음과 같은 몇 가지 상황하에 한 시스템에서 다른 시스템으로 이 기록을 이전한다. 즉 결정된 처분사항에 따라 이관하거나, 기록시스템이 교체 또는 갱신됨에 따라 옮길 수 있고, 재난 대비나 백업 체계에 따라 복제할 수도 있다(DLM Forum Foundation, 2011: 151).

어떤 전자기록을 대상으로 마이그레이션하거나 변환하면, 이 이벤트를 기준으로 적어도 2개의 개체[원천(source) 개체와 마이그레이션 또는 변환 사본인 목적지(destination) 개체]가 발생한다. 따라서 특히 백업용이 아닌 한 이후 원천 기록을 처분해야 하며, 이 역시 조직 내 승인을 거쳐야 한다. 단 원천 기록을 처분하는 시점은 마이그레이션하거나 변환하고 나서 새롭게 생산된 기록의 품질을 확인하고 보증하는 절차를 완료한 이후여야 한다(KS X ISO 15489-1:2016, 9.8).

또 처분 절차를 이행하려면, 조직이 운용하는 평가도구를 개발할 때 원천 기록에 대한 처분 기준을 포함할 수도 있고, 사후적으로 정해진 승인 절차를 밟을 수도 있다. 평가도구에 포함되는 방식은 공통(general) 평가도구에 '마이그레이션 또는 변환한 전자기록'의 항목을 구성하고, 그 시점과 처분 방식을 명시하여 사전승인 효과를 얻을 수 있다.

특히 마이그레이션할 때는 대상 전자기록은 물론이고, 기록과 관련된 맥락 메타데이터, 참조하거나 연관된 다른 기록(또는 기록집합)이나 정보, 접근통제 항목 및 이와 연결된 사용자와 역할, 수행된 이벤트 이력 메타데이터도 포함시켜야 한다(DLM Forum Foundation, 2011: 156). 특히 참조나 연관 관계로 연결된 항목이나 메타데이터를 조직의 요건에 따라 함께 마이그레이션할 수 있고, 관계를 확인할 수 있는 정보만 전자기록과 함께 마이그레이션할 수도 있다.

8) 처분

처분(disposition)은 "처분지침 또는 다른 도구에서 정하는 방식으로 기록의 보유, 파기 또는 이관 결정을 실행하는 일과 관련된 일련의 프로세스"이다(KS X ISO 15489-1:2016, 3.8). 즉 평가 과정에서 확인한 기록관리 요구사항을 이행하기 위해 조직 내에서 다양한 도구를 개발한 상황을 전제로 하면, 도구별로 설정한 기준에 따라 조직 내에서 기록의 보유와 관련하여 이행하는 활동이다. 따라서 처분 활동을 수행하려면, 평가를 통해 처분지침도구를 개발하고 조직 내 공식 승인을 받는 과정을 먼저 거쳐야 하며, 기록시스템을 개발할 때 이 도구의 기준과 처분기능성을 포함(KS X ISO 15489-1:2016, 9.9)시켜야 한다. 그러므로 분류와 마찬가지로 획득된 모든 기록에는 처분 기준을 부여해야 한다(DLM Forum Foundation, 2011: 116).

메타데이터를 포함하여 전자기록을 처분하기 위해 선택할 수 있는 유형과 그에 따른 활동을 구성하면 표 9-3과 같다. 표의 폐기 이행에서 서술한 것처럼, 일부 기록 메타데이터는 기록 처분 후에도 원천시스템에 여전

표 9-3 **전자기록의 처분 유형에 따른 주요 고려사항과 이행사항**

처분 유형	대상	내용	처분의 주요 고려사항	처분의 주요 이행사항
전자기록 폐기	한시기록	한시 기간(예: 3년, 5년) 동안 조직 내에서 보유한 후, 보존 기간이 만료 되면 완전히 파기	• 자동으로 함께 폐기하거나 남길 메타데이터 요소 결정 • 어떤 단위(일, 주, 월)로 처분 시점 을 운영할지 결정해서 이를 기준으로 촉발 (trigger) 이벤트[6] 구성 • 촉발 이벤트를 할당할 기록계층 수준 결정(예: 기록집합, 개별 기록) • 다양한 촉발 이벤트를 운영 하는 경우 매일 시스템에서 폐기 대상 배치(batch) 생성 • 보존기간 만료 후 자동 폐기할 것인지 일정 기간 단위로 폐기할 것인지 결정	• 보존기간 만료 후 처분일자 확인 • 처분 유형이 '폐기'임을 확인 • 처분금지대상 여부 확인 • 폐기 전 검토 과정 없이 자동 폐기대상인지 확인 • 폐기 이행 ─자동폐기대상 이라면, 잔존 대상 메타데이터 요소 를 제외한 전자기 록 폐기 ─확인 과정을 거 쳐 폐기해야 하는 대상이라면, 폐기 여부 확인기간을 설정하고 확인 또 는 승인 후 자동 폐기와 같은 절차 로 폐기 • 폐기 이행 확인 (완전한 폐기 이행 여부 확인) 및 폐기 이행 기록화
조직 내 원천기록 시스템에서 영구 보유	영구보존기록	• 전자기록의 생애주기 전반 에 대한 통제 권한을 생산 조직이 행사 • 전자기록의 관리와 장기보존 기능 을 모두 수행 하는 조직 내 기록시스템에 서 영구 보유	• 촉발 이벤트를 할당하지 않음 으로써 보존기간 계산과 자동폐기 대상에 포함되지 않도록 함	• 처분 이행 기능성 이 운영되는 과정 에 시스템 내 영구 보유를 확인하면 대상에서 제외 • 원천시스템에서 영구보존

업무 이전 으로 전자기록에 대한 통제권을 갖는 조직 으로 이관	한시기록 영구보존기록	구조조정, 매각, 민영화, 업무 변화로 인해 전자기록에 대한 통제 권한을 업무 책임 조직으로 이관	• 이관할 전자기록 과 연관된 자원 이 있을 때, 함께 이관할 것인지 연관 정보만 이관할 것인지 결정 • 이관 후 자동으로 폐기하거나 남길 메타데이터 요소 결정 • 이관이 성공적으 로 진행되었는지 확인할 방법과 주체, 기간을 결정	• 조직 내 보유기간 만료 후 처분[아래] 지정일자 확인 • 확인기간 설정 • 목적지 시스템으로 대상 전자기록 이관 • 성공적 이관을 확인하는 기간이 종료되면 대상 전자기록의 처분 유형을 '폐기'로 변경 • 처분금지대상 여부 확인~폐기 이행 확인 및 기록화까지 전자 기록 폐기의 이행사항을 동일 하게 수행할 수 있음
영구보존기관 으로 이관	영구보존기록 (또는) 장기보존기록 (예: 50년, 100년)	정해진 시점에 전자기록에 대한 통제 권한을 지정된 보존 기관으로 이관		
보존 기간 종료 후 재평가	한시기록	전자기록의 보존 기간이 만료된 후 폐기 여부를 재평가	• 장기보유(예: 30년) 후 또는 지침에 따라 보존 기간이 만료된 후 현재 시점에서 기록에 대한 요구사항이 변경되지 않았는지 확인할 수 있음	• 보존기간 만료 후 처분일자 확인 • 처분 유형이 '재검토'임을 확인 • 확인기간 설정 • 대상 전자기록 재평가 • 폐기 대상으로 결정되면 잔존 대상 메타데이터 요소를 제외한 전자기록 폐기 후 폐기 이행 확인 및 기록화 • 추가 보존이 필요하면 새로운 처분기준 부여 및 재평가 이전 처분 기준과 재평가 활동 기록화

자료: KS X ISO 15489-1:2016; DLM Forum Foundation(2011) 재구성.

히 남아 있어야 한다(KS X ISO 15489-1:2016, 9.9). 예를 들어 시스템에 기록이 존재했고 이 기록을 적절하게 처분했다는 사실을 확인할 정보를 '잔존 메타데이터'로 설정해야 하는 것이다. 한 번 생산된 전자기록을 처음부터 존재하지 않았던 것처럼 완전히 삭제해서는 안 되기(DLM Forum Foundation, 2011: 115) 때문이다. 한편 전자기록을 폐기할 때 기록시스템에서 기록을 완전하게, 즉 되돌릴 수 없게 폐기하는 것이 원칙인데(KS X ISO 15489-1:2016, 9.9), 이때 잔존 메타데이터로 지정된 요소의 값을 통해 폐기한 전자기록을 부분적으로나 전체적으로 재구성할 가능성(DLM Forum Foundation, 2011: 116)을 고려해야 한다.

또 폐기나 타 기관으로 이관하는 대상을 원천기록시스템에서 폐기하는 경우, 한 번 이상의 확인 기간이 필요할 수 있다. 메타데이터를 포함해 전자기록을 구성하는 모든 객체를 기준에 맞게 완전히 파기했는지와 보안이나 접근 규칙을 준수하며 파기했는지 확인해야 하며(KS X ISO 15489-1:2016, 9.9; DLM Forum Foundation, 2011: 118), 이관의 경우 목적지(destination) 시스템으로 온전하게 이관했는지 확인하는 기간도 필요하다(DLM Forum Foundation, 2011: 118).

4. 디지털 환경 변화에 따른 과제

차세대 기술의 출현으로 인한 실무의 변화는 기록관리의 원칙과 방법, 즉 대량으로 생산되는 디지털 기록을 어떻게 획득하고 맥락화하며, 관리

---

6   보존 기간을 계산하기 시작하는 시점.

및 보존하여 이용자에게 제공할 것인지에 대한 새로운 역량과 접근 방법을 요구한다(Goudarouli, Sexton and Sheridan, 2019).

현재 전자기록관리의 과제를 짐작할 수 있는 한 사례가 있다. 스튜어트(Stuart, 2017)에 따르면, 호주 정부의 기록관리전문가를 대상으로 한 설문조사 결과에서 약 48%가 현재의 기록관리요건이 정부 디지털 정보를 관리하기에 적합하지 않다는 의견을 제시했다. "여전히 종이 기반"이며, "기술의 빠른 변화 속도에 맞춰" 요건을 제시하지 못하고 "뒤처져 따라잡는" 수준이고, "현대 사회에 맞게 실무 관행을 완전히 다시 만들어야 할 때지만" 전통적 실무 요건과 방법을 오히려 "확장하고 복잡하게 만들었으며," 세밀한 현재의 기록관리요건을 오히려 적용하기 어렵다는 의견도 있었다. 이를 위해 너무 많은 자원을 투입하도록 하는 문제도 지적되었는데, 특히 시소러스를 포함하는 통제 어휘가 중요했던 구시대 실무 관행에 "갇혀 있는 것처럼 행동"(Hjørland, 2012)하지 말고, 현재 직면한 과제를 이해하고 해결할 새로운 방법을 찾아야 한다고 강조한다.

이와 달리 국제표준과 법률 및 정책을 통해 전자기록을 생성하고 관리 및 보존할 강력한 원칙과 포괄적인 프레임워크를 개발해왔지만, 여전히 모호하고 용어도 일치하지 않으며, 규정이 불충분하거나 일관성이 부족하고 단편적이라는 지적이 있다. 이를 해결하기 위해 오히려 기록의 관리와 장기보존을 위한 방법으로서 도구를 더 명확하게 정의해야 한다는 의견도 존재한다(Makhlouf Shabou et al., 2019).

1) 클라우드 환경에서 전자기록관리의 과제

클라우드 컴퓨팅 기술은 서버나 스토리지, 네트워크, 소프트웨어, 서비스 같은 컴퓨팅 자원을 빠르게 공급하거나 배포할 수 있도록 공유 풀 (shared pool)을 만들어, 언제 어디서나 필요할 때 편리하게 접근할 수 있도록 지원하는 모델(Mell and Grance, 2011: 2)이다. 즉 사용자가 자체 조직 환경이나 네트워크 안에 인프라를 구축할 필요 없이 확장할 수 있는 범위의 자원을 사용할 수 있는데, 이를 인터넷이나 가상의 사설망을 통해 공유 데이터나 컴퓨팅 서비스에 접근하고 사용할 수 있도록 하는 기술(NARA, 2010.9.8)을 말한다.

조직의 기록관리에 클라우드 컴퓨팅 서비스를 이용하면, 초기 인프라 비용을 절약할 수 있고, 대규모 운영을 통해 경제 효과를 얻는 등 데이터 관리와 IT 비용을 절감할 수 있는 긍정적인 효과가 있다(Makhlouf Shabou et al., 2019). 또 서로 다른 국가와 지역에 흩어져 활동을 수행하는 조직의 직원에게 언제 어디서나 접근하고 협업할 수 있는 플랫폼을 마련해주기도 한다(NARA, 2010.9.8). 반면 조직 외부의 서비스 제공 주체가 조직의 데이터와 기록, 이용서비스 및 보안에 대한 통제 기능을 제공한다는 점, 즉 제3자에게 조직의 기록을 위탁하므로 통제력이 약해진다는 문제가 있다 (Makhlouf Shabou et al., 2019).

특히 조직 내 기록관리 과정과 시스템 통제를 통해 이행해온 '신뢰할 수 있는 전자기록관리'의 원칙을 클라우드 기록관리 환경에서 구현하기 어렵다는 점도 과제로 지적된다. 이는 데이터 및 기록의 정확성, 진본성, 보안, 이용가능성, 검색 및 사용, 기밀성 및 개인정보 보호, 저장 및 위치 찾기, 보유와 폐기, 장기보존 같은 기록관리 영역 전반과 관련이 있다. 단순히 디지털 서명 같은 기술만으로 해결할 수 있는 문제가 아니다(Makhlouf Shabou et al., 2019).

이를 상쇄하려면 클라우드 컴퓨팅 서비스 환경에 적절한 기록관리와 정보 거버넌스를 통해 조직이 다양한 방법으로 데이터와 기록에 대한 통제권을 유지할 수 있도록 해야 한다. 조직의 데이터를 포함하는 기록을 보호할 책임이 여전히 조직 내부에 있으며, 조직 내부에서 주요 위험에 대처할 과제를 맡고 있음을 분명히 해야 한다. 외부 서비스 제공 주체로 이 과제가 이전되지 않는다는 점을 강조하는 것이다(Makhlouf Shabou et al., 2019).

통제권을 유지하는 데 필요한 과제는 조직의 기록관리 요구사항을 클라우드 컴퓨팅 환경에 구현하기 위해 무엇을 해야 하는가로 연결된다. InterPARES Trust 연구가 ARMA International 회원을 대상으로 한 설문을 보면 조직의 보유요건이 클라우드에 저장한 전자기록을 포괄한다고 응답한 비율이 25%(Franks, Poloney and Weck, 2015)로 여전히 제3자 서비스 제공 주체와 통제 권한의 경계를 명확히 나누지 못하고 있다. 또 저장 요건이 클라우드 환경마다 달라서 조직의 규제 환경에 맞게 구체적인 서비스 계약을 맺을 수 있어야 하며, 전자기록의 폐기 이행이나 이관 후 폐기를 완전히 수행할 수 있도록(NARA, 2010.9.8) 하는 등 기록관리에 필요한 기능성을 클라우드 컴퓨팅 환경에서도 구현해야 한다. 이것이 변하지 않는 기록관리의 원칙을 기반으로 클라우드 기록관리 정책을 수립하고, 클라우드 컴퓨팅 환경에 적합한 시스템 기능요건을 개발해야 하는 이유다.[7]

---

[7] 클라우드 컴퓨팅 환경에서 어떻게 전자기록을 관리할지, 정책과 디지털 보존, 보유와 지적통제, 서비스 등 다양한 측면에서 종합적으로 살펴본 연구로는 InterPARES Trust (http://interparestrust.org/trust)가 있다.

2) 다양하게 부상하는 정보기술 활용을 위한 과제

미래 업무환경과 디지털 환경을 바꿀 파괴적 기술에는 인공지능, 머신 러닝, 양자 컴퓨팅, 사물인터넷, 블록체인(분산원장기술), 엣지 컴퓨팅(edge computing)[8], 가상·증강·혼합 현실과 같은 몰입형 경험, 검색 및 발견과 공개 및 그래프 데이터베이스 같은 첨단기술 기반 도구를 포함한다 (McLeod, 2020). 기록관리계에서는 이 중에서도 블록체인과 인지(cognitive) 기술을 도입하면서 기록의 품질 문제를 주요하게 고민하고 있다.

(1) 블록체인 활용의 측면에서

블록체인은 자동화된 분산원장(distributed ledgers)에 거래 기록을 변하지 않게 저장함으로써 거래 기록을 신뢰할 수 있도록 하는 오픈소스 기술이다. (다수의 참여자가) 분산원장에 중개 없이 접근하므로(P2P 거래) 거래를 승인하는 과정에 중앙집중식 기관은 필요하지 않다. 또 특정 거래정보를 변경하려면 그 거래가 발생한 이후에 생성된 네트워크상의 분산원장 블록을 동시에 변경해야 하므로, 기록의 무결성과 특정 시점의 존재 여부, 순서를 확인하여 부인 방지를 지원한다(InterPARES Trust, 2018: blockchain).

생산부터 유통에 이르기까지 과정에서 신뢰가 중요한 식품이나 금광석을 대상으로 하거나 출생 기록을 등록하는 블록체인 적용 사례를 통해

---

8   엣지 컴퓨팅은 "사용자 또는 데이터 소스의 물리적인 위치나 그 근처에서 컴퓨팅을 수행하는 것"으로, 사용자와 근접 거리에서 컴퓨팅 서비스 처리를 할 수 있어 시간과 안정성 측면에서 효과적이다. 사용자가 속한 조직 차원에서도 유연한 하이브리드 컴퓨팅의 이점이 있는데, 분산되어 존재하는 공유자원 풀을 사용해 데이터 처리를 분산한다 (RedHat, 2023).

(Bhatia, Douglas and Most, 2020), 블록체인기술을 활용하여 전자기록의 신빙성을 비교적 명시적으로 확보할 수 있는 플랫폼을 마련할 가능성이 드러난다. 영국 국가기록원(TNA: The National Archives)은 이미 오픈소스로 개발된 프라이빗 이더리움을 활용해 신뢰할 수 있는 공공 전자기록 저장소 구축을 실험하는 ARCHANGEL 프로젝트를 수행함으로써 전자기록의 무결성과 이용가능성 보장 방안을 탐구했다(ARCHANGEL, n.d.; Bell et al., 2019). 한국의 국가기록원도 2019년부터 블록체인기술을 기록관리에 적용하기 위한 연구를 이어왔다(왕호성·문신혜·한능우, 2020). 이 외에도 토지기록 이전과 의료 데이터 사용 동의(Lemieux et al., 2020)나 디지털 서명의 신뢰성 보장(Bralić, Stančić and Stengård, 2020), 기록의 구조 메타데이터를 저장(Sødring, Reinholdtsen and Ølnes, 2020)하는 데 블록체인을 활용하는 실험이 진행되었다.

한편 분산원장기술인 블록체인의 활용은 그동안 기록관리 전문영역에서 중앙집중화하여 구축해왔던 신뢰의 원천을 탈중앙화한다는 의미이다(Bhatia, Douglas and Most, 2020). 전자기록의 관리에 대한 책임과 신뢰를 조직의 구조와 시스템에서 분산 네트워크로 전환하여, 중앙집중식 기록 시스템이나 도구가 아닌 블록체인 자체가 기록시스템이 수행하던 유효성과 신뢰 보장의 역할을 한다(NARA, 2019). 페이스북, 트위터 같은 커뮤니케이션 네트워크나 클라우드를 활용하는 인터넷 환경도 네트워크 기반 모델로 전환하고 있으며, 이는 기록의 획득과 조직화, 평가와 접근의 기록관리 방법 전반에 영향을 미칠 수 있다(NARA, 2019).

블록체인은 원래 기록관리를 고려한 기술이 아니므로, 아직 전체 기록관리 범위를 포괄하기 어렵다고 알려져 있다. 특히 평가와 처분, 특정 데이터에 대한 접근제한의 문제가 대두된다. 개인정보를 공유 노드에 저장하는 것에 대한 우려, 데이터 삭제가 불가하거나 몹시 어려워 기록관리 전문영역에서 개발해온 처분요건을 적용하기 어렵다는 점이 그러한 문제들이다. 예를 들어 블록체인 플랫폼을 개발하면서 기록을 암호화하는 방식으로 영구히 접근을 방지할 수는 있으나, 이를 폐기로 볼지는 아직 명확하지 않다. 특정 블록체인 플랫폼의 기록을 이관하는 과정 또한 거의 진행되기 어렵다. 또 서비스형 블록체인(Blockchain-as-a-Service)도 운영되기 시작하는데, 이때는 클라우드 서비스 활용 시 고려해야 할 과제가 함께 추가된다(Bhatia, Douglas and Most, 2020).

결국 블록체인기술을 기록 관리와 보존에 활용하려면 기술 도입에 따른 영향을 해결할 수 있는 정책을 개발하고, 이런 정책을 실행할 수 있는 시스템을 구현하며, 기록을 보유하는 한 블록체인의 기록에 접근할 수 있도록 보장하고, 블록체인 기록이나 거래 데이터를 처분할 방안이 필요하다(Bhatia, Douglas and Most, 2020). 오히려 블록체인 플랫폼을 전제로 한 기록관리 방법론을 새롭게 개발할 필요도 있다. 인간 활동에서 대량의 데이터가 생산되고 빅데이터의 분석 및 활용을 지원할 정보기술이 이미 존재하는 상황에서, 이미 폐기나 이관에 대한 무용론과 함께, 선별을 위한 평가를 없애고 업무 과정에서 생산된 기록을 모두 보존해야 한다는 비평가주의[9]까지 대두되었다.

(2) 인지기술 활용의 측면에서

인지기술은 다양한 방법을 통해 인간 두뇌의 기능을 모방하는 컴퓨터

---

[9] 이와 관련한 논의는 현문수, 「전자기록 평가의 동향과 과제: 데이터세트와 웹사이트 평가를 중심으로」, ≪기록학연구≫, 71호(2022), 5~48쪽에 정리했다.

과학의 한 분야로(Rouse, 2018.1.2), 인공지능, 머신러닝, 로봇 프로세스 자동화(robotic process automation), 사물인터넷 또는 기타 기록관리에 영향을 미치는 새로운 기술(NARA, 2020)이다. 인지기술이 데이터 생산과 수집·활용 측면에서 기하급수적인 성장을 하면서(NARA, 2020), 현재 지능형 기술을 기록관리에 도입하려는 시도가 증가하고 있다(Chabin, 2020; Bunn, 2020; Hutchinson, 2020; NARA, 2020; 김해찬솔 외, 2017).

여러 긍정적인 연구가 진행되고는 있지만 그에 따른 과제도 여전히 존재한다. 가장 문제로 지적되는 영역은 기록의 품질이다. 현재까지의 기술 발전 환경에서는 조직된 알고리즘으로 인해 전자기록의 진본성과 무결성이 손상될 수 있으며, 인지기술이 사용하는 데이터와 기록도 위험에 처할 수 있다(NARA, 2020). 예를 들어 이미 사람의 목소리를 충실히 재현하고, 전문지식 없이도 동영상에 유명인의 얼굴을 삽입할 수 있는 딥페이크 기술, 기존 데이터를 활용해 텍스트와 음성, 이미지를 생성하는 GPT(Generative Pre-trained Transformer)-4 기술이 있다(Bell et al., 2019). 심지어 지휘관의 조작 없이 적의 행동을 감지해 분석하고 폭격할 목표를 선택하는 자율무기시스템도 등장(Andresen, 2020)했다. 인공지능을 '블랙박스'에 비유하기도 하는데(Bunn, 2020), 이는 조작된 알고리즘이 작동한다고 하더라도 알 수 없음을 강조하기 위해서다. 하지만 제니 분(Jenny Bunn)은 이런 비유 때문에 알고리즘의 비설명성을 받아들일 수 있다고 지적했다. 대신 '빙산의 일각'으로 그 비유를 변경하여, 당장 볼 수는 없지만 볼 수 있는 선택권을 가진 수면 아래 빙산의 부분이 있음을 강조하기도 했다(Bunn, 2020).

사회적으로 알고리즘에 의한 의사결정에 의존하면 할수록 증거 환경도 근본적으로 변화한다. 데이터를 사용하여 알고리즘을 생성하고 학습한 다음 새로운 데이터에 적용하는 인공지능은 점점 더 광범위하고 다양해지고 있다. 또 신경망이 역동적으로 진화하고 상호 작용하는 환경에서 작동하는 더 복잡한 스펙트럼의 끝으로 갈수록 결과가 결정되는 근거를 투명하게 밝히기가 어려워진다(Goudarouli, Sexton and Sheridan, 2019).

최근에는 설명 가능한 인공지능(XAI: eXplainable Artificial Intelligence)의 개념이 등장하면서 인공지능의 설명가능성과 해석가능성에 관심이 집중되기 시작했다. 이 중에서 특히 설명가능성을 확보하려면 기록관리 영역의 기여가 필요하다. 예컨대, 설계된 인공지능 프로세스의 기록화 방식, 인공지능의 의사결정 방식, 법규 및 표준의 준수 여부를 설명하려면 어떤 기록을 남겨야 하는지에 대해 기록관리전문가의 기여가 필요(Bunn, 2020)하다. 불확실하고 한계가 없는 인공지능의 특성으로 인해 시스템과 결정에 대한 증거를 보존하는 방법을 완전히 재고함으로써, 새로운 맥락에서 '기록'이 무엇인지도 다시 생각해봐야 한다(Goudarouli, Sexton and Sheridan, 2019).

또 인지기술에서 작동하는 알고리즘이 반드시 기록생산 조직이 통제하는 시스템에서 구현되거나 상주하지 않는다는 점도 고려해야 한다. 클라우드 시스템 또는 다른 아웃소싱 환경에 알고리즘이 있을 수 있으며, 다른 조직의 자산일 수도 있다. 이러한 상황에서 투명성을 확보하려면 공급업체로부터 구매하는 제품의 일부로 이해할 만한 설명을 제공하도록 요구하는 것이 최고의 선택일 수 있다(Andresen, 2020).

마지막으로 인지기술에 점점 더 의존할수록 전자기록의 관리와 표현, 사용과 관련된 윤리적 함의를 철저히 고려해야 한다(Goudarouli, Sexton and Sheridan, 2019). 사용된 알고리즘은 가치를 내포할 수 있으므로 그 사용에 대한 영향에 책임을 져야 한다(Martin, 2019). 나아가 인지기술은 인간과 유사한 의사결정을 내릴 수 있으므로 성별이나 인종, 사회·문화적 차이에 따라 학습된 편견과 윤리의 문제도 고려해야 한다(NARA, 2020).

5. 요약 및 미래를 위한 과제

앞서 크게 살펴보았듯이 구글 문서도구, 블록체인, 클라우드, 인지기술, 가상·증강 현실 같은 신기술을 사용함으로써 정보의 생산과 기록화, 획득, 인코딩, 관리와 보존, 공유, 전달 및 사용 방식이 파괴적으로 성장하면서 기록관리 영역에 큰 변화가 일어나고 있다. 이러한 변화는 점점 더 디지털 형태로 생산되는 기록을 가장 잘 획득하고, 관리 및 보존하고, 맥락화하고, 제시하는 방법에 대한 근본적으로 새로운 역량과 접근 방식을 요구한다(Goudarouli, Sexton and Sheridan, 2019).

그동안에도 기록관리 방법론은 무수히 많은 변화를 겪었지만 기록을 관리하고 보존해야 하는 '이유'에는 변함이 없고 생산과 획득, 관리 및 보존, 접근 제공, 보안 같은 기본적인 원칙은 변하지 않았다(Stuart, 2017). 하지만 실무 현장에서 전자기록을 관리하는 '방식'은 디지털 환경 변화에 맞게 바뀌어야 한다. 전통적인 기록관리 방법을 기록시스템의 기능성으로 구현하는 것만으로는 부족하다. 기록관리를 통해 구현하려는 책임성과 투명성, 그리고 기록의 진본성 또는 신빙성의 유지를 포함하는 기록관리 원칙을 여전히 유지하기 위해 노력하면서도, 변화하는 현장에 적용할 수 있는 새로운 방법을 찾아야 한다(Goudarouli, Sexton and Sheridan, 2019).

새로운 정보기술과 친해지고 다양한 디지털 전문영역과 협력해야 한다. 디지털 환경과 차세대 기술에 비추어 사회가 기록을 생성하고 공유하는 방식의 변화를 이해해야 한다. 또한 이러한 변화에 기록관리 전문영역이 대응하려면 새로운 첨단기술을 기꺼이 적용할 수 있어야 한다(Goudarouli, Sexton and Sheridan, 2019).

이 과정에서 윤리의 문제도 되돌아보아야 한다. 기기의 양과 기능성 향상, 상호연결성, 지능화, 기술에 대한 인간의 의존도가 증가할수록 윤리적 행동을 확립하고 투명성과 신뢰를 창출하는 명확한 규칙이 더 요구되기 때문이다(Ibiricu and van der Made, 2020).

그러기 위해 전자기록관리 전문가의 역할은 끝나지 않을 것이다. "보존된 것은 없고, 보존되는 것만 있을 뿐이다. 보존은 사람들의 지속적인 노력과 자원 투입의 결과이며, 절대 끝나지 않는다"는 오웬스(Owens, 2018: 5)의 말처럼, 더 빨라지고 복잡해지는 디지털 기술의 발전 동향을 빠른 주기로 분석하고 그 주기에 맞춰 전자기록을 관리하기 위한 활동 전반을 계속해서 바꿔나가는 역량이 필요하다.

다시 생각해보기

1. 전자기록은 무엇이며, 디지털 자원으로서 어떻게 구성되는지 설명해봅시다.
2. 공신력 있는 전자기록의 특성을 유지하기 위해 필요한 방법을 생각해봅시다.
3. 새롭게 등장하는 정보기술이 전자기록의 관리 과정에 어떤 영향을 미칠지 관리 과정별로 생각해봅시다.

전자기록시스템

기록시스템 도입과 운영에서 기록전문직의 역할은 무엇인가?

이연창

기록관리 과정에서 기록시스템(records system)은 필수 도구이다. 기록전문가는 기록시스템을 설계하고 도입하는 과정에서 업무 전문가나 정보기술 전문가와 적극적으로 소통하고 협력하여 합리적인 의사결정을 내려야 한다. 기록시스템을 구성하는 다양한 기술 장치들과 소프트웨어들에 대해 기술 전문가 수준이 될 필요까지는 없다. 그러나 기술적으로 낯설어서 기록시스템에 대한 기본적인 이해를 기피한다면 디지털 환경에서 기록전문가의 역할을 주도적으로 수행하기 어렵다. 기록전문가는 급속히 변화하는 기술 환경이 기록과 기록관리 업무에 어떤 영향을 미치는지 면밀하게 관찰하여 기록시스템에 반영해야 한다. 이 장에서는 기록시스템을 도입하고 유지하기 위해 기록전문가가 알아야 할 전반적인 개념과 동향을 살펴본다.

1. 기록시스템 구축 과정과 기록전문직의 역할

1) 시스템 도입 과정

시스템이란 어떤 목적을 달성하기 위해 필요한 요소들을 유기적으로 결합한 것이다. 넓은 의미로는 절차, 도구, 사람 모두를 포함한다. 절차는 시스템의 하부 구조로서 목적을 달성하기 위한 활동들의 순서나 방법을 정의하는 법, 제도, 지침과 같은 토대이다. 도구는 절차에 따라 일하는 데 필요한 시설, 하드웨어, 소프트웨어 같은 수단이다. 사람은 절차와 도구를 이용해 목적을 달성하는 시스템의 주체이다. 제대로 된 시스템을 구축하기 위해서는 절차, 도구, 사람이 모두 적절하게 구성되어야만 한다.

절차를 수립하는 데는 업무상의 요구나 법적 근거, 사용자 요구와 같은 여러 가지 요인이 고려되어야 한다. 기술적인 가능성과 제한성도 절차를 만드는 과정에 적절하게 반영되어야 한다. 과거 기술에 갇혀 있는 절차는

그림 10-1 **시스템의 3층 구조**

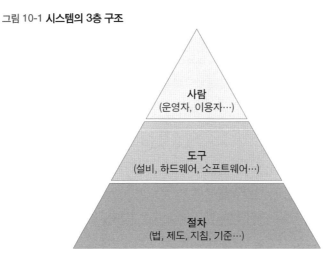

효율적이지 않고, 미래 기술을 과도하게 적용한 절차는 현실적이지 않다. 사람마다 시스템의 목적과 절차에 대한 요구 수준과 이해가 다를 수 있고, 도구에 대한 적응능력의 차이가 있을 수 있다. 이러한 차이는 다시 절차와 도구의 구현 수준에 영향을 미치는 요인이 된다.

도구는 시스템의 하부 구조인 절차를 기반으로 하여, 사용자에게 필요한 기능들을 적절하게 구현한 것이다. 시스템의 목적 기능은 도구들 중에서도 주로 소프트웨어에서 구현되어야 하므로 좁은 의미의 시스템은 소프트웨어를 가리킨다. 운영 체제(OS: operation system)를 비롯한 각종 소프트웨어 요소들과 하드웨어를 응용하여 목적 기능을 구현했기 때문에 응용 소프트웨어(application software) 또는 응용 프로그램이라고도 부른다.

소프트웨어의 개발 과정이나 결과물은 복잡하고 눈에 보이지 않는다. 또한 하드웨어에 비해 변경하기 쉽다고 여겨지고, 변경 요구에 순응할 것을 강요받는다. 복잡성, 비가시성, 가변성, 순응성 같은 소프트웨어의 본질적인 특성들은 개발과 유지 과정에서 다양한 문제를 발생시키는 위험한 원인이 된다. 안정적이고 경제적으로 개발 목표를 달성하기 위해서는 개발 과정의 문제들을 예방하고 효율적으로 관리해야 한다. 이를 위해 소프트웨어 공학(software engineering)이 등장했다. 기능 요구의 무분별한 변경은 소프트웨어 개발 과정에서 가장 위험한 요인 중 하나이다. 소프트웨어 개발 과정의 위험요소들을 체계적으로 관리하기 위해 '요구사항 분석 −설계−구현−테스트−유지보수' 단계로 구분하고, 각 단계의 순차적인 진행을 기본 원칙으로 한다.

폭포수 모델(waterfall model)은 소프트웨어 공학의 가장 오래되고 원론적인 소프트웨어 개발 방법론이다. 폭포수라는 모델명은 한 단계를 충분히 완료한 후 다음 단계로 나아가는 원칙이 마치 빈 곳을 다 채운 후에야

그림 10-2 **폭포수 모델**

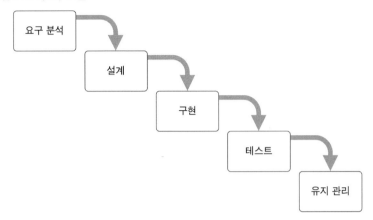

다음 빈 곳으로 흘러내리는 폭포수 같다고 하여 붙여졌다.

요구사항 분석(requirement analysis)은 시스템에서 구현하고자 하는 기능이 무엇(what)인지 정의하는 단계이다. 설계(design)는 요구기능을 구현하기 위해 어떻게(how) 구조를 세울 것인지 정의하는 단계이다. 구현(implementation, coding, programming)은 설계된 구조대로 코드를 작성하여 기능을 실현하는 프로그래밍 단계이다. 테스트(test, debug)는 구현된 프로그램의 기능이 요구 분석과 설계 단계에서 정한 요건과 구조대로 작동하는지 확인하는 단계이다. 유지 관리(maintenance)는 시스템을 운영하며 결함을 수정하고 개선해가는 단계이다.

소프트웨어를 도입하는 방식은 개발 과정 중에서 특히 설계, 구현, 테스트의 과정을 수행하는 방식에 따라 신규개발, 패키지 도입, 커스터마이징(customizing)으로 구분한다.

신규개발은 사용자의 요구에 따라 설계하고 구현하여 시스템을 처음부터 새로 개발하는 방식이다. 업무의 고유한 특성을 그대로 구현할 수 있고, 요구사항의 변경을 수용할 수 있는 유연성이 있으며, 기존에 운영하던 시스템과의 연계 기능도 새로 개발할 수 있다. 개발된 소스코드를 소유할 수 있으므로 향후에 자유롭게 수정할 수도 있다. 그러나 패키지 도입에 비해 투입 예산과 시간이 많이 들고, 개발 인력의 수준에 따라 품질이 좌우되는 위험성이 있다.

패키지 도입은 소프트웨어 패키지(software package)[1]를 구매하여 사용하는 방식이다. 패키지 소프트웨어는 해당 업무분야의 표준 절차들과 모범 실무사례들을 바탕으로 일반적인 요구기능들을 이미 구현해놓은 완성품 소프트웨어이다. 구입 즉시 사용할 수 있으므로 도입 기간을 단축시킬 수 있고, 신규개발에 비해 예산을 절약할 수 있다. 시스템을 도입하려는 해당 분야의 업무 절차가 아직 확립되지 않은 조직이라면 패키지에서 제시하는 일반적인 프로세스를 그대로 따라감으로써 표준화된 업무 절차를 빠른 시간 내에 정착시킬 수도 있다. 기존에 업무 프로세스가 정착된 조직이라면 패키지의 프로세스로 변경하는 데 저항이 발생할 수도 있다. 패키지에 구현되어 있지 않은 특별한 요구사항의 반영이나 기존 시스템과의 연계에 어려움이 있을 수도 있다. 소프트웨어의 저작권을 확보할 수 없으므로 독자적 개선을 추진할 수 없는 단점도 있다. 패키지의 유지관리와 업그레이드를 그대로 수용하면 되므로, 유지와 기능개선을 위해 자원 투입을 절약할 수 있는 것은 장점이다.

커스터마이징은 신규개발과 패키지 도입의 장점을 결합하는 방식이다. 사용자의 요구와 패키지로 구현된 기능의 격차를 분석하고, 필수적인 요

---

1   판매하기 위해 개발된 소프트웨어 완제품을 말한다. 상용(商用) 소프트웨어, 커머셜 소프트웨어(commercial software), COTS(commercial off-the-shelf, 상용 기성품)로도 부른다.

건의 차이에 대해서만 제한하여 프로그램을 수정한다. 전체를 신규 개발하는 데 비해 개발 비용과 개발 기간을 줄이고 품질 수준을 높일 수 있으며, 패키지에 없는 기능들을 반영할 수 있는 장점이 있다. 그러나 고난도의 수정 과정과 수정된 코드에 대한 변경 관리의 부담이 새로 발생한다. 커스터마이징으로 시스템을 도입한 이후에 도입 시 적용된 패키지가 기능 개선되어 소스코드가 변경되면, 커스터마이징할 때 수정했던 코드에 직간접적인 영향을 준다. 적용했던 패키지가 업그레이드될 때마다 업그레이드로 인한 변경이 커스터마이징한 코드에 미치는 영향을 분석해야 하고 재개발 과정을 멈출 수 없다. 그러므로 커스터마이징의 영향 범위와 수준을 엄밀하게 구분해야 하며, 변경 부분에 대한 설계서를 철저하게 관리해야 한다. 무분별한 커스터마이징은 사용자와 공급자 모두에게 위험 부담이 될 수 있다.[2]

도입 방식에 따라 유지운영 단계에서의 책임 범위와 변화가능성에 많은 영향이 있으므로, 조직의 업무 특성, 예산, 기한을 중장기적 조건과 함께 고려하여 적절한 방식을 선택해야 한다.

소프트웨어의 오류가 발생하는 원인을 모두 프로그래머의 잘못된 코딩 작업 때문이라고 생각하는 것은 소프트웨어 개발 과정에 대한 이해가 부족해서 생기는 오해이다. 프로그램 오류의 대부분은 불분명한 요구분석에서 시작되고, 잘못된 요구 정의를 바탕으로 한 설계 오류로 확대된다. 업무 절차에 근거를 둔 사용자 측의 요구사항과 기술 환경에 근거를 둔 개

---

2 국가기록원에서 배포한 표준기록관리시스템을 커스터마이징하여 도입한 이후에, 표준기록관리시스템이 업그레이드될 때마다 커스터마이징한 부분을 재개발을 하기 위해 예산을 지속해서 투입하는 기관도 있고, 기능 개선된 버전으로 상향하지 못한 채 과거 버전을 그대로 사용하는 기관도 있다.

발자 측의 의견이 원활하게 소통되어 기능요건이 분명하게 확립되어야 한다. 기능요건의 정의를 분명히 하기 위해서는 해당 업무 전문가가 이 단계에 주도적으로 개입하여 사용자 측의 요구사항을 적극적으로 표현해야만 한다. 기술적인 구현 방식을 정의하는 설계 단계는 기술자만의 역할인 듯하지만, 이 단계에서도 해당 업무분야 전문가의 적극적인 개입이 필요하다. 특히 사용자의 편의성이나 데이터의 관계성을 검토하는 데는 해당 업무 전문가가 적극적으로 참여해야 한다. 그러므로 기록시스템 도입 과정에서도 적절한 의사결정이 이루어질 수 있도록 기록업무 전문가가 적극적으로 개입해야 한다.

2) 기록시스템 도입 과정

기록의 생산, 보존, 제공의 모든 과정에 걸쳐 기록업무가 수행되므로, 기록시스템은 기록생산시스템, 기록관리시스템, 기록서비스시스템 등 기록업무에 관련되는 모든 시스템을 통틀어 가리키는 명칭이다. 넓은 의미로 보면 일반적인 시스템의 정의와 마찬가지로 기록시스템도 기록의 생산·보존·제공의 목적을 달성하기 위해 필요한 절차, 도구, 사람 모두를 포함한다. 기록관리를 위한 원칙과 절차, 응용 소프트웨어와 하드웨어 및 시설, 사람 및 기타 행위주체 등 필요한 모든 구성요소들이 결합되어 넓은 의미의 기록시스템 전체가 구성된다.

기록을 관리하기 위한 소프트웨어를 개발하는 방법론으로 ISO/TR 15489-2(2001)에서 제시된 DIRS(Design and Implementation of a Records Systems)는 폭포수 모델에 기초한 기록시스템 구축 방법론이다. 기록시스템의 구축 과정을 예비조사 → 업무활동 분석 → 기록요구사항 식별 → 기존 시스템 분석 → 기록요건 충족을 위한 전략 식별 → 기록시스템 설계 → 기록시스템 구현 → 구현 후 검토 단계로 기록시스템 구축 절차를 구분했다. ISO 15489-1:2016의 전면개정으로 ISO/TR 15489-2는 철회되고, DIRS는 ISO/TS 16175-2:2020(Guidance for selecting, designing, implementing and maintaining software for managing records, 기록을 관리하는 소프트웨어의 선정, 설계, 구현 및 유지관리를 위한 지침)으로 대체되었다. 제목에서 알 수 있듯이 이 표준은 신규개발 방식을 배제하지는 않지만, 주로 패키지 구입이나 커스터마이징 방식으로 시스템을 도입할 때 고려해야 할 사항들을 주 내용으로 제시한다.

기존의 기록시스템은 주로 서버 컴퓨터에 시스템을 구축하고 네트워크를 통해 클라이언트 컴퓨터에서 접속하는 방식으로 운영되었다. 이제는 기존의 서버-클라이언트 환경뿐만 아니라, 클라우드 컴퓨팅 환경, 웹 기반 협업 소프트웨어, 하이브리드 환경 같은 다양한 구축 환경을 고려해야 한다. 패키지 도입이나 커스터마이징 방식처럼 시스템 도입 방법도 다양하고, 클라우드나 웹 같은 구축 환경도 다양하여 기록시스템의 도입 과정에서 식별하고 의사 결정해야 하는 요소들이 기존의 구축 방법론과는 달라졌다. ISO/TS 16175-2:2020에서 제시하는 기록시스템 도입과 유지관리의 절차는 다음과 같다.

(1) 조직의 체계와 환경 분석

기록관리에 영향을 주는 조직의 규제 환경, 기술적 환경, 조직 문화를 파악한다. 기록관리에 대한 책임 조직의 위상, 책임 의식의 수준, 기록요건에 대한 방침의 제정 및 현행화 정도, 기록통제도구의 최신 상태 같은 기록관리에 대한 조직의 성숙도 수준을 평가한다.

기록 메타데이터 스키마, 업무분류체계 같은 기록통제도구는 기록시스템을 구현하는데 영향을 주기 때문에 시스템을 구축하기 전에 확인해야 한다. 도입할 기록시스템이 운영될 기술 환경이 클라우드 환경인지, 웹 기반 협업 환경인지, 종이 기록과 디지털 기록을 함께 관리하는 하이브리드 환경인지도 파악해야 한다. 기록관리 소프트웨어를 평가하려면 업무 맥락, 정보기술 기반과 네트워크, 소프트웨어의 확장성과 성능, 소프트웨어 구현과 관련된 모든 예산을 파악해야 한다. 업무분석 역량, 소프트웨어 관련 역량처럼 기록 소프트웨어를 구현하는 데 필요한 조직역량도 살펴본다. 조직의 체계와 환경에 대한 전반적인 분석을 바탕으로 시스템 도입 프로젝트의 범위를 정한다.

(2) 프로젝트 방법론 결정

기록시스템을 도입하는 과정은 다양한 수준에서 복잡한 문제들을 해결해가는 과정이므로, 프로젝트 과정을 관리하는 방법론을 적절히 채택해서 적용할 필요가 있다. 프로젝트 방법론은 프로젝트의 범위와 구현하려는 소프트웨어의 범위에 맞게 적절히 결정되어야 한다.

기록시스템 프로젝트는 어떤 방법론을 선택하든 기록통제도구의 개발, 환경설정 모델, 훈련과 변화관리 요구사항 정의처럼 사전에 작업해두어야 하는 요소들의 영향을 받는다. 프로젝트에는 프로젝트 관리자, 정보기술 전문가, 고위 경영진, 업무 관리자, 법률 전문가, 사용자 등 조직 내·외부의 다양한 전문가들이 참여할 수 있다. 성공적인 프로젝트를 위해서는 이해관계자들을 식별하고, 그들의 기대와 이해관계 및 역할을 파악하여 소통할 수 있는 전략을 마련해야 한다.

(3) 기능요건의 결정과 관리

기능요건은 도입하려는 소프트웨어가 제공해야 할 기능이다. 시스템을 설계하거나 선정하기 전에 충분히 세부적인 수준으로 정의되어야 한다. 모든 요건은 측정 가능하고 시험할 수 있어야 하며, 업무상 필요와 기록요구사항에 밀접하게 연결되어야 한다.

기능요건은 기록요구사항뿐만 아니라, 사용자 인터페이스, 업무시스템과의 통합이나 연계, 기록과 메타데이터의 효율적인 반출입, 기록의 변경상태 추적기능, 소프트웨어의 시장 동향도 고려해서 결정해야 한다. 기능요건은 소프트웨어의 성능 평가, 소프트웨어 설계요소 식별, 소프트웨어 검수 같은 시스템 선정이나 설계 및 구현 과정에서 활용한다. 기능요건은 기록전문가가 문서화하여 기록으로 관리하고, 정기적으로 재검토하며 관리해야 한다.

(4) 환경설정의 결정

정보시스템에서 환경설정(configuration)은 시스템이 작동하는 데 필요한 내·외부의 구성요소들을 시스템의 목적에 맞도록 적절하게 편성하는 것이다. 패키지 소프트웨어는 해당 분야의 기능요건을 일반화하여 개발하므로, 소프트웨어 자체를 변경시키지 않고서도 특별한 요구사항을 수용할 수 있는 유연한 방법이 필요하다. 이를 위해 소프트웨어가 작동하는 데 필요한 각종 설정조건 값을 별도의 환경변수로 미리 저장해 두었다가, 시스템이 기동될 때 환경변수들을 읽어서 설정해둔 조건에 맞추어 소프트웨어의 기능을 작동시킨다. 개발 요구에 대해 일회성의 프로그래밍으로 맞춤 개발을 하는 커스터마이징과 달리, 환경설정은 패키지 소프트웨어의 완성된 상태를 그대로 두고, 필요에 따라 기능을 적절하게 조정하여 설정할 수 있는 기술적인 방법이다.

기록관리를 위한 패키지 소프트웨어(off-the-shelf)에는 기록통제도구와 업무 규칙에서 정의한 조직의 기록관리 요구에 맞게 기능을 설정할 수 있는 환경설정 기능이 있어야 한다. 환경설정 기능을 제공하는 기록관리 패키지 소프트웨어를 도입하면 기록통제도구와 업무 규칙 같은 조직의 기록관리 요구 기능을 환경설정에 반영하여 기록시스템을 운영할 수 있다. 환경설정에 따라 기록시스템 내에서 기록통제도구나 기타 기능들의 작동 방식이 영향을 받는다. 환경설정은 한 번으로 끝나지 않고, 시스템의 운영 과정에서 새롭게 필요해지거나 필요하지 않은 기능을 파악하여 환경설정에 추가하거나 제거하므로, 환경설정의 변경사항은 지속적으로 추적되고 관리되어야 한다.

기록시스템의 환경설정을 결정하기 위해 검토해야 하는 대상 범위에는 대부분 기록관리에 대한 전문적인 역량이 있어야만 판단할 수 있는 내용들이 포함된다. 관리대상 기록 개체(entities), 기록집합체(aggregation), 행위자(agents), 업무 프로세스, 기록 메타데이터 스키마(metadata schema for records), 업무분류체계, 접근과 허용 규칙, 처분지침, 이용자 인터페이스, 지원되는 자동화 및 자동화 도구, 기록 프로세스 메타데이터의 자동 획득, 다른 업무 소프트웨어와의 통합 요구, 적용 가능한 기록 관련규칙 같은 기록관리 영역들을 면밀히 검토하여 환경설정을 결정해야 한다. 환경설정은 조직에서 필요한 기록관리요건을 엄격하게 분별하여 기록전문가가 책임지고 신중하게 결정해야 한다.

(5) 기록의 마이그레이션과 변환 요구사항 결정

급속한 기술 발전에 의해 기록이 의지하는 기술 방식의 구식화가 빠르게 진행되므로, 기록의 마이그레이션(migration)이나 변환(conversion)은 불가피하다. 디지털 기록을 안전하게 보존하기 위한 방안도 기록시스템을 도입하는 과정에서 고려되어야 한다.

기록의 위치, 양, 분류체계, 메타데이터 요구사항, 복제 기록의 존재 여부와 위치, 포맷, 정보보안 요구사항, 보존 기간 등을 파악해 마이그레이션이나 변환 계획에 포함시켜야 한다. 경우에 따라서는 새로운 시스템이 도입되어 구형 시스템의 운영이 중단될 수도 있다. 구형 시스템에서 어떤 기록을 남기고, 새로운 시스템으로 어떤 기록을 이전할 것인지 판단하는 일도 시스템 도입 과정에서 결정할 핵심 내용에 포함시켜야 한다.

(6) 소통, 훈련 및 변화 관리

기록관리 소프트웨어의 도입이나 변경은 조직 구성원들의 일상적인 업무수행 방식을 변화시킨다. 새로운 기술의 도입과 그로 인한 업무 방식의 변화에 대한 이용자의 수용 정도는 시스템 도입의 성패에 영향을 미친다. 시스템 도입 프로젝트의 의도, 진행 상황과 예상 일정에 대해 수시로 소통하면 이용자들을 참여시키고 변화를 수용하게 하는 데 도움이 된다. 변화가 예상될 때 영향을 받을 사람들과 시의적절하게 소통해야 한다. 기록관리의 기능과 혜택을 이용자들이 널리 이해할 수 있도록 교육하고, 훈련과 변화 관리 프로그램을 운영하며, 이를 다시 평가하여 개선해가는 노력이 필요하다.

(7) 구축 후 검토, 모니터링 및 평가

모든 소프트웨어 프로젝트는 완료 후 검토하여 성공 여부나 단점을 평가하고, 이후의 새로운 계획에 반영해야 한다. 기록시스템 도입 후 소프트웨어의 작동에 대한 모니터링과 평가는 성공적인 프로젝트의 핵심 구성요소이다.

검토를 수행할 때는 소프트웨어 기능뿐만 아니라 업무 규칙, 프로세스, 관련 물리적 장치 및 디지털 시스템을 포함한 광범위한 시스템 환경을 고려하여 평가한다. 모니터링은 소프트웨어의 성공요소나 결함을 파악하기 위해 기록시스템의 일상적인 운영 측면이나 업그레이드 측면에서 이루어진다. 소프트웨어를 더 효율적으로 개선하기 위해 기록요구사항의 변화를 반영하여 주기적으로 평가를 수행한다.

일반적인 정보시스템 개발 과정에서 해당 분야의 업무 전문가가 참여해야 하듯이, 기록시스템 개발 과정에서도 기록분야 전문가의 개입이 필수적이다. 기록전문가는 조직이 처한 내·외부 환경조건을 고려하고, 기록관리에 대한 각종 표준과 모범 실무사례들을 참고하여 기록시스템의 도입과 유지를 주도해야 한다.

2. 기록시스템 관련 표준

기록시스템은 장기간에 걸쳐 기록을 획득하고 관리하며 접근을 제공하는 정보시스템이다. 기록시스템은 기록을 관리하기 위해 특별히 설계된 소프트웨어와 같은 기술적(technical) 요소와 방침, 절차, 사람 및 기타 행위주체, 부여받은 책임과 같은 기술 외적인 요소로 구성된다(ISO 15489-1: 2016, 3.16). 기록시스템의 발전 과정에서 시스템의 설계와 구현에 대한 다양한 표준들이 국제적 합의로 제정되고 개선되어왔다. 기록시스템 관련 표준은 전자기록관리를 위한 기능요건 제시부터, 디지털 정보의 영구보존을 위한 아카이브의 개념적 구조에 이르기까지 다양하게 발전해왔다. 표준은 대개 일반적이고 추상적인 상위 수준의 원칙들을 제시하므로, 현장의 특수성을 고려하여 구체적으로 적용해가야 하듯이, 기록시스템의 설계와 구현 과정에 표준을 적용하는 경우에도 조직의 필요 수준과 발전 방향에 조응시키려는 주체적인 관점을 유지해야 한다.

1) 기록시스템 관련 해외표준

(1) DoD 5015.02-STD

DoD 5015.02-STD는 미국 국방부에서 정한 '전자기록관리 소프트웨어 어플리케이션 설계기준 표준(Electronic Records Management Software Applications Design Criteria Standard)'(USA. Department of Defense, 2007)이다. 전자기록관리시스템을 설계하기 위해 만들어진 세계 최초의 표준으로서, 각급 정부기관에서 사용할 수 있도록 미국 국가기록관리청(NARA: National Archives and Records Administration)에서 승인했으므로 사실상의 미국정부 표준이다.

전자기록관리를 위한 일반적인 요구사항에는 하위호환성, 접근성, 확장성, 보안준수요건이 있다. 세부 요구사항으로는 파일플랜(File Plans) 실행, 보유처분계획, 등록과 파일링, 이메일 관리, NARA로의 이관, 저장, 필수기록 관리, 접근통제, 시스템 감사 기능 등이 있다. 개인정보 보호와 「정보공개법」에 대응하기 위한 기록관리요건들은 별도의 장으로 제시하며, 특히 기록시스템 간에 기록을 이관하는 과정에서 상호운용성(interoperability)을 보장하기 위해 필요한 기능들에 대해서도 요건을 제시하고 있다.

반드시 준수해야 하는 요건과 권장하는 요건을 구분해서 제시하며, 필수 요건들을 모두 준수해야만 인증받을 수 있다. 각 기관에서는 인증시험에 통과한 제품만을 구입하는 패키지 도입 방식으로 시스템을 구축함으로써 신규개발 방식에 비해 시간과 비용을 절약하면서 상호운용성을 확보할 수 있는 표준으로 사용한다.

(2) MoReq2010

MoReq2010은 유럽연합(EU) 집행위원회가 설립한 DLM 포럼 재단(DLM Forum Foundation, 2011)에서 개발한 '기록시스템 모듈화 요건(Modular Requirement for Records Systems)'이다. ISO 15489, ISO 23081, ISO 16175 및 이전 버전인 MoReq2의 표준에서 인정된 개념과 원칙들을 기반으로 하여 기록시스템의 기능을 포괄적으로 제시하는 국제적인 표준이다. 공공기관, 사설기관, 각종 산업분야 및 다양한 조직 유형에 적용할 수 있도록 포괄적인 기록시스템의 요구사항을 제공하기 위해 개발되었다.

MoReq은 2001년 첫 버전을 발표한 이래 세부 기능별로 인증체계를 도입한 MoReq2, 모듈화 개념으로 발전한 MoReq2010 버전으로 이어져 왔다. 이전 버전이었던 MoReq, MoReq2가 전자기록관리를 위한 설계(model)요건이었던 것에 비해, MoReq2010에서는 기록시스템의 주요 기능들을 독자적인 구성요소(module)들로 개발하여 결합시킴으로써 기록시스템을 구현하는 방식으로 소프트웨어 설계 개념이 변경되었다. 모듈이란 독립적인 기능단위로 개발·사용·교체될 수 있도록 설계된 구성요소를 의미한다.

시스템의 전체 기능이 하나의 시스템으로 통합되어 있으면 소프트웨어 개발의 본질적인 위험요소인 비가시성, 복잡성으로 인해 코드 변경의 영향 범위를 파악하기 힘들어서 기능개선 요구에 신속하게 대응하기가 어려울 수 있다. 그에 비해 모듈화하여 개발된 시스템은 기능의 사양을 개선하고자 할 때 전체 시스템을 변경하지 않고 관련 모듈만 변경하면 되므로, 변경 작업의 영향 범위를 해당 모듈 자체로 제한하여 안정적으로 변경할 수 있다. 또한 기존에 운영 중인 기록생산시스템이나 관련된 다른 시스템들과 연계하거나 통합하여 기록관리시스템을 구현하고자 할 때도 탄력적으로 관련 모듈만 변경하여 적용할 수 있다.

기존의 기록시스템들이 하나의 방식으로 전체를 구현하는 접근법(one size fits all)이었던 것에 비해, MoReq2010은 기록시스템들의 기능을 모듈화하여 설계함으로써 유연하고 지속적인 개선을 용이하게 하는 설계 기반을 제공한다. 한 가지 유형의 솔루션만으로 고정된 표준이 아니라, 공통의 핵심 기능을 기본으로 장착하고 필요한 기능들을 선택하여 조립하는 방식으로서 특성화된 기록시스템을 구축할 수 있다. MoReq2010이 제시하는 기록시스템의 핵심 기능(core service)은 다음과 같다.

- 이용자와 그룹 기능(user and group service)
- 역할관리 기능(model role service)
- 분류 기능(classification service)
- 기록 기능(record service)
- 메타데이터 기능(model metadata service)
- 처분계획 기능(disposal scheduling service)
- 처분보류 기능(disposal holding service)
- 검색과 보고서 기능(searching and reporting service)
- 내보내기 기능(export service)

그림 10-3 **MoReq2010의 모듈식 구조**

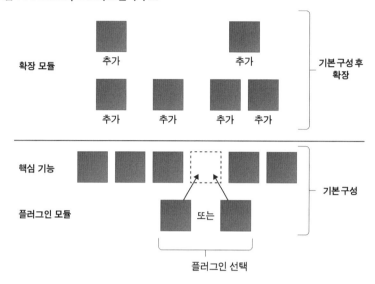

　핵심 기능 중에서 역할관리 기능과 메타데이터 관리 기능은 표준에서 요구하는 기능 그대로 구현하지 않고, 상황의 요구에 맞게 모듈을 특성화하여 구축할 수 있도록 모형 기능(model service)으로 구분했다. 행위자의 역할과 기록 메타데이터의 구조는 업무 활동의 특성이나 조직의 여건에 따라 다를 수 있으므로, 조직의 특성을 고려하여 선택적으로 적용할 수 있게 했다. 그림 10-3에서처럼 핵심기능 모듈들과 플러그인(plug-in) 모듈을 선택하여 필요한 기능들로 기록시스템을 구성하고, 추가로 모듈별 확장 기능을 결합하여 기록시스템을 탄력적으로 구성할 수 있다.

　기술 발전에 따라 현재 사용 중인 기술을 미래에는 사용하지 않을 수도 있으므로, 전자기록은 반드시 현재의 기술 환경에서 다른 기술 환경으로의 이동가능성을 염두에 두어야 한다. 기록시스템 간의 상호운용성 확보는 전자기록관리 환경에서 무엇보다도 먼저 고려해야 하는 필수요건이다. MoReq2010에서는 기술 노후화에 대비하기 위해 기록을 시스템 밖으로 내보내기(export)하는 기능을 기록시스템의 핵심기능요건의 하나로 정하고 있다. 현재의 기술에 의존적인 상태에서 현재의 기술과 무관한 상태의 시스템 외부로 기록을 내보내는 기능이다. 기록의 맥락과 내용을 내보내기할 수 있도록 기계 가독형 표준인 XML을 사용하여 내보내기 포맷 구조를 제시한다.[3]

페이지 수나 종이 크기 같은 물리적 제한성을 전제로 하는 종이 기록의 철과 다르게 전자기록의 철은 기록 내용의 논리적인 공통성을 고려하여 기록을 축적할 수 있다. 종이 기록에서는 상정할 수 없었던 기록철 내부의 하위철이나 볼륨 계층을 전자기록에서는 적용할 수 있다. 또한 종이 기록에서는 가능하지 않았던 건 단위의 처분 행위가 전자기록 환경에서는 기술적으로 가능해졌다. 기술 환경의 변화로 가능해진 새로운 기록통제 방식을 MoReq2에서는 하위철, 볼륨 계층, 컴포넌트 계층을 추가한 새로운 전자기록 계층 구조로 제시했고, 이를 MoReq2010에서는 집합체 개념으로 발전시켰다.

전통적인 기록철 계층 구조에서는 단일한 목적의 공통성을 기준으로 기록을 축적시켰는데, 이는 복합적인 분류 목적이 필요한 경우에는 적용할 수 없는 제한성이 있다. 사안별로 처리되는 케이스 업무의 기록에 기능분류체계를 적용하면 하나의 사안이 여러 기능으로 분리된다. 조직 간의 협업업무 기록에 조직분류체계를 적용하면 어느 한 조직 분류에 배치

---

3   MoReq2010의 XML 내보내기 스키마(XML Export Schema)와 한국의 'NAK 31-1 전자기록물 장기보존 패키지 기술규격—제1부 XML로 포맷화된 방식(NEO2)'은 맥락 메타데이터, 콘텐츠 컴포넌트, 무결성 정보가 인캡슐레이션(encapsulation) 구조 안에 포함되어 있는 점에서 유사하다.

하기 어려울 수 있다. MoReq2010에서는 집합체의 하위 계층에 집합체를 추가로 둘 수 있으며, 하위 집합체가 상위 집합체의 속성을 의무적으로 상속받는 것이 아니라 다른 분류의 속성을 적용받을 수도 있도록 했다. 더 나아가 집합체 내의 개별 기록 건에도 소속 집합체의 속성이 아닌 다른 분류의 속성을 적용할 수 있도록 했다.[4]

비기능(non-functional)적 요건은 보편적으로 적용할 수 있는 방식을 정하거나 계량화하여 측정하기는 어려울 수 있지만, 시스템의 구현 과정에 반영됨으로써 전체적인 시스템 목표를 향상시킬 수 있는 요건들을 의미한다. 비기능적 요건의 구현 여부에 대해서는 입장에 따라 판단 기준이 모호할 수 있으나, 시스템의 사용자와 공급자 간에 시스템 구축 목표에 대한 공감을 바탕으로 하여 비기능적 요건을 시스템 완성도 향상을 위한 발상의 근거로 활용할 수 있다.

MoReq2010에서는 비기능적 요건으로 성능(performance), 확장가능성(scalability), 관리가능성(manageability), 이식가능성(portability), 보안(security), 개인정보 보호(privacy), 이용편의성(usability), 접근성(accessibility), 가용성(availability), 신뢰성(reliability), 복구가능성(recoverability), 유지가능성(maintainability), 지원(support), 보증(warranty), 준수(compliance)를 제시한다.

(3) ISO 14721

OAIS 참조 모형(Reference Model for an Open Archival Information System)으로 불리는 이 표준(The Consultative Committee for Space Data Systems(CCSDS),

---

4   한국의 업무관리시스템에는 기능별 분류체계를 기본으로 하면서도 복합적인 분류 관리가 필요할 때 목적별 분류체계를 적용하여 관리과제카드를 만들 수 있는 기능이 구현되어 있으나 이를 실제로 사용하는 기관은 거의 없다.

2012)은 디지털 정보를 영구적 또는 무기한 장기적으로 보존하는 디지털 아카이브를 위한 기술적 권고안이다. 디지털 아카이브를 둘러싼 복잡하고 다양한 문제들을 환경 모형, 정보 모형, 기능 모형으로 구분하여 개념을 구조화함으로써 디지털아카이브시스템 논의에 기반 개념을 제시했다.

환경 모형에서는 디지털 아카이브에 관여하는 주체를 생산자, 이용자, 관리자로 구분하여, 아카이브에서의 정보 흐름과 기능을 분별하는 기초 개념을 제시했다.

정보 모형에서는 디지털 아카이브에 입수·보존·서비스되는 정보의 구조를 정보 패키지 개념으로 제안했다. 대개의 정보시스템은 효율적인 정보관리를 위해 비트스트림은 스토리지에 메타데이터는 데이터베이스에 분리하여 저장해두고, 필요할 때 연결정보에 근거하여 재구성하는 방식으로 정보를 관리한다. 정보 패키지로 명명한 이유는 보존하려는 전자기록(비트스트림)과 분리되어 있던 해당 전자기록의 관련 정보(메타데이터)들을 모두 하나로 모아서 묶었기 때문이다.[5] 분산되어 있는 기록의 내용정보(content information), 보존기술정보(preservation description information) 및 패키징 정보(packaging information)를 하나로 묶어서 기록정보 패키지를 구성한다.

기록의 내용을 담고 있는 내용정보는 애초에 보존을 목적으로 하는 대상 그 자체에 해당하는 정보로서, 별도의 포맷으로 인코딩된 컴포넌트로 스토리지에 저장되어 있다. 보존기술정보는 식별정보, 배경정보, 출처정보, 무결성 정보, 접근권한정보로서 내용정보가 생산된 환경을 이해하고

---

5 관련 정보들을 함께 포함하여 넣어두었다는 뜻에서 package, capsule, container, wrapper 모두 같은 의미로 사용한다.

보존 관리하는 데 필요한 정보들로서 별도의 데이터베이스에 저장된 메타데이터이다. 내용정보와 맥락정보의 연결이 끊어지면 기록의 완결성을 잃게 되므로 기록으로서의 의미가 없어진다. 패키징 정보는 내용정보와 보존기술정보를 하나로 묶은 방식과 패키지를 식별하는 정보이다. 기술정보(descriptive information)는 보존기술정보에서 추출한 정보로서 검색과 관리 과정에 사용하기 위해 패키지의 외부에 두고 운영한다. 기록정보 패키지 모형은 전자기록을 장기간 안정적으로 보존하기 위해 내용정보와 맥락정보를 흩어지지 않게 하나로 묶어서 이관하고 보존 관리하도록 제시된 개념이다.

OAIS의 기록정보 패키지에는 세 가지 유형이 있다. 제출정보 패키지 (SIP: submission information package)는 생산자(producer)가 아카이브로 이관하는 기록정보이다. 보존정보 패키지(AIP: archival information package)는 아카이브에서 인수받은 후 보존기술정보를 포함하여 변환한 영구보존용 기록정보이다. 배부정보 패키지(DIP: dissemination information package)는 이용자(consumer)의 열람을 위해 제공되는 기록정보이다.

디지털아카이브시스템에서 작동하는 주요 기능을 OAIS는 그림 10-4와 같이 입수, 저장, 데이터 관리, 검색열람, 보존계획, 총괄관리 기능으로 제시한다. 생산자에게서 이용자에게 기록정보가 도달하는 과정을 살펴보면 대략 다음의 순서대로 정보와 처리요청이 작동한다. ① 생산자가 SIP를 아카이브로 이관한다. ②-1 '입수'된 SIP를 AIP로 변환하여 '아카이브 저장' 기능으로 보내고, ②-2 SIP에서 추출한 관리 및 검색용 데이터를 '데이터 관리' 기능으로 보낸다. ③ 이용자가 검색한다. ④-1 '데이터 관리' 기능으로 운영하고 있는 데이터에서 검색하여 ④-2 검색결과 목록을 이용자에게 제시한다. ⑤ 검색결과 목록 중에서 이용자가 열람할 기록정보를 요청

그림 10-4 OAIS 기능 모형

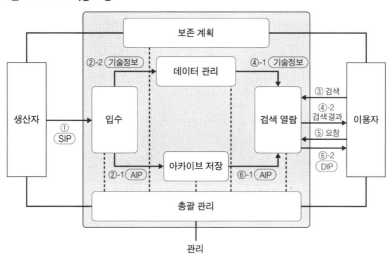

표 10-1 OAIS 기능 모형의 요소에 대한 설명

명칭	기능
입수 (ingest)	생산자에게서 SIP를 입수하여 품질검사를 하고, 보존을 위한 AIP 생성과 관리를 위한 기술정보를 추출
아카이브 저장 (archival storage)	입수 기능에서 넘겨받은 AIP를 영구저장장치에 추가하고 유지 관리하며, 검색 기능에서 요청받을 시 AIP를 제공
데이터 관리 (data management)	입수 기능에서 넘겨받은 보존정보들에 대한 기술정보 데이터베이스의 관리와 검색 지원
검색열람 (access)	데이터 관리 기능을 연결하여 보존하고 있는 정보의 존재 여부, 설명, 위치, 열람가능 여부를 검색하고, 열람자가 요청하는 정보를 아카이브 저장소에서 AIP로 넘겨받아서 DIP로 생성하여 열람자에게 제공
보존계획 (preservation planning)	OAIS의 생산자와 이용자 환경을 모니터링하여 컴퓨팅 환경의 기술 변화를 파악하고, 마이그레이션이나 소프트웨어의 개선 계획을 수립
총괄관리 (administration)	아카이브시스템의 전반적인 운영을 모니터링하고 보존 표준이나 정책을 관리하며 아카이브를 총괄관리

한다. ⑥-1 '아카이브 저장' 기능에서 보존 중인 AIP를 복사하여 ⑥-2 열람하기 적절한 용도로 변환한 DIP를 이용자에게 제공한다.

주요 기능요소에 대한 설명은 표 10-1과 같다. 이 참조 모형은 한국의 디지털 기록 장기보존 체계를 설계하고, 영구기록관리시스템 개념을 정립하는 데 도움이 되었다.

(4) ISO 15489-1

기록관리 분야의 국제표준들과 기술규격들 가운데 가장 중심인 ISO 15489-1:2016에서도 기록시스템에 대한 개념과 원칙을 제시한다.

기록시스템은 업무 환경에서 식별한 기록요구사항을 충족하는 데 필요한 요소들의 결합으로 구성된다. 기록시스템은 기록을 생산·획득·관리하는 데 필요한 프로세스를 수행하기 위해 기록통제도구(records controls, 기록 메타데이터 스키마, 업무분류체계, 접근과 허용 규칙, 처분지침)를 기록관리 프로세스에 적절하게 적용하는 시스템이다.

기록시스템이 반드시 단일한 어플리케이션이거나 기록관리만을 위한 시스템일 필요는 없다. 기록시스템이 다양한 형태로 존재할 수 있으나, 신뢰성, 보안성, 준수, 포괄성 및 체계성의 기록시스템 특성을 갖춤으로써 관리하고 있는 기록의 공신력을 뒷받침해야 한다.

기록시스템은 승인된 방침과 절차에 따라 지속적이고 정기적으로 운영될 수 있는 신뢰성(reliable)이 있어야 한다. 기록에 대한 허가받지 않은 접근, 변경, 은폐 또는 폐기를 방지하도록 접근통제, 모니터링, 행위주체 검증 및 승인된 폐기와 같은 방법을 보장하는 보안성(secure)이 있어야 한다. 업무 및 공동체 또는 사회의 기대치와 법규 환경에서 비롯되는 요구사항을 준수(compliant)해야 한다. 관련 업무활동에서 필요한 모든 기록을 관리할 수 있어야 하며, 관련 업무활동에서 사용하는 다양한 기술로 생산 기록들을 관리할 수 있는 포괄성(comprehensive)이 있어야 한다. 또한 승인된 방침과 절차를 준수하여 체계성(systematic) 있게 일상적인 운영이 이루어져야 한다(ISO 15489-1:2016, 5.3).

기록통제도구를 개발하고 실행 및 유지하는 과정에서 기록전문가는 정보기술 전문가, 업무 관리자, 법률 전문가 같은 분야별 전문가들과 협력할 필요가 있다. 또한 기록시스템의 기능을 정의하고 설계하는 과정에서도 분야별 전문가들과 협력하여 기록시스템을 설계·구현하고 유지 운영할 책임이 있다(ISO 15489-1:2016, 6.3).

(5) ISO 16175[6]

2020년에 개정된 ISO 16175-1과 ISO/TS 16175-2는 세트로 제정된 표준으로서, 1부에서는 디지털 기록을 관리하기 위한 소프트웨어 응용 프로그램의 기능요건을 제시하고, 2부에서는 기록 소프트웨어의 선정, 설계, 구현, 유지관리 방법을 제시한다. 개정 전의 ISO 16175는 전자 업무환경에서 기록을 위한 원칙 및 기능요구사항을 3개 부분(제1부: 개요 및 원칙, 제2부: 전자기록관리시스템에서의 지침 및 기능요건, 제3부: 업무시스템에서 기록을 위한 지침)으로 구성한 표준 세트였다. 2020년 개정에서는 기록관리 어플리케이션과 업무 어플리케이션의 구별을 없애고 16175-2(2011)와 16175-3(2010)을 16175-1(2020)로 통합하여 기록관리를 위한 소프트웨어의 프로세스와 기능요구사항을 담았다. 16175-2(2020)는 철회된 15489-2의 DIRS

---

6   ISO 16175-1:2020과 ISO/TS 16175-2:2020은 아직 국가표준(KS)으로 부합화 제정이 되지 않아 공식적인 한글 번역본이 없다. 저자가 이젬마(2021)를 참조하여 번역한 내용이므로 향후 표준화 과정에서 용어가 변경될 수도 있다.

를 이어받아 기록을 획득하고 관리하는 어플리케이션의 도입과 운영에 대한 지침으로 재구성되었다.

이 표준은 기록생산시스템과 기록관리시스템 간의 관계 유형을 구분하여 제시한 표준으로, 한국의 업무관리시스템과 기록관리시스템 간의 관계 설정에도 참조가 되었다(NAK 19-1:2012, 5).

ISO 16175-1, 2:2020은 기록시스템과 관련한 기존의 국제표준들과 다르게 '시스템' 대신 '소프트웨어', 어플리케이션'으로 용어를 변경했다. 정보기술 전문가가 표준을 쉽게 이해하도록 하려는 취지에서 명칭도 분명한 의미로 변경하고, 기록 관련 전문용어의 사용도 지양했다(이젬마, 2021: 17~18). 이는 기록시스템의 구축과 운영에서 기록전문가와 정보기술 분야의 전문가 간 협력을 용이하게 하기 위한 의도이다.

16175-1:2020은 기존의 기록생산시스템(business system)과 기록관리시스템(records system)의 관계유형 구분 개념을 그대로 승계했으나, 생산시스템과 관리시스템을 구분하지 않고 "업무 어플리케이션(business application)" 용어를 표준 전체에 걸쳐 사용했다. 이는 대부분의 업무용 어플리케이션들이 향후 업무 활동의 증거로서 필요한 데이터를 생성–저장–관리하므로, 기록관리 기능을 업무시스템의 일반적인 기능의 일부로 포괄하기 위함이다.

ISO 16175-1:2020은 업무 어플리케이션에서 디지털 기록을 관리하기 위해 필요한 기능을 크게 네 가지 영역으로 구분하고, 영역별 세부 요구사항을 제시했다. 표준에서 기능 영역으로 정의한 ① 획득과 분류, ② 보유와 처분, ③ 무결성과 유지관리, ④ 검색, 이용 및 공유 기능에 대해 개괄하여 소개하면 다음과 같다.

❶ 획득과 분류

업무 활동을 수행하는 업무 어플리케이션은 기록으로 역할을 하는 디지털 정보 세트를 식별하고, 활동의 증거로 획득하거나 인수할 수 있어야 한다. 기록은 메타데이터를 이용하여 업무 맥락과 연계되어야 한다.

- 기록생산, 획득, 들여오기: 기록과 기록 메타데이터 획득, 다른 업무시스템이나 외부 시스템으로부터도 메타데이터 입수, 이메일 등 전자메시지시스템으로부터의 기록 획득, 대량(bulk) 입수, 무결성 검증, 원래의 포맷 획득
- 기록 메타데이터 획득: 메타데이터 스키마에 따른 메타데이터 탐지, 획득, 검증 및 유지, 식별자 부여 및 연계, 승인된 행위자에 의한 메타데이터 주석 추가
- 기록분류, 업무분류체계 관리: 업무 맥락에 기록과 집합체를 연계, 업무 맥락의 변화에 대한 기록화, 승인된 업무분류체계의 관리 및 유지

❷ 보유와 처분

기록은 법적인 요구나 공동체와 업무상의 요구에 따라 필요한 기간 동안 승인된 행위자가 접근할 수 있도록 보관해야 하며, 승인된 처분지침에 따라 감사가 가능한 방식으로 보유하고 처분해야 한다.

- 보유와 처분: 기록과 기록집합체에 적절한 보유와 처분기간 부여 및 갱신, 처분 승인에 대한 메타데이터 유지, 처분 정지, 처분활동 보고, 복구 불가능한 폐기, 아카이브로의 이관, 다양한 처분 트리거 지원
- 기록 마이그레이션과 내보내기: 기록과 기록 메타데이터 및 기록집합체를 다른 업무 어플리케이션으로, 기록-메타데이터-컴포넌트-집합체 간의

관련성과 무결성을 유지하며 마이그레이션하거나 내보내기, 마이그레이션
이나 내보내기 후 원천기록 폐기 등

❸ 무결성과 유지관리

업무 어플리케이션은 기록에 대한 어떤 상호작용이나 변화를 등록할
수 있어야 한다. 상호작용과 변화에 책임이 있는 행위자의 이름과 시점확
인정보 및 변화의 상세정보를 메타데이터에 포함해야 하며, 이 메타데이
터는 기록이 존재하는 한 영속적으로 기록에 연계되어야 한다.

- 기록무결성과 보안: 승인받지 않은 변경으로부터 기록을 보호, 메타데이터
  의 변경이나 편집에 대한 통제, 무결성 지원을 위한 메커니즘을 실행하거나
  체크섬 또는 해시를 생성, 정기적인 이용자 인증, 진본인증과 보안 운영에
  대한 정보의 자동 획득, 디지털 서명 이용사항의 획득과 보존, 보안 전송
- 저장, 보고 및 메타데이터 관리: 어플리케이션으로 통제하는 기록과 메타데
  이터의 안전한 저장 및 승인된 접근 제공, 기록의 획득과 이용 및 처분에 대
  한 보고서 생성, 기록에 대해 수행된 행위 보고, 승인된 메타데이터 프로파
  일이나 스키마를 장기간 관리하고 유지 및 연계

❹ 검색, 이용 및 공유

업무 어플리케이션은 승인된 행위자에게 검색, 조회, 재현(rendering),
이용, 공유, 편집(redaction) 기능을 제공하며, 장기간에 걸쳐 플랫폼과 도
메인 간에 상호운용성을 지원해야 한다.

- 검색, 조회, 재현, 이용 및 상호운용성: 기록과 메타데이터 검색과 조회, 이용

가능한 포맷으로 기록 발췌 및 재현, 필요한 경우 타 정보시스템과 통합하고 상호 운영, 모바일 기기 이용 지원, 개인화 서비스, 외부 제3자와의 협업을 위한 메타데이터 공유, 개방형 링크드 데이터(Linked Open Data) 지원

- 접근제한과 허용: 승인된 행위자들에게만 접근 보장, 무단 접근이나 변경과 폐기로부터 기록과 메타데이터 보호, 접근 이용 및 보안 이벤트 로그 생성
- 복제, 발췌 및 편집: 승인된 기록 복제나 발췌를 지원, 원본 기록을 유지하면서 발췌 행위를 기록화하며 발췌본 생산 지원

2) 기록시스템 관련 국내표준

(1) 자료관시스템 규격

한국 최초의 기록관리시스템 기능요건 표준은 '행정기관의 자료관시스템 규격'이다(행정자치부 고시 제2003-18호). 중앙행정기관, 자치단체, 교육청 및 대학교 등 「공공기관의 기록물관리에 관한 법률」에 따라 자료관을 설치해야 하는 기관들에서 기록관리시스템을 도입하는 데 적용되었다. 이 표준의 목적은 공공기관 기록관리 업무의 효율성 및 편리성 향상과 기록의 전산관리체계를 정착시키기 위해 자료관시스템에 필요한 기능들을 정의하는 것이었다.

자료관시스템 규격에 제시된 주요 기능은 ① 처리과로부터 생산 목록을 취합하여 전문관리기관으로 보고, ② 처리과로부터 기록물 수집 및 전문관리기관으로 기록물 이관, ③ 기록물 매체 수록 및 서고 관리, ④ 기록물 이용 제공 및 폐기 관리, ⑤ 기록물분류기준표 관리(단위업무 신설/변경/폐지 관련)이다.

자료관시스템 규격은 신전자문서시스템으로부터 전자문서파일을 이관

받아 전자적으로 관리하는 시스템 기능요건이지만, 전자기록의 품질요건을 보장하지 못하고 비전자기록의 전자화 관리에 초점이 맞추어져 있었다. 이 규격은 2007년에 NAK 6 기록관리시스템 기능요건 표준으로 대체되었다.

(2) 기록관리시스템 기능요건

종이 기록관리 개념에 기반하고 있었던 자료관시스템 규격을 대체하고, 전자기록의 품질요건 유지를 기록관리의 기본 개념으로 전환하기 위해 제정된 시스템 기능규격이다. 'NAK 6:2022(v1.5) 기록관리시스템 기능요건'은 공공기록관리의 품질 수준을 향상시키고, 기록의 진본성·무결성·신뢰성·이용가능성을 보장하기 위해 기록관리시스템이 갖추어야 하는 기능요건을 규정한 현행 공공표준이다. 중앙행정기관, 지방자치단체, 교육청, 군기관이 기록관리시스템을 구축·운영하는 경우 기록관리 절차에 따라 구현되어야 하는 기능요구사항을 정의했다. 이 표준에서는 기록시스템 기능 구현의 원칙을 다음과 같이 제시했다.

- 기록물의 내용과 맥락을 모두 포함해 관리할 수 있어야 하며 이를 위해 메타데이터를 획득하고 지속적으로 추가·관리할 수 있어야 한다.[7]
- 진본성, 신뢰성, 무결성 및 이용가능성을 확보할 수 있는 방식으로 기록물을

---

7   메타데이터의 획득과 관리는 기록관리의 전 과정에 걸쳐 근간이 되므로 기록시스템 구현의 기본 원칙으로 강조했다. 공공기관 및 기록물관리기관의 장은 기록물관리를 위해 기록물 생산·관리의 전 과정에 걸쳐 발생한 기록관리 메타데이터를 전자기록생산시스템, 기록관리시스템 및 영구기록관리시스템을 통해 생산·관리해야 한다(「공공기록물관리에 관한 법률 시행령」 제4조 기록물관리의 원칙 ④항).

저장하고 관리할 수 있어야 하며, 신뢰할 수 있고 감사 추적이 가능한 상태에서 기록물을 처분할 수 있어야 한다.[8]
- 이용자에게 편리한 방식으로 최대한의 기록물 검색과 열람을 지원할 수 있어야 한다.
- 인수, 이관을 효율적으로 수행하기 위해 유관 시스템과 원활하게 상호 연계할 수 있어야 한다.
- 진본성과 무결성을 확보하기 위해 전자서명, 암호화 같은 기술적인 보호조치를 취할 수 있어야 한다.

기록관에서 수행하는 기록관리 업무는 인수, 저장, 처분, 공개관리, 검색·활용이며, 기록관리시스템은 기록관리 원칙에 따라 이를 지원하기 위한 구조와 형태로 설계하도록 요건을 규정하고 있다. 기록관리시스템 기능 모델(그림 10-5 참조)의 핵심 요건은 다음과 같다.

- 메타데이터 생성 및 관리: 기록물의 진본성과 무결성을 입증하고, 이용가능성을 보장할 수 있도록 메타데이터를 적절하게 생성하고 관리할 수 있어야 한다.
- 분류체계 및 기록관리기준의 통제: 기록물이 생산된 업무 맥락을 제공할 수 있도록 생산 당시의 조직·기능·업무처리 행위에 대한 분류체계를 유지하고 해당 기록물에 대한 기준정보를 관리할 수 있어야 한다.
- 기록물 인수: 다양한 유형과 포맷에 상관없이 기록물의 내용, 구조, 맥락을

---

8 자료관시스템의 한계를 극복하기 위해 제정된 표준으로서, 전자기록 품질요건 확보를 기록시스템 구현의 기본 원칙으로 정했다.

그림 10-5 **기록관리시스템의 기능 모델**

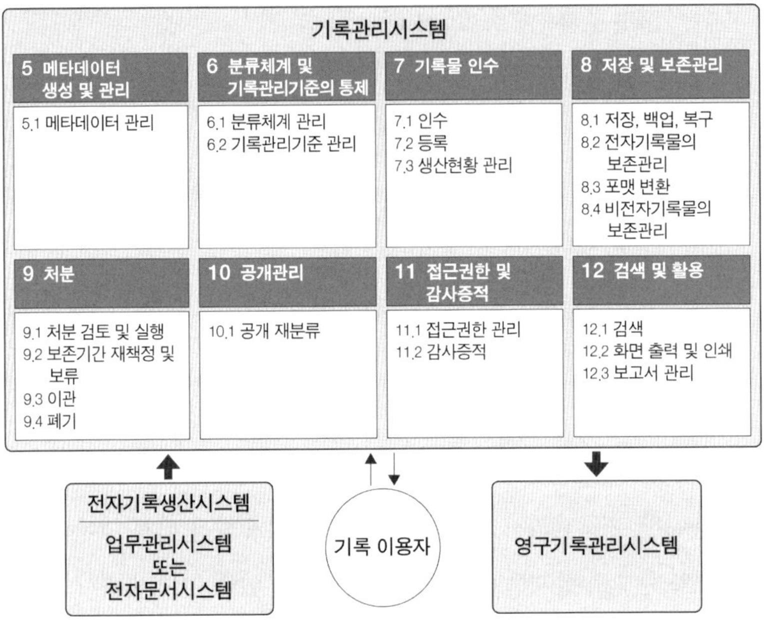

기록관리시스템			
5 메타데이터 생성 및 관리	**6 분류체계 및 기록관리기준의 통제**	**7 기록물 인수**	**8 저장 및 보존관리**
5.1 메타데이터 관리	6.1 분류체계 관리 6.2 기록관리기준 관리	7.1 인수 7.2 등록 7.3 생산현황 관리	8.1 저장, 백업, 복구 8.2 전자기록물의 보존관리 8.3 포맷 변환 8.4 비전자기록물의 보존관리
9 처분	**10 공개관리**	**11 접근권한 및 감사증적**	**12 검색 및 활용**
9.1 처분 검토 및 실행 9.2 보존기간 재책정 및 보류 9.3 이관 9.4 폐기	10.1 공개 재분류	11.1 접근권한 관리 11.2 감사증적	12.1 검색 12.2 화면 출력 및 인쇄 12.3 보고서 관리

전자기록생산시스템
업무관리시스템
또는
전자문서시스템

기록 이용자

영구기록관리시스템

함께 인수하고, 인수 과정을 감사하고 추적할 수 있어야 한다.

• 저장 및 보존관리: 전자기록물의 장기보존을 위해 보존포맷 변환, 마이그레이션의 기능을 수행해야 한다.

• 처분: 적법한 절차에 따른 처분의 검토와 실행이 증명될 수 있도록 처분에 의해 변경된 기록물의 정보와 행위 이력을 메타데이터로 관리할 수 있어야 한다.

• 공개관리: 비공개 기록물에 대해 5년마다 공개 재분류를 수행하고, 영구기록물관리기관으로 이관할 시기가 도래한 기록물에 대해 공개 재분류를 수행할 수 있는 기능을 제공해야 한다.

• 접근권한 및 감사증적: 사용자, 기록물, 시스템 기능에 대한 접근권한과 접근범위를 설정하고 접근권한 관리에 따라 기록물과 시스템에 대한 접근을

통제할 수 있으며, 중요 기록관리 업무수행 이력을 감사증적으로 남길 수 있어야 한다.

- 검색 및 활용: 기록물과 그 메타데이터에 대한 정보가 효율적으로 활용될 수 있도록 다양한 검색서비스를 제공해야 한다.

기록관리시스템은 업무관리시스템 또는 전자문서시스템으로부터 인수한 기록물을 주요 관리대상으로 삼고 있지만, 전자기록의 범주로 법령에서 정한 웹 기록물, 행정정보 데이터세트 같은 전자문서 유형 이외의 전자기록에 대해서는 기능요건을 제시하지 못한 아쉬움이 있다.

(3) 영구기록관리시스템 기능요건

'NAK 7:2022(v1.5) 영구기록관리시스템 기능요건'은 영구기록물관리기관이 기록물을 전자적으로 관리하고 장기간에 걸쳐 기록물의 진본성·무결성·신뢰성·이용가능성을 보장할 수 있도록 하기 위한 영구기록관리시스템을 구축할 때 적용하기 위해 국가기록원이 제정한 기능요건 표준이다. 유한한 기간 동안 기록을 관리하는 기록관리시스템과는 다르게 영구기록관리시스템이 관리해야 하는 기록의 수명은 무한하다. 그러므로 이 표준은 장기간에 걸친 기록의 안전한 보존과 변화 요구에 대응하기 위해 다음과 같은 위험요소들을 고려할 것을 제시한다.

- 소프트웨어 및 하드웨어 기술의 구형화, 기록매체의 노후화
- 새로운 유형 또는 복합적인 형태의 전자기록물 출현
- 고의 또는 부주의에 의한 전자기록물 변조
- 고장이나 재난에 의한 손실

• 법규, 정책, 업무기능, 조직의 환경적 요구사항 변화

영구기록관리시스템은 단일한 시스템으로 구축할 수도 있지만, 필요에 따라 다수의 하위 시스템들이 집합된 형태로 구성될 수도 있다. 일반 기록물과 별도로 관리해야 하는 비밀기록물의 경우에는 별도의 시스템으로 구축하여 연계할 수도 있다. 하위 시스템을 구성할 때는 기능편의성, 성능효율성, 기관별 업무 특성을 고려해야 한다.

영구기록관리시스템의 기능요소들은 기록관리시스템의 기능요소와 많은 부분에서 유사하지만, 단일기관에서 유한한 기간 동안 보존하는 데 필요한 기능에 비해, 다수기관에서 인수하거나 수집하는 기록물을 통합해서 무한한 기간 동안 보존하기 위한 기능들이 추가되어 있다. 그림 10-6의 영구기록관리시스템에 필요한 핵심기능을 기록관리시스템 기능과 비교하여 간략히 살펴보면 다음과 같다.

• 메타데이터 관리: 인수한 메타데이터를 영구기록관리시스템의 메타데이터로 재사용할 수 있어야 한다. 영구기록물관리기관의 특성에 따라 메타데이터 표준에서 정의되지 않은 메타데이터 요소를 새로 추가할 수도 있다. 메타데이터 스키마의 계층 구조를 가져오기하거나 내보내기하는 기능을 제공할 수도 있다. 서로 다른 식별체계를 가진 기록물이 인수되었을 경우에도 영구기록관리시스템에서 정한 식별체계로의 변환이 가능해야 하며, 다수의 기관으로부터 인수한 기록물 및 분류 계층에 대해 시스템 내에서 유일한 고유 식별자를 할당할 수 있어야 한다.
• 분류체계 및 기록관리기준의 통제: 다계층으로 구성된 분류체계를 적용할 수 있어야 하며, 이때 분류계층의 수가 제한되어서는 안 된다. 업무관리시스

그림 10-6 **영구기록관리시스템의 기능 요소**

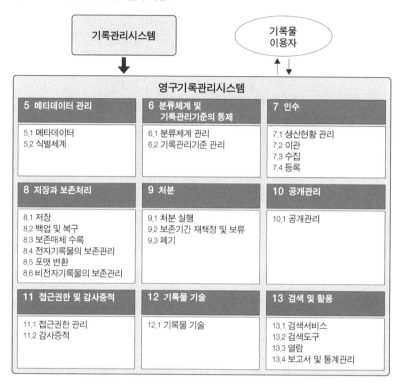

템에서 생산된 기록물은 6계층으로 구성된 기능분류체계를 쓰고 있으며, 전
자문서시스템에서는 5계층으로 구성된 기록물분류기준표를 적용하고 있으
므로 분류의 계층을 제한하지 않고 적용할 수 있어야 한다. 또한 영구기록물
관리기관에서 관리·운영 중인 기록관리기준을 적용하거나 분류체계를 관리
하는 외부 시스템으로부터 기록관리기준정보를 들여오기하는 기능을 제공
해야 한다.

• 인수: 외부 시스템으로부터 다양한 유형의 전자기록물을 그 유형과 수량에
상관없이, 내용··구조·맥락의 훼손 없이 포맷 및 연관관계를 유지한 상태로,

영구기록물관리기관이 정한 방식에 따라 인수받을 수 있어야 한다. 관할 생산기관이 폐지되는 경우나 일부 헌법기관기록물관리기관은 처리과의 전자기록생산시스템으로부터 직접 기록물을 인수받을 수도 있다. 기록관리시스템에는 수집 업무의 관리기능이 없지만, 영구기록관리시스템에서는 수집된 기록물의 구조, 맥락 및 내용을 파악할 수 있는 메타데이터, 수집 프로세스에 따른 관련정보, 해당 기록물에 대한 협약정보를 관리할 수 있어야 하며, 이력정보를 관리할 수 있어야 한다.

- 저장과 보존처리: 기록물을 저장장치에 저장하고, 기록물을 장기간 보존·관리하기 위해 필요한 백업 및 복구, 매체수록, 포맷변환 기능이 필요하다. 전자·비전자기록물은 각각의 특성에 따라 구분되어 보존 관리할 수 있어야 한다. 장기간에 걸쳐 기술의 변화, 예상치 못한 재난으로부터 기록물을 안전하게 보호하기 위한 정책적·기술적 조치와 업무 절차를 기능으로 구현할 수 있어야 한다.
- 처분: 적법한 절차와 기준에 의해 기록물의 보존가치를 평가하고 보존기간을 재책정하거나 보류·폐기할 수 있어야 한다. 처분의 결정과 실행에 대한 이력정보는 메타데이터로 관리되고 처분의 적법성을 증명할 수 있도록 감사증적으로 남길 수 있어야 한다.
- 공개관리: 중앙영구기록물관리기관에서 정한 기록물의 성격별 비공개 상한기간을 기록물별로 적용하여 관리하는 기능을 제공할 수도 있다.
- 접근권한 및 감사증적: 인수, 재분류 및 처분, 분류체계의 생성 및 변경, 기록관리기준의 생성 및 변경, 메타데이터와 관련한 모든 변경, 기록물 및 메타데이터의 반출 행위, 기록물의 위치정보 및 이동 행위에 대한 감사증적정보를 저장하고 검색할 수 있어야 한다.
- 기록물 기술: 기록관 단계에 기술(description) 업무는 없지만, 영구기록관리

기관에서는 기관에서 정한 정책에 따라 보존기록물을 정리하고 기술할 수 있는 기능이 필요하다. 기록물 기술을 위한 분류체계를 기관의 특성에 맞게 설정할 수 있고, 기술 계층별로 구조와 맥락 및 내용에 대한 정보를 기술하는 기능을 제공해야 한다.

• 검색 및 활용: 기본적인 검색서비스 이외에 다양한 검색도구의 작성 및 구축을 지원할 수 있어야 한다. 기관의 정책에 따라 시소러스, 전거레코드의 검색도구를 구축하거나 온톨로지, 토픽맵과 같은 검색 기법을 적용할 수 있으며, 이를 별도의 시스템으로 구축하여 연계할 수도 있다.

(4) 정부산하 공공기관 등의 기록관리를 위한 시스템 기능요건

정부산하 공공기관은 관할 영구기록물관리기관에서 요청한 일부 기록을 제외한 대부분의 기록을 이관하지 않고 자체적으로 장기간 보존하는 경우가 많다. 기록생산시스템과 기록관리시스템을 연계하는 방식 또한 기관의 형편에 따라 다양한 형태로 구성된다. 정부산하 공공기관의 기록관리 업무 특성을 반영하기 위해 국가기록원이 제정한 공공표준이 'NAK 20: 2022(v1.3) 정부산하 공공기관 등의 기록관리를 위한 시스템 기능요건'이다.

기록생산시스템과 기록관리시스템의 연계 유형을 이관형·통제형·통합형으로 구분하고, 정부산하 공공기관의 조직, 기능, 정보시스템 환경 및 업무 프로세스를 고려하여 적절한 기록시스템 유형을 선택하도록 한다. 연계 유형별로 기능요건들을 필수, 해당 시 필수, 선택요건으로 구분하여 적용할 수 있도록 '유형별 기능요건표'를 함께 제시했다. 이 표준은 한시기록을 효율적으로 관리하면서도 영구기록을 보존 관리하기 위한 기술적 고려사항들을 함께 대비하기 위해 다음과 같이 기록관리시스템 구축 원칙을 제시한다.

- 가능하면 자동적으로 메타데이터를 생성·관리할 수 있어야 한다.
- 기록물의 획득 및 관리를 위해 표준화된 메타데이터를 획득·관리할 수 있어야 한다.
- 관련 시스템과 지속적으로 상호운용성을 확보할 수 있어야 한다.
- 가능하면 공개 표준을 따라야 하며 기술중립성을 유지해야 한다.
- 특정 하드웨어 및 소프트웨어 의존성을 줄이기 위해 공개포맷을 이용하여 기록물을 일괄 획득하거나 이관할 수 있어야 한다.
- 기록물관리기관의 요구를 충족시킬 수 있도록 확장이 용이하며 안정적이고 유연한 아키텍처를 제공해야 한다.

이 표준에서도 메타데이터의 생성 및 관리, 분류체계 및 기록관리기준의 통제, 기록물 인수, 저장 및 보존관리, 처분, 공개 재분류, 접근권한 관리 및 감사증적, 정보서비스로 기능을 구분하고, 기능별로 필요한 요건들을 제시한다.

3. 기록생산시스템과 기록관리시스템의 관계

1) 관계 유형

기록을 생산하는 과정은 곧 업무 활동을 수행하는 과정이다. 업무수행 과정을 지원하는 업무시스템이 기록생산시스템이다. 기록생산시스템의 주된 관심은 업무 담당자들에게 업무효율성, 협업편리성을 제공하는 것이다. 이에 비해 기록관리시스템의 주된 관심은 기록의 증거가치를 보존

그림 10-7 ISO 16175-1:2020 업무시스템과 기록시스템의 관계 유형

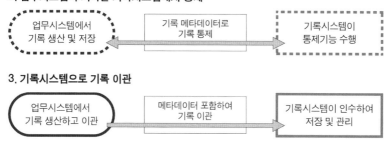

1. 업무시스템 내에서 기록관리

업무시스템에서 기록시스템의 모든 기능 수행

2. 업무시스템의 기록을 기록시스템에서 통제

업무시스템에서 기록 생산 및 저장 ← 기록 메타데이터로 기록 통제 → 기록시스템이 통제기능 수행

3. 기록시스템으로 기록 이관

업무시스템에서 기록 생산하고 이관 → 메타데이터 포함하여 기록 이관 → 기록시스템이 인수하여 저장 및 관리

하고 적절하게 활용하는 일이다. 기록생산시스템과 기록관리시스템 간의 관계 구조는 기록의 보존 위치와 관리기능 구현 방식에 따라 그림 10-7처럼 이관 유형, 통제 유형, 통합 유형의 세 가지로 구분할 수 있다.[9]

기록의 생산에서 폐기까지 전 과정을 효율적으로 통제하기 위해 어떤 관계 유형으로 시스템을 구성할 것인지 판단하려면 우선 관계 유형별 특성과 장단점을 이해해야 한다.

이관 유형은 기록생산시스템과 기록관리시스템을 각각 별도로 구축하고 기록생산시스템에서 생산된 기록과 관련 메타데이터를 기록관리시스템으로 이관하여 관리한다(그림 10-7의 3). 생산과 보존의 역할이 각각의 시스템으로 명확하게 분리되어 있으므로 문제가 발생했을 때 원인과 책임

---

9 ISO 16175-1:2020에서는 EXPORT, INTEGRATION, WITHIN으로 표현했다. NAK 19-1: 2012(v1.0) 전자기록생산시스템 기록관리 기능요건에서는 '이관되는 형태', '통제하는 형태', '통합된 형태'로 표현했다.

소재를 분명하게 구분하여 대처할 수 있다. 그리고 각 시스템을 구현하는데 서로 다른 기술 환경을 채택할 수 있으며 시스템별로 기능개선을 진행할 수도 있다. 기록관리시스템으로 이관하는 규칙만 지키면 되기 때문에 여러 가지 업무시스템에서 생산된 기록들을 하나의 기록관리시스템으로 이관하여 집중적으로 관리할 수 있는 장점이 있다.

반면 전자기록의 진본성은 기록의 이동 과정에서 가장 위협을 받는다는 점에서 이관 과정의 불완전성 위험이 있을 수 있다. 기록생산시스템의 내보내기(export) 기능과 기록관리시스템의 들여오기(import) 기능을 처리하는 데서 오류가 발생한다면 전자기록의 품질에 심각한 위험이 될 수 있다. 또한 기록을 이관한 후에 업무시스템에서 이관기록을 폐기하지 않고 그대로 보존하면 동일한 기록이 중복되는 단점이 있다.[10]

통제 유형은 생산된 기록을 기록생산시스템에 그대로 두고 메타데이터를 기록관리시스템에 연계하여 관리한다(그림 10-7의 2). 업무시스템의 외부에 별도로 기록관리시스템을 구축하지만 기록관리시스템에는 기록을 이관하여 보관하는 저장소를 따로 구축하지 않는다. 업무시스템에서 생산된 기록을 현장에 그대로 두고 보존관리 입장에서 필요한 메타데이터만을 연계하여 통제하는 기능을 별도의 기록관리시스템에 구현하는 유형이다.

비치성 데이터세트를 기록생산시스템에 그대로 유지하므로 수시로 즉시 이용할 수 있으며, 이관 과정의 위험을 피할 수 있다. 업무시스템과는 메타데이터만 연계하면 되므로 별도의 기술 환경을 기록관리시스템의 개

---

10 「공공기록물관리에 관한 법률 시행령」 제35조 제7항에서 처리과의 기록물을 기록관으로 이관한 이후에도 처리과에서 필요한 경우에는 폐기하지 않고 활용할 수 있도록 허용해서, 많은 기관들이 전자기록을 기록관리시스템으로 이관한 이후에도 폐기하지 않고 중복해서 보유하고 있다.

발에 적용할 수도 있다. 업무시스템을 업그레이드하는 경우에는 기록관리에 필요한 요소들을 먼저 파악하고, 연계된 기록관리시스템에 어떤 영향을 주는지 면밀히 검토한 후에 기능개선 작업이 진행되어야만 한다. 연계 상황에 대한 철저한 검토 없이 업무시스템이 변경될 경우에는 감사증적의 대상이나 활동이 누락되거나 재난 복구 같은 위험대비 기능을 유지하는 데 결함이 생길 수도 있다.

통합 유형에서는 기록생산시스템 내에 기록관리 기능이 통합되어 구현된다(그림 10-7의 1). 기록의 생성부터 유지, 처분, 장기보존에 이르는 전 과정을 업무시스템 내부에 구현되어 있는 기록관리 기능에서 관리한다. 생산 과정과 관리 과정을 별도의 시스템 기능으로 구분하지 않으므로 생산 과정에서부터 기록관리의 과정을 이해하기 쉽다. 보존관리 단계에 있는 기록을 이용하기 위해 별도의 기록관리시스템에 의존하지 않아도 되며, 업무시스템 내의 사용자 인터페이스를 기록관리시스템도 함께 사용하므로 일관성 있는 사용자 환경을 유지할 수 있다. 업무시스템에 기록관리 기능이 일체화되어 있으므로 기록의 생산 과정과 관리 과정을 밀접하게 결합시킬 수 있는 장점이 있다. 장기간 이관하지 않고 축적하며 사용해야 하는 데이터세트의 기록에 적합한 유형이다.

현재 운영 중인 업무시스템에 기록관리시스템 기능을 새로 추가 개발하여 통합하고자 한다면 업무시스템의 기술 환경에 맞추어 개발해야 한다. 업무시스템 내의 기록들을 현용기록과 보존관리대상 기록으로 구분해서 관리하기 위한 데이터베이스 구조를 새로 추가 개발하고, 저장소의 구분과 관리 방안도 확보해야 한다. 기록이 특별한 형식이거나 고유한 업무 절차에 의해 생산되고 있다면 통합되는 기록관리시스템도 해당 업무시스템의 특성에 고유하게 결합되어야 하므로 새로운 개발 비용이 투입되어야 한다. 업무관리 기능과 기록관리 기능이 동시에 고려되어야 하므로 업그레이드 같은 변화 과정에서 개발 과정이 복잡해질 수 있다. 또한 하나의 시스템 내에서 생산과 관리의 전 과정이 통제되므로 감사증적 등 무결성 유지와 진본성을 확보하기 위한 기술적 조치들이 더욱 엄밀하게 구분되고 실행되어야 한다. 여러 업무시스템에서 별도로 기록관리를 하면 조직 전체의 일관성 있는 기록관리에 어려움이 생길 수도 있다.

기록을 생산하고 관리하는 과정은 조직과 업무마다 상황이 다를 수 있다. 조직의 업무적 특성과 필요성, 기록관리 체계, 기록정보의 특성, 예산 규모 같은 조직의 여건과 기록의 특성을 고려하여 시스템의 관계 유형을 판단해야 한다. 관계 유형을 선택하기 위해서는 다음과 같은 요소들을 고려해야 한다(NAK 19-1:2012. 5.4).

- 특정 업무기능에 대한 위험 수준을 포함한 업무적 필요성
- 어떤 유형이 조직의 기록관리 접근전략으로 타당한지를 포함하는 기록관리 체계
- 특정 시스템에 대한 기술적 타당성(조직이 기록관리시스템을 소유하고 있는지, 두 시스템의 통합이 얼마나 용이한지, 현재 사용 중인 생산시스템의 기능성 수준 및 변화필요성, 현존 시스템의 예상 수명, 요구되는 기능성을 반영한 시스템 업그레이드의 기술적 가능성 등)

한편 대개의 조직은 다양한 업무를 처리하기 위해 업무별로 별개의 업무시스템을 동시에 운영하기 때문에 복수의 업무시스템에서 생산되는 기록을 조직 전체적인 관점에서 총괄하여 관리할 수 있는 통합 기록관리시스템을 구축할 수도 있다. 즉 개별 기록생산시스템이나 개별 기록관리시

스템을 업무시스템별로 업무적 특성과 기술적 특성을 고려하여 적절한
관계 유형을 적용함으로써 조직 중앙에 통합 기록관리시스템을 구축하는
것이다.

2) 공공부문 기록시스템 관계유형 현황

'구전자문서시스템'은 시스템 개발사마다 비표준으로 개발되어 기록관
리시스템으로 구기록물을 이관하는 데 기술적인 어려움이 있다. 기록관
리시스템으로 이관하기 위해서는 '구전자문서 이관지침'(국가기록원, 2017)
에 따라 데이터를 보정하고 기록물철을 생성해야 하는 등 별도의 작업이
필요하다. '신전자문서시스템'은 자료관시스템과 각각 별도의 시스템으로
구축되어 기록물과 관련 메타데이터를 이관하는 유형이다. 자료관시스템
이 폐지된 후에는 '전자문서시스템 이관규격'에 따라 표준기록관리시스템
으로 이관하고 있다. 업무관리시스템은 표준기록관리시스템으로 이관하
도록 설계되었기 때문에 비교적 손쉽게 기록물을 이관할 수 있다. 신전자
문서시스템과 자료관시스템은 기록물분류기준표를 사용하고, 업무관리
시스템과 표준기록관리시스템은 기록관리기준표를 사용하여 기록을 관
리한다. 대부분의 행정정보시스템은 기록관리를 위한 기능이 개발되어
있지 않으며, 기록관리시스템으로 이관하거나 연계하여 관리할 수 없다.[11]
　대부분의 공공부문 기록시스템은 기록생산시스템에서 생산된 기록을
기록관리시스템으로 이관하여 보존 관리하는 '이관 유형'으로 구축되었

11　기록생산시스템(전자문서시스템, 업무관리시스템, 행정정보시스템)은 4장에서, 기록관
　　리시스템(자료관시스템, 표준기록관리시스템)은 5장에서 설명한다.

그림 10-8 **공공부문 기록생산시스템과 기록관리시스템의 관계**

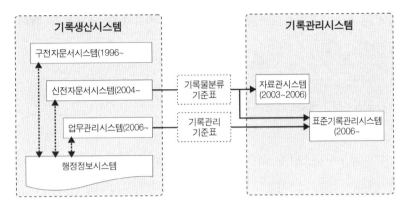

다. 국가기록원에서 추진하는 기록관리시스템 고도화 노력에 따라 중앙부처의 기록관리시스템은 '이관 유형'에서 '통제 유형'으로 변화를 추진 중이다.[12]

4. 기록생산시스템

보존 과정이 기록관리의 중심 역할이었던 종이 기록관리 체계와 다르게, 진본성 유지를 목표로 하는 전자기록관리의 절차는 기록생산 시점부

---

12 전자기록물을 관리권한만 이전하는 방식으로 이관할 수 있도록 공공기록물관리에 관한 법률이 개선되었다(제19조 ④항 〈신설 2022.1.11〉). 국가기록원은 업무관리시스템과 기록관리시스템 간의 저장장치와 데이터베이스가 통합된 모델을 개발하여, 물리적 이관을 생략하고 관리권한만을 이전하는 방식으로 이관을 실행하는 '통제 유형'의 기록생산-기록관리 체계를 구현했다. 이 모델은 2024년까지 중앙부처에 확산하고, 향후 지방자치단체에도 확산할 계획이다.

터 시작되어야만 한다. 디지털 객체만으로는 위·변조 여부를 확인하기가 어려우므로 생산 과정에서부터 진본성을 유지하기 위한 조치들이 시작되어 관리 과정으로 이어져야만 한다. 신뢰성 있는 기록생산시스템에 의해 기록이 생산되는 데서부터 진본성을 유지하기 위한 일련의 과정이 시작되는 것이다.

조직의 업무, 기술, 규제 환경에 따라 안정적이고 신뢰할 수 있는 기록생산시스템을 구축해야 한다. 한 조직 내에서 수행하는 업무 활동은 다양하므로 각각의 업무 활동을 지원하는 업무시스템 또한 다양하게 구축될 수 있다. 업무시스템을 구축하는 입장에서는 업무효율성 달성이 주된 관심사이기 때문에 진본 전자기록의 생산과 관리를 위한 기능들에 대해 소홀할 수 있다. 기록관리의 입장에서는 당연히 필요하다고 생각하는 중요 기능들을 업무수행의 입장에서는 다르게 생각할 수 있는 것이다.

기록을 이관받아 관리하는 기록관리시스템은 기록전문직이 주도하여 개발하고 운영하므로 업무시스템 담당자의 의견이 개입될 여지가 많지 않다. 그러나 업무처리의 입장에서 구축되는 업무시스템에 기록관리 기능을 구현해야 할 경우라면 업무관리와 기록관리의 입장차 때문에 기록관리의 필요성을 이해시키기 어려워서 소모적인 갈등이 발생하기도 한다. 신뢰성 있는 기록을 생산하고 진본성과 무결성을 유지하기 위해서는 생산 과정에서 필요한 기록관리 기능들이 업무시스템에 적절히 구현될 수 있도록 업무 담당자와 기록전문직의 긴밀한 소통과 협력이 필요하다.

1) 기록생산시스템의 기록관리

기록은 업무 활동의 산물이므로 업무시스템에 기록관리 기능을 통합시키는 일은 업무 과정의 관점에서 수행되어야 한다. 업무시스템에서 생산되는 모든 정보가 증거로서의 기록이 되지는 않는다. 기록에 대한 조직의 요구를 파악하여 업무시스템에 필요한 기록관리 요건들을 적절히 정의하고 이것들이 구현될 수 있도록 해야 한다. 기록관리를 고려한 업무시스템의 구축 과정은 업무처리 과정을 분석하여 증거를 형성하는 정보를 확인하고, 기록과 시스템의 연계성 및 의존성을 확인한 후, 생산시스템과 관리시스템의 관계 유형을 검토하고, 구체적으로 기능요건을 구현하는 과정으로 진행된다.

공공기관이 전자기록생산시스템을 개발하거나 기존의 시스템을 개선하고자 할 때 적용하도록 국가기록원이 제정한 공공표준 'NAK 19-1:2012 (v1.0) 전자기록생산시스템 기록관리 기능요건'에서는 전자기록생산시스

표 10-2 **전자기록생산시스템에 요구되는 기록관리 기능**

기능	설명
메타데이터 생성 및 관리 기능	기록의 진본성·신뢰성·무결성·이용가능성을 보장하고, 업무 맥락을 기록화하는 데 필요한 메타데이터를 충분하게 생산
생산 및 등록 기능	생산 또는 접수되는 정보 가운데 기록을 식별하여 고유 식별자를 부여하고 등록 및 관리
분류 및 편철 기능	체계적인 기록관리와 검색활용을 위해 서로 연관성을 갖는 기록들을 분류하고 편철
기록물 정리 기능	업무가 완결된 기록에 대해 등록사항과 실물의 일치 여부, 분류 및 편철, 공개 여부를 재검토하여 정리
이관 기능	업무 수행이 종료된 기록을 안전하게 보존하고 전문적으로 관리 활용하기 위해 기록관으로 이관
보유 및 처분 기능	보존 기간이 종료된 기록에 대해 보유 기간 재책정, 보류, 폐기, 이관을 결정
검색활용 기능	기록의 등록·분류 정보를 검색하고 기록의 내용을 화면에 출력
보고서 생성 및 관리 기능	기록의 생산 과정에 대한 각종 통계 보고서나 기록관리 업무에 대한 보고서를 생성하고 관리
감사증적 기능	기록의 생산 과정에서 기록에 대해 수행된 행위들을 감사증적으로 남겨 무결성 보호

템 내에 구현해야 하는 핵심적인 기록관리 기능들을 제시한다. 표 10-2는
이를 정리한 것이다.

2) 기록생산시스템 사례

업무 활동의 종류가 다양하므로 업무 활동을 지원하는 시스템의 종류
또한 다양하게 구축되어 운영된다. 공공기관에서 운영하는 기록생산시스
템은 「행정업무의 운영 및 혁신에 관한 규정」에서 전자문서시스템, 업무
관리시스템, 행정정보시스템으로 구분해서 정의한다.

(1) 전자문서시스템

'전자문서시스템'이란 문서의 기안·검토·협조·결재·등록·시행·분류·
편철·보관·보존·이관·접수·배부·공람·검색·활용 등 모든 처리 절차가
전자적으로 처리되는 시스템을 말한다(「행정업무의 운영 및 혁신에 관한 규정」
제3조 제10호). 2002년 11월에 개정된 '행정기관의 전자문서시스템 규격'
표준을 적용한 시스템을 '신전자문서시스템'으로, 그 이전 시스템을 '구전
자문서시스템'으로 부른다.

'구전자문서시스템'은 보존 기간별로 분류와 편철을 하고, 보존관리 단
계의 구분 없이 전자문서시스템에 생산한 그대로 보관하며, 전자서명이
적용되지 않는 등 기록관리 체계가 본격적으로 적용되지 못한 기록생산
시스템이었다. '신전자문서시스템'은 기록물분류기준표를 적용함으로써
생산 단계부터 기록의 분류와 편철을 자동화했다. 문서의 보존관리를 담
당하는 자료관시스템으로 이관하여 보존하고, 공문서를 안전하게 송수신
하기 위해 행정전자서명을 적용했다. '신전자문서시스템'에서는 기록의

생산 단계에서부터 기록을 관리하기 위한 기능을 구현함으로써 기록생산시스템이 기록관리 측면에서 발전적 개선을 이루었다고 할 수 있다.

국가기록원이 제정한 공공표준 'NAK 19-2:2013(v1.0) 전자기록생산시스템 기록관리 기능요건−제2부: 전자문서시스템'에서는 전자문서시스템에 기준관리(기록물분류기준표 관리, 기록물철 생성 및 등록, 권한관리), 생산 및 등록(기록물 생산·등록, 편철), 기록물 정리와 생산현황 통보, 이관, 검색활용 및 보고서 생성·관리, 감사증적의 기능을 구현하도록 제시한다.

전자문서시스템은 일반적으로 단일한 독립 시스템으로 운영되지만, 다양한 업무별 행정정보시스템과 연계하여 구축되기도 한다. 전자문서시스템과 행정정보시스템 간에 문서·문서대장·각종 행정정보를 상호 연동하여 사용하기도 하며, 행정정보시스템에서 생산한 행정정보를 전자문서시스템의 결재 기능과 연계하여 문서를 생산하기도 한다. 문서처리 절차를 표준화함으로써 전자문서시스템의 기능을 표준화할 수 있으나, 고유한 업무를 처리하는 행정정보시스템의 기능은 각각 고유한 정보 구조와 처리 절차로 구축되어 있다.[13]

공문서의 전자적 생산관리를 시작하던 초기 단계에서 구축된 구전자문서시스템에도 다양한 행정정보시스템이 연계되어 있는 경우가 많았다. 전자기록 관리기능이 미비한 구전자문서시스템을 신전자문서시스템이나 업무관리시스템으로 업그레이드하려면 연계된 행정정보시스템 상황을 함께 고려해야 한다.

신전자문서시스템의 기록은 자료관시스템으로 이관하여 보존하도록

[13] 전자문서시스템 기능에 대한 최신 정보는 「행정기관의 전자문서시스템 규격(행정안전부 고시 제2022-52호)」에 있다.

설계되었다가, 이후에 이관을 위한 연계규격이 마련됨으로써 표준기록관리시스템으로 이관할 수 있게 되었다. 그러나 구전자문서시스템의 기록은 자료관시스템 데이터 표준규격을 적용하기 이전에 생산된 비표준 전자문서이므로 표준기록관리시스템으로의 직접 이관이 불가능하다. 구전자문서시스템의 기록 이관은 전자적인 방식으로 하거나, 전자적 자동 이관이 어려울 경우에는 전자적 수동 이관 또는 종이 출력 이관 같은 대책을 고려해야 한다. 이는 기술의 노후화에 대비해 상호운용성을 확보하지 못했을 때의 위험이 현실에서 발생한 사례이다.

(2) 업무관리시스템

'업무관리시스템'이란 행정기관이 업무처리의 모든 과정을 과제관리카드 및 문서관리카드 등을 이용하여 전자적으로 관리하는 시스템을 말한다(「행정업무의 운영 및 혁신에 관한 규정」 제3조 제11호). 2004년 대통령비서실의 업무시스템으로 구축했던 'e지원시스템'을 행정기관에 적용할 수 있도록 기능을 일반화하여 확산한 시스템이 업무관리시스템이다.

당시의 전자문서시스템은 업무 과정의 문서처리 절차를 표준화하여 전자적으로 처리함으로써 행정 업무의 생산성 향상에 기여했으나, 전자문서의 생산과 유통 및 보관 부분에 제한되었다. 업무관리시스템은 업무 과정의 다양한 정보소통 방식을 지원하여 효율적인 업무 협력이 가능하도록 했다. 정책을 검토하고 결정하는 복잡한 과정을 온라인 보고 기능을 통해 지원하고, 개인과 부서의 일정관리로 업무 실적을 관리하며, 목표와 계획을 관리하여 계획 대비 성과를 측정하고, 정책의 홍보 기능을 지원하는 등 기존의 행정업무 방식에 근본적인 변화를 가능하게 했다.

업무관리시스템은 정부의 기능을 기능별·목적별로 분류하여 체계적으로 관리하는 정부기능분류체계(BRM: business reference model)와 긴밀하게 연계되도록 개발되었다. 업무처리 과정에서 유관 부처 및 유관 정보시스템과 연계하여 공동 활용함으로써 부처 간의 유기적인 협업과 업무의 지식화 및 부가가치화 달성을 목표로 했다.

기존의 전자문서시스템에서는 최종 의사결정 결과가 담긴 문서만을 기록으로 중요시했으나, 업무관리시스템에서는 문서의 맥락정보와 작성 과정의 이력도 중요하게 관리했다. 기안자, 중간관리자, 결재자 등 의사결정에 참여하는 업무 행위자들의 의견이 최초 문서버전, 중간 수정버전, 최종 결재버전으로 모두 기록되도록 하여 결정 과정의 투명성, 책임성, 민주성, 합리성을 높일 수 있도록 했다. 결재를 받은 결과만 기록으로 획득하여 보존하던 기존의 기록생산 과정과 달리, 입안 단계에서 종결 단계까지 모든 업무수행 과정 및 결과가 기록물로 생산·관리될 수 있도록 시스템 기능을 구현했다.[14]

국가기록원이 제정한 공공표준 'NAK 19-3:2015(v1.0) 전자기록생산시스템 기록관리 기능요건−제3부: 업무관리시스템'에서는 업무관리시스템에 단위과제카드 생성 및 관리, 기록물건 생산 및 등록, 기록물 정리, 이관, 검색 및 보고서 생성, 접근권한 및 감사증적 등의 기능을 구현하도록 제시하고 있다.[15]

전자기록은 내용과 맥락이 분리되어 있는 특성 때문에 종이 기록의 철-

---

[14] 「공공기록물관리에 관한 법률」에서는 기록물 생산의 원칙으로 "업무의 입안단계부터 종결단계까지 업무수행의 모든 과정 및 결과가 기록물로 생산·관리될 수 있도록 업무과정에 기반한 기록물관리를 위하여 필요한 조치를 마련"해야 한다고 정했다(제16조 ①항).

[15] 업무관리시스템 기능에 대한 최신 정보는 「행정기관의 업무관리시스템 규격(행정안전부 고시 제2022-51호)」에 있다.

건 계층 구조와 달리 기록건의 하위에 컴포넌트 계층을 두어 관리 체계를 구성해야 한다. 기존의 전자문서시스템은 종이 기록의 철-건 계층 구조 개념에 기반을 두고 전자기록을 생산하고 관리했다. 업무관리시스템에서는 전자기록의 맥락정보를 문서관리카드로 구현하고, 내용정보를 담고 있는 컴포넌트를 전자파일로 첨부할 수 있도록 했다. 또한 맥락정보를 독자적인 파일 포맷에 포함시키지 않음으로써 풍부한 메타데이터의 생산과 운용이 가능해졌고, 컴포넌트 파일들을 각각 독립시킴으로써 최종 결재 이전의 중간과정 내용들도 구별하여 관리할 수 있게 되었다.

업무관리시스템과 그림 10-9의 MoReq2010 기록 계층을 비교해보면 과제관리카드나 기록철은 집합체에 해당하고, 문서관리카드는 레코드(record), 첨부파일에 대한 메타데이터는 컴포넌트 엔티티(component entity), 첨부파일은 컴포넌트 콘텐츠(component content)와 같은 계층으로 이해할 수 있다.

그림 10-9 **MoReq2010 집합체와 기록건 및 컴포넌트**

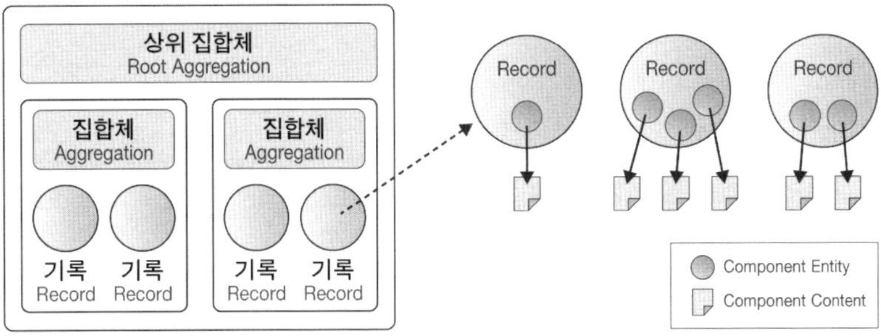

자료: MoReq2010 Figure 6a, 6g.

(3) 행정정보시스템

'행정정보시스템'이란 행정기관이 행정정보를 생산·수집·가공·저장·검색·제공·송신·수신하고 활용할 수 있도록 하드웨어·소프트웨어·데이터베이스 등을 통합한 시스템을 말한다(「행정업무의 운영 및 혁신에 관한 규정」 제3조 제11호).

대부분의 공공기관에서는 적게는 10여 개에서 많게는 수백 개에 이르는 각종 업무시스템을 구축하여 운영하는데, 전자문서시스템이나 업무관리시스템 외의 모든 업무시스템을 통틀어 행정정보시스템으로 부른다. 행정정보시스템은 각급 기관에서 업무별 필요에 따라 신규개발·개편·폐지가 수시로 발생하므로, 정부 전체 범위에서 그 운영 현황을 한꺼번에 파악하기가 힘들 정도로 다양하게 구축되어 있다.[16]

행정정보시스템은 운영기관과 사용기관의 관계, 데이터의 독립성과 연계 여부에 따라 표 10-3과 같이 유형을 구분해볼 수 있다(오세라·박승훈·임

표 10-3 **행정정보시스템의 유형**

유형	설명
단일기관 단일시스템	업무 또는 서비스를 위해 단독시스템으로 구성되어 있으며, 단일기관에서 운영 및 관리. 타 기관 및 타 시스템과 데이터 연계가 없는 단순 구조
단일기관 연계시스템	1개 기관이 운영하는 업무별 다수 시스템이 통합 데이터베이스를 통해 상호 간 데이터를 공유-참조-생성
중앙집중형	동일 부처 내 다수기관이 중앙시스템에 접속하여 데이터를 생성-처리. 중앙시스템에서 관리되는 다수기관의 데이터를 각 기관이 업무 처리를 위해 참조
다수기관 데이터 연계형	1개 기관 시스템에서 생산된 데이터를 다수기관에서 연계 또는 참조하여 업무를 처리하는 유형
중앙-지방 연계형	시도·시군구별 데이터를 생성하며, 지자체 간 중계서버를 통해 상호 데이터를 공유 및 저장. 중앙 중계서버를 통해 시도·시군구에서 생성된 데이터를 활용하기 위해 중앙부처시스템과 연계

---

16 범정부EA포털(https://www.geap.go.kr)에 의하면 2022년 기준으로 814개 기관(311개 중앙행정기관 소속기관 제외)에서 17,090개의 정보시스템(하드웨어 243,464개, 소프트웨어 251,982개)이 운영 중이다.

진희, 2018).

전자문서시스템과 업무관리시스템은 표준화된 절차와 서식에 따라 전자문서를 생산하는 시스템이지만, 행정정보시스템은 각각의 고유한 업무 수행을 지원하는 시스템이기 때문에 통일된 절차와 서식을 강제하여 적용할 수 없다. 시스템의 운영 주체, 데이터의 보유 위치와 권한 범위, 업무 특성과 데이터의 유형에 따라 기록의 획득과 보존 방식이 다를 수 있다. 또한 같은 기관 내에서도 업무별로 관할 조직이 다르므로 시스템 구축에 사용하는 기술이나 장비의 기술 환경이 일치하지 않을 수 있다.

따라서 행정정보시스템에서 생산되는 기록을 관리하려면 무엇보다도 먼저 시스템들의 운영 상황과 데이터의 보유 현황을 파악해야 한다. 개별 시스템들의 기술 환경과 업무 및 생산기록 유형을 조직 전체적인 관점에서 파악해야 종합적인 기록관리 방안을 세울 수 있기 때문이다.

조직에서 사용되는 각종 정보시스템들의 기술 환경과 업무 및 데이터를 종합적으로 파악하기 위해 정보기술 아키텍처(ITA: information technology architecture) 개념을 도입할 수 있다. 정보기술 아키텍처란 일정한 기준과 절차에 따라 업무, 응용, 데이터, 기술, 보안 등 조직 전체의 구성요소들을 통합적으로 분석한 뒤 이들 간의 관계를 구조적으로 정리한 체제 및 이를 바탕으로 정보화 등을 통해 구성요소들을 최적화하기 위한 방법을 말한다(전자정부법 제2조 제12호). 조직에서 운영 중인 개별 정보시스템에서 처리하는 업무, 응용 프로그램, 생산하여 운영 중인 데이터를 조사하여 조직 차원에서 종합적으로 파악하는 것이다. 정보기술 아키텍처는 시스템을 신규 개발하거나 개선하는 과정에서 전산자원의 중복을 발견하거나, 업무처리의 효율성을 검토하고, 데이터를 공유하게 하는 등 기관의 자원 활용에 효율성을 제공하는 기반이 된다.

기록관리의 입장에서는 정보기술 아키텍처를 활용하여 행정정보시스템들의 업무 현황과 데이터세트 기록생산 현황을 종합적으로 파악함으로써 행정정보시스템의 기록관리를 위한 기초정보로 활용할 수 있다.

행정정보시스템의 정보들은 전자적 방식으로 처리되어 부호·문자·음성·음향·영상으로 표현된다. 구조와 형식이 다양하지만, 대부분 데이터베이스 기반의 데이터세트와 각종 포맷으로 인코딩된 전자파일로 시스템에 탑재되어 있다.

행정정보시스템에서 생산되어 운영 중인 다양한 데이터와 전자파일들은 행정업무 활동과 관련하여 생산 또는 획득되었으므로 당연히 기록관리 대상이다. 「공공기록물관리에 관한 법률 시행령」 제2조는 행정정보 데이터세트와 웹 기록물을 전자기록물로 정의하고[17] 공공기록으로 관리해야 하는 대상으로 지정했으나, 생산과 보존관리를 위한 구체적인 절차나 방법이 제시되지 않아 행정정보 데이터세트는 오랫동안 기록으로 관리되지 못하고 있었다. 최근 들어 국가기록원은 행정정보 데이터세트를 관리하기 위하여 법조문을 신설하고, 관련 공공표준을 제정하여 행정정보시스템의 기록관리를 위한 노력을 기울이고 있다.[18]

---

17 「공공기록물관리에 관한 법률 시행령」〈개정 2010.5.4〉.

18 「공공기록물관리에 관한 법률 시행령」에 행정정보 데이터세트를 관리하기 위한 조문들을 신설했다[본조신설 2020.3.31]. 공공기관은 행정정보 데이터세트에 대한 관리기관정보, 법령정보, 시스템정보, 데이터정보, 업무정보 및 기록관리정보를 포함한 관리기준표를 작성·운영하고(제25조 ⑥항), 시스템을 기본 단위로 하여 행정정보 데이터세트를 관리해야 한다(제34조의3 ①항). 이를 위해 NAK 35:2020(v1.0) '행정정보 데이터세트 기록관리기준-관리기준표 작성 및 이관규격'을 제정하여 실행하고 있다.

5. 기록관리시스템

　기록생산시스템이 업무 담당자들의 업무 과정을 지원하여 업무생산성을 높이면서도 신뢰성 있는 기록을 생산하기 위해 효율성을 추구하는 시스템이라면, 기록관리시스템은 기록의 관리·보존·검색·활용·처분 과정에서 증거성을 유지하려고 하는 시스템이다.

　종이 기록을 관리하는 시스템이 기록의 메타데이터와 위치정보를 관리하여 실물 기록을 통제하는 것을 주된 기능으로 구현한다면, 전자기록을 관리하는 시스템은 전자기록의 품질요건 보호를 기본 목적으로 두고 기록관리 기능을 수행해야 한다. 전자 업무환경에서 기록을 생산하고 관리하는 일이 보편화됨에 따라 특별한 경우가 아니라면 종이 기록과 전자기록을 함께 관리하는 하이브리드 기록관리시스템으로 개발하는 것이 일반적이다.

1) 자료관시스템

　자료관시스템은 2003~2006년에 걸쳐 「공공기관의 기록물관리에 관한 법률」에서 정한 자료관 설치 대상기관에 도입된 기록관리시스템이다. 미국의 DoD 5015.02-STD의 보급 방식처럼 인증시험을 통과한 16개 회사의 자료관시스템 패키지 소프트웨어를 공공기관이 구입하는 방식으로 도입했다.

　자료관시스템의 주요 기능은 '행정기관의 자료관시스템 규격'에서 정한 생산목록 취합과 보고, 인수, 구기록물 등록, 목록 확인과 분류, 서고관리, 매체 수록, 이관, 폐기, 분류기준표 관리, 열람, 검색, 통계 등이다. 하드웨어로는 기록물관리 서버, 저장장치(외장형 하드디스크, 광디스크), 스캔장치, 백업장치를 도입하고, 소프트웨어로는 기록물관리 소프트웨어, DBMS, 검색엔진을 설치하도록 구성된 시스템이다. 2007년 「공공기록물관리에 관한 법률」이 전부 개정된 이후 표준기록관리시스템으로 대체되었다.[19]

2) 표준기록관리시스템

표준기록관리시스템(RMS: Records Management System)은 자료관시스템을 대체하여 2007년부터 도입된 기록관리시스템으로서, 업무관리시스템에서 생산된 기록을 전자적 방식으로 연계하여 이관받아 관리하는 시스템이다. 전자문서형 기록에 제한되었던 전자문서시스템-자료관시스템 체제와 다르게 업무관리시스템에서 생산되는 과제관리카드, 문서관리카드, 메모보고, 지시사항, 회의록(안건)으로 기록의 범위를 확대하고, 기능분류체계를 기반으로 하는 기록관리기준표를 적용하여 기록관리를 수행하기 위해 개발되었다.[20]

표준기록관리시스템의 주요 기능은 기록물 인수(기관 내 생산부서로부터 기록을 인수하는 기능), 기록물 보존(인수한 기록을 보존포맷으로 변환하거나 문

---

19 전국적으로는 대략 2천억 원 이상의 예산이 투입되었다. 자료관시스템을 도입하기 위해 개별 기관별로 2.5억~4억 원 정도의 예산이 사용되었는데, 그중 약 10%인 2천만~5천만 원 정도만 자료관시스템 소프트웨어에 사용된 것으로 추산된다(이소연, 2015: 75).

20 표준기록관리시스템은 지속적으로 기능을 개선하며 버전을 업그레이드했다. 'RMS 1.0' 버전은 2006년에 최초로 개발되어 보급된 것으로 2015년에 업데이트가 중단되었다. 'RMS 2.0' 버전은 2014년에 개발되어 지자체와 교육청까지 전체 행정기관으로 확산되었다. 'cRMS 1.0' 버전은 2016~2018년에 걸쳐 클라우드 플랫폼(PaaS, SaaS) 기반으로 개발되어 중앙부처에 확산되었다. 'cRMS 2.0'은 2020~2021년에 온나라시스템과 cRMS의 저장소를 통합한 버전으로 개발되어 보급을 확대하고 있다.

서고에 보존하는 기능), 기록물 평가(기록의 폐기 여부, 공개 여부 및 접근 범위를 관리할 수 있는 기능), 기록물 이관(보존 기간이 30년 이상인 기록을 영구기록물관리기관으로 이관하는 기능), 검색 및 활용(소장기록을 다양한 방법으로 검색하여 열람할 수 있는 기능), 기준관리(기록분류체계정보를 관리할 수 있는 기능)로 구성된다.

표준기록관리시스템은 독자적으로 운영되지 않고, 기록관리업무 기능과 관련된 전자기록생산시스템, 중앙영구기록관리시스템, 보존포맷변환시스템, 전자서명장기검증시스템 등 여러 유관 시스템과 연계하여 운영된다(국가기록원, 2017). 기록을 분류하기 위해서는 기능분류시스템이나 기록물분류기준표 온라인시스템과 연계해야 한다. 기록정보를 공개 및 활용하기 위해서는 정보공개시스템, 국가기록포털 또는 기관 홈페이지와

표 10-4 표준기록관리시스템 관련 정보시스템 연계 현황

주요 연계내용	대상 시스템
• 기능별 분류체계 • BRM을 통한 보존 기간, 변경정보 연계	정부기능분류시스템
• 단위과제카드, 문서관리카드, 메모보고, 지시사항 등 실적 연계	업무관리시스템(온나라시스템)
• 기록물철 등록부, 기록물 등록대장, 전자파일 연계 • 생산현황정보 연계 • 단위업무 관련정보 연계	전자문서시스템
• 기록물철, 기록물건의 목록정보 연계	기록정보통합검색시스템
• 기록물철, 기록물건의 목록정보 연계	정보공개시스템
• 보존 기간 30년 이상의 단위과제카드, 문서관리카드, 메모보고, 지시사항, 전자문서 등 전자기록 및 메타데이터 연계 • 생산현황정보 연계 • 기록관 현황 및 단위과제 재조정정보 연계	중앙영구기록관리시스템
• 조직 및 기관코드	행정표준코드관리시스템
• 인증정보의 검증을 위한 연계	전자서명장기검증시스템

표 10-5 표준기록관리시스템에 필요한 HW/SW의 목록과 용도

구분	제품	용도
HW	기록관리서버	• 표준기록관리 응용 SW 및 각종 상용 SW를 운영하기 위한 서버, 시스템 간 연계와 전자기록물 관리, Unix/Linux로 구동
	보존포맷변환 서버	• 전자기록물의 무결성·이용가능성을 유지하기 위해 장기보존 패키지와 PDF/A로 변환하기 위한 서버, Windows로 구동(NT급)
	DB서버	• 표준기록관리시스템의 데이터를 관리하기 위한 DBMS 운영서버
	검색서버	• 기록물의 전문 검색을 위한 검색엔진 운영 및 색인DB관리서버
	일반 스토리지	• 업무관리시스템 및 전자문서시스템에서 이관된 이관파일 저장·관리 • 표준기록관리시스템에 직접 등록하는 전자파일 저장
	아카이빙 스토리지	• 수정이 불가능한 매체에 전자기록물을 보존하기 위해 수정이나 불법 접근을 통제하거나 이력 관리할 수 있는 스토리지
	바코드 프린터 및 리더기	• 서고관리를 위해 비전자기록물에 부착할 바코드를 인쇄하거나 바코드를 읽어 표준기록관리시스템과 연계하기 위한 장비
SW	기록관리 응용 SW	• 전자적 기록물을 관리하기 위해 표준으로 개발된 응용 SW
	보존포맷변환 응용 SW	• 전자파일을 문서보존포맷(PDF/A-1)과 장기보존 패키지(NEO)로 변환하기 위한 응용 SW
	Anti-Virus	• 이관받은 전자기록물에 대한 바이러스 검사 및 치료
	웹서버	• 표준기록관리시스템의 업무처리 화면을 사용자 PC에 제공
	WAS	• DB에 있는 데이터를 사용자가 원하는 목적에 맞게 처리해 제공
	DBMS	• 표준기록관리시스템 자료(메타데이터) 관리를 위한 S/W
	오피스 제품	• 전자파일을 문서보존포맷으로 변환하기 위한 응용 프로그램 (한글 등)
	검색엔진	• 전자기록물의 목록 및 내용까지 전문(全文)을 검색하여 그 결과를 제공
	대용량 송수신 SW	• 전자기록물을 이관하기 위해 정보시스템 간 대용량(4.3GB 이상) 파일을 중단 없이 안정적으로 전송 가능
	리포팅툴	• 각종 통계정보를 다양한 그래픽, 보고서로 편집해서 제공
	바코드 SW	• 보존상자 단위의 서고를 관리하기 위한 바코드 인식 S/W
	문서보안 솔루션	• 문서에 대한 열람통제를 부여하여 사용자의 무단 위·변조를 방지하는 솔루션으로 다양한 전자파일 포맷에 대해 통합뷰어 제공
	인증 솔루션	• 기관 인증서를 통해 사용자 정보를 확인 및 인증하는 프로그램
	SSO Agent	• 한 번 로그인으로 여러 정보시스템에 접속할 수 있는 기능 제공
	백업 솔루션	• 전자기록물 손실 방지를 위해 백업기능 제공

연계하고, 조직 및 기관코드 정보를 위해서는 행정표준코드관리시스템과 연계해야 한다. 표 10-4는 표준기록관리시스템의 관련 정보시스템 연계 현황을 정리한 것이다.

표준기록관리시스템을 구성하는 데 필요한 하드웨어와 소프트웨어 전산자원의 목록과 용도는 표 10-5와 같다(국가기록원, 2022). 표준기록관리시스템을 운영하는 데 필요한 장비 목록 가운데 기록관리서버, 일반 스토리지, 보존포맷변환서버는 필수 장비이지만, 그 외는 기관의 필요에 따라 선택하여 구성할 수 있다. 전산 장비는 급속히 구식화되므로 모든 장비를 구비하기보다는 기관의 사정에 맞게 적절히 구성해야 예산자원을 절약할 수 있다. 기록전문가는 조직의 기록관리 범위와 필요성 수준 및 향후의 발전 방향을 고려하여 하드웨어와 소프트웨어의 구성을 적절하게 선택해야 한다.

클라우드 환경에서는 전산자원을 필요한 시점에 필요한 기간만큼 탄력적으로 선택하여 재구성할 수 있다. 표준기록관리시스템이 클라우드로 이동하면 기관이 클라우드에서 사용하는 전산자원을 정기적으로 모니터링하고, 필요에 따라 지속적으로 재구성하는 업무도 기록전문가의 역할에 추가되어야 할 것이다.

표준기록관리시스템에서는 자료관시스템에서 사용하던 광디스크 같은 저장장치보다는 전자기록을 임의로 수정·삭제하지 못하게 보존용 스토리지를 사용하도록 했다. 문서보존포맷이나 장기보존 패키지로 변환하는 보존포맷변환서버와 응용 SW를 도입하고, 대용량의 전자기록 이관을 안정적으로 수행하기 위한 대용량 송수신 SW를 도입하는 등 전자기록의 특성을 반영한 다양한 보존관리 기능이 강화되었다.

표준기록관리시스템에 대한 개별 기관의 커스터마이징은 원칙적으로 허용되지 않는다. 개별 기관이 커스터마이징을 하면 국가기록원에서 기능을 개선하여 일괄 배포하는 업데이트 소프트웨어를 적용할 수 없을 뿐만 아니라, 기록관리의 연속성이 단절되거나 표준을 따르지 않는 관리기능이 생기고 데이터 규격이 불일치하는 등 치명적인 시스템 오류가 생길수도 있기 때문이다. 다만 통합형이나 공동형으로 구축하는 경우에는 제한적인 범위에서 커스터마이징을 허용하지만, 이 경우에도 전자기록의진본성 유지와 이관에 관련된 핵심 기능 및 데이터 규격은 커스터마이징을 허용하지 않는다. 민간 기업이 참여해서 기록관리시스템을 보급했던자료관시스템과 달리 표준기록관리시스템은 국가기록원에서 개발한 패키지 소프트웨어를 무상 배포하는 방식으로 추진되었다.[21]

3) 중앙영구기록관리시스템

국가기록원은 기록관리시스템 혁신을 위한 정보화전략계획을 바탕으로 2007년 전자·비전자기록을 통합 관리하는 중앙영구기록관리시스템(CAMS: central archives management system)을 개발했다. 구축 당시에는 전자기록물의 이관 시기가 도래하지 않아 비전자기록물 관리 위주로 기능이 개발되었지만, 이후 전자기록물 관리를 위해 매년 시스템 고도화가 이

---

[21] 보급 방식은 시스템의 발전에 직접적인 영향을 준다. 미국은 DoD 5015.02 STD 표준을 정하고, 민간 기업들이 표준에 따라 개발해서 인증을 받고 보급한다. 이렇게 개발된 60여 종의 기록관리 어플리케이션이 미국뿐만 아니라 전 세계를 대상으로 판매되고 있다 (https://jitc.fhu.disa.mil/projects/rma/reg.aspx 2023.9.26). 무상으로 표준기록관리시스템을 보급한다고 해서 예산이 필요 없는 것은 아니다. 기록관리 어플리케이션 소프트웨어만 국가기록원에서 무상 제공할 뿐, 선택 장비를 포함해서 5억원 정도의 도입예산이 필요하다. 클라우드 기반으로 이동하면 예산을 절감하는 효과가 있을 수 있다.

루어져 왔다.

영구기록관리시스템에는 기획수집, 등록관리, 보존관리, 열람관리, 기록분류표 관리, 기록관리기준 관리, 통계관리, 검색활용, 시스템관리 기능이 구현되어 있으며, 다양한 유관 시스템과 연계하여 운영된다.[22]

4) 대통령기록관리시스템

대통령기록관리시스템(PAMS: presidential archives management system)은 대통령기록관에서 대통령기록물을 통합 관리하는 시스템이다. 대통령기록관리시스템의 업무 프로세스를 정립하는 과정에서 영국과 호주의 전통적인 보존기록관 운영 사례와 ISO 14721의 정보·기능 모델, ICA와 SAA의 보존기록관 표준을 재검토하고, NARA의 ERA(Electronic Records Archives) 프로젝트 같은 최신 사례를 면밀히 검토하여 업무 프로세스에 반영했다. 또한 ISAD(G)와 국가기록원 기록물 기술규칙을 참조하여 대통령기록관 기술체계를 개발했으며, OCLC/RLG의 PREMIS(Preservation Metadata Implementation Strategies, 프레미스)를 검토하여 보존 메타데이터를 설계했다.

대통령기록관리시스템은 대통령보좌기관(대통령비서실), 자문기관(각종 위원회), 경호기관(대통령경호실) 등 30여 곳의 생산기관으로부터 다양한 형식의 기록을 이관받아야 하며, 향후 새로운 규격의 기록 형식이 입수될 가능성도 고려해야만 한다. 따라서 영구적인 보존관리를 염두에 둔 보존 메타데이터 구조를 수시로 변경하지 않으면서도, 다양한 규격의 전자기록

22　국가기록원의 2023년 '영구기록관리시스템 구축 시범사업'에 참여한 경상남도기록원에 최신 버전의 영구기록관리시스템(AMS: archives management system)이 설치되었다. 이 시스템에는 메뉴들을 보이기/감추기 설정할 수 있는 기능이 구현되어 있다.

을 안정적으로 이관받고 관리하는 기능을 구현하는 것이 입수기능 설계와 구현의 핵심 과제 중 하나였다. 이를 해결하기 위해 입수 데이터 규격에 탄력적으로 대응할 수 있는 '메타데이터 매핑 도구(MMO: metadata mapping organizer)'를 개발했다. 입수하려는 기록의 메타데이터 구조를 분석하여 대통령기록관리시스템의 필수 메타데이터 항목과 비교하고 대응 메타데이터를 연결하는 '매핑 규칙'을 정의함으로써 대통령기록관리시스템의 데이터 구조를 변경하지 않으면서도 다양한 메타데이터 구조를 갖는 대상 기록들을 입수할 수 있도록 개발되었다.

대통령기록 중에서도 지정기록과 비밀기록을 철저하게 보호하는 기능은 대통령기록관리시스템에 특별히 요구되는 중요한 기능이다. 이 기능은 국가용 암호화 모듈을 적용하여 암호화 상태로 이관된 지정기록과 비밀기록을 물리적으로 분리되어 있는 별도의 저장소에 보관하고, 복호화 기능이 탑재되어 있는 특별한 시스템에서만 열람이 가능하도록 구현되었다(박석훈, 2008: 59~60).

5) 정부산하 공공기관의 기록관리시스템

정부산하 공공기관들은 중앙행정기관이나 지방자치단체들과는 달리 기관별로 기록의 생산과 관리에 별도의 특성을 갖고 있다. 표준화된 전자문서시스템이나 업무관리시스템보다는 기관의 설립 목적에 부합하는 별도의 업무시스템을 다양하게 구축하여 기록을 생산하므로 국가기록원에서 정한 표준규격 그대로는 표준기록관리시스템으로 기록을 인수할 수 없는 경우가 많다. 또 중앙 BRM이나 지방 BRM을 사용할 수 없어서 분류체계를 자체적으로 관리해야 한다. 기록물을 영구기록물관리기관으로 이관하지 않고 자체적으로 영구적인 보존관리를 해야 하는 기관도 있다. 행정기록 관리기능 외에 기관의 역사자료나 구술기록 관리기능이 필요하기도 하며, 출처·주제·시대·형태와 같은 다중분류기능이 요구되기도 한다. 따라서 표준기록관리시스템을 커스터마이징하는 것으로는 기관별로 특성 있는 기능 요구를 구현할 수 없는 경우가 많다. 한국은행, 예금보험공사, 한국국제협력단의 사례와 같이 기관별 특성에 맞도록 별도의 기록관리시스템을 자체적으로 구축하여 운영하는 기관들이 많다.

6) 민간영역의 기록시스템 사례

「공공기록물관리에 관한 법률」의 적용 대상은 아니지만, 민간의 다양한 영역에서 기록관리시스템이나 아카이브시스템을 도입하는 사례들이 꾸준히 늘어나고 있다. 공공부문에서도 역사나 예술 분야에서 법과 표준을 넘어서는 새로운 아카이브시스템을 구축하는 사례들도 있다.

조계종총무원, 한국천주교중앙협의회 같은 종교기관에서는 조직의 업무 기록을 등록하고 관리하는 기록관리시스템을 구축해 운영하고 있다. 민주화운동기념사업회, 김대중도서관, 노무현사료관에는 기록의 수집·인수·선별등록·정리·배가·분류·기술·평가·전거관리·디지털화·서비스 같은 기록관리를 하기 위한 아카이브시스템이 구축되어 있다. 서울시립미술아카이브, 서울공예박물관아카이브, 국립한글박물관에서는 문화예술기관으로서 본연의 기능을 보완할 수 있는 아카이브를 구축해 운영하고 있다. 유한양행, GS칼텍스, LG화학, 동아제약, 신한금융지주, KB금융지주처럼 자기 회사의 역사에 자부심이 있는 민간 기업들을 필두로 기업의 역사기록 관리와 서비스를 위한 아카이브시스템들이 꾸준히 구축되고 있으며, 헤리티지(heritage) 마케팅과 연계하는 사례들도 늘어나고 있다.

민간부문의 기록시스템은 조직의 기록관리 목적에 따라 신규개발 방식으로 개발하거나 커스터마이징 방식으로 도입하는 경우가 많다. 최근에는 중소 규모의 조직들이나 사회단체(NGO)들에서 구독형 아카이브시스템을 도입하여 시간과 예산을 절약하기도 한다. 유사한 지역이나 주제를 가지고 여러 아카이브가 네트워크로 연결하는 '관계형 아카이브 플랫폼'을 도입하는 새로운 사례도 등장하고 있다. 오픈소스 아카이브 소프트웨어를 적용하여 아카이브시스템을 구축하는 사례들도 늘어나고 있다.

7) 오픈소스 아카이브 시스템 사례[23]

오픈소스 소프트웨어(OSS: open source software)는 소프트웨어의 원천소스를 공개하여 누구나 특별한 제한 없이 소스코드를 보거나 사용할 수 있으며, 소스를 재배포하거나 개작할 수 있도록 허용한 소프트웨어를 말한다. 오픈소스 소프트웨어가 프리웨어(freeware)와 동일한 의미는 아니다. 프리웨어는 만든 이가 대가를 바라지 않고 배포함에 따라 누구나 또는 배포자가 정한 범위 내에서 자유롭게 무료로 사용하고 재배포할 수 있지만, 대개 소스코드를 공개하지 않는 소프트웨어(closed source software)이다. 소스코드가 공개되지 않으면 참여자들의 협동 개발은 불가능하다. 소프트웨어의 소스코드를 공개하는 이유는 제3자인 외부 개발자와 이용자들

---

23 안대진(2019)과 AtoM(에이투엠), Omeka(오메카), Archivematica(아카이브매티카)의 웹사이트를 참조했다. 국내에서는 '오픈소스 기록관리 소프트웨어 포럼(OSASF: Open Source Archive Software Forum)'에서 해외의 오픈소스 소프트웨어를 소개하고 매뉴얼을 개발하는 등 다양한 노력을 기울이고 있다.

의 참여를 끌어내서, 소스코드를 비공개하는 사유 소프트웨어(proprietary software)보다 더 빨리 더 좋은 소프트웨어를 만들기 위해서다.

기록관리 커뮤니티에서도 2000년 전후 EAD나 OAIS와 같은 표준이 제정된 이후 이를 구현하기 위한 오픈소스 소프트웨어 프로젝트가 등장하며 점차 발전되어왔다. 소프트웨어의 유형은 표 10-6과 같이 디지털 보존, 카탈로깅, 웹 퍼블리싱, 기타로 구분할 수 있다(안대진, 2022). ICA에서 시작한 AtoM을 비롯해 Omeka, Archivematica가 대표적인 사례로 꼽힌다.

표 10-6 **기록관리 분야의 대표적인 오픈소스 소프트웨어 프로젝트**

디지털 보존(OAIS 기반 파일 장기보존)	
Archivematica	OSS 20개를 조합해서 만든 디지털 보존 시스템(북미, 국제기구)
Preservica	TNA와 민간회사가 합작해서 만든 클라우드 디지털 보존 시스템(유럽)
E-Ark	장기보존용 OSS 20종과 SIP/AIP/DIP 공동규격 개발(유럽)
카탈로깅(웹 기반 컬렉션 기술과 공유)	
AtoM	ICA의 국제기록물기술표준 탑재, 다국어 제공(캐나다, 국제기구)
ArchviesSpace	미국의 DACS 탑재, SAA가 홍보, AtoM보다 불편(미국)
Collective Access	GLAM 기관 목록관리, 워크플로우, 웹 퍼블리싱(북미)
웹 퍼블리싱(소장기록 온라인 전시)	
Omeka	GLAM 기관 소장기록의 온라인 검색열람 및 전시(미국)
Omeka S	차세대 Omeka, LOD 기반 복수기관의 아카이브 포털 구축(미국)
Curatescape	지도 기반 컬렉션 제공(미국)
기타(검색엔진, 이메일, 웹, 소셜미디어 아카이빙)	
Apache Solr	검색엔진. 텍스트 전문검색 특화(글로벌)
Elastic Search	검색엔진. 정보 검색(글로벌)
Archive-It	Internet Archive가 제공하는 웹 아카이빙 구독서비스(미국+글로벌)
ArchiveSocial	소셜미디어 아카이빙 구독서비스 (미국+글로벌)
Erado	이메일, 웹 아카이빙 구독서비스 (미국)
MirrorWeb	정부기관용 웹페이지 및 소셜미디어 아카이빙 구독서비스(유럽)
ePADD	스탠퍼드 대학교 도서관이 개발한 이메일 관리 OSS(북미)
FFMpeg	이미지, 영상 변환

AtoM[24]은 국제표준 기반의 소장기록 기술과 온라인 접근 제공을 위해 개발된 오픈소스 웹 응용 프로그램이다. ICA 기술표준의 채택을 장려하기 위해 ICA의 주도로 2005년에 시작된 개발 프로젝트의 결과물이다.[25] AtoM에서 제공하는 주요 기능에는 ICA의 국제기록물기술표준과 더블린 코어를 이용한 소장기록 기술, 입수기록 관리, 검색, 목록 들여오기와 내보내기, 번역, 리포팅, 택소노미가 있다. 관리자 기능에는 사용자 관리, 기능관리, 메뉴관리, 보안설정이 있다. AtoM은 ICA-AtoM 1.2 버전까지 ICA의 후원을 받았고, 2.0 버전이 출시된 2013년부터는 ICA-AtoM 프로젝트의 리드 개발사였던 Artefactual systems(아티팩추얼 시스템즈)가 AtoM으로 새롭게 브랜딩하여 발전시키고 있다.

Omeka[26]는 도서관, 아카이브, 박물관, 학자 및 적극적인 이용자들을 위한 오픈소스 웹 퍼블리싱 플랫폼이다. 마치 웹에 블로그를 개설하는것처럼 정보기술 전문가의 도움이 없이도, 수월하게 디지털 컬렉션과 다양한 미디어를 웹상에 퍼블리싱할 수 있도록 하기 위해 개발되었다. 미국 조지메이슨 대학교의 역사뉴미디어센터(RRCHNM: Roy Rosenzweig Center for History and New Media)가 주도하여 2008년에 개발을 시작했으며, 현재도 RRCHNM에서 프로젝트를 유지하고 있다. Omeka는 개별 프로젝트를 위한 설치용 버전인 'Omeka Calssic', 디지털 문화유산 컬렉션을 다른 자원들과 연결하기 위한 차세대 버전인 'Omeka S', 설치나 별도의 웹서버가

---

24 AtoM은 Access to Memory의 줄임말이다. https://www.accesstomemory.org
25 ICA에서는 기록관리표준화를 위해 ISAD(G), ISAAR(CPF), ISDF, ISDIAH 표준을 제정했다.
26 'Omeka'는 동아프리카 지역의 스와힐리어로 "묶음을 풀고, 펼치고, 말을 꺼내고, 드러내고, 늘어놓거나 표현한다"는 의미이다. https://omeka.org

필요 없는 호스팅 서비스 버전인 'Omeka.net'으로 각각 발전했다.

Archivematica는 디지털 보존을 위해 개발된 오픈소스 웹 어플리케이션이다. ICA-AtoM 개발에 참여했던 Artefactual systems에서 개발하여 운영하고 있다. 기술적·재정적 역량이 부족한 아카이브와 도서관들이 디지털 정보 보존을 시작할 수 있도록 도구와 방법론을 제시하는 것이 Archivematica 프로젝트의 목표이다(https://www.archivematica.org). 디지털 정보의 장기보존 분야에서 국제표준과 모범 실무들을 참고했으며, 특히 OAIS의 정보 패키지 개념과 기능 모형에 맞게 디지털 객체를 처리할 수 있도록 했다. 이를 구현하기 위해 백잇(BagIt) 등 아카이브 커뮤니티에서 검증된 30여 종의 오픈소스 소프트웨어를 재사용했다. 디지털 객체를 저장하고 보존하기 위한 스토리지 서비스와 대시보드로 구분되며 대시보드는 이관(transfer), 백로그(backlog), 평가(appraisal), 입수(ingest), 아카이브 저장(archival storage), 보존계획(preservation planning), 접근(access), 운영(administration)으로 구성된다. OAIS의 기능 모형을 충실하게 구현했다는 것이 메뉴의 명칭에서 드러난다. Archivematica를 사용하는 기관들은 주로 AtoM과 연계하여 소장목록 관리와 디지털 객체 관리가 구분된 효율적인 시스템 아키텍처를 구축하고 있다.

6. 기록시스템 발전을 위한 모색

기술의 변화는 업무의 변화로 이어진다. 기술 발전으로 예전에는 불가능했던 일들이 가능해지기도 하고, 필수였던 업무 절차가 필요 없어지기도 한다. 최근의 기술 변화는 비약적인 속도로, 총체적인 범위에서, 복합적인 양상으로 진행되고 있다. 전자적 기술 환경에 전적으로 의존하는 전자기록관리 업무 또한 급속한 환경 변화를 맞이하고 있다. 새롭게 등장하는 기술들은 작게는 기록관리 업무의 자동화에 기여하기도 하고, 크게는 기록관리 절차를 근본적으로 변화시킬 수 있는 계기가 될 수도 있다. 빠르게 구형화(舊型化)되는 기존의 기술 환경에 머무르지 않고, 새로운 기록시스템으로 적응하며 발전해가기 위한 지속적인 모색이 필요하다.

클라우드 컴퓨팅(cloud computing)이란 집적·공유된 정보통신기기, 정보통신설비, 소프트웨어 같은 정보통신자원을 이용자의 요구나 수요 변화에 따라 정보통신망을 통해 신축적으로 이용할 수 있도록 하는 정보처리체계를 말한다. 집적·공유된 정보통신자원을 가상으로 결합하거나 분할하여 사용하고, 대량의 정보를 복수의 정보통신자원으로 분산하여 처리한다. 국가기관이 정보화 사업을 추진할 때는 클라우드 컴퓨팅 도입을 우선적으로 고려하도록 법률(「클라우드 컴퓨팅 발전 및 이용자 보호에 관한 법률」 제12조 국가기관 등의 클라우드 컴퓨팅 도입 촉진)로 정하고 있어서 기록생산시스템과 기록관리시스템 역시 클라우드 컴퓨팅 환경으로 급속하게 이동하고 있다.

최근까지 표준기록관리시스템을 전자기록생산시스템과 별도로 구축·운영하도록 한 것은 기록의 생산·관리 과정에서 문제가 발생할 경우에 원인 파악과 책임 소재를 분명히 하기 위해서였다. 기록에 대한 물리적 통제 권한을 전산 장비로 구분하고 통제함으로써 책임 범위를 확실하게 한 것이다. 그러나 기록생산시스템과 기록관리시스템이 클라우드 컴퓨팅 환경으로 이동하면 기존의 물리적 구분을 전제로 하는 관리 절차와 시스템 운영은 무의미해진다. 생산시스템의 전자기록 컴포넌트 파일을 기록관리시스템으로 이동시키는 물리적인 이관 방식과 다르게, 클라우드 환경에서는 컴포넌트를 이동시키지 않고 그대로 둔 채 관리권한만을 넘기는 방식으로 이관할 수 있다. 클라우드를 기반으로 하여 기록생산시스템과 기록관리시스템의 관계가 통제 유형이나 통합 유형으로 구성되면 현재의 단계별 기록관리 절차는 기록연속체(records continuum) 개념의 관리 체계로 변화할 수 있을 것이다. 관리 체계의 변화는 절차와 시스템 및 기록전문직의 역할 변화로 이어진다. 기록연속체 개념에 입각한 새로운 절차와 기록시스템에 대한 구상이 필요하다.

또한 행정기관 등의 문서는 전자문서를 기본으로 하도록 법으로 정하고 있지만(「전자정부법」제25조 제1항), 비전자기록이 완전히 없어지는 것은 아니다. 따라서 클라우드 컴퓨팅 환경에서 전자기록을 생산 및 관리하면서도 실물 기록을 함께 관리할 수 있는 클라우드 기반의 하이브리드 기록시스템도 모색해야 한다.

블록체인(blockchain)은 트랜잭션 과정의 정보를 참여자들의 네트워크에 분산 저장하여 공동으로 관리함으로써 데이터의 위·변조를 방지하는 기술이다. 트랜잭션 발생 이전의 데이터로 생성한 암호해시와 타임스탬프, 트랜잭션 데이터를 포함하는 블록들을 시간순으로 체인처럼 연결한 구조이다. 그래서 블록을 시간의 역순으로 추적하면 원래 데이터에서 변조가 있었는지 확인할 수 있고, 중간 과정에서의 변경 과정도 확인할 수 있다. 블록체인은 퍼블릭 블록체인(public blockchain), 프라이빗 블록체인(private blockchain), 컨소시엄 블록체인(consortium blockchain)으로 구분할 수 있다. 프라이빗 또는 컨소시엄 블록체인에서는 참여 범위를 제한하거나, 권한이 다른 노드를 생성할 수 있고, 필요한 기능을 커스터마이징할 수도 있으며, 빠른 속도를 보장할 수도 있다. 익명성을 기반으로 누구나 참여하는 퍼블릭 블록체인과는 다른 구조로 기록 관리 과정의 트랜잭션을 구현할 수 있다.

　종이 기록과 다르게 디지털 정보는 원본성(originality)을 입증할 수 없다. 이런 기술적 특성 때문에 전자기록의 증거 효력을 보장하기 위한 진본성, 무결성 유지 조치들이 전자기록관리 과정의 핵심 임무가 되었다. 블록체인기술은 전자기록의 진본인증 방안으로 활용될 수 있는 기술적 가능성을 갖고 있다. 또한 블록체인의 분산저장 개념이 적용된다면 기록관리 체계가 수평적 구조로 변화할 가능성도 있다(이경남, 2018: 65, 124).

　전자기록의 원본성 유지 여부를 블록체인 기반으로 역추적해서 입증할 수 있게 된다면, 현재 진본성 위주의 전자기록관리 절차를 수행하는 기록시스템의 기능요건은 물론이고, 기록관리의 절차와 제도 자체에서 근본적인 변화가 모색되어야 할 것이다.

　마이크로서비스 아키텍처(microservices architecture) 기반으로 기록관리시스템의 프로그래밍 구조를 전환해야 한다는 견해가 있다(오진관·임진희, 2018). 마이크로서비스 아키텍처는 대규모 소프트웨어 개발에 적용하기 위한 것으로, 단독으로 실행 가능하고 독립적으로 배치될 수 있는 소단위(모듈, 마이크로서비스)로 기능을 분해하여 서비스하는 아키텍처이다. 개발자들이 클라우드망을 통해 공유하고 협업하여 자유롭게 소프트웨어를 개발할 수 있으며, 개발 및 유지보수에 드는 시간과 비용을 절감할 수도 있다.

　표준기록관리시스템은 필요한 모든 기능을 하나의 시스템으로 일체화하여 개발하는 모놀리식(monolithic) 방식으로 개발 및 배포되었다. 동일한 버전의 시스템을 모든 기관이 동일하게 사용하기 때문에 일관성 있는 기능 통제가 가능하다. 중앙의 유지보수 조직만 운영해서 패치 버전을 배포하면 되므로 각 사용기관에서는 시스템의 유지보수 부담이 없다. 그러나 커스터마이징이 불가능하므로 기관별로 고유하게 필요한 업무 특성을 기록관리 기능으로 추가할 수 없는 한계가 있다.

마이크로서비스 아키텍처를 기반으로 기록시스템을 개발한다면, 공통의 업무 기능은 공통 모듈로 개발하고 고유한 업무 기능은 별도의 독립적인 모듈로 개발할 수 있다. 각 기능별 모듈이 독자적으로 발전할 수 있는 기술 환경이 제공되므로, 해당 업무단위별로 업무 절차를 개선할 수 있는 가능성이 열린다. 절차가 개선되면 다시 해당 업무기능을 담당하는 모듈의 개선을 추동하고, 그것은 다시 업무 방식의 개선을 추동하는 선순환으로 이어져서 매우 고도화된 기록시스템으로 발전할 수도 있을 것이다.

마이크로서비스 아키텍처를 바탕으로 탄력적인 개별화를 보장하면서도 종합적인 공통성을 유지하려면 마이크로서비스 간의 연계 구조가 매우 정교하고 확장 가능하도록 설계되어야만 한다. 운영 과정에서 데이터의 연계규격과 응용 프로그래밍 인터페이스(API: application program-ming interface)를 변경하면 모듈별로 연계 기능과 내부 구조를 변경해야만 한다. 모듈별로 독립되어 있는 구조에서는 통합 테스트 환경이 복잡해지는 어려움이 있을 수도 있다.

커스터마이징의 자유를 얻는 대신 특성화 개발에 따른 유지 책임은 개별 기관이 맡아야 한다. 따라서 시스템의 기능변화 과정을 관리할 수 있는 기술적 능력이 기록전문직들에게 새롭게 요구될 것이다. 표준기록관리시스템에 대한 성능개선 및 유지보수는 그동안 국가기록원에서 전담했으므로 각 기관에서는 하드웨어와 상용 소프트웨어에 대한 유지관리 비용만 지불하면 되었다. 그렇지만 필요한 모듈별로 따로 조합하여 운영하거나 독자적인 추가 모듈을 개발한다면, 시스템 개선과 유지를 개별 기관이 책임져야 하므로 시스템 유지보수 비용이 늘어나는 문제에도 대비해야 한다.

애자일 방법론을 시스템 개발 방법론으로 적용하여 기록시스템의 기능 개선을 빠르게 진척시키는 방안도 모색해볼 필요가 있다(오진관·임진희, 2018). 애자일 방법론은 시스템 개발 과정에서 발생하는 문제들에 대해 민첩하게(agile) 해결 방안을 찾아가는 다양한 방법론을 의미한다. 전통적인 폭포수 모델 같은 계획기반 개발 기법은 개발 목표를 분석 설계하고 일련의 절차에 따라 개발하는 방법이다. 그에 비해 애자일 방법은 과도한 계획보다는 일정한 주기를 가지고 끊임없이 프로토 타입을 만들어내며 그때그때 필요한 요구를 추가하고 수정하여 하나의 커다란 소프트웨어를 개발해나가는 방식이다. 개발 초기에 발견되지 않았던 사용자의 실질적인 요구를 개발 도중에 추가하여 반영하거나, 변경된 요구에 빠르게 대응할 수 있는 장점이 있다. 하지만 계획대로 진행되지 않을 때는 개발 기간이나 인력 투입이 늘어나고 목표의 품질수준을 충족시키지 못할 수도 있다. 특히 공공부문의 개발 프로젝트는 목표와 결과가 일치하지 않았을 때 타당한 근거를 제시하지 못하면 감사에서 문제가 될 수 있다. 애자일 방법론의 장점인 유연성이 공공부문 프로젝트에 적용될 수 있으려면 공공부문의 정보기술 조달 과정에 대한 새로운 정책이 마련되어야 할 것이다.

기계학습(machine learning)은 인공지능의 한 분야로 컴퓨터가 여러 데이터를 이용하여 학습한 내용을 기반으로 새로운 데이터에 대한 적절한 작업을 수행할 수 있도록 하는 알고리즘과 기술이다. 조직이나 업무의 범위 내로 한정하면 기록정보에 담겨 있는 텍스트는 사회 전 영역에 비해 매우 협소한 규모이다. 기록정보에는 전문적인 용어들이 일정한 규칙성 아래 사용되고 있으며, 텍스트의 생산 맥락이 확보되어 있으므로 기계학습을 위한 품질 높은 학습 대상이 될 수 있다. 기록정보의 텍스트를 대상으로 기계학습을 처리한다면 기관 내의 기록관리 업무별로 적용할 수 있는 실용적 결과를 얻을 것이다. 이용자와의 상호작용을 학습 모델에 재활용함으로써 기계학습의 지속적인 개선가능성을 발견할 수도 있을 것이다.

기계학습을 적용하여 다양한 업무를 자동화 또는 반자동화하려는 시도는 기록관리시스템 분야에서도 시작되고 있다. 분류, 편철, 공개 재분류, 검색, 접근권한 조정, 처분평가 등 기존의 기록관리 업무에 기계학습을 적용할 수 있다면 기록업무 담당자의 수고를 크게 덜 수 있을 것이다. 또한 기록관리와 서비스에서 기존에는 불가능했거나 상상하지 못했던 새로운 기록 유형과 처리 방식이 등장할 것이다. 이러한 변화는 기록관리의 개념과 절차에 대한 변화를 가져올 것이며, 기록시스템의 기능도 당연히 변화를 요구받을 것이다. 공적 업무를 인공지능으로 처리하면 시스템, 알고리즘, 설계자, 학습 데이터, 실행 결과에서 행위 주체, 처리 단위, 맥락과 증거, 보존 조치의 개념과 절차를 어떻게 정의할 것인지를 두고 새로운 질문들을 만날 것이다. 기록관리 업무 가운데 단순 반복적 업무는 자동화하고, 자동화로 확보된 시간을 지적(知的) 활동으로 채워 기록 업무를 발전시켜 나가려는 모색이 필요하다.

오픈소스 소프트웨어(open source software)는 소프트웨어 제작자의 권리를 지키면서도 소스코드를 누구나 열람할 수 있도록 공개하고, 함께 개선해나가는 과정과 결과물을 통칭한다. 해당 분야 기술자들 간에 소스코드를 개방·공유함으로써 코드의 재사용성 향상, 개발 일정의 단축과 비용 절감, 다양한 대안의 출현가능성 같은 여러 장점을 기대할 수 있다. 기록시스템에 오픈소스를 적용하면 기존에는 가능하지 않았던 새로운 기능들을 수요자의 요구에 맞추어 공급할 수 있는 환경이 조성될 수도 있다.

오픈소스 소프트웨어 적용이 성공하는 데 있어 가장 핵심인 관건은 오픈소스 소프트웨어의 생태계 조성이다. 현재의 공공부문 소프트웨어 용

역노동 시장구조를 오픈소스 생태계로 전환하려면 국가 차원에서 정보기술 조달정책과 소프트웨어 시장구조가 함께 변해야 한다. 오픈소스 개발자들의 개인 희생을 전제로 하는 문화운동을 넘어서서, 개발자의 생계와 명예를 함께 보장할 수 있는 정당한 수요 공급의 생태계를 조성하려면 어떤 노력이 필요한지를 두고 근본적인 모색이 필요하다.

기록과 기록관리에 대한 개념과 패러다임은 시대 상황에 따라 지속적으로 변해왔다. 기록은 증거, 정보, 문서, 활동의 지속적 재현물 등 다양한 측면에서 정의되어왔다. 기록관리의 패러다임도 증거, 기억, 정체성, 공동체 등 핵심 개념의 변화가 있었다(설문원, 2021: 17~56). 개념 정의와 패러다임의 변화는 기록관리의 목표, 원칙, 절차, 시스템의 변화로 이어진다. ISO 15489-1:2016은 기록의 정의에 자산(asset)으로서의 정보 개념을 추가하고, 전통적인 기록 평가(appraisal)의 개념을 업무 활동의 평가(evaluating)까지 넓힘으로써 기록관리의 범위와 절차를 더욱 확장시켰다. 평가 개념의 확장은 ISO/TR 21946:2018 '기록의 관리를 위한 평가' 표준의 제정으로 이어지며 기록관리의 적극적인 역할이 더욱 강조되었다. 기록관리계의 국제적 합의는 기록의 생산과 수집 및 관리에 대한 사후 반응적(reactive) 접근이 아니라, 전략적이고 사전 조치적(proactive) 접근이 필요함을 제시한다(ISO/TR 21946:2018(E) Introduction). 넘겨받은 기록물을 보존하는 것 위주였던 전통적인 임무를 넘어서 새로운 역할이 기록전문직에게 요구되고 있다. 자산으로서의 기록 개념을 이해하고, 조직의 목적과 사명에 기반한 업무 전문가로서, 기록의 이용과 서비스에 더욱 노력할 필요가 있다(이젬마, 2016). 앞서 살펴보았듯이 절차와 시스템 및 행위 주체는 밀접하게 결합되어 기록시스템을 구성한다. 국제표준의 조류 변화에 따라 기록전문직의 전문성과 역할에도 변화의 바람이 불 것이다. 이런 상황에 준비해야 하며, 넓은 의미의 기록시스템에 대한 새로운 모색이 필요하다.

기술은 인간의 삶에서 뗄 수 없는 환경요소이다. 자연환경을 빼고 삶을 생각할 수 없듯이 기술 환경을 빼고 일을 논할 수 없다. 기술로 모든 것을 해결할 수 있으리라는 기술만능주의도, 기술로 해결할 수 있는 것은 아무것도 없다는 기술무용론도 모두 현실적이지 않다. 변화하는 기술 환경을 면밀하게 관찰하며, 제도와 물질자원 그리고 가장 중요한 인적요소의 제한성을 고려하여 해당 시기의 상황에 조응하는 목표와 방식을 끊임없이 모색해야 한다.

다시 생각해보기

1. 기록전문직의 업무에 영향을 주는 기록시스템의 기능을 조사해봅시다.
2. 기술 환경의 변화로 발생한 기록업무 변화 사례를 조사해봅시다.
3. 새로운 기술 환경에 의해 변화할 수 있는 기록업무가 있는지 생각해봅시다.
4. 기록시스템 도입 방식에 영향을 주는 요인들을 생각해봅시다.
5. 기록시스템 도입과 운영 과정에서 기록전문가에게 필요한 지식요소를 생각해봅시다.
6. 기록전문직의 전문성 향상을 위해 필요한 넓은 의미의 기록시스템 환경을 생각해봅시다.

디지털 보존 정책

디지털 기록의 장기보존을 위해 어떤 정책이 필요한가?

김자경 · 현문수

디지털 방식으로 생산되고 배포 및 저장되는 기록을 식별하고 보존하며, 이를 바탕으로 정보서비스를 제공할 책임을 지는 모든 기록관리기관은 디지털 기록의 장기보존이라는 도전적인 과제를 마주하고 있다. 디지털 기록의 생산과 관리 환경에 절대적인 영향을 미치는 기술 환경의 빠르고 급격한 변화는 디지털 기록의 보존을 더욱 어렵게 만든다. 대규모의 자원 할당이 필요하며, 기록생산시스템의 설계 단계에서부터 기록관리기관으로 이관된 이후의 장기보존 단계까지 긴 생애주기를 고려해야 하는 디지털 보존의 특성을 고려하면 올바른 디지털 보존 정책의 수립은 절대적으로 필요하다. 이번 장에서는 디지털 보존을 위한 정책과 전략을 정리하고, 국외 국가기록관리기관이 수립한 디지털 보존 정책 사례와 주요 동향을 살펴본다.

1. 디지털 보존의 개념

1) 디지털 보존의 정의

디지털 보존(digital preservation, digital archiving)은 디지털 정보의 진본
성과 무결성, 신뢰성 및 장기적인 이용가능성을 보장하기 위해 디지털 정
보를 관리하고 보호하는(SAA, 2005~2023: digital preservation; 한국기록학회,
2008: 디지털 아카이빙) 활동이다. 디지털 기록은 인간의 눈에는 보이지 않
는 디지털 신호열로 구성되어 있어 내용을 이해하기 위해서는 특정한 소
프트웨어와 하드웨어 등 그 기록을 재현하는 데 적합한 디지털 장치가 필
수적이다. 디지털 기록의 보존은 단지 물리적인 객체의 보호에 그치는 것
이 아닌 내용, 구조, 맥락을 유지하며 장기적으로 이용 가능한 상태를 유
지하는 개념이다. 따라서 디지털 보존은 개별적인 디지털 기록 객체의 보
존이 아닌 그것을 둘러싼 생산, 관리, 재현 환경의 보존이라는 넓은 영역
을 포괄하고 있음을 이해할 필요가 있다. 즉 디지털 보존은 기술 변화, 매
체와 하드웨어 및 소프트웨어의 노후화, 인적 오류, 고의적 훼손 같은 문
제에도 불구하고 디지털화 정보나 태생적 디지털 정보에 계속해서 접근
할 수 있도록 보장하기 위한 관리 활동, 전략, 모범 사례 및 표준, 정책 및
절차의 활용을 의미(SAA, 2005~2023: digital preservation)한다.

전통적인 개념에서 '보존'은 관리 대상인 기록물을 훼손 위험으로부터
보호하는 일련의 조치를 의미한다. 예를 들어 적절한 보존 정책을 수립하
고, 온·습도 등 안정적인 보존 환경과 청결한 서고 시설을 유지하며, 정기
적인 점검 같은 관리 활동을 수행하는 것이다. 이때 보존의 목적은 기록
의 내용과 원래의 형태를 함께 보호하는 것인데, 그래야만 기록의 구조와

맥락을 명확히 하는 데 도움이 되기 때문이기도 하다.

디지털 보존에서는 전통적인 아날로그 기록의 보존과는 근본적으로 다른 개념과 기술을 적용해야 한다. 디지털 보존은 아래 나열된 사항 때문에 아날로그 보존과 다른 특성을 가진다(Forde and Rhys-Lewis, 2013: 26).

- 정보를 담고 있는 매체 또는 용기(carrier)를 보존하는 것만으로는 충분하지 않다.
- 디지털 정보의 기술적(technical) 포맷은 지속 수명이 짧아서(대부분 10년 이하), 생산 시점부터 필요한 결정과 조치를 수행해야 한다.
- 관리 기술이 없다면, 데이터가 아무런 경고 없이 변질되거나 사라질 수 있다.
- 기술 매체를 통해서만 데이터를 읽을 수 있으며, 이러한 매체도 시간이 지나면 사용할 수 없게 된다.
- 텍스트가 변경되고 광범위하게 복사될 수 있어서, 진본성과 저작권 문제는 전통적인 자료에 비해 더 복잡해진다.
- 데이터가 완전히 기능하려면 데이터를 기술하는 메타데이터가 필요하며, 보존에 필요한 사항도 메타데이터에 추가되어야 한다.
- 디지털 자료는, 연구 목적의 이용을 포함해 다양한 방식으로 사용될 수 있지만, 적절한 보존 기술이 적용될 때만 가능하다.

디지털 보존에서는 원래의 형태를 보호하려는 노력보다 디지털 기록이 담고 있는 정보와 증거를 필요한 기간만큼 진본성을 유지하면서 접근할 수 있고(accessible) 이용할 수 있도록(usable) 보장하려는 노력을 강조한다. 디지털 보존 연합(Digital Preservation Coalition)[1]의 디지털 보존 핸드북 용어집에서는 디지털 보존을 "필요한 기간에 디지털 자료에 대한 접근을 보장하기 위한 일련의 관리 활동"으로 정의한다. 디지털 보존 실무(Practical Digital Preservation) 용어집에서 브라운(Brown, 2013: 12)은 "디지털 객체를 필요한 기간만큼 진본성을 유지하면서 이용자들이 접근할 수 있는 형태로 유지하는 과정"으로 정의한다. 밀라(Millar, 2017: 295) 역시 "오랜 시간에 걸쳐 디지털 정보와 증거의 접근가능성을 유지하도록 보장하는 공식적인 활동"으로 정의한다. 즉 디지털 보존은 디지털 객체의 다양한 구성요소 (different component parts)를 보존하기 위해 노력하는 일이며, 이를 통해 미래에 데이터를 담고 있는 매체가 계속 변화하더라도 보존 대상이 되는 디지털 객체를 올바로 이용할 수 있도록 하는 것이 목표이다.

2) 디지털 보존의 주요 과제

디지털 기술이 빠른 속도로 변화할수록 디지털 자료의 수명은 단축되고 디지털 보존은 더욱 어려워진다. 적절한 시기에 효과적인 보존 조치를 취할 필요성은 더욱 높아지며, 이를 위해서는 아래 열거한 디지털 보존의 주요 과제(Houghton, 2016)에 우선 대응해야 한다.

① 데이터 양: 데이터 양의 엄청난 증가에 따른 관리의 어려움과 비용 증가, 보존 대상을 적절하게 선별하지 못할 위험 등
② 보존가능성(archivability): 미래의 요구사항을 알 수 없는 상태에서 보존 대상, 범위, 방법을 적절하게 결정하기 어려움

---

1   디지털 보존 연합은 디지털 보존 이슈에 관한 연구와 출판을 장려하고 실무를 개선하기 위해 조직된 영국 기반의 도서관, 아카이브, 연구기관 협력체이다.

③ 다중성(multiplicities): 수정, 복사에 따라 중복 존재하는 파일의 문제와 데이터의 신뢰성을 저하할 위험 등

④ 하드웨어와 스토리지: 노화와 기계적 고장, 부주의, 방치, 남용 또는 부적절한 보관으로 인한 손상, 클라우드 서비스를 아카이빙용으로 사용할 때의 데이터 손실 위험, 저작권과 라이선스 문제

⑤ 소프트웨어: 운영 체제와 응용 프로그램의 급속한 발전에 따른 호환성과 보안취약성의 문제

⑥ 파일 포맷: 보존용 파일 포맷을 결정해야 하며, 비공개 사양의 파일 포맷에 대해서는 호환 소프트웨어를 만들거나 마이그레이션하기 어려움

⑦ 메타데이터: 생산 시점에 메타데이터를 수집해야 하며, 변경사항을 메타데이터로 남기는 것이 중요

⑧ 합법성(legalities): 콘텐츠의 복사, 저장, 수정, 접근, 재사용과 관련된 복잡한 법적 문제에 대응할 필요

⑨ 프라이버시(privacy) : 디지털 기록에 포함된 개인정보, 민감정보 등 비공개 정보를 보호해야 할 필요

⑩ 자원 조달: 저장, 인프라, 직원 교육, 지속적 유지 관리 및 감사를 위한 비용과 자원의 효율적인 조달 필요

열거한 과제를 바탕으로 디지털 기록 보존의 요점을 정리하면 다음과 같다. 첫째, 디지털 보존 대상은 아날로그 대응물과 근본적으로 다른 디지털 형식으로만 작성 및 유지되는 기록이므로, 장기보존과 관련된 디지털 기록의 특성을 잘 고려해야 한다. 둘째, 디지털 보존은 특정한 보존 기술의 선택이나 보존 기법의 실행처럼 단일한 결정이나 행동이 아니라, 의도적으로 관리하는 계획과 활동의 총체여야 한다. 마지막으로, 디지털 보

존의 주요 위협은 미디어 감퇴, 하드웨어 및 소프트웨어 폐기, 기술적 변화 또는 인적 오류로 인한 접근성 및 사용가능성의 손실을 꼽을 수 있다.

2. 디지털 보존 전략과 관련 표준

1) 디지털 보존을 지원하는 전략

디지털 정보자원을 장기간에 걸쳐 관리하고, 그 진본성과 무결성, 신뢰성 및 장기적인 이용가능성을 보장하려면 적극적인 관리 활동과 전략, 표준이 필요하다. 기술 변화와 매체·하드웨어·소프트웨어 노후화, 인적 오류, 고의적 훼손의 문제가 발생하면(SAA, 2005~2023: digital preservation), 언제든 디지털 정보자원의 품질이 훼손될 뿐 아니라, 인간이나 컴퓨터가 영영 읽을 수 없는 상태가 될 수 있기 때문이다. 따라서 오랜 시간이 흘러도 디지털 정보자원을 저장하고 구현하려면 그에 맞는 장기보존 전략이 필요하다.

티보도(Thibodeau, 2002)는 그림 11-1과 같이, 한쪽 끝에는 '기술 보존'을 두고 다른 쪽 끝에는 '객체 보존'을 둔 '보존 스펙트럼'을 그렸다. 그는 이 스펙트럼에 걸쳐 디지털 보존활동 과정에서 선택할 수 있는 전략적 방법을 제시한다. 첫째, 스펙트럼의 '기술 보존'을 목표로 하는 쪽에서는 데이터를 특정 논리적 또는 물리적 형식으로 보관하고 원래 해당 형식과 관련된 기술을 사용하여 데이터에 접근하고 객체를 재생산하는 방법을 시도한다. 둘째, 스펙트럼의 중간에는 기술 변화에 따라 데이터 포맷을 변환하여 검색과 접근 및 재생산을 위한 최신 기술을 사용할 수 있도록 하는

그림 11-1 **디지털 보존 전략**

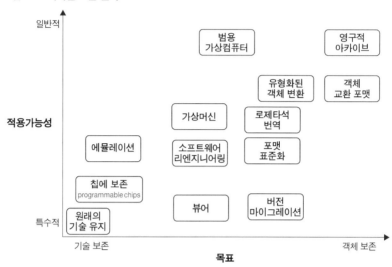

자료: Thibodeau(2002: 19).

방법이 있다. 마지막으로, '객체 보존'을 목표로 하는 스펙트럼에는 특정 하드웨어나 소프트웨어와 독립적으로 정의된 객체의 본질적인 특성을 보존하는 데 중점을 두는 방법이 있다. 이와 함께 보존대상 자료에 대한 방법의 적합성도 고려해야 하는데, 어떤 방법은 일반적으로 사용할 수 있지만, 어떤 방법은 특정 기술에만 사용할 수 있기 때문이다. 따라서 적용가능성까지 함께 고려해야 한다(Thibodeau, 2002).[2]

이 중 대표적으로 실무에 적용되거나 실험되는 보존 전략인 기술 보존과 마이그레이션, 에뮬레이션 등을 살펴보자.

---

[2] K. 티보도(K.Thibodeau)가 그림을 통해 제시한 각 전략적 방법에 대한 자세한 설명은 Thibodeau(2002: 4~31) 참조.

(1) 기술 보존

기술 보존은 가장 원시적인 보존 방식인데, 개체를 생산하고 저장하는 데 사용된 원래의 기술과 데이터 형식 모두를 보존하는 접근법이다. 생산 당시의 기술을 사용해 디지털 정보를 5~10년 동안 보존할 수 있지만 결국 하드웨어, 소프트웨어, 데이터 형식은 더 이상 사용하지 않게 된다. 특정 하드웨어와 소프트웨어를 보존하는 일은 시간이 지날수록 점점 더 어려워지고 비용이 많이 들며, 보존해야 할 대상의 종류가 다양해지므로, 장기적으로 볼 때 기술 보존은 현실적으로 불가능할 수도 있다(Thibodeau, 2002).

(2) 마이그레이션

마이그레이션(migration)은 "한 세대의 컴퓨터 기술로부터 다음 세대로, 또는 한 가지 조합의 하드웨어·소프트웨어 설정으로부터 다른 것으로 정기적으로 디지털 자료를 옮기는"(한국기록학회, 2008: 94) 일이며, OAIS (Open Archival Information System) 참조 모형에서는 "디지털 마이그레이션"(CCSDS, 2012: I-11)으로 지시한다. 디지털 보존 과정에서 이행하는 디지털 마이그레이션은(CCSDS, 2012: V-2) 매체 재수록(refreshment), 복제(replication), 패키지 변경(repackaging), 변환(transformation) 등으로 다시 구분할 수 있다(CCSDS, 2012: V-4~V-5).

❶ 매체 재수록

매체 재수록은 현재 하나 이상의 디지털 정보가 저장된 매체를 똑같은 유형의 매체에 원래와 같이 그대로 옮기는 방법으로, 매체에 접근하고 정보를 이용하는 방식도 그대로 유지된다(CCSDS, 2012: V-4). 예를 들어 디지털 정보를 저장하는 CD-ROM이나 하드디스크에 오류가 생기기 전에 똑같은 저장매체로 교체하여, 이전 CD-ROM이나 하드디스크에 접근했던 그대로 하드웨어나 소프트웨어가 접근하여 읽을 수 있게 한다(CCSDS, 2012: V-5).

❷ 복제

복제는 매체에 저장된 현재의 디지털 정보(OAIS에서는 내용정보, 보존기술정보 및 패키징 정보)를 변경하지 않고, 같은 유형의 매체 또는 다른 유형의 매체로 디지털 정보를 비트열 변경 없이 옮기는 방법이다. 매체 재수록과 달리 새로 사용하는 매체는 달라질 수 있으며, 이때는 보존시스템에서 이 저장매체에 접근하는 방식이 달라질 수 있다(CCSDS, 2012: V-5~V-6).

❸ 패키지 변경

보존활동을 수행하는 과정에서 패키징 정보가 변경된 때는 이에 필요한 디지털 마이그레이션을 이행해야 한다. 패키징 변경은 내용정보와 보존기술정보에는 변화가 없지만, 보존활동을 하는 과정에서 이들을 다른 정보와 구분하고 연결하는 데 필요한 패키징 정보가 변경될 때 이루어진다. 예를 들어 어떤 CD-ROM에 내용정보와 보존기술정보가 3개 파일로 나뉘어 구성되어 있다면, 패키징 정보는 이 3개 파일을 하나의 단위로 삼아 접근할 수 있도록 파일 실행 및 디렉토리 구조에 대한 정보를 갖는다. 이 3개 파일을 새로운 디렉토리 구조와 파일실행 환경을 구동하는 다른 매체 유형으로 옮겨야 한다면, 이전된 3개 파일의 패키징 정보도 변경해야 하며, 따라서 패키징 정보의 비트열도 변경된다(CCSDS, 2012: V-6).

❹ 변환

변환은 정보객체의 보존 과정에 내용정보나 내용정보와 연결된 보존기술정보를 변경하는 디지털 마이그레이션이다. 예를 들어 파일의 코드 체계를 ASCII 코드에서 유니코드 UTF-16 코드로 변경하거나, 비압축 파일을 무손실 또는 손실 압축 알고리즘을 사용해 변환하는 경우, 또는 특정한 파일 포맷의 노후화로 인해 새로운 파일 포맷이나 포맷 버전으로 변환해야 한다면 디지털 정보객체의 내용정보 및 기술정보, 패키징 정보에 변화가 발생한다. 이 역시 비트열이 변경되는 방법이다. 이때 대상 객체의 진본성을 증거하려면, 일정하게 표현되어야 하는 속성(예: 중요 속성)을 유지하면서 변환되도록 조치해야 한다(CCSDS, 2012: V-6~V-8).

(3) 에뮬레이션

에뮬레이션(emulation)은 "디지털 정보를 생산한 시점에서 사용된 하드웨어, 매체, 운영 체제, 소프트웨어의 운용을 그대로 흉내 내어(emulate) 그 내용을 읽어내는 프로그램을 통하여 재현"(한국기록학회, 2008: 161)하는 보존 전략이다. 앞서 그림 11-1에서 보았듯이 에뮬레이션은 원본 포맷과 기술을 유지하는 전략이다. 하지만 강점이 있는 만큼 실행에 어려움도 있다. 『기록학 백과사전(Encyclopedia of Archival Science)』은 이를 다음과 같이 설명한다.

첫째, 전자기록을 생산한 이후부터 기록을 이용하는 시기 간 격차가 클수록 원래 기록을 생산했던 소프트웨어에 대한 이용자의 이해도는 낮아지며, 따로 학습해야만 이용할 수 있는 상황도 발생할 것이다. 전자기록의 생산 포맷이 다양해질수록 활용해야 하는 소프트웨어의 수나 버전도 다양해져서 이용을 저해하는 요인이 될 수 있다. 둘째, 정보기술이 에뮬레이션을 지원해야 한다. 각 소프트웨어 애플리케이션이 아니라 운영시스템을 대상으로 하는 방식을 제안하고 있지만, 장기간 지원해야 하는 운영시스템의 개별 버전의 수, 운영시스템과 애플리케이션의 버전 간 조합 같은 경우의 수도 급격히 늘어날 수 있다. 결국 무수히 많은 조합을 이용해야 하는 최종 이용자는 이에 대한 지식을 습득해야 하는데, 이를 위한 학습지원을 고려한다면 현재까지는 경제적 측면에서나 정보기술 측면에서 광범위하고 쉽게 선택할 수 있는 보존 전략 및 기술이라 하기는 어렵다 (Duranti and Franks, 2015: 162).

많은 정부나 기관 단위에서 아직은 마이그레이션 전략을 일반적으로 선택하고 있지만, 다양한 에뮬레이션 전략 실험이 이루어지고 있다. 특히 최근에는 예일 대학교를 중심으로 한 디지털 보존 네트워크가 클라우드 환경에서 구현하는 에뮬레이션인 서비스형 에뮬레이션(Emulation-as-a-Service)을 구현하고 실험한 사례[3]도 있다.

2) 관련 표준

(1) ISO 14721:2012 Space data and information transfer systems— Open archival information system(OAIS)—Reference model [4]

ISO 14721:2012는 정보를 보존하고 지정 공동체에 제공할 책임을 수락한 사람과 시스템으로 구성된 조직(더 큰 조직의 일부일 수 있음)을 포함하는

---

3   EaaS에 대한 자세한 정보는 EaaSI 웹사이트(https://www.softwarepreservationnetwork.org/emulation-as-a-service-infrastructure/)를 참조하라. 이봉환 외(2019: 1~33)도 클라우드 컴퓨팅 기술을 활용한 에뮬레이션의 가능성을 검토했다.

4   ISO 14721:2012 〈https://www.iso.org/standard/57284.html〉

아카이브에 대한 모형을 제공한다. OAIS에서 "개방형(open)"이라는 용어는 이 표준이 공개 포럼을 통해 개발되었고 향후 관련 개발도 공개 포럼에서 진행된다는 의미이며, 아카이브에 대한 접근이 제한되지 않는다는 의미는 아니다(ISO, 2012.9).

이 표준이 제공하는 내용을 상위 수준에서 살펴보면 다음과 같다(ISO, 2012.9).

- 장기적인 디지털 보존과 접근에 필요한 아카이브 개념을 이해하고 이에 대한 인식을 높일 수 있는 프레임워크를 제공
- 디지털 보존에서 비전문적인 조직이 보존 과정에 효과적으로 참여하는 데 필요한 개념을 제공
- 기존 아카이브와 미래 아카이브의 아키텍처와 운영을 설명하고 비교하기 위한 용어와 개념을 포함한 프레임워크를 제공
- 다양한 장기보존 전략과 기법을 설명하고 비교하기 위한 프레임워크를 제공
- 아카이브에서 보존하는 디지털 정보의 데이터 모델을 비교하고 시간의 흐름에 따라 데이터 모델과 기본 정보가 어떻게 변화할 수 있는지 논의하기 위한 기반을 제공
- 디지털 형태가 아닌 정보(예: 물리적 미디어 및 물리적 샘플)의 장기보존을 다루기 위해 추가적인 노력으로 확장할 수 있는 프레임워크를 제공
- 장기적인 디지털 보존과 이용을 위한 요소와 프로세스에 대해 합의를 확대하고 공급업체가 지원할 수 있는 더 큰 시장 형성을 장려
- OAIS 관련 표준을 식별하고 제작하도록 안내

(2) ISO 16363:2012 Space data and information transfer systems—Audit and certification of trustworthy digital repositories[5]

이 표준은 디지털 리포지토리의 신빙성을 평가하기 위해 권고하는 실무 관행을 정의한다. 표준은 조직 인프라(organization infrastructure), 디지털 객체 관리(digital object management) 및 인프라와 보안 위험관리(infrastructure and security risk management)의 3개 영역으로 구성된다. 모든 범위의 디지털 리포지토리에 이 표준을 적용할 수 있으며, 디지털 리포지토리를 인증할 때 이 표준을 인증의 근거로 사용할 수 있다(ISO, 2012.2).

(3) PREMIS Data Dictionary(version 3.0)[6]

PREMIS 데이터 사전은 디지털 보존 메타데이터에 사용되는 사실상 표준으로, 디지털 보존 시스템에서 장기보존 프로세스를 지원하기 위해 사용하는 메타데이터를 실행할 수 있도록 포괄적이고 실용적인 자원을 제공한다. 이를 위해 PREMIS 데이터 사전은 다음을 제공한다(PREMIS Editorial Committee, 2015.6).

- 디지털 보존 맥락에서 디지털 개체의 실행가능성, 렌더링 가능성, 이해가능성, 진본성과 정체성 확인을 지원
- 대부분의 보존 리포지토리가 디지털 자료를 장기보존하는 데 알아야 하는 정보를 제시
- 보존 메타데이터를 엄격하게 정의하고, 생산·관리 및 사용하는 데 대한 지침을

---

5   ISO 16363:2012 〈https://www.iso.org/standard/56510.html〉
6   https://www.loc.gov/standards/premis/v3/

제공하며, 자동화된 워크플로우를 지향하여, "이행가능성 있는 메타데이터"를 지원

- 보존 기술이나 전략, 메타데이터 저장 및 관리에 대해 어떠한 가정도 하지 않음으로써 기술적 중립성을 구현

(4) KS X ISO/IEC 26300:2014 정보기술─오픈 도큐먼트 양식

이 표준은 사무용으로 사용하는 애플리케이션과 그 의미체계에 관한 엑스엠엘(XML: Extensible Markup Language) 스키마를 정의한다. 텍스트 문서, 스프레드시트, 도표 및 드로잉이나 프레젠테이션 같은 그래픽 문서를 포함하는 사무용 문서에 적합하도록 스키마를 구성했으며, 이 스키마를 통해 문서 편집에 적절한 상위 수준의 정보를 제공한다(산업표준심의회, 2015. 7.28: 1).

(5) KS X ISO/IEC 15948:2004(2021 확인) 정보기술─컴퓨터 그래픽스 및 이미지 처리─포터블망 그래픽스(PNG): 기능규격

이 표준은 인터넷망을 사용하여 전달하는 이미지용의 데이터 흐름과 관련 파일형식인 휴대용 네트워크 그래픽(PNG: Portable Network Graphics)을 다룬다. 비손실적이며 휴대성 있고 압축된 개체의 컴퓨터 그래픽스 이미지를 위한 것이며, 선택할 수 있는 투명도, 인덱스 컬러, 그레이스케일, 트루컬러 이미지를 지원한다. PNG는 점진적 디스플레이 옵션을 사용해 전체 스트림화할 수 있고, 조사하고 있는 전체 파일의 순수성 검사와 보통의 전달 오류의 단순한 탐지를 둘 다 제공해 강력하다(산업표준심의회, 2006. 3.16: 1~2).

(6) KS A ISO 12234-2:2001(2021 확인) 전자식 정지 영상 이미지―이동식 메모리―제2부: TIFF/EP 이미지 데이터 형식

이 표준은 디지털 사진 파일 형식으로 TIFF/EP를 규정한다. TIFF/EP는 현재의 데스크톱 소프트웨어에서 호환할 수 있게 정의되며, 디지털 정지 영상 카메라로 생성 및 획득한 이미지에 활용할 수 있다. "TIFF 6.0"은 개정된 TIFF의 개정번호 6.0을 나타내며, 기본 이미지 소프트웨어와 호환성을 높이기 위한 기반으로 사용한다. 또 이 표준에서는 고해상도 "원본 이미지"와 저해상도 "축소 이미지" 사이의 관계에 대해서도 기술하며, 시간의 흐름에 따른 "연속적 이미지"가 하나의 TIFF/EP 파일로 저장되는 방법도 설명한다(산업표준심의회, 2006.12.28: 1).

3. 디지털 보존 정책

1) 디지털 보존 정책의 필요성

2003년 10월 유네스코(UNESCO: United Nations Educational, Scientific and Cultural Organisation) 총회 32차 회의에서 채택된 「디지털 유산 보존 헌장(The Charter on Preservation of the Digital Heritage)」은 디지털 유산이 현재와 미래 모두에 지속적인 가치와 중요성을 가지므로 이를 보호하고 보존해야 한다고 선언했다(UNESCO, 2003.10.17: 1). 이 헌장은 디지털 유산을 "디지털 형태로 생산, 공유, 접근, 유지되는 새로운 종류의 기록유산(documentary heritage)"으로 정의하며, 도서관, 박물관, 기록관리기관 같은 문화유산기관은 이를 주요 소장자산으로 채택해야 한다는 점을 강조했다. 동시에 디지털 유산 보존기관은 디지털 유산을 수집, 보존 및 이용할 수 있도록 특별히 설계된 정책(policy)과 전략(strategy)을 개발해야 한다는 점도 명시했다.

정책과 전략이라는 용어는 서로 밀접하게 관련되어 있고 종종 유사한 의미로 사용되기도 한다. 이 글에서 '정책'은 조직의 의사결정을 지배하는 '원칙 또는 규칙'을 의미하는 용어로, '전략'은 조직의 목표를 달성하기 위해 선택된 더 구체적인 일련의 '계획'을 뜻하는 용어로 사용한다. 달리 말하면 정책은 조직의 목표를 달성하기 위한 행동 '방향'의 수립을, 전략은 목표를 달성하기 위한 '수단'의 결정을 뜻한다.

디지털 보존 정책의 수립은 디지털을 보존하기 위한 다양한 계획과 활동의 기반이 되는 원칙과 방향을 검토하고 결정하는 과정이다. 이는 빠르게 변화하는 디지털 환경에서 대규모의 자원을 할당해야 하는 여러 가지 보존 문제를 적절한 시점에 일관되고 효과적인 방식으로 다루기 위해 꼭 필요한 과제이다. 더불어 전통적인 아날로그 기록과는 달리 디지털 기록의 경우에는 가능한 한 초기에 기록관리 관점에서 개입해야만 장기보존이 가능하다는 점을 고려할 때 올바른 정책과 전략의 필요성은 더욱 크다고 하겠다.

2) 디지털 보존 정책의 목적과 구성요소

영국 국가기록원(TNA: The National Archives)이 출판한 「디지털 보존 정책: 기록관리기관을 위한 가이드(Digital Preservation Policies: Guidance for archives)」는 디지털 보존 정책을 개발하려고 하는 기록관리기관이 참고할 수 있는 실무적인 가이드를 제공한다. 이에 따르면 디지털 보존 정책은 크게 두 가지 목적을 달성하기 위한 것이다(The National Archives, 2011).

첫째, 조직이 디지털 기록을 보존하는 이유를 분명하게 밝힌다. 이를 위해서는 디지털 기록을 보존하는 목적과 동기는 무엇이며, 기록관리기관과 모기관이 핵심 목표를 달성하는 데 디지털 보존이 어떻게 기여할 수 있는지, 디지털 보존을 통해 디지털 기록에 대한 접근과 이용가능성을 확보하거나 실패할 때 각각 어떤 이익과 경제적·문화적 위험이 발생하는지 드러내야 한다.

둘째, 디지털 보존 업무를 수행하는 근거를 제시한다. 즉 조직의 내·외부에서 부여되는 역할과 책임을 설명하고, 성패의 판단 기준과 디지털 보존활동의 포괄 범위를 정의하며, 보존 대상의 가치와 기술적 특성을 평가하는 시기와 방법을 결정하고, 디지털 보존 전략과 이에 필요한 표준을 제시해야 한다.

따라서 이러한 목적을 달성할 수 있도록 디지털 보존 정책을 수립하려면 다음과 같은 사항을 주로 고려해야 한다.

첫째, 기록관리기관의 디지털 보존 대상과 범위를 명확하게 정의한다. 디지털 보존 정책은 디지털 기록의 장기보존과 직·간접적으로 관련 있는 모든 조직 구성원에게 왜 그들이 연관되어 있는지를 설명하고, 그들 각자의 책임이 무엇인지를 명확하게 밝혀야 한다. 다양한 전문 분야의 구성원들이 읽고 이해할 수 있도록, 지나치게 기술적인(technical) 용어를 사용하지 않아야 하며, 조직 내부 구성원과 외부의 이용자들이 손쉽게 참고할 수 있는 방식으로 작성된 정책문을 공개 및 공표해야 한다. 또한 기관의 수집 정책에 따라 보존 대상인 디지털 기록의 유형과 수집대상기관을 명문화해야 한다. 이는 보존해야 할 디지털 기록을 선별하고 이에 적절한 보존 대책을 마련하는 데 유용하다.

둘째, 기록관리기관이 수행할 구체적인 디지털 보존 전략을 수립한다. 최상위 수준에서 방향과 원칙을 정한 디지털 보존 정책을 구현하려면 구체적인 전략을 수립해야 한다. 보존 정책이 기관 전체적인 차원에서 디지털 보존의 필요성과 범위를 설명한다면, 보존 전략은 기관 내 각 업무 단위에서 이를 어떻게 실행할 것인지를 정의한다(Digital Preservation Coalition, 2015). 디지털 보존 전략은 디지털 기록의 장기적인 이용가능성을 보장하기 위해 기록관리기관이 '어떤' 디지털 기록에 대해 '어떠한' 보존 행위를 '언제' 수행할 것인지 명확한 지침을 제공한다. 예를 들어 마이그레이션 전략을 채택한 기관은 노후화되어 더 이상 보편적으로 사용하지 않는 파일 포맷을 장기보존에 적합한 다른 포맷으로 변환하는 활동을 수행한다. 기관의 규모와 디지털 보존활동의 복잡성에 따라 디지털 보존 정책과 전략을 별도로 수립할 수도 있고, 간략한 전략을 정책문에 포함할 수도 있다.

셋째, 다른 정책, 업무 규정 및 표준과의 관계를 확인하고 조정한다. 디지털 보존활동을 계획하고 수행할 때 기관 내 어떤 정책이나 규정을 함께 고려해야 하는지 빈틈없이 검토해야 한다. 특히 기록물 수집 정책, 아날로그 기록을 포함하는 일반 보존 정책과 기록관리 정책, 데이터 보호 및 정보보안 정책이나 허용·선호 파일 포맷에 관한 규정은 디지털 보존과 밀접하게 관련되어 있으므로, 이들과 일관성을 유지해야 한다. 더 넓은 범위에서, 디지털 보존 영역의 여러 국제표준과 국가표준도 고려해야 한다. 신뢰할 수 있는 표준의 개발과 적용은 디지털 기록의 장기보존을 촉진하는 유용한 도구로 널리 인정받고 있다. 불확실하고 변화무쌍한 디지털 보존 환경에서 표준을 사용하면 복잡한 디지털 보존 문제에 대한 요구사항을 정의하고 결과를 측정하는 과정에서 명확한 기준을 마련할 수 있으며,

다양한 시스템 간의 상호운용성을 높이는 효과도 얻을 수 있다.

4. 국가별 디지털 보존 정책과 동향

1) 국가기록관리기관의 디지털 보존 정책

국가기록관리기관은 "시민들에게 신뢰성 있는 정보에 대한 접근을 제
공함으로써 부패를 줄이고 거버넌스를 증진하며, 투명성을 촉진하는 데
중요한 역할"(Brown, 2013: 2)을 해왔으며, 이러한 목표를 달성하기 위해
공공 활동과 관련한 디지털 기록을 보존하는 책임을 맡고 있다. 국가기록
관리기관의 관점에서 디지털 보존 문제를 다루는 일은 도서관이나 박물
관과 같은 다른 디지털 문화유산기관의 활동보다 범위가 넓고 어려운 과
제라고 말할 수 있다. 국가기록관리기관의 역할은 소장한 디지털 기록을
보존하는 데 그치지 않는다. 공공 및 민간 분야에서 보존가치가 있는 디
지털 기록을 적절하게 생산하고 관리·보존할 수 있도록 안내하고 지원하
는 역할을 함께해야 하므로 더 어렵다. 이와 같은 맥락에서, 애드리안 커
닝햄(Adrian Cunningham)은 "아카이브가 기록의 전체 생애주기에서 활발
하게 개입해야 하며", 디지털 기록을 "기록관리기관으로 입수하기 이전의
활동(pre-ingest archival activity)의 필요성을 무시해서는 안 된다"
(Cunningham, 2008: 530~543)며 디지털 보존활동의 범위를 확대한다. 최근
여러 국가기록관리기관은 전략 계획서에서 정부 전반의 기록관리활동 감
시, 기록 및 정보관리방식 현대화, 디지털 정부 전환 지원과 같은 야심 찬
목표를 자주 언급한다. 이는 국가기록관리기관의 디지털 보존 정책과 전

표 11-1 8개 국가기록관리기관의 디지털 보존 관련정책 문서목록

국가	기관명	문서 제목	발표 연도
네덜란드	NAN(National Archives of the Netherlands)	Preservation policy	2016
뉴질랜드	ANZ(Archives New Zealand)	Digital preservation statement	2020
		Best practice guidance on digital storage and preservation	
덴마크	DNA(Danish National Archives)	Digital Archiving Policy	2022
		Digital Preservation Strategy 2025	
미국	NARA(National Archives and Records Administration)	Digital Preservation Strategy 2022-2026	2022
스위스	SFA(Swiss Federal Archives)	Digital Archiving Policy	2019
영국	TNA(The National Archives)	Digital Strategy	2017
캐나다	LAC(Library and Archives Canada)	Strategy for a Digital Preservation Program	2017
호주	NAA(National Archives of Australia)	Digital Preservation Policy	2020

략이 앞서 언급한 문제들을 충분히 반영해야 함을 의미한다.

이에 따라 최근 몇 년 사이 각 국가기록관리기관은 디지털 보존 정책을 새로 수립하거나 기존의 정책을 개정한 새로운 버전을 작성하여 발표했다. 미국, 영국, 호주와 같이 일찍부터 전자기록관리 분야에서 이론과 실무를 정립했다고 잘 알려진 국가 외에도, 덴마크, 네덜란드, 뉴질랜드도 국가기록관리기관이 주체가 되어 디지털 보존 정책을 공개하고 있다. 기관별 홈페이지를 통해 확인할 수 있는 디지털 보존 정책, 전략 문서를 추려서 간략히 정리하면 표 11-1과 같다.

① 네덜란드 NAN(National Archives of the Netherlands): NAN은 2016년에 「보존 정책(Preservation policy)」을 발표했다. 정책문의 제목은 '디지털 보

존 정책'이 아니라 '보존 정책'이지만, 소개하는 다른 기록관리기관의 정책문과 같이 디지털 기록의 장기보존 문제를 다룬다. 이 문서의 앞부분에서는 NAN이 정의하는 '보존'의 의미를 먼저 설명한 후, 콘텐츠 정보(CI)와 보존설명정보(PDI)로 이루어지는 정보 패키지의 개념, ISO 14721의 기능 모형을 간략하게 설명한다. ISO 14721의 기능 모형을 설명하는 이유는, 뒤이어 NAN이 어떻게 보존활동을 이행하는지 설명하기 위해 이 기능 모형을 기준으로 했기 때문이다. 즉 디지털 정보를 다루어야 하는 환경 변화로 NAN이 부딪히는 과제를 열거하고, 이를 해소하기 위한 임무와 목표, 주요 책임, 규제 환경을 명시한 후, ISO 14721의 6개 기능별로 NAN이 어떤 역할로 보존활동을 수행할 것인지 개요하여 제시한다.

② 뉴질랜드 ANZ(Archives New Zealand): ANZ가 2020년에 발표한 「디지털 보존 성명서(The Digital preservation statement)」에서는 디지털 보존의 정의, 비전과 원칙, 그리고 디지털 보존활동의 결과에 대한 설명이 간략하게 제시되었다. 뉴질랜드의 디지털 보존 정책을 파악하기 위해서는 같은 해에 발표된 「디지털 저장과 보존에 관한 모범 실무 지침(Best practice guidance on digital storage and preservation)」을 함께 살펴볼 필요가 있다.

첫 번째 문서에서는 ANZ가 디지털 공공기록에 대한 보존과 접근을 제공할 책임이 있음을 선언하고 이에 따르는 원칙을 설명하며, 자세한 프로세스 및 운영 규칙을 포함하는 별도의 정책을 통해 이러한 원칙을 구체적으로 표현할 것이라고 기술한다. 두 번째 문서에서는 디지털 정보와 기록을 저장할 때 사용할 수 있는 선택지와 함께, 보안이나 접근성같이 그 과정에 고려해야 하는 사항, 무결성과 진본성 및 유연성을 포함해 저장소를 선택할 때 사용할 수 있는 기준을 제시한다.

③ 덴마크 DNA(Danish National Archives): DNA는 2021년에 「디지털 아카이빙 정책」과 「디지털 보존 전략 2025」를 발표했다. 「디지털 아카이빙 정책」에서는 보존할 가치가 있는 여러 유형의 데이터를 비용 효율적인 방법으로 보존하며, 더 많은 이용자가 쉽고 빠른 방식으로 데이터에 접근해 활용할 수 있도록 하는 디지털 보존의 비전을 제시한다. 이를 기반으로 디지털 보존활동을 수행할 때 지켜야 할 여덟 가지 원칙으로 재사용가능성(reusability), 신뢰성(credibility), 보안성(security), 유연성(flexibility), 혁신성(innovation), 협력(cooperation), 표준화(standardisation), 투명성(transparency)을 정의했다. 「디지털 보존 전략 2025」는 보존할 수 있는 데이터의 유형과 양을 확대하고 데이터를 쉽고 빠르고 보안성 높게 재사용하며 협력적으로 관련 지식과 도구를 운영하는 데 중점을 둔 4개의 전략적 목표와 이를 이행하기 위한 16개의 작업 분야를 다룬다.

④ 미국 NARA(National Archives and Records Administration): NARA의 「디지털 보존 전략 2022~2026」은 디지털 콘텐츠를 효과적으로 보존하기 위한 핵심 전략과 디지털 보존활동을 제시한다. 여기서 말하는 핵심 전략은 ① 표준 및 절차의 문서화, ② 디지털 보존 프로그램 개발, ③ 우선순위 설정, ④ 파일 관리, ⑤ 진본성 유지, ⑥ 보존 메타데이터 관리, ⑦ 디지털 보존 관련 기관과의 협업, ⑧ 구성원 교육의 여덟 가지 범주이다. 또한 디지털 보존은 데이터 무결성, 파일 포맷과 매체의 지속가능성, 그리고 정보보안을 보장하는 디지털 보존 인프라를 통해 실현할 수 있다고 설명한다.

⑤ 스위스 SFA(Swiss Federal Archives): SFA는 2019년 11월 발표한 「디지털 보존 정책」에서 디지털 보존에 관한 기본 원칙을 요약하여 기술한

다. 이 문서는 SFA가 수행하는 전체적인 디지털 보존활동을 ① 사전 자문 서비스, ② 평가, ③ 이관, ④ 안전한 보관(데이터 관리, 저장소 관리, 보존 구현, 보존 계획), ⑤ 배포에 이르는 5개 과정으로 구분하여 상세히 설명한다.

특히 SFA는 문서 생산 및 이관 기관을 대상으로 디지털 보존에 관련된 자문 및 교육 서비스를 제공한다는 점이 특징이다. 여기에는 새로운 시스템(기술 응용 프로그램, 데이터베이스, 기록 및 프로세스 관리 시스템)을 구축할 때 미리 고려해야 하는 디지털 보존 관련 요구사항과 SFA에 디지털 문서를 제출하기 위한 보존 요구사항에 대한 이론적 개념과 실제적인 해결책이 포함되어 있다.

⑥ **영국 TNA(The National Archives):** 2017년 3월에 TNA가 발표한 「디지털 전략(Digital Strategy)」은 오늘날의 국가기록관리기관이 디지털 아카이브로 전환해야 하는 이유와 필요성을 강조한다. 현재 TNA의 디지털 보존 기법은 전통적인 아날로그 기록의 관리 방법을 따르는 "1세대 디지털 아카이브"이며, TNA는 기본 원칙부터 실무적인 방법론까지 근본적으로 재검토하여 "2세대 디지털 아카이브"가 되기를 희망한다는 비전을 제시한다. TNA는 디지털 아카이브가 전통적인 기록관리기관과 같이 중요한 기록을 보존하고 이에 대한 접근을 제공함으로써 사회적 가치를 제공한다고 설명하며, 디지털 아카이브가 사용자에게 제공하는 가치를 보존, 맥락화, 재현, 사용가능성 보장의 네 가지 범주로 구분했다.

⑦ **캐나다 LAC(Library and Archives Canada):** LAC는 2017년 11월 「디지털 보존 프로그램 전략」을 발표하여 ISO 14721과 ISO 16363을 준수하는 디지털 보존 프로그램의 수립을 비전으로 제시한다. 그리고 이를 위해 첫

째, 지속 가능한 기술 솔루션 구현, 둘째, 디지털 컬렉션 보존을 위한 컬렉션 관리 프레임워크 구축, 셋째, ISO 16363 인증을 위한 핵심 요소인 프로그램 개발증거 생성, 넷째, 프로그램에 필요한 조직구조 및 업무절차 설계, 다섯째, 충분한 인적·재정적 자원 확보라는 5개의 실행 목표를 제시한다. 또한 1단계 정보 수집, 2단계 프로그램 개발, 3단계 프로그램 실행에 이르는 단계별 추진 전략을 설정하고 각 단계에서 수행해야 하는 활동과 그 산출물도 제시한다.

⑧ **호주 NAA(National Archives of Australia):** NAA가 2020년 발표한 「디지털 보존 정책」은 디지털 보존의 위협요인을 제시하고 이를 최소화하기 위한 원칙과 접근 방법을 설명한다. 여기에서 제시된 디지털 보존의 주요 위험요소는 첫째, 소프트웨어 구형화로 기록의 내용을 읽을 수 없게 되는 것, 둘째, 하드웨어나 미디어 구형화 또는 고장으로 인한 데이터의 손실, 셋째, 내용의 우발적 또는 악의적 변경으로 인한 데이터 손실, 넷째, 불완전한 메타데이터나 디지털 기록의 부적절한 캡처로 인한 무결성 또는 신뢰성 상실이다.

이에 대응하는 디지털 보존의 가장 중요한 원칙은 진본성, 무결성 및 사용가능성을 보장하는 것이다. 이를 위해 특정 기록유형의 요구사항에 따라 적절한 보존 전략을 선택하고, 지식재산권 및 복사와 관련된 기타 법적 및 도덕적 권리를 준수해야 한다고 명시한다. 획득과 저장소 관리, 보존, 메타데이터 및 서비스 제공과 같은 각 활동을 수행하기 위한 요구사항도 구체적으로 제시한다.

2) 국가별 디지털 보존 정책의 수립 동향

치니(Ceeney, 2008: 65)는 거의 모든 국가기록관리기관에서 디지털 보존 프로젝트를 수행해왔으며, 이때 가장 중요한 원칙은 '살아남을(survive)' 자산을 식별·획득·보존하는 것이라고 했다. 앞선 항에 소개한 정책 문서에서는 정책적·전략적 차원에서 디지털 보존의 과제와 대응 원칙을 기술하고 있다. 이를 통해 빠르게 변화하는 디지털 환경에서 8개 국가기록관리기관이 디지털 기록의 장기보존이라는 공통의 과제에 대해 어떠한 정책 방향을 수립했는지 분석해볼 수 있다. 디지털 보존을 위한 국가기록관리기관의 현실 인식과 대응 방안이라는 측면에서 전반적인 동향을 정리하면 다음과 같다.

(1) 디지털 보존의 대상이 '데이터'와 '정보'로 확장

8개 국가기록관리기관의 디지털 보존 정책에서 드러난 가장 중요한 변화는 디지털 보존의 대상이 기존의 '디지털 방식으로 생산된 기록(born-digital records)' 및 '디지털화 기록(digitised records)'에서 '정보(information)' 및 '데이터(data)'로 확장되고 있다는 점이다. 표 11-2에서 보듯이 8개 기관 모두 디지털 보존의 대상이 무엇인지를 명확하게 밝히고 있는데, 이 중 5개 기관이 데이터나 정보를 비중 있게 기술하고 있음을 확인할 수 있다.

전통적으로 기록관리기관에서는 장기적으로 보존할 가치가 있다고 평가되어 데이터와 정보로부터 선별된 소수의 자료를 보존기록(archives)으로 정의해왔다. 디지털 시대에는 데이터베이스, 웹페이지 및 SNS 기록처럼 전통적인 기록의 요건을 충족하지 않는 새로운 유형의 디지털 기록이 등장하고, 데이터와 정보 및 기록을 분명히 구분하기도 어렵다. 따라서

표 11-2 디지털 보존 정책에서 언급한 보존 대상

기관명	보존 대상	기관명	보존 대상
NAA	디지털로 생산된 기록과 디지털화된 기록	LAC	문자, 시청각, 웹 콘텐츠
DNA	디지털로 생산된 데이터와 디지털화된 기록	NAN	공공기록물법에 규정된 디지털 정보객체
ANZ	장기간에 걸쳐 디지털 자산으로 관리되고 보존되는 디지털 정보와 기록	SFA	모든 기록된 정보, 이 정보를 이해하고 사용하기 위해 필요한 모든 검색도구와 보충 데이터
TNA	모든 종류의 디지털 기록―글타래, 지리정보, 구조화된 데이터세트와 컴퓨터 코드를 포함	NARA	디지털로 생산된 기록과 디지털화된 기록의 내용

디지털 정보의 세계에서 전통적인 기록관리의 원칙과 실무가 여전히 유의미한지 다시 물어야 하며, '기록'과 '정보' 및 '데이터'의 개념을 다르게 해석할 필요가 있다(Yeo, 2018: 8).

　여러 국가기록관리기관이 디지털 보존 정책을 통해 '정보'와 '데이터'를 장기보존의 대상으로 선언한 것은 국가의 기록정보자산으로 관리해야 할 가치 있는 정보와 데이터를 식별 및 보존하고 이것에 장기적으로 접근하기 위한 노력을 표현한 것이라고 볼 수 있다. 이는 국가기록관리기관의 중장기 전략 계획서에서 각 기관의 비전과 목표를 기술할 때도 '정보'와 '데이터'를 더 빈번히 사용하고 있다는 사실에서도 확인할 수 있다. 예를 들어 미국 NARA는 2022~2026 중장기 전략 계획을 통해 "다른 연방기관, 민간부문, 그리고 대중과 협력하여 정보(기록, 데이터, 맥락을 포함)가 필요한 때 언제 어디서나 필요한 방식으로 제공할 수 있도록 하며, 디지털 세상에서 아카이브가 번영할 수 있도록 아카이브 및 정보 전문직군을 이끌 것"이라는 목표를 밝혔다. 영국 TNA는 2015~2019 사업 계획에서 "공공기록의 관리자이자 정보의 보존, 관리, 활용 전문가"로 스스로를 정의했으며, 스위스 SFA도 기관의 목표를 "지속 가능한 정보관리를 위한 정부의 서비스 센터"로 기술했다.

실무 차원에서도 이와 같은 추세가 명확하게 드러나는데, 여러 국가기록관리기관에서 데이터세트와 웹 기록을 보존하고 이용자 접근을 제공하기 위해 적극적으로 노력하고 있다. TNA의 국가 디지털 데이터세트 아카이브(NDAD: National Digital Archive of Datasets)는 영국 중앙정부 부서의 디지털 데이터세트에 대한 온라인 접근을 제공한다. 편리한 검색 및 무료 다운로드를 위한 데이터세트 수는 60개 이상이며, 초기 데이터세트의 생산 연도는 1963년까지 거슬러 올라간다. NARA의 보존기록 데이터베이스 컬렉션인 AAD(Access to Archival Databases)도 약 30개 연방기관 및 4개 이관기관에서 생산된 60개 이상의 데이터세트 컬렉션에 대한 온라인 접근을 제공한다. 또 TNA의 영국 정부 웹 아카이브(UKGWA: UK Government Web Archive)는 1996년 이후에 영국 정부가 웹사이트뿐만 아니라 트위터, 유튜브 같은 SNS에 게시한 정보를 획득·보존하고 있다. 그러므로 정보, 데이터, 기록의 개념과 역할, 상호관계를 분석하여 정보, 데이터 및 기록 사이에 벽을 세우기보다는 각 분야의 전문직 종사자들이 공통으로 가지고 있는 것이 무엇인지, 서로 다른 이론적 토대와 실무 환경에서 어떻게 함께 일할 수 있는지를 고려하는 실용적인 접근 방식이 필요하다(Yeo, 2018: 8).

(2) 국제표준의 활용: 최선의 실무를 보장하기 위한 유용한 도구

디지털 보존 분야에서는 기본적인 개념과 용어에서부터 업무 절차, 보존시스템의 핵심 기능과 메타데이터 체계에 이르기까지 표준의 중요성이 매우 크다. 여러 디지털 보존 정책과 전략 문서에서는, 특히 ISO 14721과

표 11-3 **디지털 보존 정책에서 언급한 국제표준**

기관명	표준	기관명	표준
NAA	• ISO 14721 • PREMIS • 파일 포맷 표준(ISO/IEC 26300, ISO/IEC 15948)	LAC	• ISO 14721 • ISO 16363
DNA	• ISO 14721	NAN	• ISO 14721
ANZ	• ISO 14721	SFA	• ISO 14721
TNA	• 특정 표준에 대한 언급 없음	NARA	• ISO 14721 • ISO 16363

ISO 16363 같은 국제표준을 필수적으로 고려한다.

표 11-3과 같이 TNA를 제외한 7개 기관 모두가 ISO 14721을 준수한다고 언급한다. 다양한 국가의 기록관리기관 및 디지털 정보를 다루는 연구기관에서 이 표준을 널리 인정하고 활용해왔으며, 디지털 정보의 장기보존을 위한 시스템을 개발하고 관리하기 위한 최적의 표준으로 받아들이고 있다는 점에서 이 표준은 디지털 보존 영역의 가장 중요한 표준이다. 또한 다양한 전문적 배경을 가진 여러 디지털 보존 실무자가 널리 이해하는 공통 언어를 설정했고, 디지털 보존 시스템 구축 및 평가, 메타데이터 스키마 개발 및 표준화 등 여러 프로젝트의 기반이 되었다는 점에서 디지털 보존 영역의 기록관리 전문직이 필수적으로 알아야 하는 주요 문서(land-mark document)로 평가되기도 한다(Dryden, 2009).

ISO 16363도 디지털 보존에 중요하게 사용된다. 아직 이 표준에 따라 인증받은 국가기록관리기관의 사례는 없으나, 이 표준은 디지털 보존활동의 수준을 측정하는 데 효과적인 자체 평가도구를 제공한다는 점에서 의미가 크다. 예를 들어 NARA는 ISO 16363이나 미국 국가디지털관리연합(National Digital Stewardship Alliance)의 디지털 보존 단계(Levels of Digital

Preservation)[7]와 같은 평가도구를 사용하여 보존활동의 능력과 성숙도를 측정하고 고도화할 것이라 선언했다. LAC도 2024년까지 이 표준과 호환하는 지속 가능한 디지털 보존 프로그램을 개발할 계획을 수립했다.

이 두 표준 이외에도, NAA의 디지털 보존 정책에서는 보존 메타데이터나 파일 포맷과 같은 더 기술적이고 상세한 분야의 표준을 언급한다. 보존 메타데이터 표준으로는 PREMIS를 적용한다. 보존 메타데이터는 디지털 객체를 보존·관리 및 재현하는 데 필요한 필수 맥락·관리·기술 정보를 의미한다. 이는 디지털 객체를 저장매체로부터 읽을 수 있는 상태를 유지하고, 응용 소프트웨어를 활용하여 표시하고 재생하거나 해석할 수 있도록 보장하며, 보존시스템 내에서 디지털 객체가 부주의하게 변경되지 않도록 하고, 합법적인 변경사항을 적절하게 문서화하도록 하는 데 중요한 역할을 한다. 파일 포맷 표준으로는 ISO/IEC 26300: 오픈 도큐먼트 형식, ISO/IEC 15948: 휴대용 네트워크 그래픽 및 TIFF(Tagged Image File Format) Revision 6.0을 적용하며, 다양한 파일 포맷 표준은 기록관리기관이 디지털 객체를 수집할 때 보존 계획을 수립하기 위한 중요한 정보를 제공한다. 디지털 객체의 파일 포맷을 이해함으로써 기록관리기관은 각 디지털 객체의 보존 요구사항을 식별할 수 있고, 미리 마이그레이션이나 에뮬레이션 또는 인캡슐레이션(encapsulation)과 같은 보존 작업을 계획하여 실행함으로써 미래에도 지금처럼 이용자의 접근을 보장하도록 관리할 수 있기 때문이다.

---

7 미국 국가디지털관리연합에서 발표했으며, 저장, 데이터 무결성, 정보 보안, 메타데이터, 파일 포맷의 5개 분야별로 조직의 디지털 보존활동 수준을 평가하기 위한 매트릭스를 제시한다(https://ndsa.org/publications/levels-of-digital-preservation/).

(3) 디지털 객체를 보호하기 위한 초기 개입 확대

각국의 디지털 보존 정책에서 드러나는 세 번째 변화 양상은 기록관리 과정의 초기에 장기보존을 목표로 개입할 필요를 강조한다는 점이다. 이는 전통적인 아날로그 기록의 보존과 구별되는 디지털 보존의 큰 특징 중 하나이다. 기록의 생산과 관리 방식이 디지털 환경으로 빠르게 전환되기 시작했던 시기에 베어만(Bearman, 1994: 278)은 이러한 변화가 기록보존에 미칠 영향을 예견하고 "전통적으로 필요했던 시기보다 기록 생명주기의 이른 단계에서 기록전문가가 개입하고 전자정보시스템의 설계에 참여해야 할 것"이라고 말했다. 치니(2008: 65)도 "기록보존 측면의 개입 없이 30년을 기다린 후에 디지털 파일을 이관받을 수 있다는 생각은 우스운 것"이라고 말하기도 했다. 베어만 이후 거의 30년이 지난 지금, 8개 국가기록관리기관의 디지털 보존 정책과 전략에서도 동일한 필요성이 반영되고 있다.

국가기록관리기관이 디지털 기록의 생산 단계에 어떻게 개입할지와 관련하여 각국의 디지털 보존 정책에서 강조하고 있는 것은 다음의 두 가지다. 첫째는 기록으로 보존할 가치가 있는 데이터와 정보를 생산하는 기관이 이를 어떻게 생산하고 관리할지에 대한 실무 지침과 모범 사례를 전파하고 생산기관에 사전 자문 서비스를 제공하는 것이다. 둘째는 컴퓨터 시스템 구축 과정에 적극적으로 개입하는 것이다. 특히 TNA와 DNA의 경우, 보존가치가 있는 디지털 데이터와 정보 및 기록을 생산할 새로운 컴퓨터시스템을 개발하는 단계에서 국가기록관리기관의 역할을 강조한다. 보존가치가 있는 데이터를 최초 단계에서 식별하고 장기적인 보존에 유리한 방식으로 생산하려면 우선 기록관리기관과 생산기관이 밀접하게 의사소통해야 한다. 특히 컴퓨터시스템에서 생성 및 유지되는 데이터세트를

그림 11-2 **생산기관과 국가기록관리기관의 상호작용**

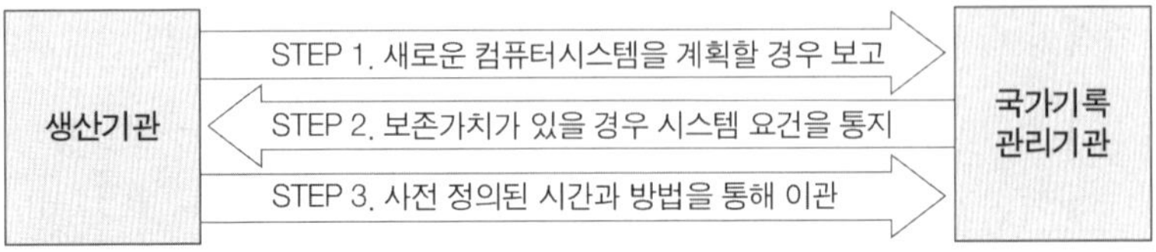

STEP 1. 새로운 컴퓨터시스템을 계획할 경우 보고

STEP 2. 보존가치가 있을 경우 시스템 요건을 통지

STEP 3. 사전 정의된 시간과 방법을 통해 이관

생산기관

국가기록
관리기관

자료: DNA, 「디지털 보존 전략 2025」의 설명을 도식화.

보존하려면 이 과정이 매우 중요하다. 디지털 보존의 주체로서 국가기록
관리기관과 생산기관(데이터 생산자)이 상호작용을 통해 새로운 컴퓨터시
스템을 구축하기 시작할 때 디지털 보존의 관점을 반영하는 과정을 DNA
의 「디지털 보존 전략 2025」에서는 그림 11-2와 같이 설명한다.

이러한 프로세스는 업무생산성과 디지털 보존의 필요를 동시에 보장하
고자 한다. 핵심은 시스템을 구축하기 전에 가능한 한 자세하게 기술적인
문제를 논의하는 것인데, 시스템 설계가 완료되면 디지털 보존을 위한 요
구사항을 추가하거나 수정하기가 불가능하거나 매우 어렵기 때문이다.
이 과정을 통해 생산기관은 국가기록관리기관의 요구사항을 준수하는 적
절한 컴퓨터시스템을 갖추어, 장기보존해야 하는 디지털 데이터와 정보,
기록을 관리할 수 있게 된다.

디지털 객체가 여러 가지 구성요소로 이루어지는 복잡한 실체임을 고
려할 때 시스템 구성 단계에서부터 보존을 고려한 설계가 필요하다는 점
은 더 분명하다. 앞서 서술했듯이 OAIS에서 디지털 객체의 구성을 '정보
객체'의 개념으로 설명하는데, 이는 물리적인 실체 또는 디지털로 존재하
는 '데이터 객체'와 데이터를 의미 있는 정보로 완전하게 해석하는 데 필
요한 '표현정보'로 구성된다. 즉 데이터 객체와 이 객체의 렌더링에 필요
한 하드웨어 및 소프트웨어 같은 적절한 표현정보가 결합할 때 의미 있는

정보객체로 표시될 수 있다. 앞서 언급한 컴퓨터시스템의 경우에 시스템을 구성하는 모든 기능과 복잡한 데이터 간의 연관관계가 이런 표현정보에 해당한다. 정보객체의 무결성과 이용가능성을 보장하려면 데이터 객체와 표현정보 사이의 조합을 유지해야 한다. 그러므로 생산기관이 국가기록관리기관으로 디지털 기록을 이관할 때 필요한 표현정보를 모두 포함해 의미 있는 정보객체를 내보내는 방식이어야 하며, 시스템 구축 단계부터 조기에 개입하지 않으면 불가능하다.

(4) 파일 포맷 관리와 적시에 실행되는 보존활동의 중요성 강조

저장매체로부터 데이터를 읽을 수 있는 능력을 유지하고 의미 있는 형태로 이용할 수 있도록 보장하려면 디지털 객체의 파일 포맷을 식별한 후에 해당 포맷을 재현하는 데 적절한 소프트웨어와 하드웨어를 사용해야 한다. 특정 포맷이 더 이상 장기보존에 적합하지 않다고 판단하면, 마이그레이션이나 에뮬레이션 같은 적절한 보존 작업을 수행하여 해당 객체의 장기적인 이용가능성을 보장할 수 있어야 한다. 디지털 객체의 기술의존성과 렌더링 소프트웨어의 빠른 구형화로, 적극적이고 신속하게 보존활동을 계획하고 실행해야 한다.

디지털 객체를 다루는 기록관리기관은 특정한 상황과 필요성에 따라 적절한 보존 전략을 선택해야 한다. 예를 들어 어떤 기관은 다양한 포맷으로 생산된 디지털 기록을 수집하는 입수 시점에 표준 형식으로 변환하는 전략을 택할 수 있다. 이와 달리 특정 파일형식을 사용할 수 없을 때만 마이그레이션을 하기로 결정하는 기관이 있을 수 있다. 또 다른 기관은 입수한 파일 포맷을 변환하는 대신 에뮬레이터를 사용할 수도 있다.

8개의 국가기록관리기관이 제시하는 보존 전략을 살펴보면 ANZ,

표 11-4 디지털 보존 정책에서 언급한 보존 전략

기관명	보존 전략	기관명	보존 전략
ANZ	마이그레이션	NAA	마이그레이션
SFA	마이그레이션	LAC	특정한 보존 전략을 언급하지 않음
DNA	마이그레이션	TNA	에뮬레이션
NAN	마이그레이션 & 에뮬레이션	NARA	마이그레이션

NAA, SFA, DNA, NARA의 5개 기관은 마이그레이션을 선택했고, TNA는 에뮬레이션을 선택했다. NAN은 마이그레이션과 에뮬레이션을 혼합하여 사용할 것이라고 밝혔으며, LAC는 특정한 보존 전략을 밝히지 않았다.

여기서 간과하지 말아야 할 것은 모든 디지털 객체에 대해 진본성과 이용가능성을 유지하며 장기보존하는 하나의 전략은 존재하지 않는다는 사실이다. 모든 방식은 각각의 장단점이 있으므로, 상황과 대상에 따라 가장 적합한 보존 전략을 식별하는 것, 즉 보존 계획을 수립할 필요가 있다.

8개 국가기록관리기관의 디지털 보존 정책은 모두 기술의 구형화에 대비하는 적극적 보존이 필수임을 강조하며, 이를 위한 모니터링, 위험평가, 파일 포맷 유효성 검증 및 적시의 보존 조치가 주요 절차임을 기술하고 있다. 예를 들어 LAC는 "디지털 보존 담당자는 기술의 구형화로부터 디지털 유산을 보호하기 위해 적극적으로 모니터링하고 개입해야 한다"는 적극적 보존 원칙을 내세운다.

디지털 보존 실무 용어집에 따르면, 보존 계획(preservation planning)은 "진본인 디지털 객체의 계속적인 이용가능성을 위협하는 요소를 파악하고, 이에 대한 적절한 대응 방안을 결정하는 논리적 보존의 측면"을 의미한다. 이 정의는 비트스트림 보존(bitstream preservation) 이상의 적극적인 보존이 필요하다는 의미이다. ANZ의 「디지털 보존 성명서」에 따르면, 적극적인 보존을 위해서는 주기적으로 위협요소를 평가하고 기술적·행정적·보존 메타데이터를 생성하며, 기술적인 변화에도 불구하고 장기적으로 의미 있는 접근을 제공하기 위한 지속적인 보존 조치를 적용해야 한다.

또한 5개의 국가기록관리기관(ANZ, NAA, SFA, TNA, NARA)은 주기적으로 위험평가를 수행하여 적절한 보존 계획을 개발할 것이라고 발표했다. 이와 더불어 일정한 장기보존 요건을 갖춘 표준 포맷을 선정하여 공개하는 것도 공통된 추세이다. 이러한 종류의 파일 포맷을 "보존 가능한 형식", "지정 형식", "허용 가능한 형식" 또는 "우선 형식"이라고 부른다.

마지막으로, 보존 조치를 결정하고 수행하는 과정과 결과를 적절하고 충분하게 문서화할 필요성도 강조한다. 예를 들면 보존 조치를 수행할 때 디지털 객체에 수행한 모든 작업을 완전하게 로그 기록으로 남기도록 강력하게 권장하며, 여기에는 변환 및 수정과 같은 작업의 종류, 그러한 변경의 원인 및 결과, 그리고 해당 변경의 시간과 작성자 정보를 포함하도록 했다.

5. 맺음말

여러 국가기록관리기관의 디지털 보존 정책에서는 기존의 관행에서 벗어나 본격적인 디지털 아카이브로 전환할 필요성과 시급성을 공통으로 강조한다. 급격하고 신속한 변화의 시기에 디지털 보존이라는 도전적인 과제를 부여받은 국가기록관리기관은 이에 대응하기 위해 정책과 전략을 새롭게 수립해야 한다. 기록에 대한 생각과 관리 모델을 바꿔야 하며, 이를 통해 현재의 불확실성 속에서 안정성과 방향성을 제시하는 일이 중요하다.

이와 같은 변화의 추세는 한국 국가기록원에서도 발견할 수 있다. 2007
년 「공공기록물법」 전면개정에 근거를 두고 있는 디지털 보존 체계는 현
시점의 급격하게 달라진 행정 및 정보통신 환경을 반영하지 못한다는 우
려가 높고, 앞서 살펴본 다른 나라의 국가기록관리기관처럼 새로운 정책
을 수립하려는 노력이 있다. 파일 포맷의 기술 변화에 대응하기 위해 장
기보존에 적합한 포맷의 선정기준을 제시하며 '보존포맷'과 '수용가능포
맷'을 발표(NAK 37:2022, 전자기록물 보존포맷 선정기준)한다거나, OAIS 표준
의 정보 패키지 개념을 장기보존 패키지 기술규격에 적극적으로 반영
(NAK 31-2:2022, 전자기록물 장기보존 패키지 기술규격)하는 움직임을 대표적
으로 꼽을 수 있다. 하지만 디지털 보존 영역을 전체적으로 다루는 포괄
적인 정책이 수립되지 않은 점은 아쉬움으로 남는다.

디지털 보존 영역의 최근 연구는 다양한 스펙트럼을 보여준다. 일부는
박물관이나 도서관 같은 다른 디지털 문화유산기관의 관점을 반영하고,
다른 일부는 블록체인, 인공지능 및 디지털 서명과 같은 기술적인 측면에
주목한다. 또한 디지털 기록, 디지털 객체, 디지털 자산, 디지털 아카이빙,
디지털 큐레이션, 디지털 보존처럼 개념적으로 유사한 용어를 미묘한 의
미상의 차이를 가지고 사용하고 있어서 기록관리기관에서 공통으로 적용
할 수 있는 이론과 실천 방법을 수립했다고 하기는 어렵다. 따라서 국가
기록관리기관이 수행한 집중적인 경험, 실험, 연구 및 협력 작업에 기초한
문서 자료들을 중요하게 검토할 만하다. 이들 자료는 실무적이고 기술적
인 방법론을 지시하지는 않지만, 핵심 개념과 과정을 소개하며 다양한 참
고 자료와 효과적인 정책, 전략 및 지침을 제공하기 때문이다.

디지털 보존 정책을 수립하는 일은 한정된 자원의 제한 내에서 광범위

한 위협요인을 인식하고, 위험평가를 수행하고, 보존활동을 계획하고 실행하며, 초기 전략을 재검토하고 수정하는 지속적인 프로세스를 포함한다. 이는 디지털 기록을 보존하는 모든 기록관리기관이 반드시 거쳐야 하는 과정이다. 명확하고 효과적인 정책이 수립된 이후에야 기관은 어떤 디지털 기록을 왜 보존해야 하는지, 어떻게 접근을 제공할지 명확하게 정의할 수 있고, 다양한 보존 문제에 효과적이고 일관성 있게 대응할 수 있을 것이다.

다시 생각해보기

1. 디지털 기록의 장기보존에 대한 주요 위협요인을 설명해봅시다.
2. 대표적인 디지털 기록의 보존 전략들을 설명하고 이를 비교해봅시다.
3. 국가기록관리기관의 디지털 보존 관련 정책 동향을 정리해봅시다.

용어해설

개인기록(personal records)
개인 일상과 활동의 증거가 되는 모든 형식의 기록. 개인의 일기가 대표적인 예이다. (윤은하)

거시평가(macro appraisal)
개별 기록이 아닌 기록집합체를 포괄하는 기능이나 업무를 대상으로 이루어지는 간접 평가를 의미. 기능 기반의 거시적 기록평가는 기록과 그 기록을 생산하게 만든 기능이 동일한 가치를 갖는다는 전제로 성립된다. 정보기술 환경에서 거시평가는 정보시스템에 미리 탑재된 기능분류표를 토대로 하며, 사전 평가의 양상을 띤다. 그러나 거시평가가 캐나다 국가 기록평가제도를 지칭하는 경우도 있다. 캐나다의 '거시평가(Macro-appraisal)'는 기능 분석에 기초하여 평가 가설을 세우는 '거시적' 과정과 이를 다시 개별 기록에서 검증하는 '미시적' 과정이 혼재된 방법론이다. 여기서 '기능'은 사회적 차원의 기능이며, 정부와 시민 간 상호관계의 동역학을 기반으로 한다. (이승억)

검색도구(finding aids)
기록을 찾고, 이해할 수 있도록 기록의 맥락과 구조, 내용정보를 구조화한 도구. 아날로그 환경에서는 보존기록의 계층별 기술 결과물이 곧 검색도구를 의미했다. 디지털 환경에서는 기록이 다차원적으로 기술되고, 여러 유형의 검색도구가 통합되고 있다. (박지영)

검색 및 열람 서비스(search and research service)
이용자가 원하는 기록을 찾을 수 있게 하는 검색도구 제공, 전담창구 마

련, 통합 검색 및 이용자 유형별 검색서비스와 실제 기록을 열람할 수 있게 하는 서비스. (김지현)

공동체기록(community archives)
조직 및 단체, 그리고 공동체에서 자신들의 경험을 남기고자 생산·보존하고 있는 기록. (윤은하)

공정성(젠킨슨) → 불편부당성

구조, 기록(structure)
기록의 구성요소 중 하나로 기록의 내용이 표현되는 형식이나 매체를 의미. 기록의 서식, 매체, 재질, 기록 내 요소들의 관계, 기록물 집합체 내의 기록 간 관계가 포함된다. 기록관리에서는 내용뿐 아니라 구조도 함께 보호해야 한다. (설문원)

국제기록관리협의회(ICA: International Council on Archives)
국제기록관리협의회(ICA)는 1948년 6월 9일 프랑스 파리에서 설립되었다. 2007년부터 6월 9일을 국제기록의 날(International Archives Day)로 정해 기념하고 있다. 자발적 국제기구로서 세계 기록관리기구 및 기록관리자들의 상호교류를 촉진하고 기록물의 보존, 보호, 활용 제고 등 세계 기록관리의 수준을 증진하려는 목적을 가진다. 회원은 A(국가 아카이브), B(전문 협회), C(유관 기관), D(개인 회원)의 4개 범주(category)로 분류되며 199개국의 약 1,400명이 회원으로 참여하고 있다. 4년마다 총회, 그리고 매년 총회 없는 해에는 연례회의가 개최된다. 교육분과 등 13개 전문 분과(section)가 있으며 지역별로 13개 지부(Regional Branch)가 결성되어 있다. (최재희)

기관형 보존기록관(in-house archive)
모기관이 생산한 기록을 관리·보존하기 위하여 설립한 보존기록관. 모기관이 생산한 기록의 확인, 처분일정 개발, 평가선별, 보존 장소로의 이송을 포함하는 절차를 기반으로 운영된다. 특정 주제와 임무 중심의 수집형 보존기록관과 구분된다. 국가가 설립한 보존기록관은 큰 규모의 기관형 보존기록관이라고 할 수 있다. 기능 일람 및 분석표, 생산현황 정보, 가치분류표, 이송대상 목록, 처리일정표, 보존기록 목록, 보존설비라는 절차와 자원이 국가적 규모에서 운영되는 기관형 기록관 체제이다. (이승억)

기록(records)

개인이나 조직의 활동 과정에서 생산·축적되며 기록을 만들게 한 활동과 밀접한 연관을 갖는 자료. 이러한 내용 외에 하나의 합의된 정의는 없으며, 활동이나 사건의 증거, 정보, 혹은 재현물의 측면에서 다양하게 해석된다(Yeo, 2015). (설문원)

기록 이용자(users)

기록에 담긴 정보의 수혜자 모두를 의미하며 기록에서 정보 혹은 활동의 증거를 찾아내는 직접 이용자와 기록 내의 다양한 정보를 바탕으로 작성된 결과물들을 활용하는 간접 이용자를 포함한다. (김지현)

기록관리시스템(records management system)

「공공기록물법」에서는 기록관 또는 특수기록관에서 기록관리를 전자적으로 수행하는 시스템. 국가기록원이 정한 표준에 따라 개발·보급되어서 '표준기록관리시스템'으로도 부른다. (이연창)

기록관리자(records managers)

기관에서 현용기록관리 업무 전반을 책임지는 전문가로서 대학원 상당의 교육을 거쳐 양성된다. 한국 공공기관의 기록관에서 일하는 기록물관리 전문요원은 대부분 기록관리자로 볼 수 있다. 미국의 경우 기록관리 경력이 있고 공인기록관리자협회(Institute of Certified Records Managers)가 주관하는 자격 시험을 통과하면 공인기록관리자(certified records managers) 자

격을 취득할 수 있다. (설문원)

기록생애주기 이론(records lifecycle theory)

기록도 유기체와 같이 생애주기를 가지며, 현용·준현용·비현용의 단계를 거쳐 보존기록으로 이행하거나 처분되는 것을 골자로 하는 기록관리 이론. 생산 조직에서의 이용 빈도와 관할권에 따라 기록생애주기의 단계가 결정된다. 20세기 중반 미국 국가기록관리청(NARA)의 아키비스트였던 테오도르 쉘렌버그가 정립했으며, 핵심은 기록(records)과 보존기록(archives)을 구분한 것이다. 20세기 중반까지 영국을 포함한 유럽에서는 기록과 보존기록을 구분하지 않았으나 미국의 아키비스트들은 기록생애주기 이론을 적용하여 보존할 가치가 있는 기록만을 보존기록으로 규정했다. 현재 영어권 국가에서는 대부분 이러한 구분법을 채택하고 있다. (설문원)

기록연속체 이론(records continuum theory)

기록의 단절적이고 선형적인 보관이 아닌 연속적 보관이 가능한 '통합적 기록관리 체제(recordkeeing system)'를 지향하는 기록관리 이론으로, 호주의 기록학자들이 생애주기에 따른 기록관리 모형의 대안으로 제안했다. 기록이 실재하는 전체 범위에 걸친 전체적이고 다차원적인 프레임워크를 구축함으로써 일관되고 통합적인 기록관리 체계를 지향하며, 탈보관주의(postcustodiality) 접근법을 채택하고 있다(서혜란, 2018). 생애주기 모형에서는 획득이나 등록을 거쳐야 문서나 정보가 기록의 자격을 얻을 수 있다고 보지만 연속체 이론에서는 비공식적인 메시지나 정보도 기록이 될 수 있고, 문서(documents), 기록, 보존기록을 엄격하게 구분하는 대신 포괄적인 용어로 '기록'을 선호한다(Yeo, 2015). (설문원)

기록전문직(records and archives professional)

기록관리자와 보존기록관리자, 그리고 기록물관리기관에서 전문적 기록관리에 종사하는 사서직, 학예직, 정보전문직을 모두 포함하는 개념. 이들은 모두 기록전문가로서 기록관리의 가치를 존중하고 전문직 윤리를 준

수해야 한다. (설문원)

기록정보서비스(archival information service)

이용자, 보존기록전문가, 기록 및 기록시스템 간 상호작용을 바탕으로 이용자가 찾고자 하는 기록을 활용 가능한 형태로 제공하고, 잠재적 이용자에게 보존기록관과 소장기록을 알리는 활동. (김지현)

기록정보서비스 지식(archival reference knowledge)

이용자의 질문에 효과적으로 응답할 수 있는 보존기록관리자의 지식 영역으로 기록에 관한 지식, 연구 지식, 상호작용 지식으로 구성된다. (김지현)

기록정보서비스 평가(evaluation of archival information service)

이용자 요구에 대한 이해를 바탕으로 기록정보서비스 품질을 측정 및 분석하고 기록 이용이 개인과 집단, 사회 전체에 미치는 효과를 조사하여 기록정보서비스의 가치를 제시하는 활동. (김지현)

기록콘텐츠(digital contents)

기록의 내용에 쉽게 접근하고 이해할 수 있도록 기록을 재구성하고 관련 정보를 부가하여 디지털 형태로 제공되는 정보자원. (김지현)

기록화전략(documentation strategy)

1980년대에 미국에서 대두된 사회적 차원의 보존기록 수집 프로젝트 모형이다. 래리 해크먼의 논문에서 본격적으로 제기되었지만 '기록화전략'이라는 표현은 1982년 안드레아 힌딩이 먼저 사용했고, 1986년 헬렌 새뮤얼스의 논문에서 절차적 의미가 제시되었으며, 해크먼의 논문을 통해 절차적 모델로서의 구체성이나 상세함이 더해졌다. 이 모형의 요지는 동시대의 '진행 중인 이슈'에 대한 기록화였다. 특히 수집 프로젝트라는 성격에 기인하여 현존하는 기록만이 아니라 기록화 목표에 부합하는 부재한 기록의 생산까지 추동해야 한다는 입장을 보이기도 했다. 그렇지만 서부

뉴욕에서 시도된 대규모 프로젝트로서의 기록화전략은 실행에 난항을 보였다. 재원이 부족했고, 많은 보존기록관들이 협업하는 데 현실적인 제약이 따랐다. 그렇지만 그 취지는 단절되지 않았다. 좀 더 규모가 작고 성소수자, 지역 등 집약된 주제에 대한, 그리고 정보통신기술에 힘입은 기록화전략 프로젝트가 명맥을 유지하면서 새로운 모색이 시도되고 있다. (이승억)

기술(description)

기록이나 기록의 구성요소를 식별·재현하기 위해 작성된 데이터 집합이나 데이터 작성 프로세스(SAA, 2023). 기록 내용과 맥락, 기록을 생산한 기록시스템을 확인하고, 기록의 위치를 알려주며, 해석에 필요한 정보를 획득·분석·조직·기록함으로써 기술단위에 대한 재현물을 생산하는 작업 혹은 그 산출물을 의미한다(ICA, 2000: 10). (박지영)

기업기록(corporate records)

기업의 활동 과정에서 생산·접수한 모든 기록정보. 경영의 성과물이며 조직의 업무 프로세스 전체가 포함되어 있는 기업의 주요 정보자원이다. (윤은하)

내용, 기록(content)

기록의 구성요소 중 하나로 기록에 담긴 정보를 의미한다. 기록의 내용은 반드시 구조 및 맥락과 연계되어야 한다. (설문원)

내용정보(content information)

원래 보존 대상 또는 해당 정보의 일부나 전부를 포함하는 정보의 집합으로, 내용 데이터 객체 및 표현정보로 구성된 정보객체이다(CCSDS, 2012: I-10). (현문수)

다계층 기술(multilevel description)

기록집합을 출처 및 원질서의 원칙에 따라 계층별로 구분하여 기술하는 프로세스, 혹은 계층별 기술을 제공하는 검색도구. 다계층 기술에서는 일반적인 것에서 특수한 것으로 기술하며, 기술 계층에 적합한 정보만을 기술하고, 각 계층의 기술을 상위의 기술단위와 연결하고, 하위 계층에서는 상위 계층의 정보를 반복하지 않는다(ICA, 2000: 11). (박지영)

데이터 객체(data object)
인간의 신체를 통해 인식할 수 있는 정보를 지닌 물리적 객체이거나 표현정보를 이용해 인식해야 하는 비트열로 구성된 디지털 객체(CCSDS, 2012: I-10). (현문수)

독일 국가기록원(Bundesarchiv, German Federal Archives)
1871년 독일제국은 통일을 이루었지만 국가 아카이브는 1차 세계대전 직후인 1919년 포츠담에 설립되었다. 2차 세계대전 이후 분단으로 동독과 서독에 각각 국가 아카이브가 설립되었다가 1990년 통일과 더불어 1952년 코블렌츠에 설립되었던 서독의 연방기록원이 동독의 중앙국가기록원을 흡수했다. 연방기록원은 루트비히스부르크(Ludwigsburg) 나치기록보존소와 프라이부르크(Freiburg) 군사기록보존소 등 전국에 10곳의 주제별 보존소와 전시관을 운영하고 있다. (최재희)

동아시아기록관리협의회(EASTICA: East Asian Regional Branch of the ICA)
1992년 베이징에서 개최된 12차 ICA 총회에서 한국, 중국, 일본이 지부 설립을 합의했고 이듬해 베이징에서 정식 출범했다. ICA의 13개 지부 가운데 10번째 지부이다. 이후 몽골, 홍콩, 북한, 마카오가 참여해 2023년 7개 회원국으로 구성되어 있다. (최재희)

디지털 기록 ➔ 전자기록

디지털 보존(digital preservation)
새로운 매체나 데이터 형식에 대한 지원을 포함해, 장기적으로 진본성, 무결성, 신뢰성, 접근성을 유지하고자 디지털 정보를 관리·보호하는 활동 (CCSDS, 2012: I-12 long-term; SAA 2023). (현문수)

디지털 보존계획(digital preservation planning)

디지털 기록의 진본성과 이용가능성에 대한 위협을 식별하고, 그러한 위협에 대비하여 적절한 대책을 수립하는 디지털 보존활동(Brown, 2013). (김자경)

디지털 보존활동(digital preservation action)

디지털 보존계획을 승인하고 수행하는 과정. 디지털 보존활동의 핵심 목표는 컴퓨팅 기술의 변화에도 불구하고 보존되는 디지털 기록의 진본성과 이용가능성을 보장하는 것이며, OAIS 참조 모형에 따르면 이는 새로운 AIP(Archival Information Package)의 생성으로 귀결된다. (김자경)

디지털 서명(digital signature)

데이터 단위와 연결될 때 원본 인증 데이터 무결성 및 서명자 부인 방지 서비스를 제공하는 암호화 변환(KS X ISO 21188:2016). (현문수)

디지털화 기록(digitized records)

아날로그 기록을 디지털 형식으로 변환한 기록. (현문수)

마이그레이션(migration)

① 시간이 지남에 따라 정보시스템이나 저장매체가 구형화되거나 성능이 저하되어도 정보에 지속적으로 접근할 수 있도록 데이터를 다른 정보시스템이나 저장매체로 옮기는 프로세스(SAA, 2023). ② 포맷의 변화 없이, 하나의 하드웨어나 소프트웨어 구성(configuration)에서 다른 것으로 기록을 이전하는 프로세스(ISO 15489-1:2016, 3.13). ③ 전자정보를 다른 애플리케이션이나 플랫폼으로 옮기는 것. 다른 포맷으로의 변환(conversion)이 필요할 수 있다(Sedona Conference, 2014: 340). (김자경)

매뉴스크립트(manuscripts)

수집자가 정한 어떤 주제나 목적에 따라 다양한 출처로부터 수집한 기록물 집합체. 수집기록집합체라고 부르기도 한다. (설문원)

맥락, 기록(context)

기록의 구성요소 중 하나로 애초에 기록을 생산하고 이용했던 환경을 의미한다. 누가 왜, 어떤 활동과 관련하여 그 기록을 만들었는지가 대표적인 맥락정보라고 할 수 있다. (설문원)

메타데이터(metadata)

기록의 내용, 구조, 맥락에 대한 정보로서 기록의 발견과 관리, 보존을 지원한다. 기록관리 메타데이터는 기록의 생산 및 관리 과정에서 지속적으로 축적되며 메타데이터 자체도 기록으로 관리되어야 한다. 또한 메타데이터는 표준에 따라 생산·관리되는데, 표준의 유형은 데이터 내용 표준, 데이터 구조 표준, 데이터 교환 표준, 데이터 값 표준으로 나눌 수 있다 (Zeng and Qin, 2022: 23~25).

MoReq2010

기록시스템이 어떻게 운영되고 상호 운용되어야 하는지를 정의하는 국제적 수준의 기록시스템 기능 요건서. ISO 15489, ISO 23081, ISO 16175 및 그 이전 버전인 MoReq2와 같이 기록관리 분야에서 국제적으로 인정받는 표준의 기본 접근방식을 기반으로 개발한 요건서이다(https://www.moreq.info/executive-summary). (현문수)

무결성(integrity)

기록이 생산 혹은 획득된 이후 이용되는 현재까지 기록의 원래 내용과 구조, 맥락이 모두 변경되지 않았다는 특성. (설문원)

미국 국가기록관리청(NARA: National Archives and Records Administration)

미국의 국가 아카이브인 NARA가 1934년 설립되었을 당시의 기관 명칭은 NA(National Archives)였다. NA는 1949년에 NARS(National Archives and Records Service)로 명칭이 변경되었으며 1985년에 NARA라는 명칭의 독립 행정기구가 되었다. **(최재희)**

미시평가(micro appraisal)

실재하는 개별 기록을 대상으로 하는 평가로 거시평가에 대비되는 개념. 거시평가를 보완하기 위해 거시평가의 마무리 단계에 미시적 방법이 적용될 수 있다. 미시평가가 이루어지는 경우는 다음과 같다. 첫째, 내재적 가치(intrinsic value) 판단을 위한 미시평가이다. 법적 효력을 갖는 계약서, 또는 형식이나 외양의 가치가 높은 문서나 골동품처럼 생산 당시의 물리적 상태를 그대로 유지하는 것이 중요한 기록인지 여부를 판단할 때 적용한다. 또한 동종 대량기록 중에서 남길 기록을 선별할 때도 미시평가를 적용한다. 둘째, 평가·선별의 기준을 사전에 마련하기 어려운 환경에서 평가 기준을 도출하기 위한 과정으로서 미시평가를 적용할 수 있다. 귀납적이고 개별적인 평가가 축적되면서 평가·선별의 기준이 마련될 수 있다. 프랭크 볼스와 마크 그린이 제안한 평가선별 의사결정 모델이 이러한 방법에 해당한다. **(이승억)**

민간기록(private sector records)

중앙정부나 지방자치단체, 정부산하기관 등 공공영역 이외에 해당하는 기관이나 개인이 생산하거나 소장하고 있는 기록. 시민영역에서 생산된 기록을 비롯해 문화·예술·종교·기업 기록에 이르기까지 민간에서 생산·관리되는 기록을 포괄적으로 지칭한다. **(윤은하)**

변환(conversion)

기록의 형식(포맷)을 다른 형식으로 바꾸는 프로세스(ISO 15389-1:2016). **(이연창)**

보존(preservation)

기록물의 물리적 상태를 보존하기 위해 수행하는 모든 활동으로 기록물이 손상되거나 열화되지 않도록 수행하는 모든 절차와 작업. 기록물에 물리적·기술적 또는 화학적 처리를 하지 않는 소극적 보호 활동을 의미한다. (송정숙)

보존기록(archives)

개인이나 조직이 활동 과정에서 만들거나 입수했으며 이후 활동에 참고할 수 있도록 보존된 기록집합체. 자연스럽고 유기적으로 형성된 기록집합체는 생산자가 관심 사안을 기억하거나 목적을 달성하기 위해 보유한다. 또한 법적 또는 사회적 의무, 설명책임을 다하기 위해 보유할 수도 있다(Duranti, 2015). (설문원)

보존기록관리자(archivists)

보존기록관리 업무 전반을 책임지는 전문가로서 대학원 상당의 교육을 거쳐 양성된다. 영구기록물관리를 담당하는 기록전문직이 이에 해당하며 디지털 환경에서는 현용기록 및 보존기록 관리 전반에 대한 지식을 필요로 한다. 미국에서는 공인 아키비스트 아카데미(Academy of Certified Archivists)가 주관하는 시험을 통과하고 교육, 경험, 지식 요건을 충족하면 공인 보존기록관리자(certified archivists) 자격을 취득할 수 있다. (설문원)

보존기록 평가·선별(archival appraisal and selection)

보존기록을 평가하여 선별하는 기록관리 활동 혹은 관련 이론. 평가·선별은 평가하여 선별한다는 의미인데, 평가와 선별을 구분하여 다루기도 한다. 보존기록학 용어로서 평가·선별은 어떤 기록이 그 생산 목적을 다한 후에도 '계속적' 또는 '지속적' 가치에 따라 남겨야 할 필요가 있음을 기초로 한다. 한편 평가·선별 실행 시점을 현용 단계 또는 생산 이전 단계까지 확장해야 한다는 의견도 있는데, 이 경우 조직의 업무나 기능에 따라 응당 생산하여 보존할 중요 기록을 정의하는 일이 평가·선별에 포함된다. 최근

의 국제표준에서 중시하는 시각이다. (이승억)

보존처리(conservation)

기록물(주로 종이와 아날로그 자료)을 적극적으로 보호하는 활동으로, 손상
되거나 열화된 기록물을 수리하거나 추가 열화를 최소화하기 위해 물리
적·화학적으로 처리하는 작업을 말한다. (송정숙)

보존환경 조사(preservation environments checking)

기록물을 보존하고 있거나 보존할 건물의 적합성을 평가하는 것. 기록물
을 보존하는 건물의 환경조건이 기록보존에 도움이 되는지 혹은 방해가
되는지를 판단하기 위해 물리적 환경의 모든 측면을 조사한다. (송정숙)

복원(restoration)

기록물을 원래의 모습으로 되돌리거나 미적 품질을 향상시키기 위해 행
하는 수리 작업. 기록물의 외관이 중요하거나 기록물이 훼손될 수 있는
심각한 위험에 처했을 때 주로 수행된다. 이를 통해 기록물의 원래 상태
를 회복하고, 미적 가치를 높이며, 수명을 연장할 수 있다. (송정숙)

봄스, 한스(Hans Booms, 1924~2007)

독일의 아키비스트이자 역사학자로 사회적 관점의 평가이론을 주창했다.
2차 세계대전에 참전했고, 쾰른 대학교에서 역사학 박사학위를 받았으며,
1955년 서독 연방기록원(German Federal Archives)에서 일하기 시작하여
1972년부터 1989년 은퇴할 때까지 17년 동안 연방기록원장을 역임했다.
연방기록원장 시절 봄스는 1983년 히틀러 일기 위조 사건의 진상을 밝혀
유명세를 타기도 했다. 그는 동서냉전 시대에 동독의 공산주의 이념은 물
론 전통적인 독일 기록관리와는 다른 대안을 모색했으며 그 핵심은 동시
대를 표상하는 기록화계획이었다. 이러한 생각이 담긴 논문이 1972년 독
일에서 발표되었고, 1984년 영어로 번역되어 캐나다아키비스트협회 학술
지인 *Archivaria*에 실렸으며, 북미의 아키비스트들에게 상당한 영향을 미

쳤다. (최재희·이승억)

부가가치 서비스(value-added service)
기록의 가공과 해석 작업을 바탕으로 각종 콘텐츠 및 전시물을 제공함으로써 기록관의 잠재적 이용자들이 기록을 쉽게 이용할 수 있도록 다가가는 서비스. (김지현)

분류(classification)
기록물이 속한 범주를 나타내는 기호나 용어에 기록을 할당하는 프로세스(SAA, 2023). 범주화와 분류를 구분하는 관점에서 보면, 분류는 분류 대상을 분석하고, 클래스를 생성하고, 배열 기준을 정하는 프로세스와 그 결과로 도출된 클래스의 집합, 해당 클래스에 분류 대상을 할당하는 것을 모두 포함한다(Hjørland, 2017: 98). (박지영)

불편부당성(impartiality)
힐러리 젠킨슨이 정의한 보존기록 속성의 하나로, 생산자의 생산 목적이 충실하게 반영된 상태. 영어 impartiality는 어디에도 치우치지 않는 공명정대함을 의미하지만, 젠킨슨은 생산 목적 외의 다른 기준이 개입되지 않았다는 의미로 사용했다고 볼 수 있다. (이승억)

사건기록(records of social events)
세월호 참사, 밀양 송전탑 갈등, 용산 참사, 노근리 사건에 이르기까지 한국 사회가 겪은 다양한 사회적 사건들에 대한 기록을 기록화전략을 활용하여 수집한 기록. (윤은하)

상태 조사(physical condition checking)
기록물관리기관이 보관하고 있는 기록물의 물리적 상태 및 수리 상태와 기록물 열화의 성격과 규모를 파악하는 작업. 이 조사를 통해 열화가 발생하는 기록물과 보관 구역, 혹은 특정 형태나 유형의 기록물에서 발생하

는 문제를 확인할 수 있다. (송정숙)

상호운용성(interoperability)
시스템 간에 제약 없이 정보를 서로 교환하여 사용할 수 있는 성질. 기술 환경의 다양성과 급속한 기술 구식화로 인해 기록시스템 설계의 기본 요건으로 강조된다. (이연창)

수집기록 → 매뉴스크립트

수집형 보존기록관(collecting archives)
모기관의 기능에 기반한 기관형 보존기록관과 달리 특정한 주제나 임무를 기반으로 운영되는 보존기록관. 미국의 역사협회나 한국의 각종 기념사업회가 수집형 보존기록관의 역할을 하는 경우가 많다. 기능 분석이나 생산정보에 기반한 기관형 보존기록관에서의 평가·선별과 달리 수집형 보존기록관에서는 기록관 설립의 취지에 부합하는 주제를 중심으로 사명문과 수집 정책을 수립하고, 소장처 정보 분석, 수집 협상을 통해 기록을 수집하고 관리한다. (이승억)

쉘렌버그, 테오도르(Theodore Schellenberg, 1903~1970)
기록 평가·선별론에 업적을 남긴 미국의 아키비스트. 역사학을 전공한 그는 대공황기 미국 국가기록관리청(NARA)에서 아키비스트로 일하기 시작했으며 그가 고안한 보존기록 가치론은 현대 기록학의 발전에 공헌했다. 그는 생명체처럼 기록에도 생애주기가 있다는 개념을 토대로 기록의 가치를 현용 단계에서의 1차적 가치와 비현용 단계 이후의 2차적 가치로 구분했다. '계속적' 또는 '지속적' 가치라는 표현도 생애주기론에 따른 것이다. 쉘렌버그의 평가선별론은 미국 정부의 기록평가 정책으로 구현되었으며, 이후 등장한 새로운 평가·선별론이 그의 평가선별론을 비판하기 위해 출발했다는 점에서 의미가 있다. 다양한 비판에도 불구하고 오늘날 많은 나라의 정부기록평가제도가 기록생애주기별 처분일정과 가치분류에

토대를 두고 있다는 점에서 쉘렌버그의 영향력은 여전히 존재한다. (이승억)

시민단체기록(NGO records)
시민단체가 생산한 기록으로 시민 활동을 증거하고 시민 활동의 의제를 드러내기 위해 수집·관리하는 기록. (윤은하)

신뢰성(reliability)
기록을 산출한 활동을 정확하게 재현할 수 있는 특성. 이러한 특성은 기록이 생산된 정황을 통해 추론할 수 있다. (설문원)

신뢰할 수 있는 디지털 저장소(TDR: Trusted Digital Repositories)
디지털 객체가 진본성을 유지하며, 내용, 구조, 맥락이 온전하게 보존되어 미래의 지속적인 이용가능성을 보장할 수 있도록 하기 위한 인력, 정책, 절차, 기술(technology)의 조합(Millar, 2017). (김자경)

신뢰할 수 있는 디지털 저장소 인증 표준(TRAC: Trustworthy Repository Audit and Certification)
신뢰할 수 있는 디지털 저장소(TDR: Trusted Digital Repositories)의 감사 및 인증을 위한 품질 기준을 제시하는 표준. 2012년 ISO 16363(Space data and information transfer systems—Audit and certification of trustworthy digital repositories)으로 제정되었다. (김자경)

신빙성(trustworthiness)
활동의 증거로서 믿을 만한 특성을 모두 포함하는 개념이며, 보통 진본성과 신뢰성을 아우르는 개념으로 사용된다. (설문원·현문수)

Archivematica(아카이브매티카)
디지털 보존 분야의 표준을 바탕으로 개발된 오픈소스 디지털 보존 시스템. 진본성과 신뢰성이 있는 디지털 콘텐츠를 장기간 보존하고 제공하기

위해 개발되었으며, 패키지 안에 AtoM을 포함하고 있다. (이연창)

아키비스트 ➜ 보존기록관리자

업무관리시스템(business management system)
행정기관의 업무처리 과정을 과제관리카드 및 문서관리카드를 이용하여
전자적으로 관리하는 시스템. (이연창)

에뮬레이션(emulation)
구식 소프트웨어와 하드웨어의 기능을 모방하여 현재 시스템에서도 디지
털 문서의 원래 기능과 모양, 느낌을 재현할 수 있도록 하는 보존 전략
(SAA, 2023). 소프트웨어나 하드웨어 의존성을 해결하기 위한 접근법 중
하나이다. (김자경)

AtoM(에이투엠)
아카이브 기술 표준을 기반으로 개발된 오픈소스 웹 응용 프로그램. 다국
어 및 다중 저장소 환경을 지원한다. (이연창)

XML(extensible Markup Language, 엑스엠엘)
전달할 내용을 마크(tag)로 감싸서 표현하는 마크업 언어(markup language)
의 일종. 표준으로 정해진 마크만을 사용하는 것이 아니라, 필요한 만큼
마크를 신설하여 확장할 수 있다. 유연성을 필요로 하는 기록관리에서 다
양한 목적으로 적용할 수 있다. (이연창)

영구기록관리시스템(archives management system)
영구기록물관리기관에서 영구기록물관리를 전자적으로 수행하는 시스
템. 중앙기록물관리기관의 '중앙영구기록관리시스템', 대통령기록관의
'대통령기록관리시스템'이 포함된다. (이연창)

영국 국가기록원(TNA: The National Archives)

1838년에 공공기록보존소(PRO)라는 이름으로 설립되었다. 민간 소장 역사기록관리를 관장하던 역사자료위원회(HMC)와의 통합을 계기로 2003년에 영국 국가기록원(TNA)으로 기관명을 변경했다. 영국은 잉글랜드, 스코틀랜드, 북아일랜드, 웨일스로 구성된 연합 왕국이므로 TNA는 잉글랜드와 웨일스의 중앙기록물관리기관으로 역할을 하며 스코틀랜드와 북아일랜드에는 각기 National Archives of Scotland와 Public Record Office of Northen Ireland가 그 역할을 담당한다. (최재희)

예술기록(art archives)

예술의 창작에서 감상에 이르기까지 예술활동 과정에서 생산·축적된 기록 전체. 미술이나 음악, 공연 작품의 기록, 그리고 이와 관련되어 작가가 생산한 기록이나 예술 작품 및 활동에 관한 기록이 이에 해당한다. (윤은하)

Omeka(오메카)

디지털 컬렉션을 공유하고 다양한 미디어를 온라인 전시하기 위한 오픈 소스 웹 퍼블리싱 플랫폼. 더블린코어를 지원하고, 다양한 테마와 플러그인을 추가하여 기능을 확장할 수 있다. (이연창)

OAIS 참조 모형

디지털 아카이브에 필요한 구성요소와 프로세스를 제시하는 개념 모형(Open Archival Information System Reference Model). 디지털 아카이브 관련 용어와 개념, 핵심 구성요소와 프로세스를 정의하며, 디지털 객체 관련 메타데이터를 위한 정보 모형을 제안한다. 이 참조 모형은 특정 구현 형태나 방식을 지정하고 있지 않으며 디지털 객체의 유형이나 기술적(technical) 이슈에 중립적이다. 디지털화 기록이나 물리적 객체를 다루는 아카이브에도 적용할 수 있으며, 마이그레이션이나 에뮬레이션과 같은 특정 보존 전략을 전제로 하지도 않는다(SAA, 2005). (김자경)

오픈소스 소프트웨어(open source software)

소프트웨어의 소스코드를 공개하여 누구나 제한 없이 자유롭게 코드를 사용하고, 재배포 및 개작이 가능한 소프트웨어. (이연창)

원질서의 원칙(principle of original order)

퐁 존중의 원칙과 등록소 원칙에서 발전한 것으로 생산자가 적용한 기록의 조직 방식과 순서에 따라 기록을 정리하는 원칙(쉘렌버그, 2002: 190~195; Yeo, 2017: 163~164). 원질서 보존은 기록이 생산·활용된 방식에 대한 증거를 보존한다는 의미가 있다(ICA EGAD, 2023a: 4). 디지털 기록관리 환경에서 기록의 생산 맥락을 해석하기 위한 방법론으로 확장해서 해석할 수 있다. (박지영)

이용가능성(usability)

기록의 위치를 찾고 검색할 수 있으며, 찾아낸 기록을 볼 수 있고 이해할 수 있는 특성. (설문원)

인캡슐레이션(encapsulation)

여러 디지털 객체의 연계를 유지하기 위해 하나의 단위로 묶는 작업. 예를 들어 전자기록 객체와 메타데이터, 뷰어를 결합하는 것이다(SAA, 2005). 「공공기록물법 시행령」에 규정된 장기보존 패키지로의 변환도 인캡슐레이션 사례로 볼 수 있다. (김자경)

일상기록(everyday life archives)

보통 사람들의 일상을 사회적 맥락에서 해석하고, 아래로부터의 역사를 재구성하기 위해 개인이나 집단이 생산·보존하는 기록. 사건기록이 특정한 장소와 시기에서 벌어진 기록이라면 일상기록은 개인과 집단의 일상적 삶을 보여주는 기록이다. (윤은하)

장기보존(long term preservation) → 디지털 보존

재난대비(disaster preparedness plan)

재난의 피해를 최소화하고 기록관 건물과 소장기록물을 신속히 이용 가능한 상태로 복원하는 데 도움이 되는 일련의 조치. 미리 재난대비 계획을 세워 위험요소를 줄여야 하며, 여기에는 재난을 가정하여 대처할 수 있는 절차를 수립하는 사전 예방과 재난이 발생했을 때 미리 세워놓은 절차를 실행에 옮겨 재난을 감당해내는 사후 조치가 포함되어야 한다. 재난대비 계획은 대부분 예방, 준비, 대응, 복구의 네 가지 측면으로 이루어진다. (송정숙)

저작권(copyright)

저작자가 자신이 저작한 저작물을 독점적으로 이용하거나 이를 남에게 허락할 수 있는 인격적·재산적 권리이며, 기록관리기관의 소장기록 중 상당수가 저작권법의 보호를 받는 저작물이므로 기록 이용과 복제에서 저작권은 중요한 고려사항이다. (김지현)

전거제어(authority control)

기록물 기술에 사용되는 이름이나 그 밖의 접근점을 일관된 방식으로 식별하기 위한 프로세스. 유사한 의미로 맥락제어가 있는데, 맥락제어는 표준화된 개체명을 정립하고, 해당 개체 간의 관계를 기록하는 프로세스를 의미한다(SAA, 2023). (박지영)

전문직 윤리(professional ethics)

사회적 신뢰를 기반으로 특정 업무에 대한 배타적 독점권과 자율성을 부여받은 전문직이 지켜야 할 윤리. 기록전문직 단체들은 윤리강령을 만들어 대내외적으로 선포하고 자율적인 규제를 위한 지침으로 사용한다. (설문원)

전자기록(electronic records, digital recordds)

컴퓨터 등 전자적 처리 장치를 사용하여 생성·획득·이용·관리되는 기록

(한국기록학회, 2008: 196). (현문수)

전자기록생산시스템(electronic records creation system)
「공공기록물법」에서는 행정기관이 업무처리 과정에서 문서 및 행정정보를 처리하고 관리하는 시스템. 전자문서시스템, 업무관리시스템, 행정정보시스템이 포함된다. (이연창)

전자문서시스템(electronic document management system)
행정기관에서 문서의 기안·검토·협조·결재·등록·시행·분류·편철·보관·보존·이관·접수·배부·공람·검색·활용 등 처리 절차를 전자적으로 수행하는 시스템. (이연창)

접근(access)
광의의 접근은 필요한 정보를 찾아내는 과정을 말하며, 협의의 접근은 기록에서 정보를 얻거나 기록을 이용해 연구를 수행할 수 있는 권한 또는 기록물의 입수 가능성 및 기록을 이용할 수 있는 허가를 받는 것이다. (김지현)

정리(archival arrangement)
기록의 맥락 보호와 물리적·지적 통제를 위해 출처와 원질서에 따라 기록을 조직하는 프로세스, 또는 컬렉션이나 기록집합에 속한 기록의 구조와 배열을 의미한다(SAA, 2023). (박지영)

정보가치(information value)
테오도르 쉘렌버그가 정립한 기록생애주기 모형에 포함된 2차적 가치, 즉 보존기록의 가치의 일종으로 기록에 담긴 사건, 사물, 인물에 관한 내용에서 비롯되는 가치. 쉘렌버그 평가선별론의 기초가 되는 개념이다. 정보가치를 판단하려면 해당 전문분야의 지식이 필요하기 때문에 아키비스트가 전권을 갖는 평가선별이 타당한지에 대한 의문을 야기할 수도 있다. (이승억)

정보객체(information object)

물리적 또는 디지털 형태의 데이터 객체와 표현정보의 조합(CCSDS, 2012: I-12). (현문수)

정보 모형(information model)

특정 시스템이나 영역에서 관리 및 교환되는 정보 유형에 대한 개념적 설명(CCSDS, 2012: IV-20). (현문수)

젠킨슨, 힐러리(Hilary Jenkinson, 1882~1962)

기록속성론을 정립함으로써 기록관리의 독자성을 개척한 영국의 아키비스트. 영국 공공기록보존소[PRO, 영국 국가기록원(TNA)의 전신]에서 일을 시작하여 후에 사실상 기관장이라고 할 부기관장을 역임했다. 고전학을 전공했으며 고문서에 조예가 깊어 PRO에서도 중세 고문서 정리를 맡았다. 이 경험은 평가·선별에서 보존기록의 속성을 온전히 유지해야 한다는 그의 주장에 반영되었다고 볼 수 있다. 그는 아키비스트에 의한 사후 평가·선별을 반대하고 기록생산기관이 평가·선별을 담당해야 한다고 주장했다. 이러한 주장은 당시에는 테오도르 쉘렌버그의 평가선별론에 비해 현실성이 떨어진다는 비판을 받았으나 20세기 말 전자기록 환경이 도래하면서 기록속성론은 많은 시사점을 주었고 그 가치가 부각되었다. (이승억)

증거가치(evidential value)

테오도르 쉘렌버그가 정립한 기록생애주기 모형에서 제시된 2차적 가치. 보존기록 가치의 일종으로 기록을 생산한 주체, 즉 조직과 개인에 관한 내용에서 비롯되는 가치. 쉘렌버그 평가선별론의 기초가 되는 개념이다. 이러한 증거가치는 힐러리 젠킨슨이 강조한 '신성한' 증거와는 개념상 차이가 있다. 쉘렌버그에게 증거는 예컨대 기관의 설립과 폐지 과정이 담긴 기관 연혁사에서 찾을 수 있는 내용이며, 따라서 쉘렌버그의 증거는 특정 유형의 정보로 보는 것이 타당할 수 있다. 이러한 모호함 때문에 쉘렌버그의 가치론은 비판을 받았으며, 루치아나 듀란티는 그의 가치론이 보존

기록의 본질보다는 피상적이고 편의적인 유형화를 추구한 결과라고 지적했다. 반면 프랭크 볼스는 현실적인 문제 해결을 위한 미국적 실용주의의 산물이라고 옹호했다. (이승억)

진, 하워드(Howard Zinn, 1922~2010)

미국의 진보적 역사학자. 2차 세계대전 참전을 계기로 적극적인 반전주의자가 되었고 흑인 민권운동에도 참여했다. 20년 이상 보스턴 대학교 역사학 교수로 그리고 극작가로 활동했다. 대표 저서로 『미국 민중사』가 있다. 그는 1934년 미국아키비스트협회(SAA) 총회에서 '행동주의 아키비스트'라는 발표를 통해 기록관리계에 커다란 반향을 일으켰다. 당시 역사학자와 아키비스트는 직업상 밀접했음에도 불구하고 반목이 깊었는데, 역사학자들이 아키비스트를 자료를 정리하는 조수 정도로 보았기 때문이다. 19세기 말 아키비스트들은 기록관리를 독자적 학문으로 세우고자 했으며, 20세기 후반에 이르러 기록학자 테리 쿡은 역사학자들도 아키비스트가 남긴 기록을 통해 연구해야 한다며 아키비스트의 중요성을 강조했다. 이러한 상황에서 역사학자 진은 기록의 평가·선별과 역사학이 실천적으로 만나야 한다는 관점을 촉구했다. SAA 총회에서의 그의 발표는 새로운 세대의 아키비스트들에게 깊은 인상을 주었고 사회적 관점의 평가·선별론이 대두되는 데 크게 기여했다. (이승억)

진본성(authenticity)

원래부터 가짜이거나 위조되지 않은, 진짜 그 기록이라는 특성. 힐러리 젠킨슨은 진본성을 보존기록 속성의 하나로 보았으며, 어떤 기록이 진본성을 갖추었다는 것은 행정업무 과정에서 만들어졌거나 사용되었으며 유지 과정에서 변경되지 않았다는 것으로 보았다. ISO 1549-1에서는 "기록이 표방하는바 그대로의 기록"이어야 하고, "그것을 생산했거나 보낸 것으로 된 바로 그 행위자가 생산했거나 보냈으며, 기록에 명시된 시점에 생산되었거나 보내졌음"을 입증할 수 있으면 진본 기록이라고 정의했다(ISO 15489-1:2016, 5.2.2.1). (이승억·설문원)

진본인증(authentication)

기록의 진본성을 검증하여 어떤 기록이 진본임을 제도적으로 확인해주는 조치(한국기록학회, 2008: 239). (현문수)

집단기억(collective memory)

어떤 집단이나 사회가 특정 사건이나 사물에 대해 갖는 공통의 기억. 교과서, 언론매체, 기념물이나 기념행사, 문학이나 예술작품뿐 아니라 아카이브를 통해서도 집단기억이 형성되거나 강화된다고 볼 수 있다. 이러한 점에서 보존기록관을 기억기관이라고 부르기도 한다. (설문원)

집합적 기술(collective description)

개별 기록을 상호 연관된 하나의 집합으로 간주하여 단일 레코드로 기록하는 것(SAA, 2023). 전통적으로 집합적 기술에서의 '집합'은 출처의 원칙에 따른 '퐁'을 의미하며, ISAD(G)에서도 하나의 퐁은 하나의 기술단위를 통해 재현된다(ICA, 2000). 디지털 환경에서는 기록집합의 개념이 확장되어 가상의 디지털 기록집합도 구성할 수 있다(국가기술표준원, 2010: 21~22). (박지영)

참여형 아카이브(participatory archives)

실질적으로 기록생산자와 기록공동체가 자신의 기록을 스스로 관리·보존·활용하는 것을 목적으로 하며, 기록을 생산한 공동체가 주도적으로 공동체의 내러티브를 증거하는 기록을 선별·정리기술·보존 및 서비스하는 아카이브 유형이 이에 해당한다. (윤은하)

출처의 원칙(principle of provenance)

생산자와 같은 조직 출처에 따라 기록을 관리하는 원칙. 출처를 통해 자연적으로 남겨진 기록의 맥락을 보존하고자 한 것이다. 넓은 의미에서는 퐁 존중의 원칙과 원질서의 원칙을 포함하며, 기록의 지적통제 방식과 물리적 보관 방식에 모두 적용된다(ICA EGAD, 2023a: 3). 시리즈 시스템의 등

장으로 조직 출처뿐 아니라 기능 출처로 개념 범위가 확장되었다. (박지영)

캐나다 도서기록원(LAC: Library and Archives Canada)

캐나다 국가기록원(National Archives of Canada)의 역할을 담당하는 조직. 19세기 중후반부터 정부 차원의 기록관리를 시작한 캐나다에서는 국가기록원과 국가도서관의 분리와 통합의 과정을 거쳐 2004년 현재의 캐나다 도서기록원(LAC)이라는 통합적 조직이 되었다. 1967년 설립된 본부 건물은 수도인 오타와에 있으며 본부 근처에 위치한 가티노 보존소(Gatineau Preservation Centre)가 1997년에 설립 운영되고 있다. (최재희)

쿡, 테리(Terry Cook, 1947~2014)

캐나다의 아키비스트이자 기록학자. 퀸즈 대학교에서 캐나다 역사로 박사학위를 받았고, 캐나다 국가기록원[캐나다 도서기록원(LAC)의 전신]에서 평가·선별 업무를 했으며, 1998년에서 2012년까지는 마니토바 대학교 기록학 교수로 재직했다. 국가기록원 재직 당시 그는 거시적 관점의 평가·선별에 중점을 두었는데, 대학에서 이에 대한 이론적 토대가 되는 다수의 논문을 발표했다. 그는 철학, 사회학, 정치학의 맥락에서 보존기록을 조명했으며, "평가·선별자로서의 아키비스트는 정치적·철학적으로 고도의 민감한 상태를 유지할 필요가 있다"고 주장했다. 2000년 초에는 국가기록원이 추진한 평가·선별 업무 재설계(BPR: Business Process Reengineering)에 참여하여 기능 분석에 기반한 거시평가제도 설계를 주도했다. 쿡은 19세기 중반에서 21세기 디지털 기술 환경에 이르는 현대 기록관리의 흐름을 증거, 기억, 정체성, 공동체의 네 가지 패러다임으로 제시했는데, 여기에는 보존기록 평가·선별의 변화와 사회적 변화가 초래한 복합적 현실에 대한 깊은 통찰이 담겨 있다. (이승억)

클라우드 컴퓨팅(cloud computing)

정보통신을 위한 설비, 하드웨어, 소프트웨어를 집적해두고, 이용자의 요구나 수요 변화에 따라 신축적으로 필요한 만큼만 전산자원을 이용할 수

있도록 하는 정보처리 체계. (이연창)

파일 포맷(file format)
컴퓨터 파일로 저장하기 위해 정보를 인코딩하는 표준 방식. 데이터가 교환·저장되거나 화면이나 프린터에 출력되는 방법을 정의한다. (김자경)

퐁(fonds)
생산자의 기능이 반영된 유기적인 과정의 결과로 어떤 조직, 혹은 어떤 가문이나 개인이 생산·축적한 기록 전체(SAA, 2023). (박지영)

표현정보(representation information)
데이터 객체를 의미 있는 개념으로 해석하게 하는 정보(CCSDS, 2012: I-14). (현문수)

PREMIS(Preservation Metadata Implementation Strategies, 프레미스)
디지털 객체의 장기보존을 지원하는 보존 메타데이터의 개발, 생성, 관리, 활용에 대한 지침 및 권장사항을 제시하는 국제표준. 데이터 모델과 데이터 사전으로 구성된다. 보존 메타데이터는 디지털 객체를 보존·관리 및 재현하는 데 필수적인 맥락·관리·기술 정보를 의미한다. 보존 메타데이터는 디지털 객체를 저장매체로부터 읽어 들일 수 있는 상태를 유지하고, 응용 소프트웨어를 통해 재생하며, 불법적인 변경이 일어나지 않도록 하고, 합법적인 변경이 일어난 경우 이를 적절하게 기록화하는 데 중요한 역할을 한다. (김자경)

필수기록(vital records)
필수기록은 비상 상태나 재난 발생 시 혹은 재난 이후에 조직이 업무나 기능을 회복하기 위해 필수적으로 필요한 정보를 담은 기록. 재난 발생 시 조직의 자산으로 반드시 보존해야 할 기록을 포함할 수도 있다. (송정숙)

햄, 제럴드(Gerald Ham, 1930~2021)

미국의 아키비스트. 위스콘신 주립기록청과 위스콘신 역사협회 보존기록과에서 일했으며 위스콘신 대학교 기록학과 개설을 주도하기도 했다. 이후 위스콘신 주립기록청장에 임명되었고, 1973~1974년 미국아키비스트협회(SAA) 회장을 역임했다. 그가 회장으로 있을 때 역사학자 하워드 진이 총회에서 아키비스트에게 공정한 평가·선별을 촉구하는 '행동주의 아키비스트'라는 발표를 했고, 햄은 '기록의 가장자리(Archival Edge)'라는 제목의 의장 연설로 이에 화답했다. 여기서 그는 당대 대표적 척도로서의 보존기록을 후대에 남겨주는 일이 바로 아키비스트의 임무라고 천명했다. 햄은 미국에서 동시대 사회를 담은 기록화 프로젝트의 시대를 열었다고 볼 수 있다. (이승억)

행정정보시스템(administrative information system)

행정기관이 행정정보를 생산, 수집, 저장, 제공, 송수신을 하는 시스템. 행정기관에서 사용하는 다양한 시스템 중에서 전자문서시스템과 업무관리시스템을 제외한 모든 시스템을 일컫는다. (이연창)

호주 국가기록원(NAA: National Archives of Australia)

호주 중앙정부의 기록관리를 책임지는 호주 국가기록원(NAA)은 1961년부터 국가도서관에서 분리되어 연방기록국(Commonwealth Archives Office)과 호주기록원(Australian Archives)이라는 명칭을 거쳐 현재에 이른다. 1975년 시드니에 최초의 보존시설이 마련되었으며 2017년 6월 수도인 캔버라에 새로운 전문보존시설을 설립해 운영하고 있다. 본부는 캔버라에 소재하며 각 주의 수도에 전체 7곳의 사무실과 열람실을 운영하면서 이용자의 편의를 제공한다. (최재희)

활용촉진 서비스(outreach service)

기록관에 대한 인지도를 높일 수 있는 문화 행사, 견학 및 홍보 활동을 수행하는 서비스. (김지현)

Bundesarchiv ➜ 독일 국가기록원

EASTICA ➜ 동아시아기록관리협의회

ICA ➜ 국제기록관리협의회

ISO 16363 ➜ 신뢰할 수 있는 디지털 저장소 인증 표준

LAC ➜ 캐나다 도서기록원

NAA ➜ 호주 국가기록원

NARA ➜ 미국 국가기록관리청

TNA ➜ 영국 국가기록원

TRAC ➜ 신뢰할 수 있는 디지털 저장소 인증 표준

참고문헌

1장 기록과 기록관리: 현대 사회에서 기록과 기록관리는 어떤 의미를 갖는가?

박찬승 엮음. 2017. 『제2차 세계대전과 집단기억』. 파주 : 한울아카데미.

박평종. 2006. 『흔적의 미학』. 서울: 미술문화.

베커, 하워드(Howard S. Becker). 2020. 『증거의 오류』. 서정아 옮김. 서울: 책세상.

서혜란. 2018. 「기록과 기록관리」. 한국기록관리학회 엮음. 『기록관리의 이론과 실제』. 서울: 조은글터.

설문원. 2017. 「기록관리 원칙의 해석과 적용에 관한 담론 분석: 출처주의를 중심으로」. ≪기록학연구≫, 52: 59~117.

설문원. 2021. 『기록학의 지평』. 서울: 조은글터.

설문원. 2022. 「국가기록원의 기록제공서비스에 관한 탐색적 연구」. ≪한국기록관리학회지≫, 22(3): 103~124.

설문원·이해인. 2016. 「전자증거개시상의 위험에 대응한 기업기록정보관리 방안」. ≪한국기록관리학회지≫, 16(4): 7~30.

이소연. 2011. 「기록관리와 전문성: 실천으로만 보장받는 배타적 특권」. ≪한국기록관리학회지≫, 11(1): 113~138.

이정연. 2015. 「인권기록유산 가치와 지평의 확산: 5·18민주화운동기록물을 중심으로」. ≪기록학연구≫, 45: 121~153.

한국기록관리학회·한국기록학회. 2009. 「기록관리, 내일을 연다!」. 제1회 전국기록인대회 발표자료집.

Bloch, Marc. 1993. *Apologie pour L'Histoire ou Metier D'Historien*. Paris: Masson-Amand Colin.

Carter, R. G. S. 2006. "Of Things Said and Unsaid: Power, Archival Silences, and Power in Silence." *Archivaria*, 61: 215~233.

Cook, Terry. 1997. "What is Past is Prologue: a History of Archival Ideas since 1898, and the Future Paradigm Shift." *Archivaria*, 43: 17~63.

Cook, Terry. 2013. "Evidence, Memory, Identity, and Community: Four Shifting Achival Pradigms." *Archival Science*, 13, 95-120.

Duranti, Luciana. 1998. *Diplomatics: New Uses for an Old Science*. Scarecrow Press; Society of American Archivists; Association of Canadian Archivists.

Jacobsen, Trond, Ricardo L. Punzalan, and Margaret L. Hedstrom. 2013. "Invoking 'Collective Memory': Mapping the Emergence of a Concept in Archival Science." *Archival Science*, 13: 217~251.

Josias, A. 2011. "Toward an Understanding of Archives as a Feature of Collective Memory." *Archival Science*, 11(1~2): 95~112.

MacNeil, Heather. 2000. *Trusting Records: Legal, Historical, and Diplomatic Perspectives*. Kluwer Academic Publishers.

McKemmish, S. F., H. Upward and B. Reed. 2010. "Records Continuum Model." 3판 저자정보 *Encyclopedia of Library and Information Sciences* (3rd ed.). pp. 4447~4448.

Mooradian, Norman A. 2018. *Ethics for Records and Information Management*. Chicago: ALA Neal-Schuman.

Muller, Samuel, Johan Feith and Robert Fruin. 1898. *The Manual for the Arrangement and Description of Archives*. Haarlem(Netherlands): Dutch Association of Archivists.

Piggott, Michael. 2020. "Cook's Australian Voyages: Towards the Continuum's Fourth Dimension." Tom Nesmith, Greg Bak, Joan M. Schwartz(ed.). *"All Shook Up": The Archival Legacy of Terry Cook*. Chicago: Society of American Archivists and the Association of Canadian Archivists.

Shafritz, Jay M., E. W. Russell and Christopher P. Borick. 2013. *Introducing Public Administration*. 8th ed. Boston : Pearson.

Shepherd, Elizabeth and Geoffrey Yeo. 2003. *Managing Record: A Handbook of principles and Practice*. London: Facet Publishing.

Society of American Archivists. 2020. SAA Core Values Statement and Code of Ethics. https://www2.archivists.org/statements/saa-core-values-statement-and-code-of-ethics

Upward, F. 1996. "Structuring the records continuum Part 1: Post custodial principles and properties." *Archives and Manuscripts*, 24(2): 268~285.

Van Bussel, G. J. 2017. The theoretical framework for the 'Archive-As-Is'. an organization oriented view on archives. Frans Smit, Arnoud Glaudemans and Rienk Jonker(eds.). *Archives in Liquid Times*. Den Haag : Stichting Archiefpublicaties, 16-41.

Yeo, Geoffrey. 2007. Concepts of record (1): Evidence, information, and persistent representations. *The American Archivist*, 70(Fall/Winter 2007): 315~343.

———

KS X ISO 16175-3. 문헌정보-전자사무환경에서 기록에 대한 원리 및 기능요건-제3부: 업무시스템의 기록관리 지침 및 기능요건.

ICA 2011. Universal Declaration on Archives. https://www.ica.org/sites/default/files/20190510_ica_declarationuniverselle_en_0.pdf1

InterPARES Trust. 2018. Terminology. https://interparestrust.org/terminology/term/record

ISO 15489-1:2016. Information and documentation-Records management-Part 1: Concepts and principles.

2장 기록관리제도의 역사: 기록관리제도는 국가별로 어떤 특성을 갖는가?

강은경. 2004. 「『고려사』 형법지 공첩상통식에 나타난 지방통치구조」. ≪동방학지≫, 123: 1~39.

곽건홍. 2003. 『한국 국가기록관리의 이론과 실제』. 서울: 역사비평사.

김경현. 2015. 「서기 1~3세기, 로마제국의 공문서 관리」. ≪서양고대사연구≫, 42: 145~179.

김유경. 1997. 「독일의 문서보존체제」. ≪역사비평≫, 38: 108~117

김익한. 2007. 「기록학의 도입과 기록관리혁신(1999년 이후)」. ≪기록학연구≫, 15: 67~93.

김현진. 2006. 「독일 기록관리 담론에서의 평가론」. ≪기록학연구≫, 14: 325~358.

남권희. 1986. 「架閣庫考」. ≪서지학연구≫, 1(1): 129~156.

박성준. 2008. 「대한제국기 公文書의 편철과 분류」. ≪서지학연구≫, 41: 317~354.

박종연. 2021. 「미군정기 기록관리」. 한국기록관리학회지≫, 21(3): 17~36.

박준호. 2003. 『홍무예제』와 조선 초기 공문서 제도」. ≪고문서연구≫, 22: 141~167.

박준호. 2006. 「經國大典 체제의 문서행정 연구」. ≪고문서연구≫, 28(0): 111~128.

윤선태. 2007. 「百濟의 文書行政과 木簡」. ≪한국고대사연구≫, 48: 303~334.

이경섭. 2013. 「6~7세기 한국 목간을 통해서 본 일본 목간문화의 기원」. ≪신라사학보≫, 37: 33~65.

이경용. 2003. 「한국 기록관리체제 성립과정과 구조」. ≪기록학연구≫, 8: 3~56.

이경용. 2004. 「조선총독부의 기록관리제도」. ≪기록학연구≫, 10: 226~275.

이상훈. 2009. 「한국정부 수립 이후 행정체제의 변동과 국가기록관리체제의 개편(1948~1964년)」. ≪기록학연구≫, 21: 169~246.

이승일. 2004. 「조선총독부 공문서 제도」. ≪기록학연구≫, 9: 3~40.

이영학. 2009. 「대한제국시기의 기록관리」. ≪기록학연구≫, 19: 153~192.

이영학. 2012. 「한국 기록관리의 사적 고찰과 그 특징」. ≪기록학연구≫, 34: 221~250.

이상신. 1984. 『서양사학사』. 서울: 청사.

이형중. 2018. 「朝鮮 謄錄記錄의 類型과 그 管理體系에 관한 研究」. ≪한국문화≫, 83: 197~225.

차용구. 1998. 「중세의 사료 위조에 대한 심성사적 접근」. ≪서양중세사연구≫, 3: 121~148.

최재희. 2016. 「기록물 평가 정책과 대량동종 기록물 선별」. ≪기록인≫, 33: 26~39.

한해정. 2012. 「19세기 후반 독일의 시기록보존소와 그 역할」. ≪서양사론≫, 115: 212~235.

Booms, Hans. 1987. "Society and the Formation of a Documentary Heritage: Issues in the Appraisal of Archival Sources." Archivaria, 24(Summer): 69~107.

Cook, Terry. 1997. "What is Past is Prologue: A History of Archival Ideas Since 1898, and the Future Paradigm Shift." Archivaria, 43(Spring): 17~63.

Kolsrud, Ole. 1992. "The Evolution of Basic Appraisal Principles -Some Comparative Observations." American Archivist, 55(Winter): 26~39.

Levine, Philippa. 1986. "The Public Record Office and Its Staff, 1838-1886." *The English Historical Review*, 101(398): 20~41.

McCoy, Donald R. 1985. The Struggle to Establish a National Archives in the United States, 1-15.

https://www.archives.gov/files/about/history/sources/mccoy.pdf

Michael, Riordan. 2013. " "The King's Library of Manuscripts": The State Paper Office as Archive and Library." *Information & Culture*, 48(2): 181~193.

Shepherd, Elizabeth. 2009. Archives and Archivists in 20th Century England(Ashgate: Surrey).

Wilson, Ian E. 1982. " 'A Noble Dream': The Origins of the Public Archives of Canada." *Archivaria*, 15(January): 16~35.

Directions for Library and Archives Canada, 2004.

https://www.collectionscanada.gc.ca/obj/012012/f2/01-e.pdf

3장 민간기록의 이해: 민간영역의 기록과 기록관리의 특징은 무엇인가?

국가기록원훈령 제162호. 2019.10.17(일부개정). 민간기록물 수집업무에 관한 규정.

김성우. 2020. 「기업의 현용기록 축적과 이용 방안 연구: 빅데이터 플랫폼으로서의 기업기록관리」. ≪한국기록관리학회지≫, 20(3): 99~118.

김지아. 2022. 「예술기록에 관한 분류·기술 사례 연구: 서울시립 미술아카이브를 중심으로」. ≪기록학연구≫, 74: 79~117.

김지현. 2014. 「미국, 캐나다, 호주 주립기록관의 민간기록물 수집정책 분석」. ≪한국기록관리학회지≫, 14(3): 105~126.

곽건홍. 2011. 「일상 아카이브(Archives of everyday life)로의 패러다임 전환을 위한 소론」. ≪기록학연구≫, 29: 3~33.

명지대학교 인간과기록연구단. 2006. 『일상 아카이브의 발견』. 선인출판사.

윤은하 외. 2016. 「노근리 사건의 사회적 기억과 기록에 관한 연구」. ≪한국기록관리학회지≫, 16(2): 57~79.

윤은하. 2023. 「시민기록에 대한 개념적 고찰」. ≪기록학연구≫, 77: 75~107.

이경래. 2013. 「북미지역 공동체 아카이브의 '거버넌스' 논의와 비판적 독해」. ≪기록학연구≫, 38: 225~264.

이호신. 2018. 「공연예술의 영상, 기록을 넘어서」. ≪국악원논문집≫, 37: 59~79.

이훈창 외. 2021. 「시민사회단체 기록의 생산방식 변화와 몇 가지 제언 :인권운동 기록을 중심으로」. ≪디지털문화아카이브지≫, 4(1): 97~113.

이해영. 2020. 기록관리기관, 기록관리의 이론과 실제.

임지훈 외. 2019. 「사건 아카이브의 특성에 대한 고찰: 동학농민혁명기념재단을 중심으로」. ≪동학학보≫, 50: 163~208.

손동유. 2019. 「민간분야 공동체 아카이빙의 성과와 과제」. ≪실천민속학연구≫, 34: 39~63.

설문원 외. 2016. 「전자증거개시상의 위험에 대응한 기업기록정보관리 방안」. ≪한국기록관리
　　학회지≫, 16(4): 7~30.

설문원. 2011. 「예술기록의 분류와 정리에 관한 연구」. ≪한국기록관리학회지≫, 11(2): 217~
　　247.

설문원. 2021. 『기록학의 지평』. 조은글터.

4장 기록의 평가선별: 영구 보존할 기록을 어떻게 선별할 것인가?

볼스, 프랭크(Frank Boles). 2002. 『미국의 평가업무』. 정부기록보존소 옮김. 대전: 행정자치부
　　정부기록보존소. (원전: 1991. *Archival appraisal*. New York: Neal Schuman)

쉘렌버그, T. R.(T. R. Schellenberg). 2002. 『현대기록학 개론』. 이원영 옮김. 서울: 진리탐구.
　　(원전: 1956. *Mordern Archives: Principles and Techniqus*. Chicago: Society of
　　American Archivists)

오툴, 제임스 M.(James M. O'Toole). 2002. 『기록의 이해』. 이승억 옮김. 서울: 진리탐구. (원
　　전: 1990. *Understanding Archives and Manuscripts*, Chicago: Society of American
　　Archivists)

젠킨스, 힐러리(Hilary Jenkinson). 2003. 『힐러리 젠킨슨의 기록관리 편람』. 정부기록보존소
　　옮김. 대전: 행정자치부 정부기록보존소. (원전: 1922. *Manual for archival administra-
　　tion,* 본 번역서는 1937년 2판을 사용)

햄, 제럴드(Gerald Ham). 2002. 『아카이브즈와 매뉴스크립트의 선별과 평가』. 강경무·김상민
　　옮김. 서울: 진리탐구. (원전: 1991. *Selecting and appraising archives and manuscripts*)

Abraham, Terry. 1995.8.31. Documentation strategies: A decade (or more) later. Paper
　　presented at the Society of American Archivists, Washington, DC.

Bearman, David. 1996. "Item level control and electronic recordkeeping." *Archives &
　　Museum Imformatics*, 10(3): 195~245.

Beaven, Brian P. N. 2005. "'But am I getting my records?' Squaring the circle with terms and
　　conditions expressed in relation to function and activity." *Archival Science*, 5(2~4):
　　315~341.

Boles, Frank and Julia Young. 1985. "Exploring the black box: The appraisal of university
　　administrative records." *American Archivist*, 48(2): 121~140.

Boles, Frank and Mark Greene. 1996. "Et tu Schellenberg? Thoughts on the dagger of
　　American appraisal theory." *American Archivist*, 59(3): 298~310. (번역본: 오항녕 편역.
　　2005. 『기록학의 평가론』. 서울: 진리탐구)

Booms, Hans, Hermina Joldersma and Richard Klumpenhouwer. 1987. "Society and the
　　formation of a documentary heritage: Issues in the appraisal of archival sources."
　　Archivaria, 24(summer): 69~107. (번역본: 오항녕 편역. 2005. 『기록학의 평가론』. 서울:
　　진리탐구)

Cook, Terry. 1991. "'Many are called, but few are chosen': Appraisal guidelines for sampling and selecting case files." *Archivaria*, 32(summer): 25~50.

Cook, Terry. 1992. "Documentation strategy." *Archivaria*, 34(summer): 181~191.

Cook, Terry. 2004. "Macro-appraisal and functional analysis: documenting governance rather than government." *Journal of the Society of Archivists*, 25(1): 5~18.

Cook, Terry. 2006. "Remembering the future: Appraisal of records and the role of archives in constructing social memory." In Francis X. Blouin and William Rosenberg.(Eds.) *Archives, documentation, and institutions of social memory: Essays from the Sawyer Seminar* (pp. 169~181). Ann Arbor: University of Michigan Press.

Cox, Richard. 1989. "A documentation strategy case study: Western New York." *American Archivist*, 52(2): 192~200.

Craig, Barbara. 2004. *Archival appraisal: Theory and practice*. Munich: K. G. Saur.

Duranti, Luciana. 1994. "The concept of appraisal and archival theory." *American Archivist*, 57(2): 328~344. (번역본: 오항녕 편역. 2005. 『기록학의 평가론』. 서울: 진리탐구)

Hackman, Larry and Joan Warnow-Blewett. 1987. "The documentation strategy process: A model and a case study." *American Archivist*, 50(1): 12~47.

Ham, Gerald. 1975. "The Archival edge." *American Archivist*, 38(1): 5~13.

Loewen, Candace. 2005. "The evolution, application, and future of macroappraisal." *Archival Science*, 5(2~4): 93~99.

Malkmus, Doris. 2008. "Documentation strategy: Mastodon or retro success?" *American Archivist*, 71(2): 184~409.

National Archives and Records Administration. 1997. *Disposition of federal records: A records management handbook*. (2nd ed.) Washington, DC: NARA. Office of Records Services.
https://www.archives.gov/files/records-mgmt/pdf/dfr-2000.pdf

Pears-Moses, Richard. 2005. *A Glossary of archival and Records Terminology*. Chicago: Society of American Archivists.

5장 기록의 분류와 기술: 기록을 어떻게 조직할 것인가?

[표준]
국가기록원. 2020. 「국가기록원 전거레코드 지침」.
국가기록원. 2022. 「NAK 13 영구기록물 기술규칙 v.2.1」.
국가기술표준원. 2010. 「KS X ISO 16175-3:2010 문헌정보－전자사무환경에서 기록관리 원리 및 기능요건－제3부: 업무시스템의 기록관리 지침과 기능요건」.
국가기술표준원. 2016. 「KS X ISO 15489-1:2016. 문헌정보-기록관리-제1부: 개념과 원칙」.
국가기술표준원. 2018. 「KS X ISO TR 21946:2018. 문헌정보-기록의 관리를 위한 평가」.

국가기술표준원. 2017. 「KS X ISO 23081-1:2017 문헌정보−기록관리 과정−기록메타데이터−제1부: 원칙」.

국가기술표준원. 2019. 「KS X ISO TR 26122:2008(2019 확인) 문헌정보−기록을 위한 업무과정 분석」.

Bureau of Canadian Archivists. 2008. "Rules For Archival Description: Canadian Archival Standard". https://archivescanada.ca/wp-content/uploads/2022/08/RADComplete_July2008.pdf(검색일: 2023.10.1)

DLM Forum Foundation. 2011. "MoReq2010®: Modular requirements for records systems". https://moreq.info/files/moreq2010_vol1_v1_1_en.pdf(검색일: 2023.10.1)

ICA. 2000. *ISAD(G): General international standard archival description*. 2nd.(ed.)

ICA. 2004. *ISAAR(CPF): International standard archival authority record for corporate bodies, persons, and families*. 2nd.(ed.)

ICA. 2007. *ISDF: International standard for describing functions*.

ICA. 2008. *ISDIAH: International standard for describing institutions with archival holdings*.

ICA EGAD. 2021b. "Records in Contexts−Conceptual Model. Consultation Draft v0.2". https://www.ica.org/sites/default/files/ric-cm-02_july2021_0.pdf(검색일: 2023.10.1)

ICA EGAD. 2023a. "Records in Contexts−Foundations of Archival Description(RiC-FAD) v1.0". https://www.ica.org/en/file/ric-fad-10-1pdf(검색일: 2024.1.5)

ICA EGAD. 2023b. "Records in Contexts−Conceptual Model (RiC-CM) v1.0". https://www.ica.org/sites/default/files/ric-cm-1.0_0.pdf (검색일 2024.1.5)

ICA EGAD. 2023c. "Records in Contexts−Ontology(RiC-O) v1.0". https://github.com/ICA-EGAD/RiC-O/tree/master/ontology/current-version(검색일 2024.1.5)

ISO. 2013. "ISO 25964-2:2013 Information and documentation-Thesauri and interoperability with other vocabularies. Part 2: Interoperability with other vocabularies".

ISO. 2016. *15489-1:2016 Information and documentation-Records management-Part 1: Concepts and principles*. 2nd.(ed.)

ISO. 2018. "ISO/TR 21946:2018. Information and documentation-Appraisal for managing records".

ISO. 2017. "ISO 23081-1:2017, Information and documentation-Metadata for managing records. Part 1: Principles".

ISO. 2020a. "ISO 16175-1:2020, Information and documentation-Processes and functional requirements for software for managing records-Part 1: Functional requirements and associated guidance for any applications that manage digital records".

ISO. 2020b. "ISO/TS 16175-2:2020. Information and documentation-Processes and functional requirements for software for managing records-Part2: Guidance for selecting, designing, implementing and maintaining software for managing records".

ISO. 2021. "ISO 23081-2:2021, Information and documentation-Metadata for managing records, Part 2: Conceptual and implementation issues".

Procter, Margaret, and Michael Cook. 2000. *Manual of Archival Description*. 3rd edition. Gower.

Library of Congress. 2023. "Encoded Archival Description".
https://www.loc.gov/ead/(검색일: 2023.10.1)

SAA. 2013. *Describing Archives: A Content Standard*. 2nd edition.

SAA. 2022. "EAC-CPF Homepage".
https://eac.staatsbibliothek-berlin.de/

SAA. 2019a. "Encoded Archival Description Tag Library Version EAD3 1.1.1"(2019 Edition).
https://www.loc.gov/ead/EAD3taglib/EAD3.html(검색일: 2023.10.1)

SAA. 2019b. "Encoded Archival Description Tag Library Version EAD3 1.1.1." (2019 Edition Prepared and maintained by the Technical Subcommittee for Encoded Archival Standards of the Society of American Archivists).
https://www.loc.gov/ead/EAD3taglib/EAD3-TL-eng.pdf(검색일: 2023.10.1).

Riva, Pat., Patrick Le B∝uf and Maja Žumer. 2017. "IFLA Library Reference Model: A Conceptual Model for Bibliographic Information: Definition of a conceptual reference model to provide a framework for the analysis of non-administrative metadata relating to library resources".
https://www.ifla.org/wp-content/uploads/2019/05/assets/cataloguing/frbr-lrm/ifla-lrm-august-2017_rev201712.pdf(검색일: 2023.10.1)

──

[문헌]

경남기록원. 2020. 「경상남도기록원 기록물관리 3개년(2020~2022) 기본계획」.

경남기록원. 2023. 「23년 경상남도기록원 관할 공공기관 기록물분류체계 설계 지원 운영 계획」.

국가기록원. 2018. 「기록분류체계 혁신 관련 설문조사 결과보고」. 국가기록원 수집기획과.

국가기록원. 2022. 「전자기록생산·활용 환경을 고려한 국가기록분류체계 모델 개발 연구. 최종 보고서」.

국가기록원. 2023a. "업무안내·자료".
https://www.archives.go.kr/next/newmanager/recodeRegister.do(검색일: 2023.10.1)

국가기록원. 2023b. "국가기록원 카테고리별 검색화면".
https://www.archives.go.kr/next/search/viewDescClassCategory.do(검색일: 2023.10.1)

국가기록원. 2023c. "국정분야 주제별 검색".
https://www.archives.go.kr/next/newsearch/viewSubjectContentMain.do(검색일: 2023.10.1)

김명훈. 2018. 「기록 평가의 표준화- ISO 15489 개정판에서의 평가 원리 및 절차 분석」. ≪한국 기록관리학회지≫, 18(4): 45~68.

김익한. 2003. 「DIRKS Manual의 실용적 적용」. ≪기록학연구≫, 8: 212~267.

김화경·김은주. 2014. BRM 운영을 위한 단위과제 정비방안. ≪한국기록관리학회지≫, 14(4): 199~219.

문헌정보기술. 2023. 컨설팅/ISP 사업실적.
　　http://kait.co.kr/html/portfolio/ISP.html(검색일: 2023.10.1)

문화재청. 2020. 「2020년 문화재기록물의 수집·목록화 및 관계적 유형 재구성 연구」 연구보고서.

박지영·김태수. 2007. 「EAD를 이용한 기록정보의 기술 및 활용: 4월 혁명 연구반 컬렉션을 중심으로」. ≪지식처리연구≫, 8(1/2): 17~57.

박지영. 2014. 「RAMP를 활용한 EAC 기반 전거레코드의 연계 및 공유 관한 연구: 박경리의 전거 레코드를 중심으로」. ≪한국기록관리학회지≫, 14(2): 61~82.

박지영. 2016. 「차세대 기록물기술표준에 관한 연구: ICA EGAD의 Record In Context를 중심으로」. ≪한국기록관리학회지≫, 16(1): 223~245.

박지영. 2017. 「ISAD(G)에서 RiC-CM으로의 전환에 관한 연구」. ≪한국기록관리학회지≫, 17(1): 93~115.

박지영. 2018. 「KARMA를 활용한 ISAD(G)와 CIDOC CRM 연계에 관한 탐색적 연구」. ≪한국 기록관리학회지≫, 18(2): 189~214.

박지영. 2021. 『공연예술 정보 링크드 데이터 구축을 위한 서지정보 연계모형의 이해: IFLA LRM 정의서 일부 번역 및 해설 포함』. 세걸음.

박지영·윤소영·이혜원. 2017. 「기록시소러스 구축지침 개정에 관한 연구」. ≪한국기록관리학 회지≫, 17(1): 117~141.

박지영·이혜원·박희진·조문석·윤소영·강혜연. 2022. 「전자기록생산·활용 환경을 고려한 국가 기록분류체계 모델 개발 연구」 최종보고서. 국가기록원.

서울기록원. 2019a. "서울기록원 기록찾기".
　　https://archives.seoul.go.kr/catalog(검색일: 2023.10.10)

서울기록원. 2019b. "서울기록원 카탈로그".
　　https://archives.seoul.go.kr/research-guide/451(검색일: 2023.10.10)

서울기록원. 2019c. "서울기록원 조사·연구 가이드".
　　https://archives.seoul.go.kr/research-guide/440(검색일: 2024.1.5)

설문원. 2017. 「기록관리 원칙의 해석과 적용에 관한 담론 분석: 출처주의를 중심으로」. ≪기록 학연구≫, 52: 60~119.

설문원. 2018. 「기록의 분류와 기술: 기록을 어떻게 조직할 것인가?」. 『기록관리의 이론과 실제』. 조은글터.

설문원. 2021. 『기록학의 지평』. 서울: 조은글터.

쉘렌버그, 테오도르(T. R. Schellenberg). 2002. 『현대기록학개론』. 이원영 옮김. 서울: 진리탐구.

오진관. 2017. 「정부산하공공기관의 분류체계관리시스템 기능 설계 연구」. ≪한국기록학회≫,

53: 201~228.

이미화. 2017. 「IFLA 도서관 참조 모형: 서지정보의 개념 모형」(IFLA 2017의 번역). 국립중앙도
서관.

https://www.ifla.org/wp-content/uploads/2019/05/assets/cataloguing/frbr-lrm/ifla-lrm-
august-2017_rev201712-ko.pdf(검색일: 2023.10.10)

이세진·김화경. 2016. 「BRM 정비를 통한 기록관리기준표 개선사례: 서울시 BRM 및 기록관리
기준표 정비사례를 중심으로」. ≪기록학연구≫, 50: 273~309.

이소연·오명진. 2005. 「기록관리를 위한 업무분석 방법론 연구: 호주표준 AS5090을 중심으로」.
≪기록학연구≫, 12: 3~35.

이정은·윤은하. 2018. 「ISO 15489 개정판의 주요 특징에 관한 연구」. ≪기록학연구≫, 57: 75~
111.

이해영. 2020. 『기록의 분류·기술과 검색도구: 기록 조직론 개정판』. 도서출판 선인.

전보배·설문원. 2019. 「기록 평가에 관한 국제표준의 적용방안 분석: ISO 15489-1과 ISO/TR
21946을 중심으로」. ≪한국기록관리학회지≫, 19(4): 115~137.

Bearman, David and Ken Sochats. 1996. "Metadata Requirements for Evidence".

https://www.archimuse.com/papers/nhprc/BACartic.html(검색일: 2023.10.10)

Bliss, Henry E. 1929. *The organization of knowledge and the system of the sciences*. New
York, NY: Henry Holt and Company.

Buckland, Michael. 2017. *Information and Society*. Cambridge, MA: MIT Press.

CC:DA Task Force on VRA Core Categories. 2000. 「Task Force on Metadata: Final Report,
CC:DA(ALCTS/CCS/Comittee on Cataloging: Description and Access)」.

Coyle, Karen. 2016. *FRBR, Before and After: a look at our bibliographic models*. Chicago:
American Library Association.

http://kcoyle.net/beforeAndAfter/(검색일: 2023.10.10)

Cook, Terry. 1997. "What is Past is Prologue: A History of Archival Ideas Since 1898, and the
Future Paradigm Shift." *Archivaria*, Vol. 43(Spring), pp. 17~63.

Duranti, L. 1993. "Origin and development of the concept of archival description." *Archi-
varia*, Vol. 35, pp. 47~54.

https://archivaria.ca/index.php/archivaria/article/view/11884(검색일: 2023.10.10)

Hjørland, Birger. 2017. "Classification." *Knowledge Organization*, Vol 44, No. 2, pp. 97~128.

Hjørland, Birger and Claudio Gnoli.(eds.) "ISKO Encyclopedia of Knowledge Organization".

http://www.isko.org/cyclo/classification(검색일: 2023.10.10)

Hjørland, Birger. 2023. "Description: Its meaning, epistemology, and use with emphasis on
information science." *Journal of the Association for Information Science and Techno-
logy*(open access early view)

https://doi.org/10.1002/asi.24834(검색일: 2023.10.10)

ICA. 2023. "International Study Day on Early Implementations of Records in Contexts".

https://www.ica.org/en/egad-international-study-day-on-early-implementations-of-reco rds-in-contexts(검색일: 2023.11.15)

Jacob, Elin K. 2004. "Classification and Categorization: A Difference that Makes a Difference." *Library Trends*, Vol. 52, No. 3, pp. 515~540.

Mayernik, Matthew S. 2020. "Metadata." *Knowledge Organization*, Vol. 47, No. 8, pp. 696~713.

Hjørland, Birger and Claudio Gnoli.(eds.) "ISKO Encyclopedia of Knowledge Organization". https://www.isko.org/cyclo/metadata(검색일: 2023.10.10)

McKemmish, Sue, Glenda Acland, Nigel Ward and Barbara Reed. 1999. "Describing records in context in the continuum: the Australian recordkeeping metadata schema." *Archivaria*, Vol. 48(fall), pp. 3~43.

Microsoft Ignite. 2023. "Open the Term Store Management Tool". https://learn.microsoft.com/en-us/sharepoint/open-term-store-management-tool(검색일: 2023.10.10)

NAA. 2003. "Overview of Classification Tools for Records Management".

NAA. 2023. "Classifying information (in Describing information)". https://www.naa.gov.au/information-management/describing-information/classifying-information(검색일: 2023.10.10)

Ott, Florence. 2020. *Records Management at the Heart of Business Processes : Validate, Protect, Operate and Maintain the Information in the Digital Environment*. ISTE Press-Elsevier.

SAA, 2023. "Dictionary of Archives Terminology". https://dictionary.archivists.org/(검색일: 2023.10.10)

Sullivan, William M. 1995. *Work and Integrity: The Crisis and Promise of Professionalism in America*. New York: HarperBusiness.

Suppe, Frederick. 1989. "Classification." *International encyclopedia of communications*. Erik Barnouw.(ed.) Oxford, UK: Oxford University Press, vol. 1.

Thompson, Timothy A., James Little, David González, Andrew Darby and Matt Carruthers. 2013. "From Finding Aids to Wiki Pages: Remixing Archival Metadata with RAMP." *Code4Lib Journal*. https://journal.code4lib.org/articles/8962(검색일: 2024.1.5)

Tinker, Liza. 2018. "SharePoint Metadata-What Is It and Why Is It Important?" https://miktysh.com.au/sharepoint-metadata-what-is-it-and-why-is-it-important/(검색일: 2023.10.10)

Yeo, Geoffrey. 2012a. "The Conceptual Fonds and the Physical Collection." *Archivaria*, Vol. 73, pp.43~80. http://archivaria.ca/index.php/archivaria/article/view/13384(검색일: 2023.10.10)

Yeo, Geoffrey. 2012b. "Bringing Things Together: Aggregate Records in a Digital Age." *Archivaria*, Vol.74, pp.43~91.

　　https://archivaria.ca/index.php/archivaria/article/view/13407(검색일: 2023.10.10)

Yeo, Geoffrey. 2017. "Continuing Debates about Description." *Currents of Archival Thinking*, 2nd edition. Heather MacNeil and Terry Eastwood.(ed.) Santa Barbara, California, USA: Libraries Unlimited.

Yeo, Geoffrey. 2018. *Records, Information and Data: Exploring the role of record keeping in an information culture*. Facet Publishing.

Warland, Andrew. 2021a. "Classifying records in Microsoft 365".

　　https://andrewwarland.wordpress.com/2021/04/20/classifying-records-in-microsoft-365-2/(검색일: 2023.10.10)

Warland, Andrew. 2021b. "Avoid using folders to aggregate records in SharePoint".

　　https://andrewwarland.wordpress.com/2021/12/29/avoid-using-folders-to-aggregate-records-in-sharepoint/(검색일: 2023.10.10)

Zeng, Marcia Lei and Jian Qin. 2022. *Metadata*. ALA.

6장 기록의 보존: 기록을 왜, 어떻게 보존해야 하는가?

국가기록원. 2023. 「기록물 보존시설 신축 가이드라인」. 대전: 국가기록원.

국가기록원. 2022. 「필수기록물 선별 및 보호절차(v1.1)」. 대전: 국가기록원.

산업표준심의회. 2010. 「필수기록관리와 기록관리 재난대비 계획」.

김윤환·KBS 기억제작팀. 2011. 『기억: KBS 사이언스 대기획 인간탐구』. 서울: KBS미디어.

동아출판사 편집부 엮음. 1994. 『인류가 겪은 대재앙』. 서울: 동아출판사.

실버만, 랜디(Randy Silverman). 2010. 「미국 재앙 대처 규약」. 이귀복·현혜원 옮김 및 감수. 『자료 보존에 관한 세 가지 요소: 재난, 전시, 디지털화』. 서울: 국립중앙도서관.

송정숙. 1998. 「한국의 인쇄문화」. 부산대학교 한국민족문화연구소 엮음. 『한국의 문화유산』. 부산: 부산대학교 출판부.

송정숙. 1999. 「미국 문서관의 현황」. ≪서지학연구≫, 17: 347~372.

송정숙. 2012. 「부산의 기억과 로컬리티: 〈부산의 인물〉과 〈부산의 문화재〉를 중심으로」. ≪한국도서관·정보학회지≫, 43(2): 343~364.

송정숙·정연경. 2008. 「전문직으로서의 기록관리직: 어떻게 전문직으로 인정받고 교육할 것인가?」 한국기록관리학회 엮음. 『기록관리론: 증거와 기억의 과학』. 서울: 아세아문화사.

이노우에 스스무(井上進). 2013. 『중국 출판문화사』. 이동철·장원철·이정희 옮김. 서울: 민음사.

정선영. 1998. 「종이의 傳來時期와 古代 製紙技術에 관한 연구」. 연세대학교 대학원 문헌정보학과 박사학위논문.

로스, 하비(Ross Harvey). 1999. 『자료보존론』. 권기원·방준필·이종권 옮김. 서울: 사민서각.

Bettington, Jackie et al.(eds.) 2008. *Keeping archives*. 3rd ed. Canberra, Australia: Australian

Society of Archivists.

Ellis(ed.), Judith.(ed.) 1993. *Keeping archives*. 2nd ed. Port Melbourne: Thorpe in association with the Australian Society of Archivists.

Millar, Laura A. 2010. *Archives: Principles and practices*. Chicago: Neal- Schuman.

Millar, Laura A. 2017. *Archives: Principles & practices*. 2nd ed. Chicago: American Library Association.

───

The U.S. National Archives and Records Administration, Preservation.
 https://www.archives.gov/preservation/about.

後漢書 卷78 蔡倫傳

두산백과(http://terms.naver.com/)

「공공기록물관리에 관한 법률」.

7장 기록정보서비스: 기록정보의 활용과 서비스를 어떻게 확대할 것인가?

강혜라·장우권. 2017. 「학생기록물에 대한 대학생의 인식 유형 연구」. ≪한국비블리아학회지≫, 제28권 제3호, 95~123쪽.

김건·김태영·배삼열·이은진·김용. 2013. 「대통령기록물을 활용한 다중지능이론 기반의 교육 프로그램 개발」. ≪한국기록관리학회지≫, 제13권 제3호, 99~125쪽.

김두리·김수정. 2014. 「대학기록관 이용자의 기록정보서비스 인식에 관한 연구」. ≪정보관리학회지≫, 제31권 제4호, 29~47쪽.

김솔. 2013. 「대통령기록물 온라인 콘텐츠의 초등교육 활용방안」. ≪한국기록관리학회지≫, 제13권 제1호, 59~79쪽.

김순희. 2010. 「기록정보서비스」. 한국기록관리학회 편저. 『기록관리론(개정판)』. 서울: 아세아문화사.

김연주. 2009. 「아카이브와 박물관의 전시 비교와 개선방안」. ≪한국기록관리학회지≫, 제9권 제2호, 103~131쪽.

김예지·김익한. 2022. 「소셜미디어를 이용한 기록관리기관의 기록서비스 혁신 방안 연구: 경남기록원과 서울기록원을 중심으로」. ≪한국기록관리학회지≫, 제22권 제2호, 1~25쪽.

김은실·오효정·최민정·김용. 2017. 「대통령기록물을 활용한 다문화가정 자녀의 자아존중감 향상을 위한 교육 프로그램 개발」. ≪한국기록관리학회지≫, 제17권 제2호, 101~128쪽.

김인택·안대진·이해영. 2017. 「인공지능을 활용한 지능형 기록관리 방안」. ≪한국기록관리학회지≫, 제17권 제4호, 225~250쪽.

김재훈·이경훈. 2006. 「대한불교조계종 중앙기록관 역사기록전시」. ≪기록학연구≫, 제13호, 287~320쪽.

김정분. 2020. 「국가기록물 온라인 플랫폼을 통한 사료 학습 방안 연구: 영국 국립 기록 보존관 온라인 시스템의 활용 사례를 중심으로」. ≪사회과교육≫, 제59권 제4호, 97~114쪽.

김지현. 2012. 「국가기록원 기록정보서비스에 대한 이용자 인식에 관한 연구」. ≪한국기록관리
학회지≫, 제12권 제1호, 167~187쪽.

김태영·강주연·김건·오효정. 2018. 「지능형 기록정보서비스를 위한 선진 기술 현황 분석 및 적
용 방안」. ≪한국기록관리학회지≫, 제18권 제4호, 149~182쪽.

김태훈. 2021. 「청소년의 기록정보서비스 인식 및 이용활성화 방안에 대한 연구」. ≪사회과학
담론과 정책≫, 제14권 제2호, 167~192쪽.

김혜윤·김지현. 2019. 「대통령기록관 전시서비스에 대한 이용자 인식 및 요구에 관한 연구 : 어
린이 및 동반 성인 이용자를 중심으로」. ≪기록학연구≫, 제62호, 139~183쪽.

도윤지. 2013. 「기록물을 활용한 지역사 기록콘텐츠 개발 방안: 부산광역시 중등학교 교육을 중
심으로」. ≪기록학연구≫, 제36호, 69~119쪽.

두효철·김건·오효정. 2019. 「SNS 기반 재난기록정보서비스를 위한 이용자 요구분석 및 개선방
안」. ≪정보관리학회지≫, 제36권 제1호, 269~294쪽.

류한조·김익한. 2009. 「기록콘텐츠 개발 모형에 관한 연구」. ≪한국기록관리학회지≫, 제9권
제1호, 221~248쪽.

박성재. 2017. 「성과평가에 기반한 기록관의 사회적 영향 분석 연구」. ≪한국기록관리학회지≫,
제17권 제1호, 73~92쪽.

박성희. 2010. 「대통령기록관 교육 프로그램 활성화 방안」. 한남대학교 일반대학원 기록관리학
과 석사학위논문.

박지영·백지연·김유현·오효정. 2018. 「유튜브(YouTube) 채널을 통한 국가기록원 기록정보콘
텐츠 활용방안」. ≪정보관리학회지≫, 제35권 제4호, 165~193쪽.

박현정·장우권. 2015. 「아카이브 이벤트 활성화에 관한 연구」. ≪한국비블리아학회지≫, 제26
권 제1호, 391~428쪽.

백제연·이성신. 2021. 「국가기록원 서포터즈(나라기록넷띠) 활동 및 운영 분석」. ≪한국기록관
리학회지≫, 제21권 제2호, 1~21쪽.

백지연·오효정. 2019. 「국가기록원 질의로그 빅데이터 기반 이용자 정보 요구 유형 분석」. ≪정
보관리학회지≫, 제36권 제4호, 183~205쪽.

백진이·이해영. 2018. 「영국 국립기록보존소(TNA)의 교육용 기록정보콘텐츠 서비스」. ≪한국
기록관리학회지≫, 제18권 제1호, 49~77쪽.

벨처, 마이클(Michael Belcher). 2006. 『박물관 전시의 기획과 디자인』. 신자은·박윤옥 옮김. 서
울: 예경.

서은경·박희진. 2019. 「기록콘텐츠 기반의 아카이브 전시 활성화 방안」. ≪한국기록관리학회지≫,
제19권 제1호, 69~93쪽.

서혜경. 2010. 「국가기록원의 어린이 교육 프로그램 활성화 방안」. ≪한국기록관리학회지≫,
제10권 제1호, 141~161쪽.

설문원. 2008a. 「기록정보서비스 전략계획 수립을 위한 기초 연구: 국가기록원을 중심으로」. ≪정
보관리학회지≫, 제25권 제3호, 249~271쪽.

설문원. 2008b. 「기록정보서비스의 방향과 과제」. ≪기록인≫, 3호, 11~19쪽.

설문원. 2010. 「기록검색도구의 발전과 전망」. ≪기록학연구≫, 제23호, 3~43쪽.

설문원. 2012. 「로컬리티 기록콘텐츠 개발 방안에 관한 연구」. ≪한국도서관·정보학회지≫, 제43권 제2호, 317~342쪽.

설문원. 2015. 「기록의 발견과 이해를 위한 온라인 검색가이드 연구」. ≪한국기록관리학회지≫, 제15권 제1호, 53~87쪽.

설문원. 2022. 「국가기록원의 기록제공서비스에 관한 탐색적 연구」. ≪한국기록관리학회지≫, 제22권 제3호, 103~124쪽,

설문원·김익한. 2006. 「이승만시기 국무회의록과 정부부처 기록의 연관구조 분석에 기반한 역사 컨텐츠 설계 방안」. ≪한국비블리아학회지≫, 제17권 제2호, 115~136쪽.

성면섭·이해영. 2020. 「기록관리기관 이용 학술연구자의 정보이용행태 연구」. ≪한국기록관리학회지≫, 제20권 제3호, 119~138쪽.

송나라·이성민·김용·오효정. 2017. 「자유학기제에 적용가능한 대통령기록물 활용 교육프로그램 개발」. ≪기록학연구≫, 제51호, 89~132쪽.

송나라·장효정·최효영·김종혁·김용. 2016. 「체험경제이론(4Es)을 적한 대통령기록관 어린이 체험전시관 프로그램 개발에 관한 연구」. ≪한국기록관리학회지≫, 제16권 제1호, 9~40쪽.

신예진·최재황. 2015. 「역사교육용 기록정보 콘텐츠의 교육적 효용성 분석」. ≪한국기록관리학회지≫, 제15권 제3호, 193~217쪽.

심갑용·임지훈·박종옥·송나라·장효정·김용. 2015. 「대통령기록물을 활용한 유비쿼터스 기반의 교육서비스 모형 개발」. ≪한국기록관리학회지≫, 제15권 제1호, 127~155쪽.

심성보. 2007. 「교수·학습자료용 기록정보 콘텐츠 서비스의 구성 및 개발」. ≪기록학연구≫, 제16호, 201~256쪽.

심세현·이성숙. 2010. 「기록물관리기관의 출판서비스 현황과 개선방안」. ≪한국정보관리학회 학술대회 논문집≫, 163~170쪽.

우지원·이영학. 2011. 「과거사 관련 위원회 기록정보콘텐츠 구축방안 연구」. ≪한국기록관리학회지≫, 제11권 제1호, 67~92쪽.

우지원·이용재. 2016. 「교육기록물관리기관 기록전시 방안 연구」. ≪한국문헌정보학회지≫, 제50권 제4호, 185~208쪽.

유호선·김은실·이수진·김용. 2017. 「3D VR 기법을 활용한 온라인 전시 콘텐츠 구현방안」. ≪한국비블리아학회지≫, 제28권 제1호, 271~292쪽.

윤병화. 2023a. 『박물관학』. 파주: 예문사.

윤병화. 2023b. 『학예사를 위한 전시기획입문』. 파주: 예문사.

윤은하·배삼열·심갑용·김용. 2014. 「정보공개청구를 통한 학술 정보 이용에 관한 연구」. ≪한국비블리아학회지≫, 제25권 제1호, 265~294쪽.

이능금·김용·김건. 2015. 「대통령기록물을 활용한 NIE 기반 교육프로그램 개발」. ≪한국비블리아학회지≫, 제26권 제2호, 107~127쪽.

이은영. 2011a. 「교수·학습자료용 기록정보콘텐츠의 구조에 관한 연구」. ≪기록학연구≫, 제28호, 83~121쪽.

이은영. 2011b. 「교육용 기록정보콘텐츠 개발 절차에 관한 연구」. ≪기록학연구≫, 제29호, 129~173쪽.

이재나·유현경·김건. 2015. 「스토리텔링을 활용한 대통령기록관 전시에 관한 연구」. ≪한국기록관리학회지≫, 제15권 제3호, 87~114쪽.

이정민·김수정. 2023. 「국가기록원 어린이 교육용 온라인 기록정보콘텐츠 현황 및 개선방안에 관한 연구」. ≪디지털문화아카이브지≫, 제6권 제1호, 5~23쪽.

이정은·강주연·김은실·김용. 2017. 「대학생의 기록관 인식현황 및 이용 활성화 방안 연구」. ≪기록학연구≫, 제51호, 133~173쪽.

이진영. 2012. 「기록자원에 기반한 대통령기록관의 교육프로그램 개발에 관한 연구」. 이화여자대학교 정책과학대학원 기록관리학전공 석사학위논문.

이창희·이해영·김인택. 2018. 「기록정보서비스를 위한 메신저 기반의 챗봇 프로토 타입 개발 연구: 명지대학교 대학사료실을 중심으로」. ≪정보관리학회지≫, 제35권 제3호, 215~244쪽.

이해영·김영은·김은영·김현지·남경희·이미라·이윤화·전혜영·최정윤. 2007. 「기록정보서비스의 평가 및 개선 방향」. ≪한국기록관리학회지≫, 제7권 제2호, 25~42쪽.

이혜원·이해영. 2015. 「기록관의 견학 프로그램: 대통령기록관을 사례로」. ≪한국기록관리학회지≫, 제15권 제3호, 219~245쪽.

이효은·임진희. 2015. 「웹애널리틱스를 이용한 아카이브 이용자 분석 사례 연구」. ≪기록학연구≫, 제45호, 83~120쪽.

이효진·김지현. 2021. 「국가기록원 웹사이트 검색서비스의 사용성 평가를 통한 개선방안 연구」. ≪한국기록관리학회지≫, 제21권 제3호, 187~215쪽.

임수현·서은경. 2021. 「온라인 기록전시의 기능요건과 상대적 중요도 분석」. ≪한국기록관리학회지≫, 제21권 제3호, 119~138쪽.

장윤서·김지현. 2021. 「국회기록보존소 학술 정보 이용자 서비스 활성화 방안에 관한 연구」. ≪정보관리학회지≫, 제38권 제3호, 41~71쪽.

정경희. 2007. 「시장세분화 기반의 기록정보서비스에 관한 고찰」. ≪한국도서관·정보학회지≫, 제38권 제3호, 277~297쪽.

정경희·이호신. 2023. 『도서관 사서를 위한 저작권법(전면 개정판)』. 서울: 한울아카데미.

정미옥·최상희. 2019. 「국가기록원의 국가지정기록물 웹 기반 기록정보서비스 개선방안 연구: 패싯 기반 디렉토리 서비스를 중심으로」. ≪한국비블리아학회지≫, 제30권 제4호, 217~234쪽.

정우철·이해영. 2016. 「대학기록관 이용자의 기록정보서비스 평가」. ≪한국기록관리학회지≫, 제16권 제1호, 195~221쪽.

정은진. 2007. 「영구기록물관리기관 공공프로그램의 역할과 운영방안 연구」. ≪기록학연구≫, 제16호, 257~302쪽.

정창오·이해영. 2018. 「기록물관리기관의 출판프로그램 현황과 특징: 미국 NARA와 국가기록원 사례를 중심으로」. ≪한국기록관리학회지≫, 제18권 제1호, 1~27쪽.

정혜정·이해영, 2018. 「SNS와 민원에 기반한 기록정보서비스 활성화 방안」. ≪한국기록관리학회지≫, 제18권 제3호, 165~191쪽.

정희명·김순희. 2023. 「영미권 국립보존기록관 인스타그램의 기록정보콘텐츠 사례 연구」. ≪한 국기록관리학회지≫, 제23권 제2호, 1~26쪽.

조민정. 2001. 「한국의 국가기록관리기관 정보조사제공 활성화를 위한 정책 연구」. 연세대학교 대학원 박사학위논문.

조민지. 2018. 「국가기록 전시의 의미화에 대한 이용자 수용과 변화에 관한 연구」. ≪기록학연 구≫, 제57호, 5~34쪽.

조윤희. 2008. 「기록물관리기관의 이용활성화 방안에 관한 연구」. 중앙대학교대학원 기록관리 학전공 석사학위논문.

진주영·이해영. 2018. 「국가기록원 웹사이트 유입경로와 이용자 검색어 분석」. ≪정보관리학회 지≫, 제35권 제1호, 183~203쪽.

최석현·박현숙·김명훈·전태일. 2013. 「아카이브의 디지털 전시 활용효과 분석」. ≪한국기록관 리학회지≫, 제13권 제1호, 7~33쪽.

최윤진·최동운·김형희·임진희. 2014. 「공개 소프트웨어 OMEKA를 이용한 기록 웹 전시 방안 연구」. ≪기록학연구≫, 제42호, 135~183쪽.

한수연·정동열. 2012. 「기록물관리기관 서비스 품질 척도 개발에 관한 연구」. ≪한국기록관리 학회지≫, 제12권 제1호, 59~78쪽.

현문수·김동철. 2013. 「지역사 인물 콘텐츠 개발에 관한 연구: 박기종 사례를 중심으로」. ≪기 록학연구≫, 제36호, 195~231.

현문수·전보배·이동현. 2014. 「참여형 디지털 아카이브 구축 실행 방안: 부산 영도 지역 조선 노동 아카이브 구축을 위하여」. ≪기록학연구≫, 제42호, 245~285쪽.

Bak, G. and A. Hill. 2015. "Deseronto Dreams: Archives, Social Networking Services, and Place." *Archivaria*, No. 79, pp. 1~26.

Colavizza, G., T. Blanke, C. Jeurgens and J. Noordegraaf. 2021. "Archives and AI: An Overview of Current Debates and Future Perspectives." *ACM Journal on Computing and Cultural Heritage(JOCCH)*, Vol. 15, No, 1, pp. 1~15.

Conway, P. 1986. "Facts and Frameworks: An Approach to Studying the Users of Archives." *American Archivist*, Vol. 49, No. 4, pp. 393~407.

Daniels, M. and E. Yakel. 2013. "Uncovering Impact: The Influence of Archives on Student Learning." *The Journal of Academic Librarianship*, Vol. 39, No. 5, pp. 414~422.

Dearstyne, B. W. 1997. "Archival Reference and Outreach: Toward a New Paradigm." *The Reference Librarian*, Vol. 26, No. 56, pp. 185~202.

Duff, W. M. 2010. "Archival Mediation." T. Eastwood and H. MacNeil.(eds.) *Currents of Archival Thinking*(pp. 115~136). CA: Libraries Unlimited.

Duff, W. M. and C. A. Johnson. 2003. "Where Is the List with All the Names? Informa- tion-Seeking Behavior of Genealogists." *American Archivist*, Vol. 66, No. 1, pp. 79~95.

Duff, W. M. and E. Yakel. 2017. "Archival Interaction." N. MacNeil and T. Eastwood.(eds.)

Currents of Archival Thinking. CA: Libraries Unlimited.

Duff, W. M. and J. Cherry. 2008. "Archival Orientation for Undergraduate Students: An Exploratory Study of Impact." *American Archivist*, Vol. 71, No. 2, pp. 499~529.

Duff, W. M., B. Craig and J. Cherry. 2004. "Historians' Use of Archival Sources: Promises and Pitfalls of the Digital Age." *Public Historian*, Vol. 26, No. 2, pp. 7~22.

Duff, W. M., E. Yakel and H. Tibbo. 2013. "Archival Reference Knowledge." *American Archivist*, Vol. 76, No. 1, pp. 68~94.

Force, D. and B. Wiles. 2021. "'Quietly Incomplete': Academic Historians, Digital Archival Collections, and Historical Research in the Web Era." *Journal of Contemporary Archival Studies*, Vol. 8, pp. 1~22.

Hager, J. D. 2015. "To Like or Not to Like: Understanding and Maximizing the Utility of Archival Outreach on Facebook." *American Archivist*, Vol. 78, No. 1, pp. 18~37.

Hawk, A. K. and M. Griffin. 2022. "Adherence to Standardized Measures and Metrics for Public Services in US-Based Special Collections Libraries and Archival Institutions." *Journal of Library Administration*, Vol. 62, No. 5, pp. 673~688.

Jeremy, J., E. Woodley and L. Kupke. 2008. "Access and Reference Services." J. Bettington et al.(eds.) *Keeping Archives*, 3rd edition. Canberra, Australia: Australian Society of Archivists.

Krause, M. G. 2010. "Undergraduates in the Archives: Using an Assessment Rubric to Measure Learning." *American Archivist*, Vol. 73, No. 2, pp. 507~534.

Kurtz, M. J. 2004. "Public Relations." Managing Archival and Manuscript Repositories. Chicago: Society of American Archivists.

National Archives and Records Adminstration. 2020. "Social media strategy fiscal year 2021-2025". https://www.archives.gov/social-media/strategies(검색일: 2023.10.10)

Oestreicher, C. 2020. Reference and Access for Archives and Manuscripts. Archival Fundamentals Series III, Volume 4. Chicago: Society of American Archivists.

Pederson, A. 2008. "Advocacy and Outreach." J. Bettington et al.(eds.) *Keeping Archives*, 3rd edition. Canberra, Australia: Australian Society of Archivists.

Pugh, Mary Jo. 2005. Providing Reference Services for Archives and Manuscripts. Archival Fundamental Series II. Chicago: Society of American Archivists.

Sinn, D. and N. Soares. 2014. "Historians' Use of Digital Archival Collections: The Web, Historical Scholarship, and Archival Research." *Journal of the Association for Information Science and Technology*, Vol. 65, No. 9, pp. 1794~1809.

Society of American Archivists. 2005. "Reference." *Dictionary of Archives Terminology*. https://dictionary.archivists.org/entry/reference.html(검색일: 2023.10.28)

Tibbo, H. R. 2003. "Primarily History in America; How U.S. Historians Search for Primary

Mateirals at the Dawn of the Digital Age." *American Archivist*, Vol. 66, No. 1, pp. 9~50.

Yakel, E. 2004. "Information Literacy for Primary Sources: Creating A New Paradigm for Archival Researcher Education." *OCLC Systems and Services*, Vol. 20, No. 2, pp. 61~64.

Yakel, E. and D. A. Torres. 2007. "Genealogists as a 'Community of Records'." *American Archivist*, Vol. 71, No. 1, pp. 93~113.

Yeo, G. 2005. "Understanding Users and Use: A Market Segmentation Approach." *Journal of the Society of Archivists*, Vol. 26, No. 1, pp. 25~53.

———

[표준]

국가기록원. NAK 21: 2018(v1.1). 공공기록물 서비스 표준.

8장 알권리와 정보공개: 알권리를 위한 정보공개제도는 어떻게 발전되어 왔는가?

김배원. 1999. 「미국의 정보자유법: 1996년 개정 전자정보자유법」. ≪미국헌법연구≫, 10호, 189~221쪽.

김유승. 2010. 「거버먼트 2.0 기반의 정보공개제도 개선방안에 대한 연구」. ≪기록학연구≫, 25호, 197~231쪽.

김유승. 2014a. 「기록으로의 공공데이터 관리를 위한 제도적 고찰:『공공데이터의 제공 및 이용 활성화에 관한 법률』분석을 중심으로」. ≪한국기록관리학회지≫, 14호 1권, 53~73쪽.

김유승. 2014b. 「알권리 시대, 정부3.0의 위험과 과제」. ≪한국기록관리학회지≫, 14호 4권, 37~62쪽.

김유승. 2018.4.12. 「나에게 알권리가 있습니다」. 알권리학교 발표. 파주중앙도서관.

김유승. 2022. 「국회 비공개대상정보 세부 기준 연구: '국회정보공개규정'을 중심으로」. ≪한국 기록관리학회지≫, 22호 3권, 37~53쪽.

김유승. 2023. 「행정각부 비공개대상정보 세부기준 개선방안 연구」. ≪한국기록관리학회지≫, 23호 3권, 115~136쪽.

김유승·전진한. 2011. 「거버먼트2.0 기반의 공공정보서비스에 관한 연구」. ≪한국기록관리학 회지≫, 11호 1권, 47~66쪽.

김윤일. 2007. 「비공개대상정보 범위에 관한 세부기준: 어떻게 수립할 것인가?」. ≪디지털행정≫, 108호, 88~91쪽.

배병호. 2008. 「미국의 정보공개제도와 언론」.『세계의 언론법제 정보공개와 언론 상권』. 서울: 한국언론재단.

배정근. 2009. 「정보공개법을 통한 권리 실현의 한계」. ≪한국언론학보≫, 53권 1호, 368~454쪽.

심영섭. 2008. 「북유럽 국가의 정보공개제도」.『세계의 언론법제 정보공개와 언론 상권』. 서울: 한국언론재단.

유일상. 2003. 「국민의 알권리와 개인의 사생활권」. 한국방송학회 세미나 및 보고서.

이일세. 2015. 「공공기관의 정보공개에 관한 판례분석: 공개·비공개사유를 중심으로」. ≪강원법학≫, 45호, 145~210쪽.

이재완. 2014. 「정부운영 패러다임과 정보공개 패러다임의 상응성에 관한 연구」. ≪한국지역정보학회지≫, 17호 2권, 147~172쪽.

이재진. 2005. 「저널리즘영역에 있어서의 알권리의 기원과 개념변화에 대한 연구」. ≪언론과학연구≫, 5호 1권, 231~264쪽.

투명사회를 위한 정보공개센터. 2020.2.19. "국회의 정보공개 혁신?! 새로 열린 열린국회정보 살펴보기".

하승수. 1999. 「정보공개청구운동 1년의 평가와 과제」. 『정보공개와 참여민주주의』. 참여연대 정보공개사업단.

한병구. 2000. 『언론과 윤리법제』. 서울: 서울대학교 출판부.

한상범. 1970. 「표현의 자유와 알권리」. ≪법조≫, 19호 21권, 13~24쪽.

행정안전부. 2022. 『2022 정보공개 연차보고서』.

행정안전부 정보공개정책과. 2020.2.7. "행안부, 오는 9월 580여개 공공기관 대상 정보공개 운영 수준 평가".

홍일표. 2009. 「정보공개운동의 '이중적 전환'과 시민참여」. ≪기록학연구≫, 22호, 37~76쪽.

황진현·임지민·변우영·임진희. 2021. 「공공기관 '비공개 세부 기준' 개발 전략」. ≪한국기록관리학회지≫, 21호 1권, 117~139쪽.

Augustyn, Maja and Cosimo Monda. 2011. Transparency and access to documents in the EU: Ten years on from the adoption of Regulation 1049/2001.

Blasi, Vincent .1977. "The checking value in first amendment theory." *American Bar Foundation Research Journal*, Vol. 2, No. 3, pp. 521~649.

Cross, Harold C. 1953. *The people's right to know: Legal access to public records and proceedings.* New York: Columbia University Press.

European Communities. 1992. "Declaration on the right of access to information". *Official Journal of the European Communities*, C191. Vol.35. 29 July 1992. Notice No. 92/C 191, p. 101.

European Communities. 1993. "Code of conduct concerning public access to Council and Commission documents." *Official Journal of the European Communities, L340.* Vol. 35. No. 31, pp. 41~42.

Halstuk, Martin E. and Bill F. Chamberlin. 2006. "The Freedom of Information Act 1966~2006: A retrospective on the rise of privacy protection over the public interest in knowing what the government's up to." *Communication Law and Policy*, 11(4): 511~564.

OECD. 2005. "Digital broadband content: Public sector information and content." DSTI/ICCP/IE(2005) 2/FINAL.

Wiggins, James Russell. 1956. *Freedom or secrecy*. New York: Oxford University Press.

9장 전자기록관리: 디지털 환경에서 전자기록을 어떻게 관리할 것인가?

김해찬솔·안대진·임진희·이해영. 2017. 「기계학습을 이용한 기록 텍스트 자동분류 사례 연구」. ≪정보관리학회지≫, 34권, 4호, 321~344쪽.

설문원. 2018. 「공공기관의 책임성 강화를 위한 기록평가제도의 재설계」. ≪기록학연구≫, 55호, 5~38쪽.

설문원. 2021. 『기록학의 지평』. 서울: 조은글터.

이승억·설문원. 2021. 「디지털 정보기술 환경에서 보존기록 평가론의 전환」. ≪기록학연구≫, 67호, 57~97쪽.

왕호성·문신혜·한능우. 2020. 「블록체인 트랜잭션과 스마트 컨트랙트를 활용한 기록관리 적용 방안 연구」. ≪한국기록관리학회지≫, 20권 4호, 81~105쪽. http://dx.doi.org/10.14404/JKSARM.2020.20.4.081

이정은·윤은하. 2018. 「ISO 15489 개정판의 주요 특징에 관한 연구」. ≪기록학연구≫, 57호, 75~111쪽.

현문수. 2022. 「전자기록의 신뢰가치 확립을 위한 증거능력 구현체계 연구 우리나라 공공 전자기록의 신뢰가치 모델 개발을 중심으로」. ≪기록학연구≫, 73호, 5~46쪽.

RedHat. 2023. "엣지 컴퓨팅(Edge computing)이란?" https://www.redhat.com/ko/topics/edge-computing/what-is-edge-computing(검색일: 2023.9.10)

Acker, A. 2017. "When is a record?: A research framework for locating electronic records in infrastructure." A. J. Gilliland, S. McKemmish and A. J. L. Clayton. (ed.) *Research in Archival Multiverse*. Monash University Publishing.

Andresen, H. 2020. "A discussion frame for explaining records that are based on algorithmic output." *Records Management Journal*, Vol. 30 No. 2, pp. 129~141.

ARCHANGEL. n.d. "About-ARCHANGEL: Trusted digital archives". https://www.archangel.ac.uk/about/(검색일: 2023.8.3)

Bhatia, S., E. K. Douglas and M. Most. 2020, "Blockchain and records management: disruptive force or new approach?" *Records Management Journal*, Vol. 30 No. 3, pp. 277~286.

Bralić, V., H. Stančić, M. Stengård. 2020. "A blockchain approach to digital archiving: digital signature certification chain preservation." *Records Management Journal*, Vol. 30 No. 3, pp. 345~362.

Bell, M., A. Green, J. Sheridan, J. Collomosse, D. Cooper, T. Bui, O. Thereaux and J. Higgins. 2019. "Underscoring archival authenticity with blockchain technology." *Insights*, No. 32, pp. 1~7.

Bunn, J. 2020. "Working in contexts for which transparency is important: A recordkeeping view of explainable artificial intelligence(XAI)." *Records Management Journal*, Vol. 30 No. 2, pp. 143~153.

CCSDS. 2012. Reference model for an Open Archival Information System(OAIS). [magenta book].
https://public.ccsds.org/pubs/650x0m2.pdf(검색일: 2023.8.3)

Chabin, M. 2020. "The potential for collaboration between AI and archival science in processing data from the French great national debate." *Records Management Journal*, Vol. 30, No. 2, pp. 241~252.

Cunningham, A., K. Thibodeau, H. Stančić and G. Oliver. 2019. "Exploring digital preservation in the cloud." In L. Duranti and C. Rogers.(eds.) *Trusting Records in the Cloud: The Creation, Management, and Preservation of Trustworthy Digital Content*. London: Facet Publishing.

DLM Forum Foundation. 2011. "MoReq2010®: Modular requirements for records systems."
https://moreq.info/files/moreq2010_vol1_v1_1_en.pdf(검색일: 2023.8.3)

Duranti, L. 2010. "The Trustworthiness of Digital Records." *International Congress on Digital Records Preservation* (16 April 2010)(Beijing, China).
http://www.digitalrecordsforensics.org/display_file.cfm?doc=drf_dissemination_cs_dur anti_icdrp_2010.pdf(검색일: 2023.8.10)

Duranti, L. and R. Preston.(eds.) 2008. "International Research on Permanent Authentic Records in Electronic Systems (InterPARES) 2: Experiential, interactive and dynamic records." Padova, Italy: Associazione Nazionale Archivistica Italiana.
http://www.interpares.org/ip2/display_file.cfm?doc=ip2_book_complete.pdf(검색일: 2023.9.10)

Duranti, L. and C. Rogers. 2019. "Introduction." L. Duranti and C. Rogers.(eds.) *Trusting Records in the Cloud: The Creation, Management, and Preservation of Trustworthy Digital Content*. London: Facet Publishing.

Duranti, L. and K. Thibodeau. 2006. "The Concept of Records in Interactive, Experiential and Dynamic Environments: the view of the InterPARES." *Archival Science*, Vol. 6, No. 1, pp. 13~68.

Franks, P. 2018. *Records and information management*, 2nd ed. Chicago: Neal-Schuman.

Franks, P., K. Poloney and A. Weck. 2015. "Executive Summary of Survey Distributed to Members of ARMA International, InterPARES Trust".
http://interparestrust.org/assets/public/dissemination/NA06_20150331_RetentionDispo sitionClouds_ExecutiveSummary_Report_Final.pdf(검색일: 2023.8.3)

Glaudemans, A., R. Jonker and F. Smith. 2017a. "Beyond the traditionalboundaries of archival theory: An Interview with Eric Ketelaar." F. Smit, A. Glaudemans and R.

Jonker.(eds.) *Archives in Liquid Times.* DenHaag : Stichting Archiefpublicaties.

Glaudemans, A., R. Jonker and F. Smith. 2017b. "Documents, archives and hyperhistorical societies: An interview with Luciano Floridi." F. Smit, A. Glaudemans and R. Jonker.(eds.) *Archives in Liquid Times.* Den Haag : Stichting Archiefpublicaties.

Goudarouli, E., A. Sexton and J. Sheridan. 2019. "The Challenge of the Digital and the Future Archive: Through the Lens of The National Archives UK." *Philosophy & Technology*, Vol. 32, pp. 173~183.

Hutchinson, T. 2020. "Natural language processing and machine learning as practical toolsets for archival processing." *Records Management Journal*, Vol. 30, No. 2, pp. 155~174.

Hjørland, B. 2012. "Is classification necessary after Google?" *Journal of Documentation*, Vol. 68 No. 3, pp. 299~317.

Ibiricu, B. and M. L. van der Made. 2020. "Ethics by design: a code of ethics for the digital age." *Records Management Journal*, Vol. 30, No. 3, pp. 395~414.

InterPARES Trust. 2018. Terminology database.

http://interparestrust.org/terminology.

Jaillant, L., K. Aske, E. Goudarouli and N. Kitcher. 2022. "Introduction: challenges and prospects of born-digital and digitized archives in the digital humanities." *Archival Science*, Vol. 22, No. 3, pp. 285~291.

Lemieux, V., C. Rowell, M. Seidel and C. Woo. 2020. "Caught in the middle?: Strategic information governance disruptions in the era of blockchain and distributed trust." *Records Management Journal*, Vol. 30 No. 3, pp. 301~324.

MacNeil, H. 2000. *Trusting Records: Legal, Historical and Diplomatic Perspectives.* London: Kluwer Academic Publishers.

McLeod, J. 2020. "Guest editorial. Technology and records management: disrupt or be disrupted?" *Records Management Journal*, Vol. 30 No. 2, pp. 125~127.

Makhlouf Shabou, B., M. Guercio, S. Katuu, E. Lomas and A. Grazhenskaya. 2019. "Strategies, methods and tools enabling records governance in a cloud environment." L. Duranti and C. Rogers.(eds.) *Trusting Records and Data in the Cloud*, pp. 97~116. London: Facet Publishing.

Makhlouf Shabou, B., J. Tièche, J. Knafou and A. Gaudinat. 2020. "Algorithmic methods to explore the automation of the appraisal of structured and unstructured digital data." *Records Management Journal*, Vol. 30, No. 2, pp. 175~200.

Martin, K. 2019. "Ethical implications and accountability of algorithms." *Journal of Business Ethics*, Vol. 160, No. 4, pp. 835~850.

Mell, P. and T. Grance. 2011. "The NIST definition of cloud computing: Recommendations of the National Institute of Standards and Technology".

https://nvlpubs.nist.gov/nistpubs/legacy/sp/nistspecialpublication800-145.pdf(검색일:

2023.9.10)

NARA. 2010.9.8. "Guidance on managing records in cloud computing environments(NARA bulletin 2010-05)".

https://www.archives.gov/records-mgmt/bulletins/2010/2010-05.html(검색일: 2023.9.10)

NARA. 2019. "Blockchain white paper".

https://www.archives.gov/files/records-mgmt/policy/nara-blockchain-whitepaper.pdf (검색일: 2023.9.10)

NARA. 2020. "Cognitive technologies white paper: Records management implications for Internet of Thins, robotic process automation, machine learning, and artificial intelligence".

https://www.archives.gov/files/records-mgmt/policy/nara-cognitive-technologies-whit epaper.pdf(검색일: 2023.9.10)

Owens, T. 2018. *The Theory and Craft of Digital Preservation*. Baltimore: Johns Hopkins University Press.

Rouse, M. 2018.1.2. "Cognitive Technology." *Technopedia*.

https://www.techopedia.com/definition/32482/cognitive-technology(검색일: 2023.9.10)

Stančić, H., M. Ngoepe and J. Mukwevho. 2019.7. "Authentication. In Trusting Records in the Cloud." L. Duranti and C. Rogers.(eds.) *Trusting Records in the Cloud: The Creation, Management, and Preservation of Trustworthy Digital Content*. London: Facet Publishing.

Stuart, K. 2017. "Methods, methodology and madness: Digital records management in the Australian government." *Records Management Journal*, Vol. 27 No. 2, pp. 223~232.

Sødring, T., P. Reinholdtsen and S. Ølnes. 2020. "Publishing and using recordkeeping structural information in a blockchain." *Records Management Journal*, Vol. 30 No. 3, pp. 325~343.

Thibodeau, K. 2002. "Overview of technological approach to digital preservation and challenges in coming years." In *The State of Digital Preservation: An International Perspective*.

https://www.clir.org/pubs/reports/pub107/thibodeau/(검색일: 2023.8.3)

——

[표준]

산업표준심의회. 2021. KS X ISO 15489-1:2016 문헌정보－기록관리－제1부: 개념과 원칙.

산업표준심의회. 2022. KS X ISO 21188:2018 금융서비스를 위한 공개키 기반구조(PKI)－업무 지침과 정책체계.

——

[용어 사전]

한국기록학회. 2008.『기록학 용어 사전』. 서울: 역사비평사.

InterPARES Trust. 2018. Terminology Database.
       http://interparestrust.org/terminology

SAA. 2005-2023. Dictionary of Archives Terminology.
       https://dictionary.archivists.org/index.html

10장 전자기록시스템: 기록시스템 도입과 운영에서 기록전문직의 역할은 무엇인가?

국가기록원. 2017.「구 전자문서 이관 지침」.

국가기록원. 2022.「2022년 기록관리시스템과 실무의 이해」. 디지털혁신과.

박석훈. 2008.「대통령기록관리시스템의 구축」. ≪기록인≫, 2호, 56~61쪽.

설문원. 2021.『기록학의 지평』. 서울: 조은글터.

안대진. 2019.「기록시스템의 오픈소스 전략 연구」. 명지대학교 대학원 박사학위논문.

안대진. 2022.「시애틀시 디지털 기록관리에서 얻은 시사점」. 한국기록관리학회 추계학술대회.

오세라·박승훈·임진희 2018.「행정정보 데이터세트 사례조사 연구」. ≪한국기록관리학회지≫,
      18(2): 109~133.

오진관·임진희 2018.「차세대 기록관리시스템 재설계 모형 연구」. ≪한국기록관리학회지≫,
      18(2): 163~188.

이경남. 2018.「기록의 진본인증을 위한 블록체인 기술 적용 방안 연구」. 한국외국어대학교 다
      학원 박사학위논문.

이소연. 2015.「표준기록관리시스템의 활용현황 연구」. ≪기록학연구≫, 43: 71~102.

이젬마. 2016.「ISO 15489의 개정이 향후 기록관리에 미치는 영향」. ≪기록인≫, 37: 46~55.

이젬마. 2021.「국제표준 ISO 16175의 개정과정과 주요내용 분석」. ≪기록학연구≫, 67: 5~55.

―――
[법령]

공공기록물관리에 관한 법률

전자정부법

클라우드 컴퓨팅 발전 및 이용자 보호에 관한 법률

행정업무의 운영 및 혁신에 관한 규정

―――
[표준]

국가기록원. NAK 6:2022(v1.5) 기록관리시스템 기능요건.

국가기록원. NAK 7:2022(v1.5) 영구기록관리시스템 기능요건.

국가기록원. NAK 19-1:2012(v1.0) 전자기록생산시스템 기록관리 기능요건.

국가기록원. NAK 19-2:2013(v1.0) 전자기록생산시스템 기록관리 기능요건－제2부 전자문서시스템.

국가기록원. NAK 19-3:2015(v1.0) 전자기록생산시스템 기록관리 기능요건－제3부: 업무관리시

스템.

국가기록원. NAK 20:2022(v1.3) 정부산하공공기관 등의 기록관리를 위한 시스템 기능요건.

행정자치부. 행정기관의 자료관시스템 규격(행정자치부 고시 제2003-18호).

행정안전부. 행정기관의 전자문서시스템 규격(행정안전부 고시 제2022-52호).

행정안전부. 행정기관의 업무관리시스템 규격(행정안전부 고시 제2022-51호).

KS X ISO 15489-1:2016 문헌정보—기록관리—제1부: 개념과 원칙.

ISO 16175-1:2020 Information and documentation—Processes and functional requirements for software for managing records—Part 1:Functional requirements and associated guidance for any applications that manage digital records

ISO/TS 16175-2:2020 Information and documentation—Processes and functional requirements for software for managing records—Part 2:Guidance for selecting, designing, implementing and maintaining software for managing records.

The Consultative Committee for Space Data Systems. 2012. CCSDS 650.0-M-2. Reference Model for an Open Archival Information System(OAIS).
https://public.ccsds.org/pubs/650x0m2.pdf

DLM Forum Foundation. 2011. MoReq2010(v1.1): Modular Requirements for Records Systems.
http://www.moreq.info

USA. Department of Defense. 2007. DoD 5015.02-STD. Electronic Records Management Software Applications Design Criteria Standard.
http://www.jpereira.net/attachments/article/54/501502std.pdf

11장 디지털 보존 정책: 디지털 기록의 장기보존을 위해 어떤 정책이 필요한가?

이봉환 외. 2019. 「클라우드 컴퓨팅 기반 에뮬레이션 전략을 활용한 전자기록 장기보존 방안 연구」. ≪한국기록관리학회지≫, 19권 4호, 1~33쪽.

Bearman, D. 1994. *Electronic Evidence: Strategies for Managing Records in Contemporary Organisations*. Pittsburgh: Archives and Museum Informatics.

Brown, A. 2013. *Practical Digital Preservation: A how-to guide for organizations of any size*. London: Facet Publishing.

CCSDS. 2012. "Reference Model for An Open Archival Information System(OAIS)".
https://public.ccsds.org/pubs/650x0m2.pdf(검색일: 2023.9.29)

Ceeney, N. 2008. "The Role of a 21st-century National Archive—The Relevance of the Jenkinsonian Tradition, and a Redefinition for the Information Society." *Journal of the Society of Archivists*, Vol. 29, No. 1, pp. 57~71.

Cunningham, A. 2008. "Digital Curation/Digital Archiving: A View from the National Archives of Australia." *The American Archivist*, Vol. 71, No. 2, pp. 530~543.

Digital Preservation Coalition. 2015. *Digital Preservation Handbook*, 2nd Edition.

    https://www.dpconline.org/handbook(검색일: 2023.9.29)

Dryden J. 2009. "The Open Archival Information System Reference Model." *Journal of Archival Organization*, Vol. 7, No.4, pp. 214~217.

Forde, H. and R. Jonathan. 2013. *Preserving Archives*. London: Facet Publishing.

Houghton, B. 2016. "Preservation Challenges in the Digital Age." *D-Lib Magazine*, Vol. 22, No. 7/8.

    https://www.dlib.org/dlib/july16/houghton/07houghton.html(검색일: 2023.9.29)

ISO. 2012a. ISO 14721:2012 Space data and information transfer systems—Open archival information system(OAIS)—Reference Model.

    https://www.iso.org/standard/57284.html

ISO. 2012b. ISO 16363:2012 Space data and information transfer systems—Audit and certification of trustworthy digital repositories.

    https://www.iso.org/standard/56510.html

Kim, Jakyoung. 2022. "The Digital Preservation Policy and Strategy in Archives." Master's Dissertation, School of Society and Culture, University of Plymouth.

Millar, L. A. 2017. *Archives: Principles and Practices*. London: Facet Publishing.

The National Archives. 2011. "Digital Preservation Policies: Guidance for archives".

    https://cdn.nationalarchives.gov.uk/documents/information-management/digital-preservation-policies-guidance-draft-v4.2.pdf(검색일: 2023.9.29)

Thibodeau, K. 2002. "Overview of technological approach to digital preservation and challenges in coming years." *The State of Digital Preservation: An International Perspective*. Washington, D.C.: Council on Library and Information Resources.

UNESCO. 2003.10.17. "Charter on the Preservation of the Digital Heritage, Adopted at the 32nd session of the General Conference of UNESCO".

    https://unesdoc.unesco.org/ark:/48223/pf0000179529(검색일: 2023.9.29)

Yeo, G. 2018. *Records, Information and Data: Exploring the role of record keeping in an information culture*. London: Facet Publishing.

———

[국가기록관리기관의 디지털 보존 관련 정책 문서목록]

Archives New Zealand. 2020a. "Best practice guidance on digital storage and preservation".

    https://www.archives.govt.nz/manage-information/how-to-manage-your-information/digital/best-practice-guidance-on-digital-storage-and-preservation(검색일: 2023.9.29)

Archives New Zealand. 2020b. "Digital preservation statement".

    https://www.archives.govt.nz/about-us/our-work/preservation/digital-preservation/digital-preservation-statement(검색일: 2023.9.29)

Danish National Archives. 2022a. "Digital Archiving Policy".

https://en.rigsarkivet.dk/wp-content/uploads/2022/05/Digital-Archiving-Policy-FINAL-a.pdf(검색일: 2023.9.29)

Danish National Archives. 2022b. "Digital Preservation Strategy 2025".
https://en.rigsarkivet.dk/wp-content/uploads/2022/05/Digital-Preservation-Strategy-2025-FINAL-a.pdf(검색일: 2023.9.29)

Library and Archives Canada. 2017. "Strategy for a Digital Preservation Program".
https://library-archives.canada.ca/eng/corporate/about-us/strategies-initiatives/Documents/LAC-Strategy-Digital-Preservation-Program.pdf(검색일: 2023.9.29)

National Archives and Records Administration. 2022. "Digital Preservation Strategy 2022-2026".
https://www.archives.gov/preservation/digital-preservation/strategy(검색일: 2023.9.29)

National Archives of Australia. 2020. "Digital Preservation Policy".
https://www.naa.gov.au/about-us/who-we-are/accountability-and-reporting/archival-policy-and-planning/digital-preservation-policy(검색일: 2023.9.29)

National Archives of the Netherlands. 2016. "Preservation policy".
https://www.nationaalarchief.nl/sites/default/files/field-file/National%20Archives%20of%20the%20Netherlands%20preservation%20policy.pdf(검색일: 2023.9.29)

Swiss Federal Archives. 2019. "Digital Archiving Policy".
https://www.bar.admin.ch/bar/en/home/archiving/digital-documents.html(검색일: 2023.9.29)

The National Archives. 2017. "Digital Strategy".
https://cdn.nationalarchives.gov.uk/documents/the-national-archives-digital-strategy-2017-19.pdf(검색일: 2023.9.29)

용어해설

국가기술표준원. 2010. 「KS X ISO 16175-3:2010 문헌정보－전자사무환경에서 기록관리 원리 및 기능 요건－제3부: 업무시스템의 기록관리 지침과 기능 요건」.

국가기술표준원. 2016. 「KS X ISO 15489-1:2016, 문헌정보－기록관리－제1부: 개념과 원칙」.

서혜란. 2018. 「기록과 기록관리」. 한국기록관리학회 편저. 『기록관리의 이론과 실제』. 조은글터.

쉘렌버그, 테오도르(T. R. Schellenberg). 2002. 『현대기록학개론』. 이원영 옮김. 서울: 진리탐구. (원전: 1956. *Modern archives: Principles and techniques*)

한국기록학회. 2008. 『기록학 용어 사전』. 서울: 역사비평사.

Brown, A. 2013. *Practical Digital Preservation: A how-to guide for organizations of any size*. London: Facet Publishing.

CCSDS. 2012. Reference model for an Open Archival Information System(OAIS). [magenta book].

https://public.ccsds.org/pubs/650x0m2.pdf

Duranti, Lucinan. 2015. "Archives(material)." Luciana Duranti and Patricia C. Franks.(eds.) *Encyclopedia of Archival Science*. Rowman & Littlefield.

Hjørland, Birger. 2017. "Classification." *Knowledge Organization*, Vol. 44, No. 2, pp. 97~128.

Hjørland, Birger and Claudio Gnoli.(eds.) "ISKO Encyclopedia of Knowledge Organization". http://www.isko.org/cyclo/classification(검색일: 2023.10.10)

ICA EGAD. 2023a. "Records in Contexts—Foundations of Archival Description(RiC-FAD) v1.0". https://github.com/ICA-EGAD/RiC-FAD/releases/tag/v1.0-beta(검색일: 2023.11.15)

ICA. 2000. *ISAD(G): General international standard archival description.*(2nd ed.)

KS X ISO 21188: 2016

Millar, L. A. 2017. *Archives: Principles and Practices*. London: Facet Publishing.

Moreq2010. https://www.moreq.info/executive-summary.

SAA. 2005. *A Glossary of Archival and Records Terminology*. Chicago: The Society of American Archivists.

SAA. 2023. "Dictionary of Archives Terminology". https://dictionary.archivists.org/(검색일: 2023.10.10)

Sedona Conference 2014. *The Sedona Conference Glossary: E-Discovery & Digital Information Management*. 4th ed. Sedona Conference Journal 15(April 2014): 305~364. https://thesedonaconference.org/sites/default/files/publications/305-364%20Glossary_0.pdf, preserved at https://perma.cc/8Q3S-6QEU.

Yeo, Geoffrey. 2015. "Record(s)." Luciana Duranti and Patricia C. Franks.(eds.) *Encyclopedia of Archival Science*. Rowman & Littlefield.

Yeo, Geoffrey. 2017. "Continuing Debates about Description." *Currents of Archival Thinking.*(2nd ed.) Heather MacNeil and Terry Eastwood. Santa Barbara. California, USA: Libraries Unlimited.

Zeng, Marcia Lei and Jian Qin. 2022. *Metadata*. ALA.

찾아보기

518

지은이 소개 (가나다순)

김유승

— 영국 UCL(University College London) 박사(문헌정보학)

— 한국기록관리학회 회장 역임

— 현 투명사회를 위한 정보공개센터 공동대표, 중앙대학교 문헌정보학과 교수

— 논문: 「행정각부 비공개대상정보 세부기준 개선방안 연구」(2023), 「국회 비공개대상정보 세부 기준 연구」(2022), 「회의공개제도 운영에 관한 연구」(2018, 공저), 「정보공개제도상의 정보부존 재에 관한 고찰」(2015, 공저), 「알권리 시대, 정부3.0의 위험과 과제」(2014) 등

김자경

— 연세대학교 인문학부(영어영문학 전공) 졸업, 서울대학교 대학원 석사(기록관리학), 영국 University of Plymouth 석사(Archival Practice)

— 여성가족부 기록연구사

— 현 국가기록원 기록연구관

— 논문: "The Digital Preservation Policy and Strategy in Archives"(2022), 「전자기록관리를 위한 행정기관의 자료관시스템 규격 발전방향」(2004)

김지현

— 이화여자대학교 문헌정보학과 졸업, 미국 미시간 대학교 박사(문헌정보학)

— 현 이화여자대학교 문헌정보학과 교수

— 논문: 「웹기록물 관리 프로세스 연구」(2023), "Reusing qualitative video data"(2020), 「국가기 록원 기록정보서비스에 대한 이용자 인식에 관한 연구」(2012) 등

박지영

— 연세대학교 인문학부(문헌정보학 전공) 졸업, 연세대학교 대학원 박사(문헌정보학)

— ㈜다음소프트 지식분석팀 대리, 연세대학교 기록보존소 연구원

— 현 한성대학교 인문학부 교수

— 저서/논문: 『분류란 무엇인가』(2023, 역서), 『공연예술 정보와 FRBRoo, 객체 중심의 연계 모형』 (2021, 공저), "Aggregating distributed KOSs"(2023), 「국가전거와 ISNI 연계 및 활용 방안 연구」 (2023, 공저) 등

설문원
― 이화여자대학교 도서관학과 졸업, 이화여자대학교 대학원 박사(문헌정보학)
― 국가기록원 기록정보서비스부장, 한국기록학회 회장 역임
― 현 부산대학교 문헌정보학과 교수
― 저서/논문:『기록학의 지평』(2021),「법적 증거의 기록학적 의미」(2022),「기억의 기록학적 의미와 실천」(2021),「디지털 전환 시대의 공공기록정책: 기록자산으로서 정보의 관리」(2020) 등

송정숙
― 부산대학교 국어교육과 졸업, 부산대학교 대학원 박사(고전문학), 연세대학교 대학원 석사(서지학)
― 한국기록관리학회 회장, 부산대학교 문헌정보학과 교수 역임
― 현 부산대학교 문헌정보학과 명예교수
― 논문:「국가기록원과 권역별 기록관의 역할 재정립」(2017),「기록으로 본 부산의 산업변동과 로컬리티」(2016),「지역기록을 활용한 로컬리티의 형성과 재구성: 일본 지바[千葉]현 다테야마[館山] 사례를 중심으로」(2015),「개항장으로서의 부산항과 기록」(2011) 등

윤은하
― 동국대학교 사학과 졸업, 서강대학교 대학원 석사(사학), 미국 위스콘신 대학교 석사(문헌정보학), UCLA 박사(문헌정보학)
― 현 명지대학교 기록정보과학전문대학원 부교수
― 논문:「시민기록의 개념적 고찰」(2023),「국내 민간기록관리의 체계 수립을 위한 정책 방향성 연구」(2022),「민간기록관리와 아카이브: 지방기록물관리기관의 역할을 중심으로」(2021) 등

이승억
― 한양대학교 사학과 졸업, 한양대학교 대학원 박사과정 수료(한국현대사)
― 현 국가기록원 학예연구관
― 논문:「디지털 정보기술 환경에서 보존기록 평가론의 전환」(2021, 공저),「동시대의 기록화를 지향한 보존기록 평가선별에 관한 제언」(2014),「경계밖의 수용: 보존기록학과 포스트모더니즘」(2013) 등

이연창
― 명지대학교 기록정보과학전문대학원 박사(기록정보학)
― 서울대학교 대학원 기록학협동과정 강사, 이화여자대학교 정책과학대학원 겸임교수, ISO TC46 SC11 (Archives/records management) 한국위원
― 현 한국문헌정보기술 아카이브센터 연구소장
― 논문:「관계형 아카이브 플랫폼 연구」(2022)

최재희

― 고려대학교 사학과 졸업, 고려대학교 대학원 박사(서양사)

― 이화여자대학교 기록관리교육원 특임교수, 대통령기록관 관장, 국가기록원 원장 역임

― 논문: 「영국 공공기록물 선별체계의 역사적 흐름과 의미」(2017), 「잉글랜드 볼턴(Bolton)의 로컬리티 기록화와 역사 연구」(2016), 「공공기록물 평가제도의 문제점과 개선방안」(2014), 「'아래로부터의 역사' 서술과 기록의 상호 관계: 영국의 역사워크숍운동을 중심으로」(2014) 등

현문수

― 이화여자대학교 문헌정보학과 졸업, 한국외국어대학교 대학원 박사(기록관리학)

― 부산대학교 사회과학연구원 전임연구원, 부산대학교 문헌정보학과 강사, 이화여자대학교 문헌정보학과 강사, 충남대학교 문헌정보학과 강사 역임

― 논문: 「전자기록의 신뢰가치 확립을 위한 증거능력 구현체계 연구」(2022), 「전자기록 평가의 동향과 과제」(2022), 「차세대 공공 전자기록 조직 모형의 개발과 적용을 위한 연구」(2021) 등

한울아카데미 2500

기록관리의 세계
이론에서 실천까지

ⓒ 한국기록관리학회, 2024

엮 음 ┃ 한국기록관리학회(책임편집: 설문원)
지은이 ┃ 김유승·김자경·김지현·박지영·설문원·송정숙·윤은하·이승억·이연창·최재희·현문수
펴낸이 ┃ 김종수
펴낸곳 ┃ 한울엠플러스(주)
편 집 ┃ 배소영

초판 1쇄 인쇄 ┃ 2024년 2월 22일
초판 1쇄 발행 ┃ 2024년 2월 29일

주소 ┃ 10881 경기도 파주시 광인사길 153 한울시소빌딩 3층
전화 ┃ 031-955-0655
팩스 ┃ 031-955-0656
홈페이지 ┃ www.hanulmplus.kr
등록번호 ┃ 제406-2015-000143호

Printed in Korea.
ISBN 978-89-460-7501-6 93020 (양장)
        978-89-460-8297-7 93020 (무선)

※ 책값은 겉표지에 표시되어 있습니다.
※ 이 책은 강의를 위한 학생판 교재를 따로 준비했습니다.
    강의 교재로 사용하실 때에는 본사로 연락해 주시기 바랍니다.